邹韬奋
新闻出版实践与思想研究

张文明 著

社会科学文献出版社
SOCIAL SCIENCES ACADEMIC PRESS (CHINA)

序

　　学生张文明的著作《邹韬奋新闻出版实践与思想研究》顺利出版，我感到由衷高兴，也不由得想起他在川大读博期间的许多点滴。他刚入学时，恰逢我申报国家社科基金重大项目，他积极主动、认真配合我做好项目申报工作。该重大项目申报成功后，他又作为课题组的核心骨干成员，全程参与了课题的研究，同时他也参与了其他一些项目的研究工作，并积极参加各种学术活动。大量艰深的课题研究工作，极大地锻炼了他的科研能力，他本人也刻苦学习、勤于钻研，因此科研能力提升很快，已有多篇论文在国内核心学术刊物上发表。

　　张文明本科阶段学的是中文，硕士阶段学的是历史，扎实的文史功底，再辅以博士阶段学习的文艺与传媒专业知识，使他完全有能力对"邹韬奋新闻出版实践与思想"这个专题展开研究。读博期间，他以这个专题作为自己的博士论文选题，并经过他本人的深入思考和反复论证。选题之初，曾有人告诫他，慎做文化史、新闻史方面的专题研究，因为这方面的研究很艰难，更需要坐"冷板凳"的功夫。但他不畏艰难、深入钻研，辗转于全国各地的大学、研究机构、图书馆、档案馆及纪念馆，广泛搜集相关资料，在尽可能全面占有材料的基础上对该专题进行深入的研究，顺利完成了博士论文，记得博士论文匿名评审时，评审专家就对该论文一致给予了很高的评价。

　　博士毕业后，他又花费了四五年的时间对博士论文稿进行了认真的修改，补充了许多新的材料和观点。由于整个专题的研究时间长、占有的材料全面丰富、论文观点新颖、论证严谨，整个研究取得了不少好的成果，得到了同行专家的一致好评，如今他正式出版这本书时，我欣然为其作序。

　　该书选题重要、难度较大，涉及邹韬奋新闻出版实践与思想等诸多方面的内容，有较强的开拓性和创新性，主要体现在以下几方面：一是研究视角和路径新。本书在研究邹韬奋的新闻出版实践时，对邹韬奋创办的报刊都进行了深入研究。以往的研究在探讨他的新闻出版实践时，研究视角往往侧重于他对生活书店的创办与经营管理，对他办报办刊的经历主要注重于对《生活》周刊的研究，而对他所创办的其他报刊，却基本上忽略了。学界对他复刊的香港《大众生活》、创办的《生活星期刊》、《抗战》三日刊增出的《抗战画报》、《全民抗战》以及《全民抗战战地版》和《全民抗战通俗版》这些重要活动，有所记载和提及，但专门、系统的研究却付之阙如，本书展开的专门、系统研究，尚属首次。此外，学界已有的研究疏于对原始刊物的阅读和梳理，该书的研究对邹韬奋所办报刊的原件（有些是影印件和缩微胶片）进行认真阅读和分析，以图还原邹韬奋新闻出版实践的真面目和过程，而不是主要借助《韬奋全集》这样的二手资料，这种研究路径，是已有研究者很少甚至没有用到的。二是研究材料新——考证与补遗方面取得不少成果。作者在研究的过程中，对大量的原始文献进行了阅读和梳理，并发现了一些新的史料，因此也就发现一些著作和论文中关于邹韬奋新闻出版活动的记载出现了错误或遗漏，有些错漏甚至是普遍性的。鉴于此，作者对这些错漏的史实进行了考辨和补正。比如对生活书店历次社员代表大会的补正，对已有的关于《抗战画报》《全民抗战》《全民抗战战地版》以及《全民抗战通俗版》等刊物的错误记载进行了辨证。另外，作者最新发现了《全民抗战战地版》《全民抗战通俗版》两种刊物的部分残存原件，在这些原件中，作者发现了多篇明确署名为"韬奋"的文章。而这些文章是《韬奋全集》和其他著作都未曾提及和收录的，因此本书的这些发现将能为《韬奋全集》的补遗工作贡献绵薄之力。三是研究得出的观点新。该书在研究过程中提出了一些新观点，比如"五刊一报"说，作者认为以前论者提到邹韬奋所办报刊的数目时总是将其概括为"六刊一报"，而作者通过研究，认为该说法不确切，应该是"五刊一报"。该书在论及邹韬奋新闻出版思想时，将邹韬奋的新闻出版思想划分为新闻出版宗旨、言论（出版）自由思想、新闻出版伦理思想、编辑业务思想、经营管理业务思想五个主要部分，此前的研究者没有做过这样的划分，以往的研究者对邹韬奋新闻出版思想的划分有的不准确、不到位，甚至有所缺漏。该书对邹韬奋言论（出版）自由思想和邹韬奋新闻出版伦理思想这两个观点的提出和系统探究，更是以前的研究者所未尝专门提出和研究过的。

当前，学界对民国报人的研究以附带、附属性研究或概略性研究居多，而个案性专题的深入研究则偏少，本书对加强民国报人个案性专题的深入研究有重大贡献；此外，邹韬奋作为民国时期的文化名人，曾与诸多民国文化名人如胡适、胡愈之、金仲华、范长江、戈公振等有过密切的交往，因此，本书的研究对于丰富、深化学界对其他民国文化名人以及民国文化史的研究也大有裨益；最后，邹韬奋的新闻出版思想不仅是中国近现代新闻出版思想体系的一部分，在当时具有积极意义，而且其中有些方面（比如他的新闻出版伦理思想）也能够超越历史时空，对当下的新闻出版实践活动仍然具有重要指导意义，也可以为我们当下发展传媒文化提供启迪和借鉴。

四川大学文学与新闻学院教授、博士生导师
2015年6月28日

目　录

绪　论 …………………………………………………………… 001

第一章　接办《生活》周刊：实践的开始与奠基 …………… 013
第一节　接办前的熏陶和训练 ………………………………… 013
第二节　接办并初步改进《生活》周刊 ……………………… 022
第三节　向新闻评述性质的周刊转变 ………………………… 039
第四节　《生活》周刊在邹韬奋新闻出版实践中的地位 …… 055

第二章　从上海《大众生活》到《生活星期刊》：重振旗鼓 … 059
第一节　上海《大众生活》："我们的灯塔" ………………… 059
第二节　香港《生活日报》：一份真正大众的中型报纸 …… 066
第三节　增刊演变来的《生活星期刊》 ……………………… 091

第三章　从《抗战》三日刊到香港《大众生活》：为抗战办刊 … 101
第一节　《抗战》三日刊：日报与杂志的中性刊物 ………… 101
第二节　《全民抗战》："全民动员抗战到底" ……………… 122
第三节　香港《大众生活》：读者"知识上的好友" ………… 145

第四章　抗战前对生活书店的创办与经营管理 ……………… 155
第一节　创建生活书店与制定合作社章程 …………………… 156
第二节　富有创意的书刊出版发行方略 ……………………… 161
第三节　抗战前生活书店的发展成就 ………………………… 177

第五章　抗战时期对生活书店的战时经营管理 ……………… 182
第一节　健全组织机构与发展店内言论机关 ………………… 182
第二节　战时科学管理与发行推广的新举措 ………………… 202
第三节　抗战前期生活书店的发展成就 ……………………… 218

第四节　经营管理中的抗争 ································· 222

第六章　邹韬奋的新闻出版思想 ································· 236
　　第一节　言论（出版）自由思想 ··························· 237
　　第二节　新闻出版伦理思想 ································· 249
　　第三节　编辑业务思想 ····································· 269
　　第四节　经营管理业务思想 ································· 283
　　第五节　邹韬奋新闻出版思想溯源 ··························· 299

结　语 ·· 312

参考文献 ·· 316

后　记 ·· 325

绪　论

邹韬奋是民国时期一位非常著名和成功的报人，他从事新闻出版事业的实践过程到底怎样？他所从事的新闻出版事业缘何成功？他对新闻出版事业有何见解？这些见解又源自何处？这些都是学界一直在追问的问题，也是本书所要回答的一些问题，而目前学界已有的研究对这些问题的回答到底进行到了何种程度？是否还有值得进一步研究的空间和必要？这是绪论部分首先要解决的问题。

新中国成立后，尤其是改革开放以后，学界对邹韬奋给予了大量的关注，学界对邹韬奋的已有研究涉及政治、经济、文化、教育、文学及新闻出版等多个学术领域或学科，可以说，对邹韬奋的研究一直是国内的一个"热点"。

学界对邹韬奋的已有研究，很大一部分是对邹韬奋的政治活动和政治思想进行研究，这些研究取得了比较丰硕的成果。就已经出版的著作来看，郝丹利的《韬奋新论——邹韬奋思想发展历程研究》、唐森树的《邹韬奋思想研究》两部著作对邹韬奋的政治活动和政治思想进行了比较深入、系统的研究。当然，以上两部著作并非只研究邹韬奋的政治活动和政治思想，郝丹利也谈到了邹韬奋的职业教育思想，唐森树也谈到了邹韬奋的职业教育、社会解放和新闻出版思想，但这两部著作都是以邹韬奋的政治活动和政治思想为研究重点或中心的，郝丹利的著作从邹韬奋思想演变这个角度出发，以时间为线索，通过对邹韬奋政治活动的梳理，探讨了邹韬奋思想发展演变的过程，在邹韬奋的思想当中，他着重探讨了邹韬奋政治思想的演变，尤其值得注意的是，与其他研究者的观点不同，他花了大量的笔墨证明邹韬奋最终并没有成为一个马克思主义者，他只是一个激进的民主主义者。唐森树的著作共分5章，每一章谈的是邹韬奋思想中的一个方面，但是在这5章中，有3章分析了邹韬奋的政治思想，因此，该著作的重点仍然是放在邹韬奋政治思想的梳理上。除了著作以外，一些博士、硕士学位论文也对邹韬奋的政治活动和政治思想进行了专题性质的研究。沈谦芳的博士学位论文《邹韬奋社会政治思想研究》是一篇比较全面、系统、深入探讨邹韬奋社会政治思想的力作，也是新中国成立后最早对邹韬奋社会政治活动和思想进行探索的博士学位论文，与郝丹利的观点不同，他认为邹韬奋1935年4月写于伦敦的《萍踪寄语三集弁言》运用马克思主义政治经济学原理透彻地分析了当时世界大势和中国的前途所在，其中承认了"中国勤劳大众的组织"（中国共产党），从而承认了无产阶级专政，标志着邹韬奋最后完成了向马克思主义者的转变。龚鹏的博士学位论文《邹韬奋启蒙思想研究》侧重于对邹韬奋的启蒙思想进行研究，该文旨在"通过对邹韬奋启蒙思想的全面考察，重点说明邹韬奋启蒙思想的内涵和阶段性特征，同时揭示其与中国启蒙思潮的内在关联"[1]。龚鹏认为："他（指邹韬奋）不仅提出了独特的、有价值的新闻思想和民主政治思想，而且他的思想具有很好的启蒙效果。以'九一八'事变为界，邹韬奋的启蒙思想内涵有明显的不同，之前的启蒙思想注重'立人'，希望社会中的'健康分子'增多；之后的启蒙思想注重'唤起民众'的救亡意识。他的启蒙思想不仅反映了其思想变化过程，而且真实地反映了'五四'之后启蒙思潮演变状况，分析和研究邹韬奋的启蒙思想对于研究现代中国的启蒙思潮有着重要意义。"[2] 龚鹏的硕士学位论文《试析抗战时期邹韬奋的民主政治观》则专门探讨了抗战时期邹韬奋的民主政治观。

期刊学术论文对邹韬奋政治活动和政治思想的研究就更多了，代表性的如陈挥的《简论邹韬奋马克思主义世界观的确立——兼与穆欣同志商榷》[《上海师范大学学报》（哲学社会科学版）1987年第2期]，赵晓恩的《邹韬奋与抗日救国运动》（《出版发行研究》1996年第6期），陈益元、谭黎明的《论邹韬奋的民众救亡实践与思想》（《株洲师范高等专科学校学报》2002年第1期），李成家的《邹韬奋对中国共产党的认识和接受过程探析》（《采写编》2009年第6期）等文章，这些文章从不同的角度探讨了邹韬奋的政治活动和政治思想，从多个方面丰富了对邹韬奋政治活动和政治思想的研究。

---

[1] 龚鹏：《邹韬奋启蒙思想研究》，湖南大学博士学位论文，2010，第1页。
[2] 龚鹏：《邹韬奋启蒙思想研究》，前引论文，第1页。

邹韬奋早年做过家教和英文学校的教师,在中华职业教育社工作过,自己写作和翻译了许多职业教育方面的著作和文章,因此他的教育思想也是比较丰富的。学界对他的教育活动与思想尤其是职业教育活动及思想的研究也比较多。就著作方面来看,专门针对邹韬奋的职业教育思想进行研究的著作没有,但是,一些著作中的附带性的研究却不少,如上文提到的郝丹利和唐森树的著作中都有专门的章节对邹韬奋的职业教育思想进行研究。两人在自己的著作中虽然都只用一章来谈邹韬奋的职业教育思想,但在整个著作中所占篇幅是比较多的,二者对邹韬奋的职业教育思想的研究也是比较全面和深入的。

博士学位论文当中没有专门研究邹韬奋教育活动和思想的文章,但是李霞的《民国时期知识界的职业教育观》(湖南师范大学,2009年)一文虽然没有专门研究邹韬奋,但是其中一些内容也还是涉及邹韬奋的教育活动和思想。

对邹韬奋的教育活动和思想加以专门研究的硕士学位论文主要有袁姣的《邹韬奋与中国近代职业教育》(华中师范大学,2009)、孟宪娟的《邹韬奋教育思想研究》(河北大学,2007)。袁姣的硕士学位论文指出:"邹韬奋在职业教育事业上倾注了自己的大量心血,他在继承黄炎培职业教育思想和不断实践的基础上形成了自己独特的职业教育思想。"[①]这篇论文"梳理了邹韬奋职业教育思想产生的渊源及其职业教育思想体系,重点论述了邹韬奋职业教育思想体系中独树一帜的职业指导教育及其推广职业教育的实践活动,包括翻译介绍国内外书籍、介绍职业教育实施方法、进行职业修养教育、推广女子职业教育、进行职工职业教育及传统的学生教育等方面"[②]。孟宪娟的论文"主要采用史料分析法,对邹韬奋的职业教育思想、职业指导思想、女子教育思想以及他的教学思想作了比较全面的阐述"[③]。

对邹韬奋的教育活动和思想加以研究的期刊论文也不在少数,如米靖的《论邹韬奋的职业教育思想》(《职教通讯》2007年第2期)、冯丽的《论邹韬奋的女子教育思想》[《河南职业技术师范学院学报》(职业教育版)2004年第1期]、蔡光明的《邹韬奋的职业教育思想及其启示》(《吉

[①] 袁姣:《邹韬奋与中国近代职业教育》,华中师范大学硕士学位论文,2009,第1页。
[②] 袁姣:《邹韬奋与中国近代职业教育》,华中师范大学硕士学位论文,2009,第1页。
[③] 孟宪娟:《邹韬奋教育思想研究》,河北大学硕士学位论文,2007,第1页。

林工程技术师范学院学报》2003年第7期)、杨宇清的《邹韬奋教育思想初探》(《江西教育科研》1987年第3期)。这些文章对邹韬奋的教育活动和思想也进行了一定的研究和阐述。

邹韬奋一生最主要的活动还是在于从事新闻出版实践活动,在实践过程中他积累了丰富的新闻出版思想。对邹韬奋新闻出版实践与思想方面的研究,一直是学界的一个重点,但可惜的是,全面、专门、系统深入地研究邹韬奋新闻出版实践与思想的专著、博士及硕士学位论文却没有,已有的研究往往是附带或片面性的研究。

邹韬奋的女儿邹嘉骊一生都致力于韬奋的研究。邹嘉骊所编著的《韬奋年谱》(上、中、下三卷)在资料搜集方面做出了很大的贡献,她在一些史实方面提出了自己的一些看法。《韬奋年谱》搜集了很多《韬奋全集》所没有包含的珍贵史料,这对邹韬奋的研究来说是功不可没的。除《韬奋年谱》外,她还有其他的一些著作如《韬奋著译系年目录》,对研究者检索邹韬奋的著作和文章也提供了极大的方便,但是她研究的方向和贡献主要在于对邹韬奋的资料进行收集和整理(也包括一些小的学术论文),这为其他研究者提供了资料上的方便,她对邹韬奋相关文献的整理和收集之功是不容忽视的。

雷群明作为韬奋纪念馆的前馆长,他对邹韬奋的研究倾注了不少的心血,撰写了不少学术论文,也编写了一些著作。就雷群明所出版的专著来看,这些专著主要是文选性质的,当然这些文选性质的著作后面也附录了他所撰写的一些研究邹韬奋的学术论文。雷群明编著的《韬奋论新闻出版》一书是目前邹韬奋文选类著作中比较好的一部,该书最大的贡献在于他将邹韬奋关于新闻出版的一些论述分门别类地加以整理,归纳到了一起,这为其他研究者研究邹韬奋的新闻出版思想提供了资料检索上的极大方便。除《韬奋论新闻出版》一书外,他担任责任编辑的《邹韬奋研究第一辑》、他担任主编的《邹韬奋研究第二辑》、他担任责任编辑的《邹韬奋研究第三辑》等著作或收集了许多研究邹韬奋的学术论文,或补充了一些珍贵的史料,或对《韬奋全集》进行补遗,因此,雷群明所主编或参与主编的一些著作,其最重要的贡献还是在于资料的整理,这些工作对邹韬奋的研究也做出了很大贡献。

生活书店史稿编辑委员会编辑的《生活书店史稿》是新中国成立后专门搜集、整理及归纳生活书店史料的一部力作。而编辑委员会的主要成员中有些就是原生活书店的职工，如许觉民、赵晓恩、薛迪畅及方学武等人就是原生活书店的重要骨干成员。《生活书店史稿》共分为五编，每编又分若干章节，详细地记录了生活书店从萌芽期（1925年）直到新中国成立这一段时间内生活书店发展、变迁的全过程。但是，该书的重点也主要是在于记录生活书店的发展、变迁史，邹韬奋的新闻出版实践活动只是其中一个极小的部分，而不是对邹韬奋的新闻出版实践活动做专门的梳理和记载。此外，该书的主要内容也还是史料性质的，它并没有系统总结邹韬奋新闻出版实践活动的规律和特色，更谈不上对邹韬奋新闻出版思想的系统研究。当然，该书大量而翔实的史料，为后来研究邹韬奋的人提供了丰富而权威的资料，它在邹韬奋研究历程上的资料性贡献也是不容忽视的。

就已经出版的专著来看，钱小柏、雷群明编著的《韬奋与出版》应该是比较早的一部对邹韬奋的出版实践和思想进行探究的著作。该书分5个大的部分，简要地叙述了邹韬奋一生的出版实践经历，也粗略地谈到了"韬奋关于出版的基本思想"（谈得比较少且非常零散）。但是该书重在史料的梳理，而且偏重于邹韬奋在生活书店从事出版活动事实的记述和分析，而对于邹韬奋办报办刊的实践，却只是简单地提及。再者，该书的结构显得比较零散，主要的是把邹韬奋的相关论述加以简单归类，再加以简单地评论，因此，该书最主要的贡献还是在于文献的梳理和归纳，是一部文选类的著作，而不是研究性质的专著。

俞月亭的《韬奋论》和《韬奋论编辑工作》对邹韬奋新闻出版实践与思想展开了一些研究。其中《韬奋论》一书是他研究邹韬奋相关论文的一个合集。该书对邹韬奋创办的《生活》周刊、上海《大众生活》和《生活日报》这三个刊物以及《萍踪寄语》《萍踪忆语》这两本书进行了一些零散的研究，这些研究对邹韬奋的新闻出版实践主要还是片断性而非系统性的。此外，该书对邹韬奋的办报思想也有一些研究，但也不成系统。总体看来，该书对邹韬奋新闻出版实践与思想的研究做出了不小的贡献，但是，该书只是相关论文的一个合集，不可避免地存在零散、片断的缺陷，而且相关研究集中于邹韬奋新闻出版实践与思想的某几个方面，因此对于邹韬奋新闻出版实践与思想的研究还是很不全面的。俞月亭的《韬奋论编辑工作》一书也是一个论文合集，该书把自己对邹韬奋新闻出版思想的一些论文合在一起加以出版，其中一些论文不乏有价值的见解。但是，这些论文主要集中阐述邹韬奋的编辑思想而不及其他，因此还是失之于零散和片面。

　　武志勇的《韬奋经营管理方略》从编辑出版学角度专门探讨了邹韬奋的经营管理方略。全书共分 8 章，比较详细地梳理了邹韬奋在经营管理生活书店时的一些实践活动和经验，其中一些章节对邹韬奋的经营管理思想也进行了提炼和归纳。应该说，就当前出版的研究邹韬奋的专著来看，该书对邹韬奋的经营管理实践和思想的研究，还是比较全面的。但是就全书的结构来看，除第一章谈到邹韬奋的办报思想和部分经历外，其他 7 章都是论述邹韬奋经营管理生活书店的实践和经验，也就是说，他侧重于研究邹韬奋对图书出版的经营管理，而对报刊方面的实践和思想，则只是简单提及。

　　除上述著作外，大量的韬奋传记也对邹韬奋的新闻出版实践做了附带性质的研究和探讨，如穆欣著的《韬奋》，陈挥著的《韬奋传》，马仲扬、苏克尘著的《邹韬奋传记》等传记著作都附带性地谈到了邹韬奋新闻出版的实践活动。梁小建写有《韬奋传记比较研究——兼论韬奋研究的议程设置》一文，专门谈到了韬奋研究中各种传记的继承与创新，提到了韬奋研究中各种传记在研究邹韬奋新闻出版实践活动方面的贡献。[①] 总体来看，已经撰写的邹韬奋传记都谈到了邹韬奋的新闻出版实践活动，但是都没有深入研究，而且，这些传记作品都更多地侧重于谈论邹韬奋的政治活动和思想。

　　邹韬奋的新闻出版实践活动和思想，博士和硕士学位论文里也有不少附带性研究的文章。赵文的博士学位论文《〈生活〉周刊与城市平民文化》（复旦大学，2009）虽然没有专门研究邹韬奋新闻出版实践的全过程，他以《生活》周刊为基点，侧重于探讨 20 世纪二三十年代上海城市平民文化的主要内容和特点，但是，该博士论文的前两章（共 6 章）对《生活》周刊也做了比较深入的研究。当然，他对《生活》周刊的研究重心在前面几期，也就是重点梳理该刊通俗化、大众化、平民化的内容，以《生活》周刊上所记载的内容来分析当时上海的平民文化，尽管如此，该博士学位论文对《生活》周刊的研究，也是邹韬奋新闻出版实践活动研究中的一个重要部分。

　　近年来研究邹韬奋新闻出版实践和思想的硕士学位论文也不在少数，

[①] 韬奋纪念馆编《邹韬奋研究第二辑》，学林出版社，2005，第 310~325 页。

如孟芳的《邹韬奋期刊编辑思想研究》、梁小建的《〈生活〉周刊的改刊过程及意义研究》、梁德学的《生活书店经营管理研究》、张昳的《〈三联生活周刊〉对民国〈生活〉周刊的继承与创新研究》等硕士学位论文从不同方面探讨了邹韬奋新闻出版实践活动及思想。孟芳的论文"通过邹韬奋期刊编辑中的民众意识、大众服务意识探讨邹韬奋期刊编辑中自觉的受众意识；通过邹韬奋期刊编辑中顺应历史进步的办刊理念阐明只有肩负时代重任、与时俱进的传媒载体才能真正赢得受众；通过其独具个性特色的刊物运作模式探讨今天的报刊如何在计划经济向市场经济转型的环境下求得社会效益和经济效益的双赢；通过邹韬奋成功的期刊经营管理模式探讨他所倡导的诚信服务和人性化管理对于今天办刊人所具有的现实意义"[1]。梁小建的论文"以《生活》周刊为研究对象，论证《生活》周刊的期刊形态演变过程及其与民国时期大众期刊和时政期刊形态确立之间的关系，试图在中国期刊史的坐标系中找到《生活》周刊应有的地位"[2]。梁德学的论文指出生活书店"在现代中国出版史上具有重要地位，在文化出版战线上曾经起了巨大作用，其影响并不低于新华、商务和中华。在中国现代史上，生活书店是一个经营管理科学化、运营效率极高的文化事业单位，采取了许多独创性的措施，获得了很多极有特色的经验"[3]。张昳的论文"试图通过在分别描述两刊创刊及发展历程的基础上，从传者、受者、文本内容和特色三个层面对两刊进行比较分析，总结出《三联生活周刊》对民国《生活》周刊的继承点和创新点"[4]。这些硕士学位论文对邹韬奋新闻出版实践和思想的研究，有些还是有所贡献的，但是，限于篇幅，这些论文的研究都还存在片面和粗浅的缺陷，有些论文之间还存在同质化的现象。

新中国成立以后，研究邹韬奋新闻出版实践与思想的各种学术期刊或会议论文的数目远远超出邹韬奋政治方面和教育方面研究论文的数量。如改革开放前20世纪50年代穆欣的《韬奋和"生活日报"》（《新闻业务》1957年第5期），60年代杜闻远的《需要对写作下苦功夫——学习邹韬奋

---

[1] 孟芳：《邹韬奋期刊编辑思想研究》，河南大学硕士学位论文，2003，第1页。
[2] 梁小建：《〈生活〉周刊的改刊过程及意义研究》，北京印刷学院硕士学位论文，2006，第1页。
[3] 梁德学：《生活书店经营管理研究》，兰州大学硕士学位论文，2009，第1页。
[4] 张昳：《〈三联生活周刊〉对民国〈生活〉周刊的继承与创新研究》，华中师范大学硕士学位论文，2010，第1页。

勤于写作的优良作风》(《新闻业务》1962年第1期),70年代舒諲的《从袁世凯看报说到韬奋办刊物》(《读书》1979年第5期)。改革开放前的期刊论文数量很少,而且大多数是回忆和感想式的内容。改革开放后,研究邹韬奋新闻出版实践和思想的期刊论文逐步地多了起来。比如20世纪80年代丁淦林、宁树藩、章玉梅、谭启泰四人的《从改良走向革命的道路——探讨邹韬奋主编〈生活〉的经验之一》(《新闻大学》1984年第1期),90年代胡文龙的《韬奋新闻评论的说理艺术》(《新闻与写作》1994年第12期),可以说,改革开放后对邹韬奋新闻出版实践和思想研究的期刊论文的数量和质量远远多于和高于改革开放之前,其中虽有环境宽松方面的因素,但更主要的是一些新闻学界的教师和学生参与研究,从而提高了研究的质量。进入21世纪以后,学界对邹韬奋新闻出版实践与思想的研究依然热度未减,数量不少,如许宇鹏、陈吉平的《论邹韬奋的编辑思想》[《河海大学学报》(哲学社会科学版)2001年第4期],张晓兰的《生活书店的十大创举》(《编辑学刊》2003年第1期),章雪峰的《书生报国无他物　惟有手中笔如刀——记邹韬奋编辑出版〈抗战三日刊〉》(《出版发行研究》2005年第6期),唐婧的《邹韬奋媒介经营管理的核心价值观》(《华中师范大学研究生学报》2010年第3期)。大量学术期刊论文的出现,一方面丰富了对邹韬奋新闻出版实践和思想的研究,另一方面也逐步积累了许多新的资料或研究经验。

对邹韬奋的研究,除了上述三个主要方面的研究以外,还有其他一些方面的研究也取得了一定的成果,如从伦理学角度研究邹韬奋人格发展的,代表作是潘大明的《韬奋人格发展的轨迹》;从文化的角度研究邹韬奋文化观的,如沈谦芳的《邹韬奋的文化观》[《信阳师范学院学报》(哲学社会科学版)1996年第1期]。限于篇幅,本研究现状只举出上述这些,其他不再一一列举。

综上所述可以看出,学界对邹韬奋的研究,已经投入大量的精力,也已经取得丰硕的成果,但是,现有的研究还存在如下几方面的问题。

一是邹韬奋新闻出版实践与思想缺乏全面、系统、深入的研究。邹韬奋的政治活动与思想,已经有沈谦芳的博士学位论文及郝丹利的《韬奋新论——邹韬奋思想发展历程研究》对之进行专题性的全面、系统的研究。诚然,邹韬奋积极参与了当时的爱国救亡政治活动,他的一些政治思想也不容忽视,但是,邹韬奋首先是一个报人,他毕生的追求首先是当一名新闻记者。虽然对他新闻出版实践与思想研究的著作和学术论文不少，甚至于一些论文就是以"邹韬奋的新闻出版实践与思想"为题目，如邓涛的论文就专门以《邹韬奋的新闻出版思想与实践》(《采写编》2008年第4期)为题目，但可惜的是，这类论文限于篇幅都是比较粗浅的描述，不可能做深入细致的研究。整体来看，目前对邹韬奋的新闻出版实践与思想的研究都是附带性质的，没有人做专门、系统的研究，这与邹韬奋报人的身份以及他在新闻出版领域所做出的贡献是极不相称的。

目前对邹韬奋新闻出版实践的研究，更多地侧重于对他经营管理生活书店方面的研究，即对他图书出版实践的研究较多，而对他新闻（报刊）实践的研究较少，即使有研究，也主要集中对邹韬奋创办的《生活》周刊进行研究。问题在于，邹韬奋所办的报刊不仅仅只有《生活》周刊。此外，如《大众生活》（含上海《大众生活》与香港《大众生活》）、《生活日报》《生活星期刊》《抗战》三日刊、《全民抗战》这五种报刊也是他所创办的，是他新闻出版实践中不可或缺的部分。就现有的研究来看，上海《大众生活》《生活日报》《抗战》三日刊这三种刊物相对来说还要好一些，对它们已经有零星或者是比较专门的研究，而对《生活星期刊》《全民抗战》、香港《大众生活》这几种刊物，除了一些著作或文章中有所记载和提及以外，专门的研究却付之阙如。

目前对邹韬奋新闻出版思想的研究，也有很大的不足，最明显的一点，就是大多集中于研究他的报刊编辑业务和经营管理业务方面的思想，而忽略了其他方面，事实上，邹韬奋的新闻出版思想不止这两个方面。因此，对邹韬奋新闻出版实践与思想方面的研究还很不够，这方面的研究还有很多空白之处需要学界付出努力加以填补。

二是对邹韬奋新闻出版实践的相关记载存在错漏现象。正因为现有研究只集中研究邹韬奋新闻出版实践与思想的某些方面而忽略其他部分，而且已有的研究往往疏于对原始文献的梳理，即对邹韬奋所办报刊本身没有研读，而只借助《韬奋全集》等二手资料加以研究，因此，就邹韬奋新闻（报刊）实践而言，现有的研究成果对邹韬奋所办的许多报刊谈不上深入研究甚至是缺失，以至于许多著作或文章中对邹韬奋新闻出版实践中一些重要史实的记载存在错误或遗漏的现象。

三是同质化、重复性的研究比较多。不可讳言，许多著作和文章对邹韬奋新闻出版实践与思想都有所研究，但是，其中不少研究存在同质化与重复的现象，一个最明显的例子就是文选性质的邹韬奋研究著作太多，学者花大量的时间和精力选编和出版邹韬奋的文章，而没有去研究一些规律性和本质性的东西，这种做法不利于邹韬奋研究的进一步深入和发展。

本书的研究对象是邹韬奋的新闻出版实践与思想，大体思路或所围绕的核心问题是：邹韬奋为什么要投身新闻出版事业，其动因何在？他从事新闻出版事业的方式是什么，结果如何？其新闻出版思想是什么，源自哪些方面？本书把邹韬奋的新闻出版实践分为两个大的部分：第一个大的部分是邹韬奋的新闻（报刊）实践，主要探讨他接办《生活》周刊，以及创办其他报刊的活动，其中他创办其他报刊的活动也是邹韬奋新闻活动的重要组成部分，但以前往往被研究者所忽略。第二个大的部分是邹韬奋创办与经营管理生活书店的活动，即邹韬奋的图书出版实践，侧重于论述他对生活书店的经营管理。对于邹韬奋的新闻出版思想，本书从其构成与渊源两个大的方面来进行研究。

全书分为绪论、主体和结语三大部分。绪论部分主要指出本论题的研究现状、研究价值、研究方法与研究的创新点、重点、难点。主体部分包括六章：第一章　接办《生活》周刊；第二章　从上海《大众生活》到《生活星期刊》；第三章　从《抗战》三日刊到香港《大众生活》；第四章　抗战前对生活书店的创办与经营管理；第五章　抗战时期对生活书店的战时经营管理；第六章 邹韬奋的新闻出版思想。结语部分主要指出邹韬奋新闻出版实践所呈现的鲜明特点，分析其新闻出版思想存在的特色，以及对于中国现当代新闻传播的正面价值。

本书在研究过程中，也还需要厘清两个关键概念：第一，何谓"新闻出版实践"。"实践"就是指"人们改造自然和改造社会的有意识的活动"[①]，因此"新闻出版实践"就是"新闻出版活动"。1998 年 6 月 25 日我国颁布的《国家新闻出版署（国家版权局）职能配置、内设机构和人员编制规定》指出："新闻出版活动（包括出版物的出版、印刷或复制、发行）"[②]，这就又涉及何为"出版"，何为"出版物"的问题。《中国大百科全书·新闻出版》卷中对"出版"的定义是："狭义的出版是指图书报刊

---

① 中国社会科学院语言研究所词典编辑室编《现代汉语词典》，商务印书馆，1983，第 1036 页。
② 王怀安等主编《中华人民共和国法律全书》，吉林人民出版社，2000，第 1292 页。

的编辑、印刷和发行。广义的出版不仅是指图书报刊,还指录音、录像以及其他文字语言和图像的媒介载体的编辑、印刷、制作和传播"①,该书对"出版物"的界定是:"出版物(publication)是出版工作的成果和产品,是积累文化的重要工具,又是传播思想、知识、信息的重要媒介。出版物有广义、狭义之分。广义的出版物,根据联合国教科文组织的规定,包括定期出版物和不定期出版物两大类。定期出版物又分为报纸和杂志(也称期刊)两类。……不定期出版物主要指图书,图书一般与书籍为同义语……传统的出版物,包括报纸、杂志和图书,都是印刷品。……狭义的出版物只包括图书和杂志,不包括报纸,因为报纸属于新闻工作领域。"②但是《中国大百科全书·新闻出版》卷又指出新闻事业最初的表现形式是报刊③,同时该书对"新闻传播工具"的定义是:"新闻传播工具(news media)是传递新闻信息的载体,报纸、通讯社、广播、电视、新闻纪录片和新闻性期刊的总称"。④从上述说法来看,报刊明显又可归入新闻事业的范围,报刊的编辑出版活动又属于新闻实践(活动)的范畴,因此,传统意义上狭义的新闻出版活动实质上只包括两个大的方面:一是报刊出版活动,即报刊的编辑、印刷和发行,由于报刊新闻纸的属性,这又可称为新闻实践或报刊实践;二是图书出版活动,即图书的编辑、印刷和发行,也称为图书出版实践。

综合上述对"新闻出版活动"的界定,结合民国时期邹韬奋新闻出版活动的实际情况——他一生只办过报刊,出版过图书,此外没有从事过其他的新闻出版活动,同时再考虑到本书研究的需要,本书所提到的"新闻出版实践"即是指以创办报刊、出版图书为中心的各种活动,包括指导、创办、编辑报刊、图书,为报刊采访、撰稿,对报刊社及书店进行经营管理等。这里的"撰稿"不是投稿,也不是指因受邀偶尔为之的供稿,而是指较长时间的、连续的、相对固定的为报刊供稿,因此本书的"新闻出版实践"也是指传统意义上狭义的新闻出版活动,它只包括两个大的方面:

---

① 中国大百科全书总编辑委员会编《中国大百科全书》(新闻出版卷),中国大百科全书出版社,2004,第8页。
② 中国大百科全书总编辑委员会编《中国大百科全书》(新闻出版卷),前引书,2004,第63页。
③ 参见中国大百科全书总编辑委员会编《中国大百科全书》(新闻出版卷),前引书,第63页。
④ 中国大百科全书总编辑委员会编《中国大百科全书》(新闻出版卷),前引书,第398页。

一是新闻实践或报刊实践；二是图书出版实践。

第二，什么叫"报人"。目前关于报人的定义主要有两种：一是"指新闻工作者，主要指报社、杂志社的编辑和记者。他们一般以新闻报道工作为职业，许多人还兼搞其他社会活动。此称谓在我国解放前多用"[①]。二是指"报业活动产生以来，以办报为生或者以报业为主要事业舞台，并对报业具有独立的创见与贡献的人物。至于那些在报业从事体力工作，未倾注主观努力的普通劳动者，如专职卖报的报贩，或者专司抄写及印刷的工人，则不属报人范畴。"[②] 笔者认为，由于民国时期报刊新闻事业和图书出版事业没有像今天这么明确分开，许多报人一方面在创办报刊，一方面在开办书店，从事图书出版事业；有些以图书出版事业为主的出版家也曾办过报刊，典型的如本书要研究的邹韬奋，邹韬奋的好友胡愈之、开明书店的创办者章锡琛等，因此，本书为研究的需要，同时也从尊重民国时期的事实出发，笔者认为报人是指以办报刊为职业或者以办报刊作为事业发展的一种平台，同时从事图书出版等其他社会活动，并对报刊或图书出版事业具有一定创见与贡献的人物。它不包括在报刊新闻事业或图书出版事业中专门从事体力工作的普通劳动者，比如专职售卖书报的报贩或经销商，或者专司抄写、校对的人员以及包装、印刷报刊、图书的工人等。

[①] 邱沛篁等主编《新闻传播百科全书》，四川人民出版社，1998，第252页。
[②] 程丽红：《清代报人研究》，社会科学文献出版社，2007，第6、7页。

第一章 接办《生活》周刊：实践的开始与奠基

邹韬奋在年少求学时就因受梁启超、黄远生、章士钊等人的影响，对报刊产生了浓厚的兴趣，在求学时期就立下了日后做一名新闻记者的志向。在他的求学时代，他虽然没有机会直接参与报刊的创办和编辑工作，但是他迫于经济压力，同时也出于自己的爱好，已经开始为报刊撰稿。邹韬奋大学毕业以后并没有直接进入报界的机会，他只能在曲线就业中继续进行历练。接办职教社创办的《生活》周刊，这是他新闻出版生涯的真正开始。邹韬奋接办《生活》周刊后，大胆加以改进，使《生活》周刊很快发展成为一份有广泛影响的大众生活通俗杂志。他早年只求社会的改良，早期的《生活》周刊也基本上不谈政治。但是严酷的现实，爱国报人的责任感和使命感驱使邹韬奋对《生活》周刊再度改进，将其转变成为新闻评述性质的周刊，并主动关注和评论政治，以图唤醒民众。《生活》周刊是邹韬奋一生中真正主编的第一个刊物，也是主编时间最长的一个刊物，他对《生活》周刊进行了大胆的改革尝试，七年主编《生活》周刊的经历为邹韬奋后续的新闻出版实践奠定了坚实的基础。

第一节 接办前的熏陶和训练

在邹韬奋接办《生活》周刊之前，邹韬奋除了在中华职业教育社帮助编辑过《教育与职业》月刊外，并未正式办过其他的刊物。但是在他早年的求学和求职的过程当中，却有着大量与报刊接触的机会，有着为报刊撰稿的实践训练，这些为他日后接办《生活》周刊积累了一定的实践经验。

一　中英文学习与初识报刊

1900年邹韬奋6岁时，便由父亲"发蒙"教他读《三字经》，后来在母亲的建议下又请来一位老夫子教他学习古文，他的父亲对他督责甚严，在年底"清算"他平日的功课，在夜里亲自听他背书，韬奋曾因背古文不力而挨打。[①] 随着年岁渐长，他又读《纲鉴》等书。在离家去福州工业学校读书时，他的国文已经有了一定的基础。1904年春，邹韬奋和他的叔父邹国珂考入福州工业学校，该校学制为六年，预科两年，本科四年，本科分为"土木工程"和"机电"两科，因此该校对英语和算学非常注重，在此学校读书时，国文课程教的是"经书"和唐诗，此时的邹韬奋也喜爱《左传》等书。在英语的学习上，邹韬奋因为没有基础，学习吃力，但他痛下苦功，还是学好了这门课程。韬奋幼时私塾的"经书"教育以及他本人对古典文学的一些接触也为他的国文修养打下了厚实的基础，这些为他日后从事新闻工作及写作业务作了一定的准备。[②]

1912年，在邹韬奋17岁的时候，他的父亲将他送进了当时上海很有名的南洋公学附属小学读书，希望他将来成为一名工程师。但是邹韬奋本人对理科类的科目并不感兴趣，尤其害怕算学，据他自己回忆，"每遇着上算学课，简直是好像上断头台"[③]。但是在附小时他遇到了两位好的国文老师：沈永衢和朱叔子两位先生，他从两位先生处得到了写作的要诀是"写作的内容必须有个主张，有个见解"[④]。1913年，邹韬奋进入了南洋公学附属中学学习，他依然对当时学校开设的理工科目没有兴趣，而对国文很感兴趣，在课外"对于什么《古文辞类纂》《经史百家杂钞》，所谓八大家的各个专集，尤其是《韩昌黎全集》《王阳明全集》《曾文正公全集》以及《明儒学案》等等，在课外都完全看了一下……此外如《新民丛报》，梁任公和汪精卫笔战的文字，在当时也是

[①] 三联书店编《韬奋：韬奋画传・经历・患难余生记》，生活・读书・新知三联书店，2004，第295页。
[②] 参见穆欣编《邹韬奋》，中国青年出版社，1959，第19页。
[③] 三联书店编《韬奋：韬奋画传・经历・患难余生记》，前引书，第111页。
[④] 三联书店编《韬奋：韬奋画传・经历・患难余生记》，前引书，第115页。

我看得津津有味的东西"①。

在邹韬奋的课外阅读生活当中，他对报刊的阅读尤为有兴趣，还在小学读书的时候，就常到学校阅报室里看黄远生的通讯："在那个时候，我对于《时报》上的远生的《北京》通讯着了迷。每次到阅报室里去看报，先要注意《时报》上有没有登远生的特约通讯，我特别喜欢看他的通讯。"②

除了当时学校阅报室的报刊外，当时南洋公学教国文和历史的小学教师沈永衢先生，非常崇拜梁启超，收藏有梁氏全部著作和全份《新民丛报》，常借给邹韬奋看。韬奋对梁启超的书报也十分喜爱，升入中学后还常去借阅。韬奋后来回忆说："我进了中院（南洋公学的中院即附属中学，而上院即大学）以后，仍常常在夜里跑到附属小学沈永衢先生那里去请教，他的书橱里有着全份的《新民丛报》，我几本几本地借出来看，简直看入了迷。……夜里十点钟照章要熄灯睡觉，我偷点着洋蜡烛在帐里偷看，往往看到两三点钟才勉强吹熄灯睡去。"③

除了对黄远生的通讯、梁启超的《新民丛报》着迷以外，邹韬奋对章士钊所办的《甲寅杂志》也有所注意，每期都从朋友那里借来看。他认为章士钊"文字的最大优点是能心平气和地说理，文字的结构细密周详，对政敌或争论的对方有着诚恳的礼貌，一点没有泼妇骂街的恶习气。我很觉得这是现在我们应该注意的态度"④。

邹韬奋在阅读自己所喜欢的报刊的过程中，在小学时便决定当一名记者："有一点却在小学的最后一年就在心里决定了的，那就是自己宜于做一个新闻记者。"⑤ 在小学时他因为佩服黄远生而"希望自己将来也能做成那样一个新闻记者"；阅读梁启超的《新民丛报》入迷也是鼓励他"做新闻记者的一个要素"；喜欢看章士钊的《甲寅杂志》对于他"做新闻记者的动机，也有着相当的推动力"。⑥ 可见，中小学时代的阅报经历，对邹韬奋日后担任新闻记者，开创新闻出版事业有着

---

① 三联书店编《韬奋：韬奋画传·经历·患难余生记》，前引书，第117页。
② 三联书店编《韬奋：韬奋画传·经历·患难余生记》，前引书，第122页。
③ 三联书店编《韬奋：韬奋画传·经历·患难余生记》，前引书，第112页。
④ 三联书店编《韬奋：韬奋画传·经历·患难余生记》，前引书，第123页。
⑤ 三联书店编《韬奋：韬奋画传·经历·患难余生记》，前引书，第123页。
⑥ 三联书店编《韬奋：韬奋画传·经历·患难余生记》，前引书，第123页。

深远的影响。

韬奋在中学时代一方面喜欢阅读报刊，另一方面也非常重视国文的学习，并下苦功练习写作，他在中学时代所写的一些论文曾被收入《南洋公学新国文》一书（《南洋公学新国文》，苏州振新书社，1914 年），他的这些文章大多得到了老师的好评，对他写的《诸葛武侯谓我心如秤论》一文老师给的评语是："心明如镜，笔快如刀。具此识力，加以读书之功，便当前无古人。"① 对他写的《唐高崇问讨刘辟军士有食于旅舍折人箸者即斩以徇论》一文老师给的评语是："文气疏宕，词义精辟。少年得志，的是隽才。"② 对他写的《西国自活版兴而人群之进化以速论》一文老师给的评语是："笔意清超，能见其大，起处尤为得手。"③ 从老师给的评语来看，当时教师对这些文章是赞赏有加的，邹韬奋对国文的勤学苦练确实起到了很大的作用，这为他日后从事新闻出版工作，尤其是大量写作刊物稿件打下了坚实的基础。

二 学生时代为报刊撰稿

邹韬奋在中学时代除练习写作外，还开始向一些刊物投稿。这固然与他喜欢报刊，立志于做一名新闻记者的兴趣有关，还与他当时的经济状况有着很大的关系。1915 年前后，邹韬奋的父亲迁居北京，在财政部印花税处任科长，他收入不多，却约集别人到北京谋划筹办一个大型纱厂，结果工厂没有办成，反欠了一身巨债，弄得终生潦倒，一事无成。④ 父亲生意场上的失败，自然会影响正在求学的邹韬奋："我读到中学一年级的第二学期，家中对我的学费已无法供给，经济上陷入了困境。"⑤ 经济上的困境使他一方面刻苦学习以获取"优行生"以便减免学费，另一方面也促使他试着向一些刊物投稿，以换取一定的稿费来缓解自己经济上的困境。

邹韬奋最开始是向《申报》的副刊《自由谈》投稿，那时他"因为

---

① 中国韬奋基金会韬奋著作编辑部编《韬奋全集》，第 1 卷，上海人民出版社，1995，第 7 页。
② 中国韬奋基金会韬奋著作编辑部编《韬奋全集》，第 1 卷，前引书，第 9 页。
③ 中国韬奋基金会韬奋著作编辑部编《韬奋全集》，第 1 卷，前引书，第 10 页。
④ 参见穆欣编著《邹韬奋》，前引书，第 14 页。
⑤ 三联书店编《韬奋：韬奋画传·经历·患难余生记》，前引书，第 128 页。

经验的薄弱，观察的不深刻，实在觉得没有什么可写，就到学校的图书馆里去看几种体育、科学方面的英文杂志，从上面选取一些关于卫生健康、科学发明之类的短文章，翻译出来后试着投稿，陆续发表了好几篇，并且第一次领到了稿费"①。

1915年5月起，邹韬奋又开始向商务印书馆出版的《学生杂志》投稿，从1915年到1919年邹韬奋离开南洋公学，先后在《学生杂志》上发表了22篇文章。②邹韬奋在《自由谈》上发表的文章，一般只有数百字，而在《学生杂志》上发表的文章，"一来就是几千字了，所写的内容大概偏于学生修养方面的居多"③。

1919年初，邹韬奋在南洋公学电机系学习微积分和高等物理遇到很大困难，再者经济上的困境一直无法结束，不得已暂时停学，想办法去筹集学费和生活费用。同年2月经同学介绍去江苏宜兴县蜀山镇葛姓家中当家庭教师。同年7月，邹韬奋在五四运动的高潮中回到上海，参加了《学生联合会日刊》的编辑工作。④同年9月，邹韬奋以工科二年级学生的资格破格考入上海圣约翰大学文科三年级学习，主修西洋文学，副修教育。

圣约翰大学是一所比较"贵族化"的学校，读书费用自然成为邹韬奋的重要负担。虽然郁锡范、刘威阁、毕云程等人给予帮助，邹韬奋本人自己也一边"节流"，另外也多处想办法通过勤工俭学来弥补经济上的困难。虽然穷困，但邹韬奋翻译国外著作和向报刊投稿的兴趣依然未减，这当然也有通过译著或撰稿换取稿酬来减缓经济压力的想法。其间邹韬奋开始翻译杜威所著的《民治与教育》，但是巨著的译述时间长，不能很快拿到稿费。除翻译外文著作外，邹韬奋也向一些刊物投稿。依据现存的资料来看，从1919年到1921年大学毕业⑤，邹韬奋主要是向《申报·自由谈》《约翰声》《约翰年刊》《时事新报》等几个刊物投稿，这几个刊物上所发表他的作品数量见表1-1。

---

① 三联书店编《韬奋：韬奋画传·经历·患难余生记》，前引书，第119、120页。
② 参见中国韬奋基金会韬奋著作编辑部编《韬奋全集》，第1卷，前引书，第17~144页。
③ 《韬奋：韬奋画传·经历·患难余生记》，前引书，第120页。
④ 参见复旦大学新闻系研究室编《邹韬奋年谱》，复旦大学出版社，1980，第20页。
⑤ 参见邹韬奋1919年9月入圣约翰大学读书，1921年7月毕业，获文学士学位，参见复旦大学新闻系研究室编《邹韬奋年谱》，前引书，第21页。

表 1-1　邹韬奋在圣约翰大学就读时发表文章情况一览表

单位：篇

发表文章的刊物名称	发表文章的篇数	文章的署名
《申报·自由谈》	12	均署名为"谷僧"
《约翰声》	16	均署名为"邹恩润"
《约翰年刊》	5	均署名为"邹恩润"
《时事新报》	4	均署名为"邹恩润"

说明：此表依据《韬奋全集》第1卷上收录的相关文章统计制作。

邹韬奋在《申报·自由谈》上发表的文章依然主要翻译了英文杂志上的一些常识性或科普性的小文章，只有三篇《吉安风俗奇谈》是对我国江西吉安地区一些传统恶俗进行批判的文章。

邹韬奋在大学时代所发表的文章最主要的是刊登在圣约翰大学的刊物《约翰声》上，这些文章主要涉及了国民的健康与修养、国民教育问题及妇女解放问题等内容。他所发表的《青年奋斗之精神与国家前途之希望》一文，号召全国青年"坚持其奋斗精神与社会腐败恶习宣战"[①]。两年以后，即1921年10月10日《申报》也全文刊载了这篇文章，这说明它在当时的影响是比较大的。

邹韬奋在圣约翰大学读书的时间，正是五四新文化运动的影响越来越深入的时期，邹韬奋受新文化运动的影响，所撰写的文章的视野也比中学时代要开阔得多，文章内容开始从"偏于学生修养方面居多"转向关注当时社会生活中的一些重大实际问题并加以思考。从文章的语言来看，邹韬奋受新文化运动的影响，也开始自觉地使用白话文来写作。当然，此时邹韬奋对白话文和文言文还是交织使用的，如同为发表在《约翰声》上的文章，《吾国国民体育怎样可以增进》《本校的优点与希望》《改造家庭之两大观念》等文章都是比较成熟的白话文写作，而《愿全国为女子者思之》《男女问题的根本观》《吾侪所以报答母校者》等文章还是文言文。

三　曲线就业中的再历练

1921年7月，邹韬奋从圣约翰大学毕业，邹韬奋的初衷是想进入

---

① 中国韬奋基金会韬奋著作编辑部编《韬奋全集》，第1卷，前引书，第171页。

新闻界工作的，但是一时没有机会，所以不得不"以前走曲线求学，现在又不得不走曲线就业了"①。经好友毕云程的介绍，他到上海的厚生纱厂担任穆藕初先生的英文秘书，后来又在穆先生创办的上海纱布交易所担任英文秘书。但是邹韬奋的理想职业是进入新闻界工作，所以在纱厂工作的同时，他一直留意在新闻界寻找新的工作。当时，同为圣约翰大学校友的张竹平正在做《申报》的经理，邹韬奋便借校友的关系去找他，表示要进新闻界的意思，张竹平一时也没有机会给他，只是介绍他到《申报》报馆里帮忙处理英文信件。邹韬奋帮忙处理了三个星期，虽然当时张竹平没有给他进入报馆的机会，但是三个星期练习生的经历使邹韬奋"学的办事认真的态度，却是无价之宝……后来张先生拉我加入《时事新报》，这三星期的练习生也许也是一种强有力的媒介"②。也就是说，这三个星期练习生的经历，对日后张竹平拉邹韬奋加入《时事新报》，是一个重要的铺垫，这也为他日后加入新闻出版界并做出一番业绩积累了一定的经验。

在纱布交易所工作期间，邹韬奋为了增加经济收入，经圣约翰大学一位校友的介绍，又到上海青年会中学（现在的浦光中学）担任英文教师的兼职工作。邹韬奋在这个中学的英文教学是比较成功的，但是邹韬奋的志向依然是想进入新闻界，可是新闻界一时还是没有机会给他尝试，而他觉得自己在中学校里教英文又有相当的好印象，"于是觉得倘若教育界方面能有相当的机会做做看，也颇想再试试'走曲线'的就业策略"③。在做这两份工作的同时，邹韬奋又给同为南洋公学校友的黄炎培去了一封信，希望能获得新的工作机会。而当时由黄炎培所主持的中华职业教育社也正在物色一个中英文都有相当可取的编辑人才。黄炎培在认真考察了邹韬奋发表在《约翰声》上的作品以及他原来在工作中的为人以后，决定请邹韬奋到中华职业教育社担任编辑股主任。邹韬奋接受聘请后，便辞去了纱厂的英文秘书工作。

中华职业教育社是中国近代著名职业教育团体，该社是黄炎培联合教育界、实业界的知名人士于1917年5月6日在上海发起成立的。7月，职

---

① 三联书店编《韬奋：韬奋画传·经历·患难余生记》，前引书，第147页。
② 中国韬奋基金会韬奋著作编辑部编《韬奋全集》，第7卷，上海人民出版社，1995，第170页。
③ 三联书店编《韬奋：韬奋画传·经历·患难余生记》，前引书，第155页。

业教育社的议事部成立,选举蔡元培、沈恩孚、史量才、穆藕初、张元济、王正廷等人为议事员,随后推选出实际掌管社务的办事部,由黄炎培做主任,蒋梦麟担任书记。① 中华职业教育社以"为个人谋生之预备;为个人服务社会之预备;为世界及国家增进生产能力之预备"② 作为三大指导目标,积极宣传和推广职业教育。在职教社的大力倡导和推动下,职业教育在上海等地逐步发展起来,并逐渐推广到中国各地。在推广职业教育的过程中,职教社编印了大量有关职业教育的书刊,这些书刊的内容,基本偏重于职业教育理论学术的研究和探讨。

职教社虽然聘请了邹韬奋,但是限于经济力量,只能请他担任半天的职务,且薪水较低,只有六十元,为增加邹韬奋的收入,黄炎培又介绍他到江苏教育会里面的科学名词审查会工作。所以邹韬奋是"上半天替职教社编译《职业教育丛书》,下半天替科学名词审查会编辑各科名词"③。邹韬奋除了编译《职业教育丛书》,另外一项重要的工作便是编辑职教社所出版的《教育与职业》月刊④（1917年10月创刊）。《教育与职业》是职教社所创办的一种学术刊物,而非新闻类刊物,所发表的文章大多是由职教社同人所提供的关于职业教育方面的理论性文章,邹韬奋本人对于职业教育并不是特别感兴趣,邹韬奋在编辑《教育与职业》月刊时不可能实现自己从事新闻事业的梦想,因此他编辑《教育与职业》月刊并不能算作他新闻出版实践工作的开始。

邹韬奋在职业教育社的初期并没有从事自己向往的新闻记者的工作,而是在编译职业教育方面的著作或写作职业教育方面的文章,他自己也承认:"我对于职业教育并没有怎样浓厚的兴趣。这当然不是说职业教育的不重要,也不是说我看不起职业教育,我只是就我自己的工作兴趣说罢了。"⑤ 邹韬奋在职教社所编译的第一本书是《职业智能测验》,他只依据英文书的内容和顺序把它翻译成中文,编法和措辞方面都依照英文原著,合于英美人的胃口,却不符合中国读者的口味,结果受到黄炎培的严厉批

---

① 参见黄嘉树《中华职业教育社史稿》,陕西人民出版社,1987,第20~21、80页。
② 中国人民政治协商会议上海市委员会文史资料工作委员会《文史资料选辑》,第3辑总第37辑,上海人民出版社,1981,第82页。
③ 三联书店编《韬奋：韬奋画传·经历·患难余生记》,前引书,第156页。
④ 参见中国韬奋基金会韬奋著作编辑部编《韬奋全集》,第7卷,前引书,第174页。
⑤ 三联书店编《韬奋：韬奋画传·经历·患难余生记》,前引书,第156页。

评，他告诉邹韬奋在编译这本书的时候"不要忘却我们的重要的对象——中国的读者。我们要处处顾到读者的理解力，顾到读者的心理，顾到读者的需要"①。这件事对邹韬奋后来的影响很大，他自己回忆说："黄先生给我的这个教训，却很有益于我以后的著作方法，很有助于我以后办刊物时的技术。所以我特把这件事提出来谈谈。我认为这是有志著述的人们最要注意的一个原则：在写作的时候，不要忘记了你的读者。"② 而这个不要忘记你的读者的教训，邹韬奋后来在从事新闻出版事业的生涯中一直都铭记在心。

需要指出的是，1926年邹韬奋正式接办《生活》周刊后，他还是有在其他报刊——《时事新报》——工作的经历，这个经历对他办报的影响也较大，因此在此也特意补述。

1927年，虽然邹韬奋已经接办了《生活》周刊，但是经由张竹平的介绍，他还是兼任了《时事新报》的秘书主任，并主持该报副刊《人生》的编务。《时事新报》报馆需要全天的工夫，所以邹韬奋只能把《生活》周刊的编辑工作移到夜里。邹韬奋在《时事新报》的主要职责是负责处理报馆各部的信件——编辑部的通信稿除外，因为处理各部信件的需要，邹韬奋要和报馆各部门打交道，所以这个工作给了他一个很好的"练习"机会，让他有机会熟悉报馆各部门的运作情况。《时事新报》报馆总经理潘公弼和邹韬奋同处一个办公室，而潘公弼在新闻界已经有十几年的经验，对新闻业有丰富的经验，对新闻业的种种方面都很熟悉，且都经历过；在报馆营业方面，潘公弼也干过种种职务，所以他对于报馆各部分的工作内容都有透彻的了解，他对解决报馆各部分问题都有自己独到的见解。此外，潘公弼在处理问题时的镇定安详，待人接物的恰当，都对邹韬奋产生了很大影响，让邹韬奋学到了不少的东西，所以邹韬奋说："我和他相处一年，在学习方面得到不少的益处，我以前曾谈过在申报馆里'练习'了三星期，我在时事新报馆工作的一年，是我生平更有意义的'练习'时间。我觉得我的这一年的'练习'，比进什么大学的新闻科都来得切实，来得更有益处。"③ 从这段话来看，邹韬奋在《时事新报》馆里工作的一年时间里，确实是学到了不少办报的经验。

---

① 邹韬奋：《韬奋文集》，第3卷，生活·读书·新知三联书店，1955，第49页。
② 邹韬奋：《韬奋文集》，第3卷，前引书，第49页。
③ 三联书店编《韬奋：韬奋画传·经历·患难余生记》，前引书，第158页。

第二节　接办并初步改进《生活》周刊

《生活》周刊的第 1 卷由王志莘主持，但他没有明定刊物的宗旨，刊物读者的定位也不明确，故而《生活》周刊第一卷的出版发行情况并不理想。《生活》周刊从第 2 卷开始由邹韬奋接手，邹韬奋接手后逐步明定刊物的宗旨和读者定位，丰富刊物的栏目和内容，《生活》周刊迅速发展成为很受欢迎的大众生活通俗杂志。

一　第 1 卷：接办前宗旨与定位未明

1925 年 10 月 11 日，中华职业教育社除了原有的《教育与职业》月刊外，又在上海正式创办了《生活》周刊。中华职业教育社为什么要创办《生活》周刊，这是因为虽然在中华职业教育社创办《生活》周刊前，职业教育社已经有的《教育与职业》月刊与编译的许多职业教育方面的丛书基本上是偏重于职业教育理论研究和探讨的，并不能真正向大众推广和宣传职业教育。所以中华职业教育社决定创办一个机关刊物，这就是后来的《生活》周刊。邹韬奋后来回忆说："我不能掠人之美，《生活》周刊并不是由我创办的。当时职教社原有一种月刊叫作《教育与职业》，专发表或讨论关于职业教育的种种问题，但是该社同人觉得月刊要每月一次，在时间上相隔得比较久一些，只宜发表理论或有系统的长篇事实；为传布职业教育的消息起见，有创办一种周刊的必要：这是最初创办《生活》周刊的意旨。"① 从邹韬奋的回忆来看，《生活》周刊创办的初衷，好像只是为了进一步推广和宣传职业教育，但是事实并非如此，邹韬奋的回忆只是拟议中的《生活》周刊的办刊宗旨。

《生活》周刊创刊时，黄炎培以"抱一"的笔名在《生活》周刊上发表的创刊词揭示了该刊创办之目的："世界一切问题的中心，是人类；人类一切问题的中心，是生活。求生活不得，是一大问题；不满足于其生活，亦是一大问题。物质上不满足，而生活穷困，穷困之极，乃至冻饿以死，今既时见之矣。……合力谋此问题之渐解，作《生活》。"②

---

① 三联书店编《韬奋：韬奋画传·经历·患难余生记》，前引书，第 178 页。
② 抱一：《创刊词》，《生活》周刊 1925 年第 1 卷第 1 期。

《生活》周刊创办后，职教社还在《申报》上刊登广告进行宣传："此为中华职业教育社辑行之周刊。其主旨在研究社会生活及经济之状况。以为职业教育设施之根据。并指导青年从事正当生活之途径。"① 综合《生活》周刊的创刊词和刊登在《申报》上的广告来看，《生活》周刊创办的主旨为"研究社会生活及经济之状况。以为职业教育设施之根据，并指导青年从事正当生活之途径。"也就是说，该刊创办的终极目的还是在于职业教育问题，指导青年就业和生活，但是，这个终极目的的实现在于先要研究社会生活。黄炎培在创刊词里对什么是"生活"及"生活问题"所包含的类别做了阐释：生活既包括物质生活，又包括精神生活，也包括人与人之间的矛盾所导致的"人与人间之生活问题"、国家之间的矛盾所导致的"国与国间之生活问题"。而《生活》周刊就是要反映、讨论并寻找方法解决这些问题。邹韬奋接手主编《生活》周刊时，把《生活》周刊的宗旨和内容以及刊物形态都加以改变，但是并未受到黄炎培和职教社的阻拦，其原因就在于黄炎培等人在《生活》周刊初创时就并不仅仅希望该刊只关注职业教育问题，而是希望《生活》周刊的视野更为广阔，内容更为广泛，而邹韬奋的改变是符合办刊初衷的。

《生活》周刊第 1 卷的宗旨和内容到底主要是什么，邹韬奋本人后来的回忆对此问题有多处论述："《生活》专门用来宣传职业教育职业指导的消息和简要的言论。"② "它的意旨既是传布职业教育的消息，所以大部分的篇幅都是登载各报上搜集下来关于职业教育的消息。"③ "这个周刊最初创办的时候，它的意旨和后来的很不相同，只是要传播关于职业教育的消息罢了。"④ "（该刊）旨在宣扬职业指导和职业修养。"⑤ 邹韬奋上述的叙述并非都是准确的。徐伯昕、胡愈之等人的回忆也与邹韬奋有着同样的看法。如徐伯昕称："1925 年 10 月，中华职业教育社创办的《生活》周刊，以传布职业教育信息为目的。"⑥ 胡愈之回忆说："《生活》周刊原先只是一个指导职业教育的刊物，登载的

---

① 《〈生活〉周刊第一期出版》，《申报》，1925 年 10 月 11 日。
② 中国韬奋基金会韬奋著作编辑部编《韬奋全集》，第 9 卷，上海人民出版社，1995，第 717 页。
③ 邹韬奋：《韬奋自述》，学林出版社，2000，第 70 页。
④ 邹韬奋：《韬奋自述》，前引书，第 72 页。
⑤ 邹韬奋：《韬奋自述》，前引书，第 85 页。
⑥ 韬奋纪念馆编《邹韬奋研究》第一辑，学林出版社，2004，第 26 页。

文章也都是适应企业职、店员等小市民的需要，谈些生活和职业修养问题。"① 他们的这些看法，可能是因为最初的《生活》周刊是中华职业教育社的机关刊物，所以他们想当然地得出上述结论。他们的这些回忆影响到了后来的研究者对《生活》周刊第 1 卷宗旨和内容的看法，如穆欣认为"第一卷的内容着重谈论有关职业教育和青年修养的问题"②。俞月亭也认为"《生活》周刊创办的头一年是一个纯粹讨论职业教育和职业修养的刊物"③。他们的这些结论，在于他们没有仔细阅读《生活》周刊第 1 卷中的内容，而只是把邹韬奋或者徐伯昕、胡愈之等人的回忆作为研究的主要参考依据。

在后来的研究中，有研究者通过对《生活》周刊第 1 卷的内容进行梳理，发现第 1 卷的内容讲职业教育及职业指导的信息并不多。如沈谦芳认为《生活》周刊第 1 卷总共 52 期的内容中，只有 15 篇文章勉强算得上是"职业教育及职业指导"方面的文章，其余的都是谈"生活"。④ 黄嘉树也认为第 1 卷《生活》周刊的内容主要有两方面："一是客观地报道了社会各阶层的生活状况，尤其是下层劳动人民在死亡线上苦苦挣扎的惨状。二是关于青年修养的专论，就青年如何确立理想、如何脚踏实地、如何为人处事等问题发表感想或意见。"⑤

笔者根据《生活》周刊第 1 卷汇刊的分类总目，再结合第 1 卷中文章的具体内容，特制成表 1 - 2。

表 1 - 2 《生活》周刊第 1 卷各栏目文章情况一览

单位：篇

编 号	分类总目	篇 数	各栏目的主要内容	栏目中谈职教的文章
1	论坛	19	刊物的记者或编者谈本刊或其他社会生活问题	0
2	专论	34	对国内外各种问题带有研究性质的评述	10

---

① 胡愈之：《我的回忆》，江苏教育出版社，1990，第 18 页。
② 穆欣编著《邹韬奋》，湖北人民出版社，1981，第 38 页。
③ 俞月亭：《韬奋论》，河北教育出版社，1991，第 14 页。
④ 参见沈谦芳《邹韬奋传》，山东人民出版社，1998，第 60 页。
⑤ 黄嘉树：《中华职业教育社史稿》，前引书，1987，第 80 页。

续表

编号	分类总目	篇数	各栏目的主要内容	栏目中谈职教的文章
3	杂文	34	以幽默、辛辣的笔调对社会生活中的丑恶现象进行抨击和鞭挞，发人深省	5
4	修养	23	谈论人生修养问题，尤其是青年的修养问题	
5	成功人物传	2	介绍了国内外两个事业取得成功的人的事迹	
6	名人箴言	13	如何处世和生活的话语摘录	1
7	平民经济问题	9	主要谈论平民的经济状况	
8	平民职业状况	13	各地职业的基本概况，以谈妇女职业问题的文章居多	10
9	平民生活素描	73	描述各阶层平民的生活状况，以描述平民贫困生活为主	
10	学徒生活写真	17	描述学徒生活的悲苦状况	
11	改良学徒生活意见	7	解决学徒悲苦生活的建议和办法	7
12	各地风俗谈	10	介绍国内各地的风俗	
13	歌谣	7	以民间歌谣或民谚反映平民生活	
14	小说	19	刊载短篇小说	
15	生活消息	33	反映国内外各地不同职业的发展状况以及从业者的生活状况，国外的消息只涉及日本和美国的	7
	合计	312		40

说明：本文所编制的《生活》周刊主要栏目表格，一方面根据影印合订本的分类总目，另外又根据各卷的具体内容来制定，因为分类总目并未把所有的内容包括进去，如第3、4、5卷的分类总目并未把"一周鸟瞰"这个栏目的内容包括进去，而《生活》周刊的第6、7、8卷合订本也未制定分类总目。

从表1－2中可以看出，《生活》周刊第1卷的内容中，谈论职业教育或职业指导的文章只有40篇（笔者在统计时，只要文章内容主要是谈论职业问题，对人们从事某种职业具有教育或指导意味的便算成"谈职业教育或职业指导"的文章，可能文章入选的条件比沈谦芳先生的要宽松一些，所以统计出来的数字大于15篇），尽管是这样，这40篇文章在第1卷312篇文章中所占的比重还是很低的。此外，《生活》

周刊第 1 卷上的文章并非都是"登载各报上搜集下来关于职业教育的消息"。应该说,《生活》周刊第 1 卷上的文章的种类还是比较丰富的,对社会各阶层人们的生活状况,尤其是下层劳动人民的悲惨生活,第 1 卷还是做了很多反映的,如《晋阳镇之贫民生活》(第 1 卷第 6 期)、《谈谈乞丐生活》(第 1 卷第 11 期)、《南通贫民之呻吟》(第 1 卷第 22 期)等文章。在反映下层劳动人民的苦难和辛酸的同时,第 1 卷也以批判的口吻写出了富人的生活,如《甪直富家太太的生活》(第 1 卷第 26 期)、《甪直富家男子的日常生活》等文章,富人和穷人生活产生对照,使人们对贫富差距悬殊的社会产生不满和憎恨。第 1 卷中也有许多谈论个人修养,尤其是青年修养的文章,如杨贤江的《青年修养论发端》就强调:"'修养'不能拿玄妙难测的修身养性为目标,不能只偏重个人而忽视社会,修养的意义就是自己教育,自己训练,旨在使自己更聪明、更健康、更有益于社会。修养的方法是参加实践活动,结起团体来定出纲领来。"[①]

总之,《生活》周刊第 1 卷的内容谈论职业教育和职业指导的文章并不多,第 1 卷的内容反映了各类社会生活问题,也试图寻求和提出一些解决这些问题的办法。

王志莘在主办《生活》周刊时应该是比较敬业的,《生活》周刊第 1 卷几乎每期都有他的文章,《生活》周刊第 1 卷的第 1 期到第 20 期,每期刊首都有他以"又一周""编辑者言""记者"等名义发表的评论性文章。他也想了一些办法来改进《生活》周刊的编辑质量,他也曾想通过和读者的互动来讨论和编辑读者感兴趣的话题和文章,如他在《生活》周刊第 1 卷第 16 期的《改善学徒生活》一文中说:"已出版的十五期《生活》周刊对于社会——至少对于读者——究竟有多少影响?有多少利益?这一个自动的反省引起了编辑者良心上的歉疚,与思想上的波涛。因之想以本期作初次的试验,提出一个切要问题,分作几点,和读者讨论。此举有两种目的:第一种目的,希望本周刊因此能得与诸君作进一步的合作功夫,就是要使读者深信此周刊是为诸君而办,诸君有共同加入讨论研究的权利和责任。第二种目的,希望本周刊因此得给社会进一步的实际贡献,就是要使读者深信本周刊为社会而办,实在想调查社会生活状况,研究切切实实的

---

① 杨贤江:《青年修养论发端》,《生活》周刊 1925 年第 1 卷第 1 期。

改进办法。今编辑者提出'三年学徒生活'一个问题来和读者讨论。……编辑者，首先提出此问题，作本期讨论的标的。"① 王志莘为了提高刊物质量，吸引读者关注，提出了"三年学徒生活"这个问题来吸引读者参与讨论，在王志莘的主持下，第 1 卷中颇有影响的"解决学徒生活问题"的讨论就在编者和读者间开展起来了。后来的《读学徒泪之感想》（第 1 卷第 18 期）、《三年学徒生活的初步》（第 1 卷第 24 期）和《改良商界学徒生活之我见》（第 1 卷第 35 期）等文章都是读者对此话题的讨论和回应，这说明他的这些措施还是有了一定的效果。除了关注学徒生活的改进，他也注重民俗生活的改进，如他在《济南民情风俗（七集）》一文中提出了民俗生活改进的问题。他说："民情风俗，在与生活有密切之关系，探记吾国各地之民情风俗，根据事实，商榷改进之途径，亦改进生活之一个方面，故本刊以后将陆续采登关于此类之文字，此篇即其开端，请投稿诸君注意。"② 通过努力，在《生活》周刊第 1 卷里也有 10 篇文章记录了各地的风俗。

不管王志莘怎样努力，他主办的《生活》周刊影响力不大，发行状况非常差。据邹韬奋的回忆："第一年中并看不出它有什么大的前途，因为职业教育和职业指导在有些人看来似乎并不怎样一般化民众化，订户当然说不到，报贩也不起劲。有一次遇着运动场在开运动会，由一位茶博士带了一大堆立在门口分送——在当时是不敢想到卖得出的。印的数量虽然有一千余份，最大部分都只是分赠给职教社的社员。"③ "当我接办的时候，它的每期印数约有二千八百份左右，赠送的居多。"④

王志莘主办时期的《生活》周刊办刊效果不理想的原因是多方面的。首先是刊物初创，办刊者经验不足。王志莘学的是银行学，对于编辑业务不熟悉，主持刊物非其所长。在职教社抽不出人手的情况下，由他权且担任《生活》周刊的主笔。其次是刊物发展所需的财力和人力不够也是影响《生活》周刊第 1 卷质量的一个重要因素。职教社只是一个民间教育团体，其活动经费主要来自各方面的赞助，资金和人

---

① 王志莘：《改善学徒生活》，《生活》周刊 1925 年第 1 卷第 16 期。
② 王志莘：《济南民情风俗（七集）》，《生活》周刊 1925 年第 1 卷第 39 期。
③ 中国韬奋基金会韬奋著作编辑部编《韬奋全集》，第 9 卷，前引书，第 718 页。
④ 中国韬奋基金会韬奋著作编辑部编《韬奋全集》，第 7 卷，前引书，第 197 页。

力资源本来就十分有限,因此它不可能有太多的人力和财力来支持《生活》周刊的发展。《生活》周刊创办之初,王志莘担任主笔,其余的文章由职教社的同人帮忙,发行的事情由当时还在职教社做练习生的徐伯昕兼任。最后是《生活》周刊第 1 卷的宗旨和读者定位不明确,这是《生活》周刊第 1 卷最大的问题。王志莘在办刊时也决定以讨论和解决社会生活问题为主旨,第 1 卷也反映、讨论了生活问题,但是对社会生活的描述都流于泛泛而谈,且多是关注学徒生活。王志莘也试图探索改进生活的良方,但着眼点还是学徒等平民阶层职业生活的改善,且这样的文章也不是太多。《生活》周刊读者的定位如何从职教社同行扩展到其他类别的读者,这些问题王志莘担任主笔时都未能加以解决。上述这几个原因不可避免地造成了《生活》周刊第 1 卷视野狭窄,内容单一,影响力不大的后果。

二 第 2 卷:接办后的大胆改进

1926 年 10 月,王志莘转入银行界任事,邹韬奋以职教社编辑股主任的身份接任《生活》周刊的主编。前文提到,王志莘担任《生活》周刊主编时,他面临着人力、财力等方面的困境,同时兼以刊物的宗旨和读者定位不明,从而使得《生活》周刊第 1 卷的整体质量不高,影响太小。邹韬奋接任后,同样也面临着这些问题。邹韬奋接办《生活》周刊后,便力图改变这种困境。《生活》周刊是职教社的机关刊物,邹韬奋必须维护刊物的性质,因此他接手后,还是登载了不少谈论"职业生活""职业与修养"关系的文章,主要篇目如《服务之条件》系列文章(第 2 卷第 10~15 期共六篇)、《并非徒恃机遇》(第 2 卷第 49 期)等。邹韬奋接手后,非常注重与读者的沟通和互动,积极采纳读者的意见和建议,借此来改进《生活》周刊的栏目和内容。事实上,后来《生活》周刊在栏目与内容上的不断变化与改进,一方面与邹韬奋本人的努力有关,但另一方面与许多读者的良好意见和建议有着很大的关系。《生活》周刊第 2 卷第 1 期"读者信箱"栏目就是应读者"礼弘"的要求开设的,"国外生活概况"栏目(第 2 卷第 15 期)的设置是应读者"凤城之请"而新增的,《生活》周刊当中从第 2 卷第 12 期开始出现讽刺画或其他图画,这是应读者莫世英的建议而实行的。邹韬奋后来回忆说:"我接办之后,变换内容,注重短小精悍的评论和'有趣味有价值'的材料，并在信箱一栏讨论读者所提出的种种问题。对于编制方式的新颖和相片插图的动目，也很注意。所谓'有趣味有价值'，是当时《生活》周刊最注重的一个标语。"①

邹韬奋努力改进《生活》周刊的栏目和内容，读者也提出了不少好的建议，但是，邹韬奋接手《生活》周刊时，该刊物在人力和财力上是非常窘迫的。邹韬奋接任时，整个刊物的工作人员连他在内只有"两个半人"（徐伯昕管发行，孙梦旦则是兼职），办公条件也非常简陋，办公地点在拉斐德路（今上海复兴中路）的一个小小的过街楼里②。邹韬奋要新增栏目，丰富刊物内容，必然需要来源稳定、质量较优的稿件，但是当时的《生活》周刊名气有限，财力有限无法给出稿酬，因此外来稿件非常少，稿源非常紧张，邹韬奋在追忆这段经历时说："当时一则因为文化界的帮忙的朋友很少，二则因为稿费少，几等于零。职教社同人也各忙于各人原有的职务，往往由我一个人唱独角戏。"③ 在这种情况下，邹韬奋只能自己取多个不同的笔名，撰写不同内容的文章来补充和丰富《生活》周刊的内容，他说："《生活》周刊即是空手起来，它的编辑只配做光杆编辑，是一种很合于逻辑的现象。职教社的几位先生，原来是可以帮忙写篇文章的，但是因为他们各忙于原有的职务，所以慢慢地少起来。要向外征文吗？一文钱稿费没有，刊物的销路又很少，都是一时难以解决的问题。结果往往全期的文章，长长短短的，庄的谐的，都由光杆编辑包办。"④ 邹韬奋给自己取了"孤峰""落霞""心水"及"秋月"等不同的笔名，写作了人生修养、人物传记、卫生保健等方面的大量文章，同时也翻译了许多国外的文章。当然有时也会请亲朋好友撰写一些，如他的弟弟邹恩泳、好友毕云程等在这一时期都为他写过一些文章。

邹韬奋在接办《生活》周刊时虽然困难重重，但是通过努力，对《生活》周刊的栏目和内容还是做了很大的改进。表1-3反映了第2卷类目的变化情况。

---

① 邹韬奋：《韬奋自述》，前引书，第73页。
② 参见复旦大学新闻系研究室编《邹韬奋年谱》，前引书，第25页。
③ 邹韬奋：《韬奋自述》，前引书，第73页。
④ 邹韬奋：《事业管理与职业修养》，生活·读书·新知三联书店，1982，第124、125页。

表 1-3　第 2 卷与第 1 卷栏目变化情况

第 2 卷保留的第 1 卷栏目	第 2 卷新增栏目	第 2 卷删掉的第 1 卷栏目
论坛；专论；杂文；名人轶事；事业与修养；人物介绍；平民生活素描；学徒生活之改进；诗歌与小说（短篇）	小言论；处世之道；短篇零简；小新闻；国外生活概况；两性问题；娱乐方法；长篇小说；读者信箱	名人箴言；平民经济问题；学徒生活写真；生活消息

从表 1-3 中可以看出，邹韬奋在接手《生活》周刊以后，对该刊的栏目和内容做了许多调整，尤其是新增了 9 个新的栏目，这新增 9 个栏目的主要内容各有侧重，而其中"小言论"和"读者信箱"延续的时间最长，影响也最大。

"小言论"是邹韬奋在《生活》周刊第 2 卷第 47 期开辟的，从这一期开始，直到刊物被查封，"小言论"每卷每期都会登载，它实质上就是代表《生活》周刊发言的社评，每期置于卷首，每期至少有一篇，多的时候有三四篇。《生活》周刊第 8 卷第 26 期以前的《小言论》都是由邹韬奋亲自撰写，此后由集体讨论轮流执笔。"小言论"所谈论的内容非常广泛，从国内外的国家大事到家庭个人的日常生活小事，都有所涉及，在写作上，作者往往秉笔直书，议论由事实而发，短小精悍，发人深省，因此《生活》周刊的读者非常喜欢"小言论"，它在读者的心目中占有重要的地位，邹韬奋自己评价说："这一栏也最受读者的注意，后来有许多读者来信说，他们每遇着社会上发生一个轰动的事件或问题，就期待着看这一栏的文字。"[1]

"读者信箱"是《生活》周刊办得最为成功，最富有特色的一个栏目。该栏目是邹韬奋于 1926 年《生活》周刊第 2 卷第 1 期应读者"礼弘"的要求而开设的（第 5 卷第 45 期后名称改为"信箱"），该栏目从开设直到《生活》周刊被迫停刊，除了少数几期因故中断外，每期都会刊登读者来信，篇数为 1 篇至 5 篇不等。"读者信箱"开办的最初目的是："讨论读者所欲解决关于生活之种种问题的，凡生活问题，一时尚无适当之解决者，均得在此栏征答。"[2]

第 2 卷第 1 期开办的"读者信箱"栏目，通过读者和编者问答式的互

---

[1] 中国韬奋基金会韬奋著作编辑部编《韬奋全集》，第 7 卷，前引书，第 198 页。
[2] 览辉：《格外亲切有味》，《生活》周刊 1927 年第 2 卷第 43 期。

动,对一些重要或普遍性的问题进行了讨论,阐明各自的观点和意见,并试图找出解决的办法和途径。该栏目注重读者的主动参与,因此受到读者的青睐和欢迎。尤为重要的是,《生活》周刊的编者把它作为与读者紧密联系的桥梁和纽带,改进刊物的重要渠道。从整个《生活》周刊的发展来看,"读者信箱"及其读者来信是促使《生活》周刊不断改进和发展的巨大推动力,《生活》周刊宗旨后来的变化,刊物形态的转变,甚至是刊物的销量,都与读者来信有着密切关系。

除了"小言论"和"读者信箱"栏目外,第2卷开始刊登的长篇小说栏目也比较成功。《生活》周刊上先后刊载的长篇小说有《一位美国人嫁与中国人的自述》(第2卷第17期至第3卷第8期连载)、《一位英国女士和孙先生的婚姻》(第3卷第9期至第4卷第22期连载)、《一个女子恋爱的时候》(第4卷第23期至第6卷第26期连载)、《回顾》(第7卷第26期至第8卷第18期连载,第8卷第19期后因出该小说的单行本而停载)。四部小说中前三部小说都是恋爱婚姻的体裁,翻译者都是邹韬奋。前三部小说本身很有趣味,而邹韬奋在每篇译述之后所撰写的《译余闲谈》,不但对小说里所展现的中西生活习惯的差异做出精辟的评述,而且常常借此对中国传统的大家族制度和封建婚姻制度予以抨击,使读者在感受小说趣味的同时,也在思想认识上有所收益,因此也受到读者的欢迎。小说《回顾》是曾克熙翻译的,其主要内容是描述一种社会主义的理想生活,也颇受读者的欢迎。

《生活》周刊第2卷新增的栏目"处世之道"主要是介绍一些劝诫人们正确生活处世的片断言论,该栏目只出现在第2卷。"短篇零简"内容较为驳杂,主要介绍古今中外一些人物的生活趣事或某地的一些趣闻,篇幅一般很短,少则几十个字,多则三四百字,该栏目存在于《生活》周刊的第2、3卷及第4卷的上卷。"小新闻"主要记述当时社会上的一些小事情,从时效性和内容来看,这些记述还不能算真正的新闻,该栏目只存在于《生活》周刊的第2卷。"国外生活概况"主要介绍欧美及日本等国社会各阶层人民的生活情况,该栏目只存在于《生活》周刊的第2卷。"两性问题"主要探讨男女的婚姻生活问题,该栏目只存在于《生活》周刊的第2卷。"娱乐方法"主要介绍或讨论各种有益的生活娱乐方法,该栏目也只存在于《生活》周刊的第2卷。

从上文的叙述来看,邹韬奋自接手《生活》周刊后,对刊物的栏目和内容是做了很大改进的,这些改进受到了读者的热烈欢迎和赞赏。这从一些读者的来信中可以看出来。读者过励兴说:"贵刊是有价值有趣味的周刊,凡看过的人,没有一个不承认这句是名副其实的。……每星期之渴望《生活》,真有'若大旱之望云霓'之慨。……伯昕先生的插画也好。我们希望以后更能多些'发松''精锐'的社会讽刺画。"① 读者老谷评价道:"《海上生活周刊》余良友也:产期既速,妙趣横生,小则家庭社会儿女英雄间之珍闻,大则东西两半球特殊之趣史;间或殿以情场佳话,宛如活板传神,人物插图,一若跃然纸上,其光怪陆离之特色,宜乎压倒一切。余尝手此一篇,味其文,玩其画,进而探讨社会生活之真相,与夫男女相互间活动之异想天开,不禁手舞足蹈,而拍案队叫绝也!"②《生活》周刊第 1 卷的主要内容也是谈"生活",但实际反映的是以工人、教员、学徒、报童等平民的职业生活为主,而且大多是"记流水账"式的泛泛而谈,在编辑方法上显得平淡而枯燥。而邹韬奋接手《生活》周刊后,刊物的内容从职业生活扩展到人们的家庭社会日常生活,从职业修养扩展到人格修养、社会家庭生活的指导与改良,并且对平民的求学、择业、恋爱、婚姻、娱乐休闲等具体生活问题进行了讨论和指导。在刊物的编辑方法上,更注重平民大众的阅读水平和欣赏口味,如文字已经更多地使用白话,刊物中较多地使用插图、照片,在刊物的言论当中也注重从具体事实来得出相关的结论。因此,从第 2 卷起,《生活》周刊的宗旨和内容发生了改变,刊物逐步变得像一份大众通俗生活杂志,渐渐超出了职教社机关刊物的性质范围。

邹韬奋对《生活》周刊的改进,使得刊物的内容更多地关注社会生活,虽然"社会生活的内容"在某些程度上是与《生活》周刊最初所定的目标——"在研究社会生活及经济之状况,以为职业教育设施之根据"有暗合的地方。但是过多的社会生活内容实质上使刊物已经偏离了"职业教育和职业指导"的范畴。对于邹韬奋的改进,职教社负责人黄炎培等人并未予以追究,相反予以支持,所以邹韬奋感激地说:"当时的《生活》周刊还是附属于职教社的,职教社如要加以干涉,在权力上是完全可以做的,我的唯一办法只有以去就争的一途,争不过,只有滚蛋而已……《生活》周刊经我接办了以后,不但由我全权主持,而且随我个人思想的进展而进展,职教社一点也不加以干涉。……职教社诸先生对我始终信任,始

---

① 过励兴:《对于本刊最近内容的批评》,《生活》周刊 1927 年第 2 卷第 27 期。
② 老谷:《看一本刊之名角》,《生活》周刊 1927 年第 2 卷第 48 期。

终宽容，始终不加以丝毫的干涉。就这一点说，《生活》周刊对于社会如果不无一些贡献的话，我不敢居功，我应该归功于职教社当局的诸先生。"①

邹韬奋在改进《生活》周刊的同时，也在逐步明确《生活》周刊的宗旨。对于《生活》周刊宗旨确定的时间，邹韬奋自己回忆说："记者承乏本刊自第二年起，接手后即确定宗旨为'暗示人生修养，唤起服务精神，力谋社会改造'。"② 但是，在1929年1月1日以前，整个《生活》周刊所刊发的文字，或者邹韬奋自己在1929年1月1日所撰写的文字当中，都没有对这个宗旨的明确表述。当然，邹韬奋在接手《生活》周刊后，应该一直在寻找切实可行的刊物宗旨，这在邹韬奋所发表的一些文章当中可以看出来。如1927年8月8日邹韬奋为《〈生活〉第一卷汇刊》所撰写的弁言当中就有揭示《生活》旨趣的文字："本刊期以生动的文字，有价值有兴趣的材料，建议改进生活途径的方法，同时注意提醒关于人生修养及安慰之种种要点，俾人人得到丰富而愉快的生活，由此养成健全的社会。"③ 这段话里对《生活》的旨趣的揭示较为明确，它明确表明希望通过改进人们的生活，加强人生修养，从而"养成健全的社会"，这与后来确定的宗旨已经比较接近，这可以看成是邹韬奋探索《生活》周刊宗旨过程中所拟定的一个初步宗旨。

从现有资料来看，邹韬奋明确提出《生活》周刊的宗旨，并以文字明确加以表述则是在1929年1月1日为《教育与职业》第100期所写的《十年来之中国职业教育出版物》一文中。这篇署名"邹恩润"的文章提出："关于提倡一类之刊物有两种定期刊，一为月刊，即《教育与职业》，偏于专门性质，旨在提倡我国人士对于职业教育之切实研究与讨论，年出十册；一为周刊，即《生活》，旨在'暗示人生修养，唤起服务精神，力谋社会改造'，尤努力于修养之商榷与指导，年出五十二期。"④ 由此看来，邹韬奋接手《生活》周刊后确定该刊宗旨的时间应该是1929年1月。从1929年12月1日《生活》周刊第5卷第1期开始，这个宗旨还被印到了《生活》周刊的刊头上。

---

① 邹韬奋：《韬奋自述》，前引书，第77、78页。
② 韬奋：《我们的立场》，《生活》周刊1930年第6卷第1期。
③ 中国韬奋基金会韬奋著作编辑部编《韬奋全集》，第1卷，前引书，第834页。
④ 中国韬奋基金会韬奋著作编辑部编《韬奋全集》，第2卷，前引书，第446页。

与确定《生活》周刊宗旨相伴随的是该刊对读者定位的确定,1927年邹韬奋在《民众与本刊——本刊动机的重要说明》一文中指出:"一般有正当职业或正在准备加入正当职业的平民都在内;尤其是这般人里面受恶制度压迫特甚的部分。农人的苦生活,工人的苦生活,学徒的苦生活,乃至工役的苦生活,女仆的苦生活……都是本刊已刊载过的材料,也就是本刊替民众里面最苦的部分,对于社会的呼吁。"① 文章明确说明《生活》与民众的关系是:"本刊的动机完全以民众的福利为前提,今后仍本此旨,努力进行。……容纳民众之意见,使本刊对于民众有相当的贡献。"② 而且为了达到真正服务平民的目的,使平民能够看懂,便于与平民交流,刊物"在文字方面力避'佶屈聱牙'的贵族式文字,采用'明显畅快'的平民式的文字"③。从这篇文章的描述来看,邹韬奋把《生活》周刊的读者定位在平民阶层,也就是"一般有正当职业或正在准备加入正当职业的平民都在内"。

三 第3卷:《生活》周刊的初步转型

从第2卷改刊成功后,《生活》周刊继续朝着"暗示人生修养,唤起服务精神,力谋社会改造"这个宗旨努力,直至第5卷时这个宗旨被印上《生活》周刊的刊头,因此《生活》周刊的第3、4、5卷的内容更多地讨论社会生活问题,尤其是恋爱、婚姻、家庭等生活问题讨论得更多。相应地,职业教育和职业修养的内容就更少了。《生活》周刊在发展的过程中,对栏目和内容依然是不断地调整和加以丰富。表1-4是《生活》周刊第2、3卷的主要栏目内容及变化情况。

表1-4 第3卷与第2卷栏目变化情况

第3卷保留的第2卷栏目	第3卷新增栏目	第3卷删掉的第2卷栏目
小言论;专论;事业与修养;人物纪述(同第2卷"人物介绍"栏目);杂文;短篇零简;社会写真(性质同第2卷的"平民生活");诗歌小说;读者来信	美国通讯;海外谈瀛;隽永语;一周鸟瞰	小新闻;国外生活概况;名人轶事;处世之道;平民生活素描;学徒生活之改进;两性问题;娱乐方法

---

① 编者:《本刊与民众》,《生活》周刊1927年第2卷第21期。
② 编者:《本刊与民众》,《生活》周刊1927年第2卷第21期。
③ 编者:《本刊与民众》,《生活》周刊1927年第2卷第21期。

相对于《生活》周刊的第2卷而言，第3卷的栏目和内容调整幅度还是比较大的，新增的"隽永语"栏目主要是一些对话式的极短小的文章，性质类似于今天的幽默笑话，但是文章在幽默之余往往发人深省。"美国通讯"是第3卷所新增的栏目，第3卷当中只有李公朴所发表的3篇文章：《直渡太平洋》（第3卷第51期）、《每晚可以随想》（第3卷第51期）、《到了二十一岁》（第3卷第52期）。这三篇文章是李公朴赴美途中以及到达美国后的一些见闻。该栏目后来发展为《生活》周刊后面几期都有的著名栏目："国外通讯"（或叫"各国通讯"）。新增的"海外谈瀛"栏目主要是邹韬奋、邹恩泳等人从报纸杂志上摘录编译的对欧美、日本各国情况进行介绍的文章，许多文章偏重介绍这些国家中的奇闻趣事。也有部分文章是摘录别人的旅行日记或者是国外旅游者的投稿，如张近芬的《游德的观察》（第3卷第21期）、潘邵昂的《檀游心影》（第3卷第23期），该栏目只出现在第3卷。

新增的"一周鸟瞰"栏目是影响较大的一个栏目，该栏目是邹韬奋委托程沧波所开办的（在《生活》周刊中所用的笔名是"沧波""晓湘"），程沧波在"一周鸟瞰"的征文启事里说："本刊编辑者要我每星期替他做一个国内外时局上的总报告，我因为昔年曾在某报编辑过国内外大事记，所以觉得这件工作对于我不无一种旧缘，况且据本刊编者告我，这栏文字是读者普遍的要求，所以我就毅然答应了……我编辑这栏的方针：其条例如左：（一）纯用客观的立场，叙述一周间国内外的时事。（二）但综合一件事情始末，而不带任何批评。（三）本栏文字的宗旨，是要唤起国人对于国内外大势的注意；预备成为将来的史料，不是做现在的宣传品。"[①] 从这段话看来，该栏目是应读者之要求而创设的，这说明读者不仅仅希望通过《生活》周刊了解或解决生活中的问题，也希望通过《生活》周刊对国内外的时事有所了解。该栏的编辑方针充分说明了这个栏目只是对时事的一个纯客观的汇编，不带评论，并且希望能"唤起国人对于国内外大势的注意"。

"一周鸟瞰"栏目从第3卷第15期开始便与读者见面，在第3卷时，该栏目的内容主要分为国内部分和国外部分，所搜集的时事也比较丰富，所以在第3卷时便受到了读者的好评。读者史子良在《关于

---

① 《〈一周鸟瞰〉征文启事》，《生活》周刊1928年 第3卷第15期。

一周鸟瞰的几句话》一文中说："贵刊的'一周鸟瞰'很有许多好处。我平日事情忙得很，简直没有功夫看，……自有'一周鸟瞰'以来，我每星期对于时事总能得到提纲挈领的明晰观念，觉得非常爽快。"①史子良认为就是看过报的人，看了《生活》周刊的"鸟瞰"也很有好处，同时他也建议"这一栏的纪事，倘能纪到贵刊出版的前一天为止，则消息近，必更受读者的欢迎了"②。史子良的来信一方面说明该栏目受到了好评，另一方面也说明当时的读者已经不满足只关心社会日常生活中的事情，而希望对时事有一定的了解，读者的这些要求，也成为《生活》周刊向新闻评述性质周刊发展的一种推动力。邹韬奋应读者的要求设置这个栏目，也说明当时的《生活》周刊就已经有了向新闻评述性质刊物转变的意向。

需要说明的是，"一周鸟瞰"栏目在第 4、5 卷依然保留，但是内容有时变得比较少，且主要是国内的一些时事。该栏目发展到第 6 卷时更名为"每周大事记"或"本周要闻"，到第 7、8 卷则更名为"一周要闻"。

第 3 卷栏目和内容的调整使得《生活》周刊更像一份综合性的大众生活通俗杂志，发行量也由第 2 卷的 2 万份增至第 3 卷的 4 万份③。从第 3 卷第 32 期开始，刊物的篇幅也由原来的单张加至一张半。读者王霖作诗称赞说："生活！生活！你是黑暗中的一线亮光；我们得了你，好像有了捉摸。生活！生活！你是海洋中的一盏灯塔；我们见了你，好像有了归宿。"④ 读者陈少侠称："我自从订阅贵刊后，觉得所得到的益处真是不少，使在迷路上彷徨的人有所依归，不再蹈末路的覆辙，这是何等使人感激而钦佩！"⑤

四 第 4 卷：成功转型为大众生活通俗杂志

第 4 卷在第 3 卷的基础上对栏目和内容又进行了一些调整，表 1-5 是第 4 卷《生活》周刊栏目的变化情况。

---

① 《〈关于一周鸟瞰的几句话〉编者按》，《生活》周刊 1928 年第 3 卷第 34 期。
② 《〈关于一周鸟瞰的几句话〉编者按》，《生活》周刊 1928 年第 3 卷第 34 期。
③ 参见复旦大学新闻系研究室编《邹韬奋年谱》，前引书，第 29、31 页。
④ 王霖：《生活》，《生活》周刊 1928 年第 3 卷第 2 期。
⑤ 陈少侠：《这样的结婚方法对不对》，《生活》周刊 1928 年第 3 卷第 47 期。

表 1-5　第 4 卷与第 3 卷栏目变化情况

第 4 卷（分上、下两卷）保留的第 3 卷栏目	第 4 卷新增栏目	第 4 卷减掉的第 3 卷栏目
小言论；专论；杂文；事业与修养；人物评述（性质同第 3 卷"人物纪述"）；短篇零简；隽永语；国外通讯（性质同第 3 卷"美国通讯"）；小说；读者信箱；一周鸟瞰	书报介绍；健康问题	社会写真；诗歌；海外谈瀛

　　从栏目的变化来看，第 4 卷似乎变化不大，新增的主要栏目只有"书报介绍"和"健康问题"。而事实上，除了这两个新增栏目外，《生活》周刊第 4 卷的"国外通讯"栏目虽然是在第 3 卷的"美国通讯"的基础上发展起来的，栏目的性质与"美国通讯"相类似，但是此时"国外通讯"栏目的内容比"美国通讯"要丰富得多。"国外通讯"栏目的海外通讯已经不仅仅只限于美国，而是扩展到了英国、比利时、日本、法国、南洋等国家和地区，第 3 卷的"美国通讯"只有可怜的 3 篇，而第 4 卷的"国外通讯"栏目却扩展到了 79 篇[1]。该栏目对于英国、比利时、日本、法国、南洋等国家和地区的"政治，外交的秘闻轶事，田园乡村的幽静舒适，男女学生的学校生活，社会制度和风俗人情，以及各国的国民性，我国留学生的状况，华侨在各国的地位等各种情形，均能从小处下笔，大处着想、推求因果，作正确而详尽的评述。很可使读者对于欧美各国有一种明晰而深刻的印象。同时并加入各种铜版照片，以资参照，相得益彰"[2]。这段文字表明这个栏目的设置，对于开阔国人的眼界，增长国民的国外知识，了解世界形势是很有帮助的。邹韬奋在《免得误购》一文当中也指出开设这个栏目是"很注重外国通讯，拉几个在国外的好友于百忙中加入这个小小的谈话会。也无非要借此使得我国同胞有所比较而谋奋发，或明其流弊而力谋避免"，"对于个人修养方面，亦可以扩大胸襟，放远眼光"[3]。邹韬奋所说的"拉几个在国外的好友于百忙中加入"指的是此时《生活》周刊"国外通讯"栏目已经有了一些固定的海外特约撰稿人，他们大多是留学国外的留学生，如留学美国的李公朴，留学日本的徐玉文，留学英国的费福熊（费巩），留学比利时的寄寒（凌其翰），等等。总的来说，该栏目的报道一方面有利于丰富《生活》周刊的内容，另一

---

[1] 据《生活》周刊第 4 卷上、下卷合订本分类总目统计，上卷 23 篇、下卷 56 篇。
[2] 《生活海外通讯两种》（广告），《生活》周刊 1929 年第 4 卷第 52 期。
[3] 韬奋：《免得误购》，《生活》周刊 1929 年第 4 卷第 51 期。

方面使读者明白中国和世界各国是密不可分的，有助于中国读者知己知彼，重视对世界知识的学习和了解。

本卷新增栏目"健康问题"是一个比较有特色的栏目。该栏目主要介绍了大量国外女子在日常生活中如何保持健而美的体格，并附有大量女子如何健美的插图，该栏目也谈到了男士如何保持健康体格的问题，但是基本上未配发图片，为了解决民众健康上的一些问题，该栏目还请当时的医学博士俞凤宾撰写了一些关于健康方面的文章，如俞凤宾所写的《冬季的健康问题》（第4卷第8期）就介绍了冬季如何正确取暖以保持健康的问题。《生活》周刊第4、5卷对健康问题的关注达到了顶点，在第4卷刊发了许多关于健康问题的文章，多数配有插图。除了在关于健康问题的文章中配有插图外，《生活》周刊还在刊物当中开设了一个"健而美的体格"小栏目（该栏目因为没有标题，《生活》周刊合订本的分类总目里并未统计和收录），这个小栏目配发了大量身着运动装或泳装、体格健美的国外女子的图片，旁边附有简短的文字说明。"健康问题"栏目只存在于第4卷，但是"健而美的体格"小栏目的开设从《生活》周刊的第4卷第31期直到第5卷第30期，时间延续了一年多，大量"健而美"的西方女性图片的刊登，使《生活》周刊更富有通俗生活气息，同时对于美化刊物的版面，吸引读者眼球也起到了很好的作用。

《生活》周刊对健康问题的关注引起了读者对刊物的关注。因为健康问题关乎每个读者的利益。《生活》周刊介绍了许多实用性很强的锻炼身体的办法，如《六十三岁不像老太婆》（第4卷第12期）的配图文章介绍了六十三岁的贺珀夫人是如何从心理、食量、运动等方面保持年轻的秘诀。《抢回了丈夫》（第4卷第27期）的配图文章介绍了一位多病的L. M. G如何通过健美恢复了健康的身体和性情，最后不仅恢复了健康，而且抢回了丈夫。《生活》周刊对"健康问题"的关注得到了许多读者的积极反应，一些读者写信来询问健身的方法，另外也有人认为这是《生活》周刊借此吸引读者，有点低级趣味。对此邹韬奋在《免得误购后悔一文》中说："本刊近来每期里登有'健而美的体格'，截止到现在所得的反应，有许多读者由无意中获得深刻的印象，纷纷来信询问或商榷健身的具体方法（男女读者都有），除特殊情形我们代为询问医师或运动家外，大概都介绍张士一先生著的《米勒氏十五分钟体操》（商务出版）以供参考。这类穿泳衣或运动衣的影片，在西洋各国体育杂志里已是极平常的一回事。如有人看惯了新年家中悬挂的穿着凤冠霞帔或箭衣外套垂襟危坐的祖宗遗像（俗称喜神或喜容），看了这种照片觉得不惯，甚至觉得难过，那只请他们千万不要再勉强看。"①

第 4 卷新增"书报介绍"栏目对一些书、刊或文章加以介绍，尤其注重介绍书刊、文章的特色和内容，并带有向读者推荐的意味，该栏目后来发展成为第 5 卷的"书报评述"。除上述栏目外，《生活》周刊第 4 卷还辟有"时论粹言"小栏目（因为该栏目里的内容都没有标题，所以第 4 卷分类总目也没有加以统计），该栏目主要摘录当时一些著名报刊诸如《大公报》《申报》《时事新报》《新闻报》上的一些政治家和名人的言论及这些报刊的社评，这些言论或社评往往都是对时事或一些政治问题的精短评论，有助于国人加深对于国事及政治形势的认识和了解，该栏目发展到第 5 卷更名为"时论粹语"。

总体来说，《生活》周刊第 4 卷的栏目继续变化和改进，内容更加丰富和活泼有趣，"健康问题"的讨论及"健而美的体格"中大量插图的运用更有助于美化版面，更具通俗生活气息，更能吸引读者的注意。整个第 4 卷时期读者向《生活》周刊来信咨询各类日常生活问题的书信也越来越多，1929 年 6 月每日就达 100 封，刊物销量每期发行达到 4 万份②。因此，《生活》周刊发行到第 4 卷时，趣味性和通俗性更强，但又雅俗共赏，宗旨纯正。如果说《生活》周刊第 3 卷初步完成从机关刊物到大众通俗生活杂志的转型，那么《生活》周刊第 4 卷已经成功转型为大众通俗生活杂志③。《生活》周刊的飞速发展，不仅得到了读者的欢迎和赞赏，就是当时的国民政府也对它加以褒扬，1929 年 9 月 6 日，上海特别市政府教育局致函《生活》周刊，称赞它："取材丰富，理论新颖，且多含教育意味之著述。"④

第三节　向新闻评述性质的周刊转变

《生活》周刊出到第 4 卷已经成功转型为大众通俗生活杂志，此前的邹韬奋不愿意也很少在《生活》周刊上谈政治，但现实却迫使邹韬奋不得

---

① 韬奋：《免得误购》，《生活》周刊 1929 年第 4 卷第 51 期。
② 参见钱小柏、雷群明编著《韬奋与出版》，学林出版社，1983，第 197 页。
③ 参见赵文《〈生活〉周刊与城市平民文化》，复旦大学博士学位论文，2009，第 34 页。
④ 赵文：《〈生活〉周刊与城市平民文化》，前引论文，第 34 页。

不关心社会政治问题，爱国救民的责任感使得他再次改进《生后》周刊，使其最终转变成为新闻评述性质的周刊。

一 第5卷：再次力求有所改变

《生活》周刊第5卷是邹韬奋接办《生活》周刊后一个承上启下的时期，说它"承上"，是因为它继续沿着大众通俗生活杂志的道路向前发展，继续集中反映、讨论大众热切关注的求学、择业、婚恋等与大众切身相关的日常生活问题。说它"启下"，是因为它在内容上又开始出现新的变化，开始转向关注新闻、时事等社会政治问题。《生活》周刊第5卷第15期"读者信箱"栏目发出的《本栏征文新例》里说："（一）本刊除登刊有公开价值的关于商榷各种问题的来信外，并欢迎报告有趣味有价值的新闻或有关时事意见的来信。（二）来稿内容或关社会，或关学校，或团体，或个人，或为日报所略而独能详，或为闻见所及而尤新颖，均无不可，惟须汰除浮言力求精警，以趣味浓厚者为尤佳，切避重复或相类似的文字，每篇至多不得过二千字……"① 从这个征文条例可以明显看出，《生活》周刊发展到第5卷时，"读者信箱"栏目已经不再满足于讨论与个人切身利益有关的求学、择业、婚恋、健康卫生等这些生活中的琐屑俗事，而是希望把这个栏目关注的视野转向更广阔的有价值的"新闻"和"时事"，"读者信箱"是《生活》周刊非常重要的一个栏目，该栏目明确提出这个征文要求，这说明《生活》周刊已经开始向新的方向转变，这个转变最终导致《生活》周刊刊物性质的转变。

《生活》周刊第5卷一个最为显著的变化是它在每一期的刊头都印上了这个刊物的宗旨："本刊以生动的文字，有趣味有价值的材料，暗示人生修养，唤起服务精神，力谋社会改造。"② 此时由于《生活》周刊的国外读者增多，有许多国外读者来信询问《生活》周刊的西文名称和地址，所以《生活》周刊从"本卷起，加了一小行英文的名称和地址，且便国外邮局的检查。西文当然不止英文一种，不过英文总算比较的普通些"③。这行英文名称是：THE LIFE WEEKLY（DEVOTED TO SOCIAL DEVELOPMENT OF CHINA）442 RUE LAFAYETTE, SHANGHAI , CHINA。这行英文名称

---

① 《本栏征文新例》，《生活》周刊1929年第5卷第15期。
② 《生活》周刊第5卷每一期的刊头。
③ 《编后随笔》，《生活》周刊1929年第5卷第1期。

中包含了《生活》周刊的宗旨：DEVOTED TO SOCIAL DEVELOPMENT OF CHINA，即"《生活》周刊致力于中国的社会发展"。1930年7月6日，《生活》周刊因为业务扩大，办公地点也由原来的拉斐德路（今复兴中路442号的过街楼）搬迁至华龙路（当时的法租界公园附近，今雁荡路80号）办公①。《生活》周刊的英文宗旨又改为：DEVOTED TO SOCIAL BETTERMENT OF CHINA 。意思为"《生活》周刊致力于中国的社会进步"。从这个宗旨可以看出，邹韬奋接办《生活》周刊后，刊物的重心和最终目标在于改造社会，因此，邹韬奋不可能仅仅满足于将《生活》周刊办成职教社的内部刊物，而是有着让这个刊物走向广阔社会的雄心，也只有让这个刊物走向社会，改造社会的宗旨才能得以实现。

第5卷的《生活》周刊在栏目方面也有一些变化，表1-6为《生活》周刊第5卷的栏目变化情况。

表1-6　第5卷与第4卷栏目变化情况

第5卷（分上、下两卷）保留的第4卷栏目	第5卷新增栏目	第5卷减掉的第4卷栏目
小言论；专论；杂文；人物评述；各国通讯（同第4卷"国外通讯"），书报评述（下卷，同第4卷"书报介绍"）；读者信箱；一周鸟瞰	讲坛隽语；形形色色（下卷开设）	事业与修养；短篇零简；隽永语；健康问题；小说

从主要新增栏目的变化上来看，《生活》周刊第5卷的变化似乎不大，它的新增主要栏目只有上卷的"讲坛隽语"和下卷的"形形色色"栏目。"讲坛隽语"的主要内容是对一些演讲的记录和评述，该栏目只存在于第5卷，且篇目很少，只有2篇。"形形色色"专栏是1930年《生活》周刊的第5卷第38期开辟的，为办好该栏目，《生活》周刊特地发出《特别征文》的启事："本刊文字除特约撰述外，向遇投寄之佳稿，亦无不竭诚欢迎，现除仍旧欢迎其他佳稿外，特辟'形形色色'一栏，举行特别征文，简约如左：（一）来稿以描写本国各地各种实际生活者为主，或由观察所得，或由亲身所历，甜酸苦辣，尽量呈露；民生疾苦，欲诉无从的被压迫民众的种种事实，尤当力为宣传，借以唤起国人的注意。（二）文字内容注重事实的深刻描写，切忌空论的无谓铺张，倘有值得发表的事实，只需

---

① 参见《本刊紧要通知》，《生活》周刊1929年第5卷第29期。

有事实可取，文字润饰，当由本刊任之，故即未能善于作文的民众，苟有事实可举，亦请不必计及文之工拙，惠然赐稿……"①这说明，"形形色色"栏目开辟的目的不仅仅是谈一般的社会生活，它要谈的是民生疾苦、民众被压迫的事实，通过对这些事实的宣传，来唤起国人的注意，这说明此时的《生活》周刊已经不再只关注婚恋、家庭等普通日常生活的内容，而是要逐步转向关注揭露社会黑暗，关注社会时事和社会问题。再联系上文所提到的《生活》周刊第 5 卷第 15 期"读者信箱"栏目发出的《本栏征文新例》一文，我们可以看出，第 5 卷的《生活》周刊确实是再次力求有所改变了。

《生活》周刊另外一个显著的变化是第 5 卷的广告显著增多，据笔者查阅，在 8 卷《生活》周刊当中，以第 5 卷《生活》周刊的广告为最多，《生活》周刊第 5 卷每期当中除第 1、2 两个版面一般没有广告外，其他版面都或多或少地会出现广告，甚至于每期最后会出现整版的广告，少则一两个整版的广告，多则三四个整版的广告。例如第 5 卷第 28 期共 20 个版面，除了 1、2、4 个版面没有广告外，其他各版都有广告，而该期的最后 4 个版面都是整版的广告。广告的大量出现，说明《生活》周刊的销量很好，因而赢得了大量的广告客户。事实上，在前几卷的基础上，第 5 卷《生活》周刊得到了突飞猛进的发展。从第 5 卷第 1 期起，《生活》周刊便由原来的单张样式改成 16 开的册子样式，篇幅增至每册 20 个版面，刊物的销量每期达 8 万份，广告客户及收入激增。② 因为事业的扩大，邹韬奋开始寻找编辑刊物的助手③，《生活》周刊社也开始招收实习生④。到 1930 年 9 月，《生活》周刊社还成立了"《生活》周刊社书报代办部"，义务为读者选购代办各种书刊及其他事项⑤。

总体上，《生活》周刊第 5 卷延续了《生活》周刊第 2 卷改刊后的杂志宗旨和风格，继续主要反映和讨论城市平民热切关注的求学、择业、婚恋、家庭等日常生活问题。这是《生活》周刊第 5 卷内容中的

---

① 《特别征文》，《生活》周刊 1929 年第 5 卷第 38 期。
② 参见江苏省政协文史资料委员会、常州市政协文史资料委员会编《新文化出版家徐伯昕》，中国文史出版社，1994，第 448 页。
③ 参见韬奋《征求一位同志》，《生活》周刊 1929 年第 5 卷第 34 期。
④ 参见《生活周刊社招考练习生启事》，《生活》周刊第 5 卷第 47 期。
⑤ 参见钱小柏、雷群明编著《韬奋与出版》，前引书，第 197 页。

主要方面，因此第 5 卷的《生活》周刊是它作为大众通俗生活杂志发展的顶峰时期。但是在这个顶峰时期，第 5 卷的《生活》周刊在宗旨、内容、性质方面又出现了新的变化，第 5 卷的《生活》周刊当中探讨社会政治问题的文章明显增多，如《民穷财尽中的阔现象》（第 5 卷第 10 期）、《五国海军会议与中国》（第 5 卷第 11 期）、《读鲁涤平辞职电》（第 5 卷第 22 期）、《劳苦民众的一桩丧事》（第 5 卷第 22 期）、《脑际中所亟谋解决者》（第 5 卷第 40 期）、《军事解决后政府的第一责任》（第 5 卷第 46 期）、《励志社的祝捷盛宴》（第 5 卷第 51 期）……这些文章表明，第 5 卷的《生活》周刊关注的重点由社会生活问题向社会政治问题方面发生了明显的转变。这一点在《脑际中所亟谋解决者》一文中说得非常明白："本刊内容的最近趋势既注意于时事或现代社会问题的评论，不免含有时代性……无论对于任何事实，要根据理性作分析的批评，俾国人养成对任何问题均具有分析研究的态度，辨别是非的能力，并时附积极方面的建议，以供国人参考。"①

二 第 6 卷：大众通俗生活杂志向新闻评述型杂志过渡转型

第 5 卷的《生活》周刊已经开始向更多地关注社会政治问题的方向转变。如果说，第 5 卷《生活》周刊的转变尚处在非明朗和萌芽时期，那么到第 6 卷时期，《生活》周刊的这种转变便变得更为迅速和非常明确。1930 年 12 月 13 日当《生活》周刊第 6 卷第 1 期出刊时，邹韬奋在上面所发表的《我们的立场》一文，便明确地说明了《生活》周刊宗旨、内容和性质的新变化："依最近的趋势，材料内容尤以时事为中心，希望用新闻学的眼光，为中国造成一种言论公正评述精当的周刊。"②

邹韬奋这段话明确说明了《生活》周刊以后的转变方向，那就是"希望用新闻学的眼光，为中国造成一种言论公正评述精当的周刊"。第 6 卷和以后的第 7、8 卷《生活》周刊确实是朝着这个方向努力的。

为向"言论公正评述精当的新闻周刊"转变，《生活》周刊第 6 卷的栏目也有所调整（见表 1-7）。

---

① 《脑际中所亟谋解决者》，《生活》周刊 1929 年第 5 卷第 40 期。
② 《我们的立场》，《生活》周刊 1930 年第 6 卷第 1 期。

表 1-7　第 6 卷与第 5 卷栏目变化情况比较表

第 6 卷保留的第 5 卷栏目	第 6 卷新增栏目	第 6 卷减掉的第 5 卷栏目
小言论；专论；人物评述；各国通讯；书报评述；形形色色；小说；信箱；每周大事记（性质同第 5 卷的"一周鸟瞰"）	寒庐谈片；欧游余影；萍踪寄语；国内各地通讯；画报；捐款报告；国货介绍表	讲坛隽语

从第 6 卷的主要栏目设置情况来看，《生活》周刊一方面保留了第 5 卷时期的许多栏目，同时也增设了一些重要栏目。"寒庐谈片"栏目是记者心冷所主持的一个栏目，严格说来，这个栏目所写都是杂文，不过作者都固定为记者心冷一人而已，这个栏目里的杂文也主要是对社会的丑恶现象进行抨击和鞭挞，促人深省，但心冷主持的该栏目只存在于第 6 卷。"欧游余影"栏目是浩风所撰写的一个连续系列栏目，该栏目也写他游历欧洲的见闻，但是该栏目与"各国通讯"栏目不同之处在于它重在把欧洲各国与中国加以比较，在向读者展示欧洲各国如何发展自强，各国政治制度、社会生活如何进步的同时，更注意反衬出中国与之存在的差异，因此该栏目更多的是比较和评述。当然，该栏目也有一些反映欧洲各国教育情况和我国欧洲留学生情况的篇目。该栏目一直延续到第 7 卷第 4 期。第 6 卷的"萍踪寄语"栏目是沈梧封所写的系列文章（从第 6 卷第 9 期一直延续到第 6 卷第 14 期），主要是他途经我国东北地区与苏联的西伯利亚时所写的这些地区铁路沿线的一些见闻。此时的"萍踪寄语"栏目的内容与第 8 卷的"萍踪寄语"栏目的内容是不同的，第 8 卷"萍踪寄语"栏目的内容是邹韬奋游历欧美所写的一系列文章，因此二者虽然同名，但是内容是很不相同。该栏目在第 6 卷出现，第 7 卷未曾设置，直到第 8 卷才出现。

"国内各地通讯"在本卷前期主要是介绍国内各地的风土人情、社会风俗，展示国情为主。后期着重描述各地社会生活，尤其是下层民众被压迫的种种事实，借此唤起国人的注意。早期的"国内各地通讯"栏目所涉及的国内地区便包括南京、广州、北平、天津及沈阳等地区。1931 年"九一八"事变后，《生活》周刊就更加重视"国内各地通讯"栏目。1931 年《生活》周刊第 6 卷第 52 期《送往迎来》一文中称："本刊于海外通讯外，嗣后并当注重国内通讯，尤以首都北平广州天津汉口沈阳等处为注重，欢迎关于各地之社会政治经济及临时发生重要事故之有精彩有价值的材料或新闻,尤重各地农工生活情况。"①"国内各地通讯"与"国外通讯"栏目使当时的读者能够很好地了解当时的世界形势与中国的实情,对丰富他们的知识,进而帮助他们做出正确的人生选择起到了重要的作用。该栏目开设后,一直延续到《生活》周刊终刊。

《生活》周刊在第4、5卷的时候便比较注意使用图片了,尤其是第5卷时一系列的"健而美的体格"栏目的图片,更是吸引了大量读者的眼球,但是这些图片都是黑白的。《生活》周刊发展到第6卷时,邹韬奋又开始设置"画报"专栏。1930年《生活》周刊第6卷第1期(也就是《生活五周年纪念特刊》)后面便附刊了戈公振所编的《生活五周年纪念特刊画报》。此后,戈公振又于1931年10月10日编辑了《生活周刊双十特刊画报》。为了保证画报的质量,《生活》周刊特地把"画报部分托付于印刷画报素有声誉而印刷机器又特别完备的商务印书馆代印,承他们热心赞助,把自己的杂志插图暂搁起来,专替我们赶着忙了整整十七天的功夫"②。《生活》周刊在"九一八"事变以后,为了号召全国人民抗日救国,共赴国难,又连续编印了5期《生活国难惨象画报》(见第6卷第43、44、45、46、48期),用清晰的图片记录了侵华日军在中国所制造的罪恶,有助于唤醒国人自强抗日的意识。《生活画报》在后来得到了进一步的发展,"从1932年7月开始,正式出版《生活画报》,从1932年7月2日7卷26期起至1933年12月16日8卷50期《生活》周刊终刊,《生活》周刊每半月增出一期四页影写版《生活画报》"③。《生活画报》使《生活》周刊变得更为生动有趣,很好地运用了视像传播的先进传播理念。

第6卷还有两个比较重要而有特色的栏目:"国货介绍表"、"捐款报告"。"国货介绍表"栏目是《生活》周刊为了宣传爱国思想,鼓励大众使用国货,抵制外货所开设的一个栏目。1931年7月25日《生活》周刊在《本刊下期起增加国货介绍表的意旨》一文中称:"我们鉴于抵制外货,须注意本国已有的代用品,故自下期起增加国货介绍表,就我们所知道的,作义务的刊布,如有遗漏,临时就调查所得补充,特定范围如下:(一)国人资本,国人经营,完全本国原料,国人制造。(二)国人资本,国人经营,一部分本国原料,国人制造,或外国技师。(三)国人资本,

---

① 《送往迎来》,《生活》周刊1929年第5卷第52期。
② 韬奋:《编余赘语》,《生活》周刊1931年第6卷第42期。
③ 编者《下半年度的一点新计划》,《生活》周刊1932年第7卷第23期。

国人经营，外国原料，国人制造，或外国技师。"① 此后，在《生活》周刊第 6 卷的第 32、33、35、37 期均刊布了《国货介绍表》，对帮助国民认清国货，进而使用国货起了很好的指导作用。

"捐款报告"栏目从 1931 年 9 月第 6 卷第 38 期开始，该栏目实质上包含两个部分，一个部分是"水灾赈款报告"，这是针对 1931 年 7 月武汉三镇发生的大水灾，《生活》周刊为号召国人捐款并统计和报告捐款情况及捐款去向的一个栏目，报告标题一般是《本社收到水灾赈款第 × 次报告》《本社收到赈衣第 × 次报告》，截至 1931 年 12 月《生活》周刊《二十年年假临时增刊》。《生活》周刊共发布 17 次"水灾赈款报告"，9 次"赈衣报告"。"捐款报告"栏目另外一个部分是"援马抗日捐款报告"。"九一八"事变以后，爱国将领马占山领导自己的军队在东北坚持抗日，因此《生活》周刊号召广大读者捐款抗日，为了取得更好的效果，还特地在《申报》《时事新报》两个日报上刊登援马抗日捐款的公告②。读者将捐款寄送到《生活》周刊后，《生活》周刊每隔一段时间也要公布捐款的情况及捐款的去向，标题是《本社为筹款援助黑省卫国健儿第 × 次报告》，《本社为筹款援助黑省卫国健儿第 × 次报告》发布时，有时还伴随有《关于援助马将军捐款最近报告》出现。截至 1931 年 12 月《生活》周刊《二十年年假临时增刊》。《生活》周刊共发布了 7 次"援马抗日捐款报告"。

这些捐款报告详细地报告了某个时段一些捐款人的姓名及数目，某个时段捐款总额及捐款寄送出去的情况，占据了大量的篇幅，有些报告中还有编者的一些简要的肯定和赞许性的评述，这些报告一直延续到第 7 卷。捐款报告充分显示了《生活》周刊不仅已经注重时事、评述时事，而且还注重发挥传媒的舆论引导功能，制造爱国舆论，从而引导国民为爱国做出实质性的行动，从当时的捐款情况来看，捐款是非常成功的。比如 1931 年 12 月 26 日所刊登的一份《关于援助马将军捐款最近报告》称："本社兹又接到马将军收条四纸，特制版公布如下。计已交马将军亲收之款总数为五万一千五百零七元，均已得到收据。本社所收援助马将军捐款截至十二月十四日止，总数已达到十万零三百六十八元六角九分。除已汇出由马将军

---

① 《本刊下期起增加国货介绍表的意旨》，《生活》周刊 1931 年第 6 卷第 31 期。
② 参见《本社为筹款援助黑省卫国健儿紧急启事》，《生活》周刊 1931 年第 6 卷第 48 期。

收到者外，尚有四万八千八百六十一元六角九分已在设法汇解中，一俟递到再行公布。"① 从这个报告来看，当时的捐款数是比较多的，这说明《生活》周刊在读者心中的影响力和号召力也是非常之大，它所倡导的爱国行为也是为读者所接受和认同的。《生活》周刊特设"捐款报告"专栏，且这些栏目占据了较大的篇幅，它为受灾同胞和抗日健儿向国人筹款，实质上也是《生活》周刊主动关注社会问题和时事政治的一个重要表现。

从上述对第 6 卷新增栏目内容的分析可以看出，这些栏目的许多内容对当时的社会政治和时事是非常关注的。事实上，从整个《生活》周刊第 6 卷的内容来看，《生活》周刊第 6 卷在"九一八"事变以前的几期就已经有很多关注社会政治和时事的文章，《生活》周刊揭露社会黑暗、谈论政治及针砭时弊的言论内容也明显增多，这些言论主要体现在以下几方面。

（1）反映下层平民悲苦生活的言论。比如《首都之草棚》（第 6 卷第 3 期）、《教育部的压迫手段》（第 6 卷第 6 期）、《中国的黑奴问题》（第 6 卷第 26 期）、《浸在水中的数万民众》（第 6 卷第 35 期）、《无国力为后盾之华侨》（第 6 卷第 38 期）、《为河东千百万民众涕泣陈词》（第 6 卷第 38 期）等文章，这些文章记述了穷苦的农工、失学的学生、流离的灾民及受压迫的华侨等下层的悲苦生活，对他们的痛苦不幸寄予了深切的关注和同情。

（2）揭露国民政府黑暗统治及贪官污吏丑行的言论。比如《旅长太太缓刑三年》（第 6 卷第 3 期）、《青年所烦闷之所由来》（第 6 卷第 7 期）、《四川真相》（第 6 卷第 15 期）、《引狼入室》（第 6 卷第 27 期）、《王部长做寿未成》（第 6 卷第 33 期）、《汉市水灾之由来》（第 6 卷第 34 期）等文章。这些言论对国民政府黑暗统治进行如实的揭露和批评，对贪官污吏的各种丑恶行径进行曝光和批判。

（3）揭露帝国主义侵华暴行的言论。比如《南满车站》（第 6 卷第 9 期）、《驻华日军又逞暴行》（第 6 卷第 17 期）、《国人应奋起一致对外》（第 6 卷第 29 期）、《再论热血民众的唯一武器》（第 6 卷第 31 期）等文章对帝国主义，尤其是日本帝国主义侵略中国的暴行，都进行了揭露，在揭露的同时也呼吁国人提高警惕，团结奋起

---

① 《关于援助马将军捐款最近报告》，《生活》周刊 1931 年《二十年年假临时增刊》。

一致对外。

此时《生活》周刊的新闻时事和言论内容虽然大幅度地增加，但是谈论求学择业、婚恋家庭等社会日常生活的内容仍然占据了较大篇幅，因此，此时的《生活》周刊仍然是大众通俗生活杂志，杂志正处于由大众通俗生活杂志向新闻评述型杂志过渡转型的阶段。

"九一八"事变以后，日本公然侵占我国东北三省，并威逼华北。而面对如此严重的民族危机，国民党政权却采取不抵抗的政策。面对如此民族灾难和国难，《生活》周刊的办刊宗旨和性质发生了根本性的转变。"九一八"事变以后，也就是从《生活》周刊第6卷第39期开始，《生活》周刊用大量的篇幅报道和评论"九一八"事变，对日本侵华的暴行，《生活》周刊进行了大量的揭露和声讨；对国民党当局的"不抵抗"政策，《生活》周刊进行了猛烈地抨击；而对东北地区马占山等抗日力量的抗日救亡运动，《生活》周刊进行热烈的赞扬，并号召全国同胞捐款相助，以实际行动来援马（占山）抗日，并以此来鼓励与坚定广大民众抗日救亡的决心和意志。为了宣传和号召全国人民奋起抗日，《生活》周刊特别于1931年第6卷第44期上发出《本刊紧急征文启事》："题目：（一）最有效抵制日货具体办法；（二）最有效的全国国民军事训练……注意之点：（一）须顾到中国之实际情形，（二）须有实行之可能而非徒唱高调者，（三）须有具体的有效办法而非徒托空言者，本刊以上列二问题对于抗日救国最重要，切盼专家不吝赐教。"① 由此可见，"九一八"事变以后，《生活》周刊对于抗日救国方面的文章是比较欢迎和主动追求与登载的。"九一八"事变的发生，国内各种政治力量和派别的不同反应，使邹韬奋对他们有了新的认识，并逐步认清了中国应该走和必须走的道路，与邹韬奋思想认识转变相适应的是《生活》周刊的宗旨和内容也发生了相应的转变。《生活》周刊虽然宗旨和性质发生了根本性的改变，但是它更受读者欢迎，这从它的销量可以看出来，到1930年9月，《生活》周刊的每期销数增加到12万份②，而1931年10月10日《生活》周刊的双十特刊的销量达到了15.5万份。③

---

① 《本刊紧急征文启事》，《生活》周刊1931年第6卷第44期。
② 参见钱小柏、雷群明编著《韬奋与出版》，前引书，第197、198页。
③ 参见《潘序伦会计师对于本刊双十特刊销数之证明》，《生活》周刊1931年第6卷第50期。

三 第 7 卷：成为新闻评述性质的周刊

《生活》周刊发展到第 7 卷时，它的主要栏目变化已经不大，这从表 1-8 中可以看出来。

表 1-8　第 7 卷与第 6 卷栏目变化情况

第 7 卷保留的第 6 卷栏目	第 7 卷新增栏目	第 7 卷减掉的第 6 卷栏目
小言论；专论；各国通讯；国内各地通讯；人物评述；书报评述；小说；信箱；画报；一周要闻（性质同第 6 卷的"每周大事记"）；欧游余影；捐款报告	望远镜与显微镜；漫笔	形形色色；萍踪寄语；国货介绍表

《生活》周刊第 7 卷新增主要栏目为"望远镜与显微镜"和"漫笔"两个专栏，但是严格来说，其实两个专栏都是属于"杂文"栏目，只是"望远镜与显微镜"和"漫笔"两个专栏的出现时间、版面及作者比较固定，不像其他杂文的作者和出现的时间及版面没有一定的规律，因此勉强可以看成是新增的两个栏目。《生活》周刊第 7 卷的"望远镜与显微镜"栏目从第 17 期开始设置到第 7 卷第 50 期，每期都出现，从未间断，分别由"冷观"（胡政之，《大公报》的主笔）和"徒然"（陶亢德，身份为编辑）两人主持，二人所写的杂文，往往以小见大，思想敏锐深刻，文笔辛辣幽默，非常受读者欢迎。"漫笔"栏目也是《生活》周刊第 7 卷经常出现的栏目，它是邹韬奋在编稿的过程中和日常生活中对某些问题思考所得的感想和议论，这些随感"用轻松隽趣的文笔写来，很可以表现作者对于所提到的问题的态度和主张，更可以供读者在思考上的一种补充，或参考的材料"①。这些随想，因为是对问题的有感而发，所以也常使读者有所感悟。

如果单从栏目的设置来看，第 7 卷没有什么变化，但是如果从第 7 卷的整体内容来看，还是有比较大的变化的。这从邹韬奋本人的一些言论中可以看出来。1932 年《生活》周刊第 7 卷第 1 期发表《我们最近的思想和态度》一文，正式宣布："本刊最近已成为新闻评述性质的周刊，故有所论述，多以当前事实为对象。但于就事论事之中，亦自有其核心标准。此

---

① 《无标题广告》，《生活》周刊 1932 年第 7 卷第 43 期。

种核心标准,简言之可曰'正义',但正义之解释亦复言人人殊……我们所信守的正义,是反对少数特殊阶级剥削大多数劳苦民众的不平行为;换言之,即无论何种政策与行为,必须顾到大多数民众的福利,而不得为少数人假借作特殊享用的工具。我们从此观察点,深刻认识剥削大多数民众以供少数特殊阶级享用的资本主义的社会制度终必崩溃(通常所谓资本主义当然指私人资本主义);为大多数民众谋福利的社会主义的社会制度终必成立。孙中山先生的种种救国计划,他原希望后人之研究补充修正,但是他主张用和平的政治方法来实行社会主义,不主张先用残酷的手段,这个原则值得我们的信从。……本刊愿本此信心,就民众的立场,对政府,对社会,都以其客观的无所偏私的态度,作诚恳的批评或建议;论事论人,一以正义为依归;正义所在,全力奔赴,生死不渝。"① 上面一段文字说明,如果《生活》周刊第 6 卷还处在宗旨和性质的迅速转变和转型阶段,那么第 7 卷就已经是实践新宗旨的阶段了,《生活》周刊的性质——"新闻评述性质的周刊"已经完全确定下来了。

《生活》周刊第 2 卷一直到第 5 卷第 25 期(上卷),它的宗旨主要是"暗示人生修养,唤起服务精神,力谋社会改造"。也就是通过加强个人的修养,通过个人修养和精神的改变,从而达到改造社会的目的,因此《生活》周刊第 6 卷以前很少谈论政治。但无情的现实让邹韬奋认识到只关注个人修养,而不引导民众关注社会政治是远远不够的。这从邹韬奋发表的《生活日报与生活周刊》一文中可以看出来:"本刊旨在'启迪理智能力,增富知识见闻',而内容则重在评述国内外时事,讨论有关政治经济社会各方面一般的问题,介绍国内外的现状与大势,故其体例有评论、专论、国内外通讯等等。要'启迪理智能力,增富知识见闻',方法原有多端,而我们取材所以特重时事评述,问题研究,与国内外现状及大势者,很想借此一扫国民向来只顾一身一家而漠视整个民族群众福利的心理,引起他们注意时事及研究问题的兴趣,扩大胸襟与放远眼光的感觉。"② 很显然,以前只提倡个人修养,唤起服务精神,会导致国民只顾一身一家而漠视整个民族群众福利的狭隘心理,所以,此时邹韬奋认识到更需要"引起他们注意时事及研究问题的兴趣,扩大胸襟与放远眼光的感觉。"《生活》周刊

---

① 《我们最近的思想和态度》,《生活》周刊 1932 年第 7 卷第 1 期。
② 韬奋:《〈生活日报〉与〈生活〉周刊》,《生活》周刊 1932 年第 7 卷第 18 期。

的宗旨，也转变为针砭时弊，改进政治，探讨国家民族的前途，从而唤醒民众。

实际上，第 7 卷的《生活》周刊不仅要引导民众关注时事及研究问题，而且还在引导民众关注中国的阶级问题和中国未来的道路问题。1932 年 7 月邹韬奋在《我们最近的趋向》一文中说："在我们的立场信仰和态度方面，不无可以补充的地方，现请约分四点，申述如下：（一）本刊虽未加入任何政治集团的组织，但我们却有我们自己的立场；凡遇有所评述或建议，必以劳苦民众的福利为前提，也就是以劳苦民众的立场为出发点。（二）我们认为中国乃至全世界的乱源，都可归结于有榨取的阶级和被榨取的阶级，有压迫的阶级和被压迫的阶级，要消灭这种不幸的现象，只有社会主义的一条路走，而绝非行将没落的资本主义和西洋的虚伪民主政治的老把戏所能挽救。所以依客观的研讨，中国无出路则已，如有出路，必要走上社会主义的这条路。我们对于此点既有深切的认识，绝对不愿开倒车。"① 该文不仅对于阶级问题和中国的道路问题进行了探讨，而且对于中国的反帝问题，也做了论述："在中华民族独立运动的进行中，一方面固不可不注意于本国政治社会问题的根本解决，同时对于反帝国主义的工作尤丝毫不容放松——尤其对于进攻最猛侵略最急的日本帝国主义者——我们认为中华民族求生路，这两方面有兼程并进的必要。"②

此时邹韬奋对中国社会的阶级和政治问题已经有了较深刻的认识，他也认识到只有社会主义道路才是中国唯一的出路，因此，他在主编《生活》周刊时，不再像以前那样宣传个人奋斗、进德修业，改进个人、家庭和社会生活，并最终达到个人发展和国家民族进步的资产阶级改良思想了，他转而加强对抗日的宣传，加强对社会主义的介绍和宣传，注重唤醒民众的政治觉悟，推动民众觉醒从而起来抗日和斗争。综观《生活》周刊的第 7 卷，它的内容有两个大的特点，一是谈论国内外社会政治问题的文章大量涌现，二是出现不少介绍苏俄社会主义的文章。除了邹韬奋本人写了大量谈论国内外政治问题的文章外，此时的《生活》周刊还约请胡愈之（笔名"伏生""景观"）、艾寒松（笔名"寒松"）、毕云程（笔名"新生"）、吴颂皋（笔名"翼公"）等人撰写了大量谈论和研究国际形势、政

---

① 《我们最近的趋向》，《生活》周刊 1932 年第 7 卷第 26 期。
② 《我们最近的趋向》，《生活》周刊 1932 年第 7 卷第 26 期。

治、经济、外交等问题的文章，其中胡愈之以"伏生"笔名从第7卷第22期开始，以后差不多每期都发表有他所撰写的谈论国际问题的文章。胡愈之"对于国际问题的研究，最善于用冷静的脑子，做客观的缜密的分析，无论怎样复杂的问题，都能提纲挈领，左右逢源，说得你不懂也要懂"①。他所撰写的谈论国际问题的文章，在读者当中引起了极大的反响，后来结集出版。介绍苏俄社会主义的文章，邹韬奋本人就写了不少，如《读〈苏俄的真相〉》（第7卷第14期）、《苏俄的儿童》（第7卷第21期）、《苏俄的妇女》（第7卷第22期）、《备战中的苏联》（第7卷第29期）、《当代革命文豪高尔基（一）（二）（三）（四）》（分见第7卷第44、45、46、47期）、《高尔基与革命（上）（中）（下）》（分见第7卷第48、49、50期）。此外，陈彬龢所撰写的《苏联的五年计划（一）（二）（三）》（分见第7卷第15、16、17期）、胡愈之撰写的《白俄》（第7卷第36期）、《论苏联的外交》（第7卷第45期）、《法俄不侵犯条约》（第7卷第45期）等文章也从不同的角度向读者介绍了苏俄的情况，使读者对当时世界上第一个社会主义国家有了一定的了解。

四 第8卷：政治斗争色彩浓郁

《生活》周刊第8卷在第7卷基础上继续发展，它的栏目相对于第7卷的变化也比较少，表1-9为第8卷主要栏目变化情况。

表1-9 第8卷与第7卷栏目变化情况

第8卷保留的第7卷栏目	第8卷的新增栏目	第8卷减掉的第7卷栏目
小言论；专论；各国通讯；国内各地通讯；人物评述；书报评述；望远镜与显微镜；漫笔；小说；信箱；画报；一周要闻	萍踪寄语；杂感随笔	欧游余影；捐款报告

从表1-9中可以看出，第8卷的栏目变化很少，新增栏目即"萍踪寄语"和"杂感随笔"两个栏目，"萍踪寄语"栏目是邹韬奋被迫流亡海外，赴欧考察途中对自己沿途所见所闻的记述，这些文章"特别注意各国新闻事业的实际情况和趋势，此外关于政治经济及社会各方面"② 也有比

---

① 《伏生国际论文集》（广告），《生活》周刊1933年第8卷第32期。
② 《深刻的印象》（广告），《生活》周刊1933年第8卷第28期。

较多的注意。"萍踪寄语"从第 8 卷第 28 期开始，直到《生活》周刊终止，共发表了 23 篇文章，并未将邹韬奋在欧洲考察所写的文章全部发表出来，因此后来与其他篇目专门结集成《萍踪寄语》系列书加以出版。"杂感随笔"栏目与"望远镜与显微镜"及"漫笔"栏目性质一样，都是杂文性质的栏目，但是该栏目的作者是巴金，该栏目始于《生活》周刊第 8 卷第 36 期，内容主要是巴金的一些旅途随笔，其中还掺杂了傅东华的一篇《回味》（第 8 卷第 40 期）。

从总体上看，《生活》周刊第 8 卷在第 7 卷的基础上，更加深入谈论社会政治，系统地宣传社会主义、马克思主义和革命人生观，同时也更加深入地介绍苏联的基本情况。在《生活》周刊的第 8 卷，谈论阶级问题，宣传革命的文章已经非常多，如艾寒松（笔名"寒松"）一人就先后发表了《资本主义的解剖》（第 8 卷第 4 期）、《封建制度的解释》（第 8 卷第 5 期）、《意识形态是什么》（第 8 卷第 8 期）、《民族革命的意义》（第 8 卷第 12 期）、《什么是革命》（第 8 卷第 16 期）、《反帝的主要队伍》（第 8 卷第 19 期）、《论小资产阶级》（第 8 卷第 20 期）、《阶级是什么》（第 8 卷第 21 期）、《论个人主义》（第 8 卷第 24 期）、《个人与社会》（第 8 卷第 25 期）等文章。这些文章已经非常明显地涉及了社会意识形态、阶级斗争、民族革命等问题，文章内容具有明显的反个人主义、反帝、反封并提倡革命的倾向，政治斗争及革命的色彩非常浓郁。

在《生活》周刊的第 8 卷，也发表了许多系统介绍辩证唯物主义与历史唯物主义的文章，比较典型的是李鼎声以"平心"的笔名先后发表的《论形式逻辑》（第 8 卷第 27 期）、《什么是辩证法》（第 8 卷第 28 期）、《论真理》（第 8 卷第 28 期）、《论思想》（第 8 卷第 32 期）、《物质与精神》（第 8 卷第 33 期）、《生产力与生产关系》（第 8 卷第 36 期）、《论宗教》（第 8 卷第 36 期）、《论文明》（第 8 卷第 45 期）等文章，这些文章比较系统地介绍了马克思主义学说的相关内容，对读者进行马克思主义思想启蒙教育，起到了比较好的作用。

继续发表文章介绍苏联国内的基本情况、让读者认识社会主义国家，这依然是《生活》周刊第 8 卷的一个重要内容，这突出表现在《生活》周刊第 8 卷的"各国通讯"栏目先后登载了戈公振所撰写的《我对于观察庶联的态度》（第 8 卷第 31 期）、《第二个五年计划（上）（下）》（分见第 8 卷第 32、33 期）、《两个大阅》（第 8 卷第 34 期）。作者"爱而"（此为笔名，真实姓名无从查考）在此栏目也先后发表了《苏联联邦的十周年》（第 8 卷第 36 期）、《苏联教育的新转变》（第 8 卷第 44 期）、《苏联妇女赶向建设前线》（第 8 卷第 46 期）。除了这些介绍文章外，《生活》周刊第 8 卷中的《生活画报》也用图片形式反映了苏联国内的一些情况，如《苏俄五年计划之成因》（《生活画报》第 16 号）、《苏俄的法庭》（《生活画报》第 24 号）、《苏俄在新疆的贸易》（《生活画报》第 25 号）、《莫斯科之五一节》（《生活画报》第 26 号）、《苏俄体育大检阅》（《生活画报》第 30 号）、《苏联建设中之东方海港——勘察加》（《生活画报》第 30 号）。《生活》周刊大量介绍苏联的情况，目的是为了"供给一般大众的阅读。因为目前只有大众才需要研究苏联，了解苏联。大众不但要从研究苏联中，找寻客观的事实，而且也想从这社会主义的'雏形国家'的描写中，找寻他们的未来生活的憧憬"①。

显然，《生活》周刊第 8 卷的政治色彩更加浓厚，宣传马克思主义和社会主义的文章更多，文章的理论水平也显著提高，这是有原因的。一方面，此时邹韬奋本人的思想已经发生改变，开始主动关注社会政治，并认为中国应该走社会主义的道路；另一方面，在 1933 年 6 月，邹韬奋被列入国民党暗杀的黑名单，被迫于 1933 年 7 月 14 日开始出国流亡海外。他出国后，徐伯昕负责《生活》周刊社的社务，胡愈之、艾寒松负责编辑，出国后的邹韬奋虽然对《生活》周刊"遥为负责任"，但实际上负责任的是胡愈之和艾寒松，胡愈之当时已经是中共地下党员，艾寒松当时也是倾向进步、关注革命的人，他后来于 1938 年也加入了中国共产党。《生活》周刊的编务由胡、艾二人实际主持后，李鼎声等具有较深厚马克思主义理论功底的作者也为《生活》周刊撰稿，因此《生活》周刊第 8 卷宣传政治斗争、宣传马克思主义和社会主义的文章增多，水平显著提高，这也就在情理之中了。

"九一八"事变以后，邹韬奋和他主办的《生活》周刊积极宣传抗日和支援抗日，此后又大量地宣传马克思主义和社会主义，这必然为国民党当局所不容。国民党当局对邹韬奋和他主办的《生活》周刊进行的拉拢和打压，早在 1932 年春就开始了。1932 年春，在邹韬奋发表《我们最近的思想和态度》一文后，蒋介石就派胡宗南到上海约见邹韬奋，试图拉拢邹

---

① 《苏联大观》（广告），《生活》周刊 1933 年第 8 卷第 39 期。

韬奋，逼迫他改变立场和观点，遭到邹韬奋的拒绝[1]。1932 年 7 月，"国民党政府以'言论反动，诋谤党国'的罪名下令禁止《生活》周刊在河南、湖北、江西、安徽等省邮递"[2]。1932 年 10 月 14 日，国民党政府上海"市公安局复市党部封禁《生活》周刊，奉令依照出版法办理"[3]。1933 年 7 月，《生活》周刊"七月间横遭禁止全国邮递"[4]。1933 年 10 月底，"蔡元培连发两电，要求国民党中央解禁《生活》周刊，均被拒绝"[5]。1933 年 11 月间，陈铭枢、蔡廷锴等在福建组织"人民政府"，号召反蒋抗日，胡愈之在《生活》周刊上发表《民众自己起来罢!》一文称："真正的民族革命，却不是军阀官僚政客所能包办的，必须是由民众直接发动，民众直接斗争，才能达到最后的胜利。现在这时机是不容再迟延了，让民众自己起来罢!"[6]"国民党上海市党部以此文'同情'人民政府为由，下令查封《生活》周刊。"[7] 1933 年 12 月 16 日，《生活》周刊出至第 8 卷第 50 期，也就是《生活》周刊的最后一期，在这一期上，《生活》周刊登载邹韬奋于 1932 年 10 月间便写好的《与读者诸君告别》一文，明确表示邹韬奋和《生活》周刊的同人宁为真理而玉碎，不愿屈服而瓦全的决心："本刊同人自遭无理压迫以来，所始终自勉者：一为必挣扎奋斗至最后一步，二为宁为保全人格报格而决不为不义屈，现在所受压迫已至封闭地步，已无继续进行之可能，我们为保全人格报格计，只有听其封闭，决无迁就屈伏之余地。"[8]

第四节　《生活》周刊在邹韬奋新闻出版实践中的地位

邹韬奋从 1926 年 10 月接办《生活》周刊，一直到 1933 年 12 月《生活》周刊被迫停刊，其间虽然邹韬奋于 1933 年 7 月被迫流亡海外，此后的《生活》周刊也还是邹韬奋"遥为负责任"，因此可以说，邹韬奋所负责主

---

[1] 参见生活书店史稿编辑委员会编《生活书店史稿》，前引书，第 27 页。
[2] 钱小柏、雷群明编著《韬奋与出版》，前引书，第 198 页。
[3] 中国韬奋基金会韬奋著作编辑部编《韬奋全集》，第 4 卷，前引书，第 462 页。
[4] 韬奋：《与读者诸君告别》，《生活》周刊 1933 年第 8 卷第 50 期。
[5] 邹嘉骊编著《韬奋年谱》，中卷，上海文艺出版社，2008，第 55 页。
[6] 胡愈之：《民众自己起来罢!》，《生活》周刊 1933 年第 8 卷第 47 期。
[7] 胡愈之：《我的回忆》，前引书，第 157 页。
[8] 韬奋：《与读者诸君告别》，《生活》周刊 1933 年第 8 卷第 50 期。

办的《生活》周刊延续的时间长达 7 年多,这在邹韬奋所主办过的报刊当中,是存在时间最长的一份刊物。在邹韬奋主办《生活》周刊的这七年多时间里,单从销量来看,《生活》周刊的发展取得了不俗的成绩,从接办时的每期发行 2800 多份①,到 1932 年每期发行量达 15.5 万份以上。②1932 年 7 月后,国民党政权采取封锁《生活》周刊的邮递渠道,军警摧残销售《生活》周刊者,逮捕购阅《生活》周刊的学生等手段对《生活》周刊进行残酷打压,《生活》周刊只能采取半公开或秘密送达的办法,将《生活》周刊送达读者手中,即使是在这种情况下,直到《生活》周刊停刊为止,《生活》周刊的销数,"仍能保持国内定期刊物的最高销数"③。这些充分说明邹韬奋主办的《生活》周刊是非常成功的,它是得到读者充分认同的。

一 《生活》周刊成功的原因探究

《生活》周刊的成功,原因是多方面的,但最主要的原因在于以下几方面。首先是它的办刊宗旨始终是进步且与时俱进的,《生活》周刊的第 2 卷到第 5 卷,它的宗旨是"暗示人生修养,唤起服务精神,力谋社会改造",从第 6 卷开始到第 8 卷终刊,《生活》周刊以针砭时弊,改进政治,探讨国家民族的前途,唤醒民众为宗旨。这两个宗旨总体上来说都是积极进步的。邹韬奋早期对国民政府抱有幻想,希望在不改变原有社会和政治秩序的前提下,通过探讨个人的人生修养问题,通过改造个人,最终达到改造社会的目的,这个宗旨和理想在当时的社会现实下虽然是行不通的,但是它毕竟代表了一部分国民的社会理想,其基调和最终目的还是在于改良整个社会,因此这个资本主义社会改良的宗旨也还是积极向上和进步的,也还是受到了读者的欢迎。"九一八"事变以后,残酷而黑暗的社会现实使邹韬奋认识到资本主义的改良道路在中国是行不通的,因此他的认识和思想也开始转变,邹韬奋说:"要想用个人的局部的行动,去抵抗帝国主义和帝国主义依附者对整个民族所加的压迫,本来只是一种幻想……只有参加广大民众行动才有办法。广大民众行动,不仅是'到前方去',而且同时也是政

---

① 参见复旦大学新闻系研究室编《邹韬奋年谱》,前引书,第 26 页。
② 参见生活书店史稿编辑委员会编《生活书店史稿》,前引书,第 210 页。
③ 《最后的几句话》,《生活》周刊 1933 年第 8 卷第 50 期第 1017 页。

治的社会的斗争……这广大的民众运动,必须有广大的准备与训练。这准备与训练,不仅是组织方面,而且也是意识方面的,不是从意识上把民族的弱点,革命的障碍,完全扫清,民众行动依然不会得到最后的成功。这思想和意识的准备,是本刊目前努力的方针。"① 这段话很清楚地表明了邹韬奋对当时社会现实的深刻认识,他认识到光靠个人的局部行动无法改变当时的局势和社会,因此针砭时弊,改进政治,探讨国家民族的前途,从而唤醒民众应该成为《生活》周刊的新宗旨。这个新的宗旨,是完全符合当时严峻的国际国内形势的,因此它也必然是进步的,也就必然会受到读者的欢迎。

其次,《生活》周刊与读者的沟通和交流是非常到位的。《生活》周刊主要通过"信箱"栏目来与读者沟通,邹韬奋本人每天要阅读大量的信件,对读者来信进行回复,"信箱"栏目里刊登了大量的读者来信,读者来信的内容涉及了各个方面的内容,这一方面充实了《生活》周刊的内容,保持了刊物稿源及内容的多样性和丰富性,同时这些来信是读者生活、思想实际的最原生态的展现,因此这些来信也使得《生活》周刊的内容非常贴近读者和生活实际,拉近了刊物和读者的距离。邹韬奋所撰写的大量编者附言也很好地完成了读者和编者之间的沟通和互动交流,从而使读者也真正参与到刊物的编写中来。

最后,《生活》周刊的栏目和内容处在不断地变化和更新之中。从前文各卷的栏目分析我们可以看出,《生活》周刊的主要栏目整体来说是比较固定的,如"小言论""专论""信箱""杂文""小说"等栏目基本上贯穿了《生活》周刊的全过程,这就保证了刊物栏目内容的继承性和稳定性,容易维护刊物的特性和稳定一些长期的读者。在主要栏目基本稳定的前提下,《生活》周刊的栏目每期又或多或少地有些变化,每期既要增加一些新的栏目,同时又要根据需要减掉一些栏目,即使是如"小言论"这样的固定栏目,其主要内容也随着宗旨的变化而不断更新,如在"九一八"事变之前,"小言论"栏目大量地谈论求学、择业及婚恋等日常生活话题,而事变后,谈论国内外重大的时事及政治问题便成为"小言论"的主要内容。栏目和内容的不断变化,这就使得刊物常办常新,不至于千篇

---

① 朱光:《"恋爱"和"抗日救国"的"机会"》,《生活》周刊1933年第8卷第21期。

一律。

二　为后续新闻出版活动奠基

《生活》周刊是邹韬奋主办报刊生涯当中存在时间最长的一个刊物，邹韬奋主办《生活》周刊是非常成功的，这段成功的经历在邹韬奋报刊生涯当中占据着重要的地位，对后来他所创办的报刊产生了深远的影响。第一，邹韬奋在《生活》周刊后期所形成的注重关注时事政治，宣传抗日救国，宣传马克思主义、社会主义，从而唤醒民众的宗旨，他在后来所主办的报刊中都在坚持着，《生活》周刊第7卷变为新闻评述性质的周刊，这对后来邹韬奋所创办的刊物也产生了很深的影响，邹韬奋后来所创办的刊物，虽然宗旨都在不断调整，但性质却都是新闻评述性质的综合类刊物。第二，邹韬奋本人在主编《生活》周刊时得到了系统的报刊业务实践磨炼，培养了他的新闻意识和舆论宣传意识，进一步锻炼了他对于报刊各种文体的写作能力，为他日后大量写作成果的出现和其他报刊的创办打下了基础。第三，邹韬奋所主编的《生活》周刊在读者中的影响力和他与《生活》周刊其他作者所形成的友谊，也是一笔不可小视的财富。例如他利用《生活》周刊的影响力，在读者当中招股创办《生活日报》，他在主编《生活》周刊时期与胡愈之、艾寒松、毕云程、徐伯昕等人所结下的友谊，为他日后其他报刊迅速有效的创办也打下了坚实的基础。第四，邹韬奋在主持《生活》周刊时期就已经开始从事替读者代买书报的业务，并设立了《生活》周刊书报代办部，而生活书店正是从此基础上诞生的，因此可以说，邹韬奋主持的《生活》周刊社孕育了生活书店，他主持的《生活》周刊也为他的图书出版实践奠定了基础。

第二章　从上海《大众生活》到《生活星期刊》：重振旗鼓

邹韬奋于1933年7月流亡海外后，不久《生活》周刊也被查禁。但是杜重远马上创办《新生》周刊以接替《生活》周刊。邹韬奋以《新生》周刊驻欧记者的身份为该刊撰写了大量的稿件，大力支持该刊的出版。

但不幸的是，1935年6月"新生事件"发生（下文会述及），《新生》周刊也被封闭，杜重远被判入狱。邹韬奋听说此事件后立即决定回国以重振《生活》《新生》两刊的旗鼓。从他归国至1937年全面抗战爆发，他又先后创办了上海《大众生活》《生活日报》《生活星期刊》等进步报刊。这些刊物本身都办得非常成功，但均因国民党当局的压制和迫害，这些刊物都很快被迫停刊了。

第一节　上海《大众生活》："我们的灯塔"

邹韬奋在《生活》周刊和《新生》周刊相继被查封后，又在上海创办了《大众生活》，但《大众生活》出到第1卷第16期时，就又被国民党查封了。

一　重振《生活》《新生》的旗鼓

《生活》周刊被国民党当局封闭以后，1934年2月生活书店又创办了《新生》周刊，这个刊物由杜重远出面主编，《新生》周刊的内容和形式，完全就是《生活》周刊的替身，此时邹韬奋虽然远在国外避难考察，但他对《新生》周刊非常关注，并担任了它的驻欧记者。[①] 将他自己在欧美游

[①] 参见《世界知识》半月刊，1934年创刊号。

历所见所闻写成系列文章，在《新生》周刊上陆续发表，这些文章后来被收入《萍踪寄语（初集）》和《萍踪寄语（二集）》《萍踪寄语（三集）》三本书之内。

生活书店把《新生》周刊寄给《生活》周刊的旧订户进行征订，得到了《生活》周刊旧订户的认同，纷纷订阅，这使得《新生》周刊保持了《生活》周刊原有的大量读者。但是 1935 年 5 月 4 日，当《新生》周刊出到第 2 卷第 15 期时，艾寒松以"易水"的笔名在这一期上发表了一篇题为《闲话皇帝》的短文，大意是说日本天皇是个生物学家，按照日本的宪法，天皇是没有实权的，所以只是以搜集植物标本作为日常工作云云。日本帝国主义以这篇文章侮辱日本天皇发难，向国民党政府提出强烈抗议，国民党政府屈从于日本帝国主义的压力，判杜重远一年零二个月的徒刑，《新生》周刊也被查封，这就是震惊中外的"新生事件"。① "新生事件"发生后，邹韬奋决定提前回国，他于 1935 年 8 月回到了上海。邹韬奋回国时，正是上海各界抗日救亡运动风起云涌的时候，此时胡愈之受中国共产党的指示，把自己的主要精力投入组织救国会的活动。邹韬奋积极响应，他说"带着小小军队（指生活书店）参加救国会的活动"②。为了重振《生活》《新生》周刊的旗鼓，邹韬奋于 1935 年 11 月在上海又创办了《大众生活》周刊，社址是上海福州路复兴里。

二 "汪洋大海怒涛骇浪中的我们的灯塔"

1935 年 11 月 16 日，《大众生活》出版第一号，邹韬奋在创刊号里发表了题为《我们的灯塔》的文章，明确地提出了《大众生活》的创办宗旨。

文章开头的第一句话就是"我们为什么要办《大众生活》周刊？"接着文章分析了当时中国面临的惨状是"'大众'和'生活'简直是在一天一天脱离关系"。在这种惨状下面，长吁短叹和徒呼口号是没有用的，"必须明白中国大众所处的实际地位，明白中国大众一天一天地和生活脱离关系之所由来，障碍物弄清楚之后，才能对着目标，共同努力来死里求生，寻找出路"③。邹韬奋认为，当时剥削中国大众、压迫中国大众的最大敌人

---

① 生活书店史稿编辑委员会编《生活书店史稿》，前引书，第 41、42 页。
② 赵晓恩：《六十年出版风云散记》，中国书籍出版社，1994，第 39 页。
③ 韬奋：《我们的灯塔》，《大众生活》1935 年第 1 卷创刊号。

有两个，一是封建残余的遗物——军阀官僚地主豪绅和帝国主义卵翼下的买办和准买办阶层这两大派剥削者。二是高蹲在这两大派上面，勾结中国的封建残余，利用买办和准买办阶层，以吮吸中国大众脂膏的帝国主义。所以当时中国大众的唯一生路在力求民族解放的实现，从帝国主义的侵略压迫中解放出来，这是中国大众的生死问题，也是当时中国大众所要特别注意的重要目标。邹韬奋认为，要获得民族的解放，除了与帝国主义进行斗争外，也不要忘却为虎作伥的封建残余的势力。所以封建残余的铲除，是当时中国大众所要注意的第二个目标。邹韬奋在文中还指出，要从民族解放的斗争中达到目的，还要注意到个人主义的克服，所以个人主义的克服，是当时中国大众的第三个目标。最后，邹韬奋归结指出《大众生活》创办的宗旨在于："力求民族解放的实现，封建残余的铲除，个人主义的克服：这三大目标——在汪洋大海怒涛骇浪中的我们的灯塔——是我们当前全中国大众所要努力的重大使命；我们愿竭诚尽力，排除万难，从文化方面推动这个大运动的前进。"①

三 "适切大众需要"的栏目和内容

上海《大众生活》虽然只存在了16期便停刊，但是它的栏目设置还是比较多的，邹韬奋为了办好各个栏目，向广大读者发出了《征稿简约》："一、凡关于下列稿件，均欢迎投稿：（1）时事论文；（2）学术论文；（3）国内外通讯；（4）随笔小品。二、来稿以白话为主；内容须适切大众需要，注重客观事实的研究；文字须通俗浅显。……七、征求各地有新闻价值之照片或有关文化事业的照片，请附简单说明……"② 上海《大众生活》的主要栏目有："星期评坛""专论""评论之评论""通讯""漫画""图画的世界""画报""文艺修养""杂文""诗歌""小说""大众信箱""转载"等。在这些栏目当中，既有对《生活》周刊时期栏目的继承，又有一些新设置的栏目。

上海《大众生活》继承《生活》周刊时期的栏目主要有："星期评坛""专论""通讯""画报""杂文""诗歌""小说""大众信箱"等几个栏目。"星期评坛"置于每期的最开始的版面位置，"星期评坛"栏目由

---

① 韬奋：《我们的灯塔》，《大众生活》1935年第1卷创刊号。
② 《〈大众生活〉征稿简约》，《大众生活》1935年第1卷第3期。

邹韬奋主持，每期由他撰写三篇（只有第 6 期为 1 篇，第 7、8、11 期为 2 篇）小文章，对当时国内外的一些时事加以评述，该栏目类似于《生活》周刊的"小言论"栏目。邹韬奋这样介绍该栏目："本刊的星期评坛是代表大众生活社同人的共同意见，所包括的范围有国内外，关于政治经济社会文化方面值得注意的时事，对于每一题旨都经过缜密的研究，和详慎的讨论，希望能以正确的见解，供大众参考。"① "专论""通讯""画报""杂文""小说""人物重估""大众信箱"这些栏目在《生活》周刊时期就已经出现，内容也基本与《生活》周刊时期的一样。需要指出的是，上海《大众生活》的画报与《生活》周刊时期的出现位置不一样，《生活》周刊时期的画报是在每期中夹入几页画报或附加出版几页画报，而上海《大众生活》却是把画报作为封面和封底，这样既刊出了画报，又使整个刊物的外表显得美观。在这些栏目当中，"专论""画报""杂文""通讯""大众信箱"栏目出现的比率最高，几乎每期都有，而"人物重估"、"小说"栏目只在其中的几期出现过，出现的比率很低。

上海《大众生活》新设置的栏目主要有"评论之评论""漫画""图画的世界""文艺修养""转载"这五个栏目。"评论之评论"栏目的内容主要是对其他报刊上的评论文章加以评论，对原有文章中的观点加以辩驳并提出自己的观点。这个栏目的文章不多，只在几期中出现过。"漫画"栏目严格说来不是一个新创的栏目，因为在《生活》周刊里已经大量出现，如《生活》周刊第 7 卷各期就有漫画出现，但是，《生活》周刊中各期的漫画散见于每期其他的文章当中，没有统一的版面。而上海《大众生活》中的漫画已经有专门的版面，一个版面登载几幅漫画："漫画也是我们所注重的，所以另辟一个全页的地位登载。这一栏得鲁少飞主持。"② 上海《大众生活》的"漫画"栏目分为两个部分："时事漫画"和"社会漫画"。"时事漫画"由鲁少飞编辑创作，主要以漫画的形式反映国内外的重大时事。"社会漫画"由蔡若虹编辑创作，"社会漫画"主要反映的是国内各社会阶层，尤其是劳苦大众的悲惨生活。可惜的是，"漫画"栏目在上海《大众生活》中只在少数几期中出现过，很多期都没有。"图画的世界"栏目的口号是"时事在地图中"，它实质上是以图说的形式反映一周内世

---

① 《编辑室》，《大众生活》1935 年第 1 卷创刊号。
② 《编辑室》，《大众生活》1935 年第 1 卷创刊号。

界各地所发生的大事,每期"图画的世界"栏目由两个版面组成,以一幅世界地图作为背景,再配以几个小圆圈,每个小圆圈内就做一幅漫画,小圆圈内的漫画配以较少的文字,表明一周内世界上何地发生了何事。在整幅图的下面,又配以"图说",对每幅画的内容加以详细说明,为什么要再加"图说"文字,第 3 期"图画的世界"栏目的附言里说得很明白:"第一期'图画的世界'发表后,有人说'图说'还需要更详细些。时事漫画本来不要多加文字说明,才可细细辨味;不过我国的一般大众向少看到这类漫画,初看时,多需要解说,当是实情,所以本刊解说比较的详细些。"①邹韬奋介绍这个栏目时说:"'图画的世界'是就精绘的世界地图上,依世界的动态,加上隽永的漫画表现出来。在中国出版界算是创举。这一栏得金仲华、沈振黄两先生替我们主持。"②"图画的世界"栏目从第 1 期开始,基本上是每隔一期出现一次。"文艺修养"栏目由林矛(具体身份不详)一人专门主持,内容主要是关于文艺理论、文艺创作,或文学作品评价方面的,代表性的文章如《高尔基和香菱》(创刊号)、《几首诗的比较》(第 2 号)、《文艺和哲学》(第 9 号)等。该栏目除第 8、12、15、16 期外,其他每期都有。"转载"栏目主要是刊载一些团体、组织的宣言或方案,如《民族解放运动的呼声——上海文化界救国运动宣言 北平各校通电?》(第 6 期)、《民族解放运动的呼声——上海文化界救国会第二次宣言》(第 9 期),北平市学生联合会非常时期教育时事委员会拟定的《非常时期教育方案》(第 16 期)等。但"转载"栏目只在少数几期中出现过。

四 "万分沉痛中暂行停刊"

邹韬奋在上海创办的《大众生活》,很快就受到广大读者,尤其是原来《生活》周刊和《新生》周刊老读者的欢迎。读者李涵在来信中说:"先生的回国,给我以极大的欣喜。《大众生活》的刊出,给我以极大的兴奋!我对这登载《大公报》上的《大众生活》四个大字呆看了好久;我分不清我的情绪是兴奋,是高兴,抑是悲哀,更无法用度量衡来测量我兴奋的程度。"③上海救国会和全国救国会成立时,邹韬奋也积极参加,均被选

---

① 《"图画的世界"附言》,《大众生活》1935 年第 1 卷第 3 期。
② 《编辑室》,《大众生活》1935 年第 1 卷创刊号。
③ 李涵、袁芝生:《永生》,《大众生活》1935 年第 1 卷第 4 期。

举为执行委员，救国会的领袖们如沈钧儒等人与邹韬奋和生活书店的关系也非常密切，《大众生活》成为救国会的旗帜，这使得《大众生活》的影响力大增，促进了它的销路，销量达到了 20 万份①。《大众生活》销量的激增，这从它的广告收费和社址变化中也可以看出来。"本刊因销数激增，广告地位之成本，亦随之增高，特自二十五年一月四日出版之第一卷第八期起，改订广告定价……"②"本社以业务日增，原址不敷办公，特自二十五年一月一日起，迁至爱多亚路中汇大楼四楼四一四号。此后如承惠函，请径寄新址乃荷。"③

上海《大众生活》从创刊之日起，就追求进步，宣扬民族解放的实现，封建残余的铲除，个人主义的克服。"一二·九"学生爱国运动发生后，《大众生活》对此爱国学生运动进行了大量的报道，并致函北平学生进行慰问、致敬。《大众生活》提出严密组织、宣传大众、学习理论与战术等五点希望。④ 上海《大众生活》的进步立场，必然为国民党政府所不容。早在《大众生活》创刊之初，一些读者就对此提出了自己的担心。读者李涵、袁芝生在来信中说："一别二年的《生活》在这个大时代复活，是很使爱他的人担忧他的寿命的。因为常站在大众对立的地位的人们和侵略者，与我们求民族独立生存者的行为是敌对的。这样一个代表大众喉舌，代表反抗侵略者的急先锋的刊物，是很容易遭到夭折的，我们的《生活》《新生》，就在这二种压力下逝去，不永远生存着！因为我们爱《大众生活》太深了，所以我们迫切地希望他生存着，给我们一些安慰。请先生在可能范围之内，避免无谓的牺牲。"⑤ 读者袁芝生在来信中说："先生以前主编的《生活》周刊，我定阅年余，不幸因故停刊。接着杜重远先生办的《新生》我也定阅过，但也不得善终。这出生的《大众生活》，我很盼望他能自自然然的发荣滋长，但前途吉凶，和我们大众一样，是否能生活下去，未可预卜，望先生格外注意，勿使夭折。即颂编安。"⑥ 除了李、袁二位读者外，还有很多读者也来信表示担心《大众生活》会中途夭折。对

---

① 参见生活书店史稿编辑委员会编《生活书店史稿》，前引书，第 54 页。
② 《本刊改订广告刊例启事》，《大众生活》1935 年第 1 卷第 7 期。
③ 《大众生活社迁移启事》，《大众生活》1936 年第 1 卷第 4 期。
④ 参见《本社致北平全体学生的一封信》，《大众生活》1936 年第 1 卷第 11 期。
⑤ 李涵、袁芝生：《永生》，《大众生活》1935 年第 1 卷第 4 期。
⑥ 李涵、袁芝生《永生》，《大众生活》1935 年第 1 卷第 4 期。

于读者的担心，邹韬奋在李、袁二人来信的编后按语里说："近来我们接到许多读者好友的信里面，有不少是在替本刊担忧，很诚挚地希望本刊不要'夭折'……我们当然要尽力之所及，使本刊不要'夭折'因为我们要藉本刊对民族解放前途，对大众解放前途尽一部分的贡献。……我们固然要格外注意，勿使'夭折'，但是万一虽格外注意而仍出乎拯救力以外的'夭折'，我们却不因此灰心，却不因此停止工作。"①

在《大众生活》第 4 期发表李、袁二位读者的来信后，一些读者又陆续来信向邹韬奋报告外界谣传《大众生活》封闭以及邹韬奋将被拘捕的消息，为此，邹韬奋在《大众生活》第 14 期发表《韬奋紧要附启》来加以回应并明志："近来得到各方面读者好友的来信，报告本刊将被封闭和我将被拘捕或陷害的消息，诸位好友垂爱的殷切和关心的恳挚，令我万分感动，永不能忘。当我写这附启的时候，还未发现什么被害的事实发生；我们要为爱国救亡运动多尽一些力量，当然也希望没有什么被害的事实发生；但是也许变起仓卒，来不及留下几句话和许多读者好友道别而遽去，所以特在这里预先略倾我的胸怀。……个人的安危生死，早置之度外。所欲披沥肝胆，掬诚奉告于读者好友的，是我深信只有大众有伟大的力量，只有始终忠实于大众的工作，才有真正的远大的效果。我个人无论如何，必始终坚决保持这个信仰，决不投降于任何和大众势不两立的反动势力。"②

读者的担心和报告不久就变成了现实，当上海《大众生活》出版到第 16 期时，又被国民党政府查禁。邹韬奋在第 16 期上发表《韬奋紧要启事》来说明被迫停刊的真相，并表明自己的态度："本刊代表大众的立场和意识，对于万分严重的国难，主张发动整个民族解放的英勇抗战，并主张要在'不压迫民众救国运动'的条件下进行，态度光明，言论公开，但竟因此受到种种压迫，先之以停邮，继之以查禁，在本刊承蒙国内外数十万读者的信任，无数文化工作同志的培成，艰苦支撑，不敢不勉，但在现状下已无法进行，不得不于万分沉痛中暂行停刊，这一期算是和读者诸友暂别的终刊号。"③

---

① 李涵、袁芝生：《永生》，《大众生活》1935 年第 1 卷第 4 期。
② 《韬奋紧要附启》，《大众生活》1936 年第 1 卷第 14 期。
③ 《韬奋紧要启事》，《大众生活》1936 年第 1 卷第 16 期。

第二节　香港《生活日报》：一份真正大众的中型报纸

1932年初，邹韬奋就计划在上海创办《生活日报》。经过紧张的筹备和规划，创办《生活日报》的条件已经具备，但考虑到国民党对邹韬奋以及《生活》周刊的压制和迫害，邹韬奋不得不放弃在上海创办《生活日报》。直到1936年，《生活日报》才在香港正式出版，但香港《生活日报》只出版55天便停刊了。

一　筹办未果的上海《生活日报》

1932年1月30日，《生活》周刊第7卷第4期上刊登了读者董潽敏、袁有鼎、孙肇修、陈国庚、孙澄波、周秋如六人联合写来的信，即《拟请生活周刊社在上海创办日报之理由及简略组织法说明》。在这封信里，董潽敏等人认为当时的上海是政治的开发地和重要的交通口岸，在该地发行日报，新闻消息的繁密灵便，是其他地方所不能比的，上海具备创办日报的良好条件。此外，上海的日报对中国政治文化、社会风纪、民智民德具有感化性之直接影响，上海应该创办好的日报来担负起这个教化的重任，而当时上海销路较好的日报《新闻报》和《申报》两报都是营业性的买办式报纸，既没有救国救民的宗旨，所持的论调也是不痛不痒，所登载的也大多是"淫盗卑鄙"之类的新闻，对当时的政治、社会风纪、国民道德都造成了不良影响，难以承担教化国人的重任。而"《生活》周刊出版以来，挽救国人恶劣颓丧之意志，殊见有功，但惜乎其为周刊，时间相隔太长，故欲改造今日浸衰之国运，其效力仍嫌其缓而微，由此以观，在上海创办一个规模宏大抱着救国救民宗旨之日报，实为急不容缓之事"①。

董潽敏等人在信中指出《生活》周刊社可以采取招股的方式来解决资金问题，因为《生活》周刊编者的人格学问平时感人甚深，且读者达十余万之众，创办该项日报约需五十万元，以十元为一股，只要在《生活》周刊或者其他报刊上刊登招股广告，读者必然会踊跃认股。董潽敏等人不仅在信中提出了《生活》周刊社通过招股来创办日报的办法，而且也对日报的组织办

---

① 董潽敏：《拟请生活周刊社在上海创办日报之理由及简略组织法说明》，《生活》周刊1932年第7卷第4期。

法、报纸的性质以及如何运作等问题,也提出了一些粗略的建议。

事实上,在董潘敏等人的这封信之前,《生活》周刊的许多读者就来信要求《生活》周刊社创办日报,邹韬奋本人也有想创办一份日报的意思,《生活》周刊社刊登这封信后,读者要求《生活》周刊社创办日报的信件,更是纷至沓来。邹韬奋与数位有办报学识经验的友人经过数次审慎的讨论和研究以后,在《生活》周刊上刊出《创办〈生活日报〉之建议》一文,告知读者《生活》周刊社决定创办一份日报,该日报取名为《生活日报》,最低资本为30万元,决定采取向读者招股筹办的方式,每股定为5元,《生活》周刊社出资3000元,其余资本由《生活》周刊社向国人募集,《生活》周刊社先将印好的认股书随这一期的《生活》周刊寄给读者,有意向的读者可先填认股书,等到认股的资金达到5万元时再函告认股者正式缴纳股款。在这篇文章当中,邹韬奋也从该日报的组织、特色、张数、广告、销数、资本、会计、开办费、经常费共九个方面阐述了创办《生活日报》应筹备的大概情形,并明确地告知读者未来的《生活日报》是要"为中国产生一个为民族振兴及民众福利而努力的舆论机关"[1]。1932年3月12日,《生活》周刊第7卷第10期又刊出了《生活日报》筹备的消息,告知读者《生活日报》正在积极筹备当中,具体办法可以参考《创办〈生活日报〉之建议》这篇文章,《生活》周刊社还将《创办〈生活日报〉之建议》这篇文章印成小册子,也印制了认股书,有认股意向的国人来函索取即可。

为了筹办《生活日报》,《生活》周刊社在《生活》周刊第7卷上刊载了大量的相关文章,对筹办《生活日报》一事加以解释说明,同时也跟进报道。这些文章主要包括以下几方面的内容:①《生活日报》资本募集的情况;②《生活日报》的组织形式和人事安排情况;③对一些疑虑和谣言的回应。

(一) 读者踊跃认股

对邹韬奋来说,创办《生活日报》最大的困难就是资金问题。《生活日报》最初为了让广大普通读者都能入股,确定每股只要5元,但是根据当时新颁布的公司条例,招股每股至少需10元,所以只得照改为每股10元,为了让一些经济能力较差的读者也能入股,对那些一次不能缴出10元

---

[1] 韬奋:《创办〈生活日报〉之建议》,《生活》周刊1932年第7卷第9期。

的读者可以分两次缴纳股款。① 邹韬奋最初打算集款达 5 万元即先订购印刷机,但为了稳妥起见,又决定在集款达到 15 万元即开始订购印刷机,着手筹办《生活日报》。② 1932 年 4 月,《生活》周刊社向认股者发出缴款通知书,决定委托新华银行开始代收股款,③ 为了便利股款的收集,《生活》周刊社发出通知,告知认股者便利的缴款办法:"本埠认股缴款者可将认股缴款通知书及股款经送江西路新华银行代收股款处领取收据,外埠认股缴款者已由新华银行商定,可将认股缴款通知书及股款交由各地的中国银行及交通银行汇寄上海新华银行代收股款处,汇银在一百元以内者并得免纳汇费。"④ 为了让读者和认股者了解股款筹集情况,新华银行每收齐 1000 户的股款,便将股款筹集的情况制成表格,在《生活》周刊上加以公布,表 2-1、表 2-2 便是新华银行所公布的两个筹款情况的统计。

表 2-1 关于第一次一千户的统计⑤
上海新华银行信托储蓄所服务部制

股 数		职 业		年 龄		住 址		性 别		备 注
1 股	493 人	商	489	20 岁以上	163	江苏	664	男	857	第二项职业内"其他"目系包括律师、著作家、医师、新闻记者、侦探、无业者、管家务者、撑船工、航空、僧等。各项内有"不明者",系指未经书明,无从探悉者。在一百股以上,最多者为 3000 元
						浙江	97			
						湖北	43			
2~5	353 人	学	210	21~30	528	山东	32			
						广东	28			
						河北	27			
6~10	119 人	政	117	31~40	200	安徽	24	女	67	
						河南	22			
						福建	22			
11~50	24 人	工	68	41~50	45	湖南	17			
						山西	9			
						陕西	2			

---

① 参见《关于胚胎中的〈生活日报〉消息》,《生活》周刊 1932 年第 7 卷第 11 期。
② 韬奋:《〈生活日报〉计划之具体化》,《生活》周刊 1932 年第 7 卷第 12 期。
③ 韬奋:《正在积极筹备中的〈生活日报〉》,《生活》周刊 1932 年第 7 卷第 13 期。
④ 《〈生活日报〉缴纳股款特殊便利办法通告》,《生活》周刊 1932 年第 7 卷第 14 期。
⑤ 《关于第一次一千户的统计》,《生活》周刊 1932 年第 7 卷第 18 期。

续表

股数		职业		年龄		住址		性别		备注
51~100	6人	军	23	51以上	21	四川	2	不明	76	
						江西	2			
		农	4			日本	2			
101以上	5人			不明者	43	云南	1			
		其他	89			南洋	1			
						不明者	5			
总额		1000		1000		1000		1000		

《生活》周刊社发起组织《生活日报》股份两合公司，委托本银行代收股款，计自3月28日起开始办理，截至4月25日，为时29天，缴款者届1000户，本银行就此1000户股东之认股缴款通知书，编成一小小统计，读此可预见未来《生活日报》社股东之一斑。

表2-2　二千户《生活日报》股东的统计①
新华信托储蓄银行服务部制

股数		职业		年龄		性别		住址		备注
1股	1030	商	1002	20岁以上	282	男	1697	江苏	1032	表内各项，均系两次合并总额，住址一览，内如广西、贵州、宁夏、辽宁各地为第一次所未有者，足徵该报入股同志之踊跃，尤以国外同胞之热心与缴，人数激增，为可注意
								浙江	166	
								广东	112	
2~5	674	学	443	21~30	1004			湖北	102	
								湖南	82	
								山东	71	
6~10	218	政	170	31~40	420	女	124	福建	58	
								河北	56	
								河南	39	
								四川	38	
11~50	63	工	110	41~50	106			安徽	34	
								山西	24	
								广西	14	

① 《二千户〈生活日报〉股东的统计》，《生活》周刊1932年第7卷第33期。

续表

股　数		职　业		年　龄		性　别		住　址		备　注
51~100	8	军	48	51以上	44	不明	179	江西	14	
								云南	13	
								陕西	10	
		农	19					贵州	5	
								宁夏	4	
101以上	7	其他	208	不明者	144			辽宁	1	
								国外	126	
总额			2000		2000		2000		2000	

本银行代收《生活日报》股款后，为求各界人士对该报未来股东得一概括明晰起见，故于本刊第7卷第18期中，曾做第一次一千户股东小小统计，藉现一斑，兹以截至契约十一日，连前已满2000户，本银行特为续编二次之统计，藉资报告。

从表2-1、2-2中我们可以看出，《生活》周刊社筹集股款的活动得到了国人的大力支持，认股者遍布各行各业，认股者遍布各个年龄阶段，认股者遍布海内外的华人，这充分说明广大读者对《生活日报》早日出刊的热切期盼，对邹韬奋本人和《生活》周刊社的极度信任。

（二）股份两合公司与七人负责

在《生活日报》的筹备过程中，邹韬奋将未来《生活日报》组织形式和人事安排也做好了安排。邹韬奋原想对《生活日报》采用"信托人"（即信任托付之人）组织干部全权主持的办法，其目的在于："（一）求责任之专一，效率之增高，及事业之持久；（二）我们承同志之委托创办此报，应尽忠竭智保持本报的纯洁动机与公正态度，须防有私己作用者之阴谋操纵或破坏。"①

邹韬奋所设想的"信托人"办法在当时国民党政府颁布的公司法上没有依据，邹韬奋和其他人经过研究，最后决定采取会计师潘序伦的建议，采用"股份两合公司"的办法，由《生活》周刊社担任"无限责任股

---

① 韬奋：《〈生活日报〉计划之具体化》，《生活》周刊1932年第7卷第12期。

东"，由无限责任股东聘请人来担任公司的干部，全权主持一切事务，这样与原来所拟"信托人"的办法在实质上是一致的。

1932年3月26日，《生活》周刊第7卷第12期上刊登了《生活日报社股份两合公司章程》，对《生活日报》的组织办法进行了详细的说明。该章程共7章，37条。第一章"总则"，共4条，说明《生活日报》定名为"《生活日报》社股份两合①公司"及经营范围、公司地址等事项。第二章"无限责任股东"，共3条，说明无限责任股东的组成及责权。第三章"有限责任股东"，共7条，说明有限责任股东的组成及责权。第四章"股东会"，共12条，说明股东会的组成及其职权。第五章"监察人"，共5条，说明监察人的选举、任期及其职权。第六章"会计"，共4条，说明该公司的会计制度及红利分配制度。第七章"附则"，共2条，规定"本章程未尽事宜，悉依公司法股份两合公司规定办理……本章程自经创立会依法决议，呈准主管官署登记之日起实行"②。这个章程对未来《生活日报》的组织形式进行了比较详尽的规定和说明。这些规定使得未来的《生活日报》能够做到经济独立，会计公开，可以避免大股东的操纵，③尤其是它对监察人的设置："第二十七条，本公司监察人五人，由股东会在股东中选出之；第二十九条，监察人得随时调查公司财务状况，查核簿册文件，并请求无限责任股东报告公司业务情形……第三十条，监察人不得兼任本公司主要职员，无限责任股东不得为监察人。"④ 监察人的设置，有利于对公司的经营状况进行监督，有利于真正维护小股东的权利，这种制度的设想，对后来邹韬奋创办的生活出版合作社制度也有很大的影响，在《生活出版合作社章程》中，也明确规定了监察人（后改称为监察委员会）制度。

对于未来《生活日报》的干部人选与分工，邹韬奋经过审慎的考虑和选择后，于1932年3月26日，《生活》周刊第7卷第13期上的《正在积极筹备中的〈生活日报〉》一文中也进行了公布，经理部主任为杜重远，

---

① 所谓"股份两合"即由《生活》周刊社担任"无限责任股东"，其余投资赞助者都是"有限责任股东"。二者合办之意。见邹韬奋在《生活》周刊1932年第7卷第15期《独立自由的〈生活日报〉》一文中的说明。
② 《生活日报社股份两合公司章程》，《生活》周刊1932年第7卷第12期。韬奋：《〈生活日报〉计划之具体化》，《生活》周刊1932年第7卷第12期。
③ 韬奋：《独立自由的〈生活日报〉》，《生活》周刊1932年第7卷第15期。
④ 《〈生活日报〉社股份两合公司章程》，《生活》周刊1932年第7卷第12期。

副主任李公朴,总稽核为毕新生(即毕云程),编辑部主任为戈公振,副主任为陈彬龢,撰述部主任为吴颂皋,撰述为陈彬龢与邹韬奋。在这篇文章中,邹韬奋对7人的特长和分工做了简单的介绍,并特别指出:"以上七个人是下了决心来为《生活日报》努力工作的。我们在职务方面虽略有区分,但仍是分工合作,不分彼此。关于本报的一切,这七个人都负有共同的责任;关于本报的用人行政,以及关于本报的大政方针等等,都须经这七个人的全权议决与通过的,这七个人对生活周刊社订有约书,说明付以全权主持,用人行政及言论编辑等等方面,绝对不受任何干涉或牵掣,因为我们深信言论机关新闻事业非有独立的精神,决难始终维持其公正的态度。"①

(三) 消除读者疑虑和驳斥谣言

在《生活日报》筹办的过程中,一些读者和认股者对未来的《生活日报》还存在各种疑虑,这些疑虑主要集中在两方面:一是《生活日报》到底能否出版,什么时候能够出版?二是《生活日报》与原有的《生活》周刊到底有何区别?《生活日报》创办后,《生活》周刊是否会因此受到影响甚至于停刊?对于这些疑虑,邹韬奋先后写了《〈生活日报〉几时出版》(《生活》周刊第7卷第14期)、《〈生活日报〉与〈生活〉周刊》(《生活》周刊第7卷第18期)、《再谈〈生活日报〉与〈生活〉周刊》(《生活》周刊第7卷第19期)、《〈生活日报〉办得成功吗?》(《生活》周刊第7卷第28期)4篇文章回答读者的问题,借以消除读者和认股者心中的疑虑。邹韬奋指出,只要股款筹集顺利,凭着《生活日报》主要干部(指7个负责人)原有的办报经验和管理能力,把《生活日报》办出来并办好,不是不可能的事情。《生活日报》办出来以后,原有的《生活》周刊不会受到影响,更不会停刊,"《生活日报》和《生活》周刊虽同在新闻事业的范围内,实各有其特点与贡献,实可相辅相成而不至于互相妨碍或冲突"②。

在《生活日报》的筹办过程中,国民党政府故意散布一些谣言,对《生活日报》加以污蔑,想借此破坏读者和认股者对邹韬奋及《生活》周

---

① 韬奋:《正在积极筹备中的〈生活日报〉》,《生活》周刊1932年第7卷第13期。
② 韬奋:《〈生活日报〉与〈生活〉周刊》,《生活》周刊1932年第7卷第18期。

刊社的信任，以达到阻挠《生活日报》顺利创办的目的。这些谣言主要集中在两个方面：一是说某资本家加入了 5 万元资本，《生活日报》已受着托拉斯或资本家的操纵。二是说《生活日报》接受了某党派（即指共产党）的津贴，《生活日报》的创办有着党派背景。对这些谣言，邹韬奋在《生活》周刊上发表了《独立自由的〈生活日报〉》（《生活》周刊第 7 卷第 15 期）、《〈生活日报〉的背景是什么？》（《生活》周刊第 7 卷第 18 期）这两篇文章，在前一篇文章中他指出《生活日报社股份两合公司章程》的规定使得大股东只可能做经济上的赞助，不可能操纵《生活日报》，"《生活日报》必为独立自由的舆论机关；所谓独立自由，即永有其为民族为民众的福利而奋斗的独立的精神和自由的意志"①。在后一篇文章中他指出自己和《生活》周刊社从来不接受任何团体或私人的津贴，事业的维持和发展，全凭自己在营业上所得的收入。"《生活日报》的后面是什么？是民众，因为他是民众所扶持的，因为他下决心为民众而努力。"②

《生活》周刊社从 1932 年 3 月开始办理认股缴款业务，到 1932 年 9 月，《生活日报》的认股款已经满 15 万元，且有印刷所愿意与邹韬奋合作办理《生活日报》的印刷事务，这就可以省去购买印刷设备的资金，原来决定要筹满 30 万元股本才能加以正式筹办的计划，改为积满 15 万元即可进行正式筹办，而此时已经认满 15 万元，因此邹韬奋决定在 1932 年 10 月 10 日后正式筹办人。③ 但是 1932 年 7 月后，由于《生活》周刊的进步倾向，《生活》周刊本身已经受到国民党政府的压迫而处在挣扎奋斗之中，随时都有被封闭的危险，在这种情况下，邹韬奋"不愿以民众辛勤凑集之资，作无代价之孤注一掷，所以再三思量之后，只得辜负赞助者诸君嘱望的厚意而决定停办"④。1932 年 10 月 22 日，《生活》周刊第 7 卷第 42 期发出邹韬奋的《〈生活日报〉宣告停办发还股款启事》，正式宣布《生活日报》停办，认股者已经缴纳的股款按新华银行的活期存款给息退还。

1932 年邹韬奋在上海筹办《生活日报》的努力虽然因为国民党政府的压迫而被迫停止了，但是，这次筹办活动本身却有着很大的意义。首先它向读者表明了邹韬奋想创办《生活日报》的决心，邹韬奋在《生活》周刊

---

① 韬奋：《独立自由的〈生活日报〉》，《生活》周刊 1932 年第 7 卷第 15 期。
② 韬奋：《〈生活日报〉的背后是什么？》，《生活》周刊 1932 年第 7 卷第 17 期。
③ 参见《邹韬奋启事》，《生活》周刊 1932 年第 7 卷第 36 期。
④ 韬奋：《漫笔》，《生活》周刊 1932 年第 7 卷第 43 期。

上所撰写的大量关于《生活日报》筹办方面的文章，使广大国人对邹韬奋的办报主张和他心目中的《生活日报》都有了一定的了解。其次，声势浩大的筹办活动本身也起到了很好的宣传作用，进一步扩大了邹韬奋本人的影响，筹办活动本身也为邹韬奋积累了一定的办报经验。最后，广大读者认股的踊跃和集款的迅速，也表明了读者对邹韬奋办报活动的认同，也增强了邹韬奋继续从事报刊活动的信心。1932年邹韬奋在上海创办《生活日报》，后虽然胎死腹中，但是这次尝试为他后来在香港创办《生活日报》打下了一定的基础，他后来在香港所创办的《生活日报》，在很多方面就是把这次尝试中的许多设想变成现实。

二 短暂的香港《生活日报》：55天

1936年2月19日，上海《大众生活》出至第16期便被国民党政府查禁，同时，由于国民党当局的压迫，邹韬奋在上海也是待不住了，经过商量，决定让邹韬奋暂时到杜重远家里隐居比较稳妥，因为当时杜重远尚在狱中，而杜的夫人为了照顾杜重远，住在离监狱较近的一个庙里，当时杜的家里没有人。①

（一）艰难的筹办与出版

在杜重远的家里，邹韬奋与胡愈之、范长江等人聚会，商量筹办《生活日报》。邹韬奋要求范长江一定要参加："你一定来一个。"② 不久，胡愈之离开上海去法国，在巴黎又转道去苏联的莫斯科，在赴法途中，他经过香港时，曾写信给邹韬奋说，办报需要大量白报纸，香港是自由港，进出口都无关税，因此报纸价格比上海低得多，是办报的一个有利条件。③ 邹韬奋得到胡愈之的来信后，即派毕云程去香港调查印刷出版情况。④ 1936年2月间，蒋介石表示要约邹韬奋去南京面谈，并指令杜月笙和戴笠负责送接，邹韬奋与救国会的人商量之后，决定不去。在这种情况下，邹韬奋的一些朋友认为他已经不宜再住在家里，最好是再度流亡海外。⑤ 此

---

① 参见邹嘉骊编著《韬奋年谱》，中卷，前引书，第180页。
② 范长江：《忘我的人》，《文汇报》，1959年7月24日。
③ 参见范长江《忘我的人》，《文汇报》，1959年7月24日。
④ 参见邹嘉骊编著《韬奋年谱》，中卷，前引书，第85页。
⑤ 参见邹韬奋《韬奋文集》，第3卷，前引书，第343、344页。

时恰好毕云程从香港实地调查回来,证实香港报纸价格确实比上海低得多。因此邹韬奋决定到香港去创办《生活日报》。

1936年3月,邹韬奋偕同毕云程、金仲华前往香港筹办《生活日报》。[①] 1936年4月,胡愈之和潘汉年从莫斯科回国,途经法国巴黎时接到邹韬奋从香港发来的电报,要求胡愈之迅速回香港帮助他筹办《生活日报》。胡愈之在接电后与潘汉年商量,潘认为根据当时的形势,报纸不能再搞反蒋宣传,应由反蒋抗日转向联蒋抗日,胡愈之回电邹韬奋:"等我回香港后再'择吉开张'。"[②] 1936年5月,胡愈之回到香港,他向邹韬奋介绍了当时共产国际关于建立国际反法西斯统一战线的方针,建议《生活日报》的宣传也应由反蒋抗日转向联蒋抗日。[③] 在天津主持北方局工作的刘少奇得知《生活日报》即将在香港创办的消息后,于1936年4月24日化名"莫文华",给邹韬奋写了一封长信,刘少奇在信中说:"我觉得贵刊应担负促成解放中华民族的伟业,而目前的中心问题是民族解放的人民阵线之实际的组织。贵刊应将全部精力聚集于此。救亡的人民阵线应是极广泛的民族统一战线,应是全民族抗敌反卖国贼的各阶层联盟。从最进步的阶层及其政党的武装力量起,直至最落后的同乡会宗教团体与部分反敌的地主、军人、官吏、资本家、名流学者等,都应包括在人民阵线之中,这个问题不应该只是宣传的口号了,而应该进入实际的组织工作中去。贵刊就应来担负这一艰巨而伟大的组织工作。"[④] 在信中,刘少奇对未来《生活日报》的性质和任务也提出了自己的建议:"我以为还应确定一下贵刊应该属于何种性质。我认为贵刊应成为救国人民阵线的指导者与组织者;成为千千万万各种各色群众的权威的刊物。"[⑤] 后来,邹韬奋将这封信发表在《生活日报星期增刊》第1卷第1号上,并在后面加了编者的话:"莫先生的这封信对于'民族解放人民阵线'有着剀切详明的指示,和我们的意思,可谓不谋而合。"[⑥] 胡愈之的介绍、刘少奇的来信,核心内容都是在向邹韬奋宣传共产党的抗日民族统一战线,这对后来邹韬奋创办的《生活日

---

① 参见生活书店史稿编辑委员会编《生活书店史稿》,前引书,第421页。
② 胡愈之:《我的回忆》,前引书,第35页。
③ 参见胡愈之《我的回忆》,前引书,第35、36、300页。
④ 编者:《民族解放与人民阵线》,《生活日报星期增刊》1936年第1卷第1号。
⑤ 编者:《民族解放与人民阵线》,《生活日报星期增刊》1936年第1卷第1号。
⑥ 编者:《民族解放与人民阵线》,《生活日报星期增刊》1936年第1卷第1号。

报》产生了影响，后来《生活日报》的宗旨，《生活日报》报道的内容，尤其是《生活日报》在报道当时的"西南事变"时，能够进行正确的分析，并始终站在坚持抗日民族统一战线立场上加以宣传和报道，这与胡愈之、刘少奇等人的建议和影响是有很大关系的。

《生活日报》在香港的筹办，遇到了很多的困难，首先碰到的难题是股款和印刷设备的问题。邹韬奋在 1932 年所筹得的《生活日报》的股款，当年的 10 月因国民党当局的压力已经退回给认股者。为了保持报纸的独立，他又不想依靠某个党派或某个资本家的资助，因此只能靠自己筹集。但是当时筹集的资金非常有限，自己没有能力购买印刷机，幸亏当时蔡廷锴在香港办的《大众日报》从德国新买了一套新式印刷机，每小时能印日报一万九千份。而当时《大众日报》的每日印数只有一万份，因此这架印刷机还可以承印《生活日报》的报纸，邹韬奋和《大众日报》谈妥了印刷的事情，又通过生活书店辗转借了一笔款子，才解决了资金和印刷机的问题。① 筹办《生活日报》的另外一个难题就是向当时的港英政府申请登记的问题，当时的港英政府对非广东人，尤其是比较闻名的文化人创办报刊的登记申请，一般不容易通过，邹韬奋只得请"一位足够资格的朋友热心赞助，由他出面去登记"②，这才得以通过。1936 年 5 月，《生活日报》筹备就绪，由邹韬奋担任社长，毕云程担任经理，由金仲华担任总编辑兼国际版编辑，柳湜担任副刊的编辑，恽逸群任新闻编辑兼外电翻译，林默涵、甘伯林任营业部主任，胡愈之协助邹韬奋主持社务。③

1936 年 6 月 7 日，《生活日报》在香港正式出版，与《生活日报》同时出版的还有《生活日报星期增刊》。对于《生活日报》的出版，邹韬奋是非常激动的，韬奋后来回忆当时的情景说："那天夜里（指 6 月 6 日）我一夜没有睡，自己跑到印刷所里的工场上去，我亲眼看着铸版完毕，看着铸版装上卷筒机，看着发动机发动，听着机器声隆隆——怎样震动我的心弦的机声呵！第一份《生活日报》刚在印报房的接报机上溜下来的时候，我赶紧跑过去接受下来，独自拿着微笑"，"七八年来梦寐萦怀的《生活日报》居然呱呱堕地了！"④

---

① 邹韬奋：《韬奋文集》，第 3 卷，前引书，第 138 页。
② 邹韬奋：《韬奋文集》，第 3 卷，前引书，第 15 页。
③ 复旦大学新闻系研究室编《邹韬奋年谱》，前引书，第 88 页。
④ 邹韬奋：《韬奋文集》，第 3 卷，前引书，第 346~348 页。

（二） 无奈中的停刊

邹韬奋在香港创办《生活日报》，并不是他最初的想法，因为国民党的压迫才到香港创办。在香港出版的《生活日报》虽然取得了很大的成功，每日取得了发行 2 万份的好成绩①，这在当时香港的报业同行内是很不错的成绩。但是香港地处中国南部一隅，对《生活日报》的出版带了很多的问题。

首先是《生活日报》的稿源问题，新闻报道可以采用大量外国通讯社的电讯稿件来弥补自己新闻稿件的不足，但是如《生活日报》的 "前进"副刊和"读者信箱"这两个栏目是需要大量的读者来稿来信才能很好地办下去的。在 55 天的《生活日报》中，"读者信箱"因为读者送来的合适稿件太少而经常被取消。"前进"副刊栏目也因为缺少稿件而难以提高质量，邹韬奋自己也说香港"这个地方太寂寞，我们在初创时找不到朋友们帮助，找不到好稿子。编辑是替作者读者服务的，没有稿子，你要他怎么办，怎能不现出内容限于极狭隘的部分，质的贫弱"②。

其次，《生活日报》在香港没有自己的印刷机，而与《生活日报》合作的印刷厂所印刷的报纸质量很成问题。邹韬奋后来回忆说："我们在香港尤其感到困难的却是印刷业的落后，我们虽未曾普遍调查，但是想到承印我们日报的那家印刷所的工作情形，至今还忘记不了那种麻烦。"③ 由于承印《生活日报》的印刷所的态度和本身水平都成问题，《生活日报》中错字、漏字、标题中同行字体不一的情况比较多。《生活日报》第 21 号"前进"副刊栏目里的《增强自己的主观力量》这篇文章，因错字、漏字等印刷问题竟然使读者不知道这篇文章到底说了些什么，以致《生活日报》不得不在第 22 号上重新加以刊登。香港印刷业的落后，也成为制约《生活日报》进一步发展的一个障碍。

最后，在香港出版《生活日报》，对《生活日报》的发行也造成很大的影响，由于香港地处中国南部一隅，再加之国民党的阻挠，《生活日报》往往只能在香港和两广地区发行，这对于《生活日报》的发展和扩大是极

---

① 参见生活书店史稿编辑委员会编《生活书店史稿》，前引书，第 421 页。
② 韬奋：《大家送稿子来——给全国同情本刊的朋友》，香港《生活日报》，1936 年 6 月 10 日。
③ 邹韬奋：《韬奋文集》，第 3 卷，前引书，第 152 页。

为不利的。《生活日报》既不接受资本家的资助，也不接受哪个党派的津贴，完全依靠发行和广告收入维持经济上的开支。《生活日报》的销量在当时的香港虽然是最高的，但是它的经济收入很成问题，一直处于亏损状态，"把很少的一点资金全部用光了，不得不收场"①。

基于上述原因，邹韬奋在 7 月 31 日出完《生活日报》的第 55 号时，在第 55 号上刊登《〈生活日报〉筹备处公告第一号》、《香港〈生活日报〉特别启事》、《邹韬奋为〈生活日报〉招股特别启事》、《〈生活日报〉社股份两合公司章程草案》等启事，正式向读者宣布在香港停办《生活日报》，并发出招股启事，准备到上海创办《生活日报》。但是，邹韬奋要在上海创办《生活日报》，国民党政府不批准他的登记申请，最后，在上海创办《生活日报》的计划，最终没有能够实现。

邹韬奋在香港创办的《生活日报》可以说是邹韬奋一生中第一次也是最后一次创办日报。《生活日报》虽然只存在了 55 天，但是邹韬奋很好地运用自己以前创办周刊的经验，结合自己人力、财力以及香港特殊的地理位置等条件，对报纸纸型的选择、篇幅和版面的设计、内容的丰富等方面都倾注了大量的心血，该报纸不错的销量充分显示出《生活日报》是办得比较成功和深受读者所喜爱的（尽管也还存在许多不足），这也充分显示出邹韬奋在创办日报方面的能力和水平。香港《生活日报》存在的时间虽然短暂，但它是邹韬奋创办日报唯一一次真正的实践，邹韬奋创办日报的思想也在这个实践当中得到了很好的体现与总结，因此香港《生活日报》存在的时间虽然短暂，但是它在邹韬奋新闻出版实践中的地位却是不容忽视的。

三 香港《生活日报》编辑特点研究

香港《生活日报》虽然只存在了短短的 55 天，但是邹韬奋为了编辑好该刊倾注了大量的心血，这使得香港《生活日报》在办报宗旨、报型的选择、版面的安排及新闻的编辑等方面都有着自己的特色。

（一）促进民族解放和推广大众文化的宗旨

《生活日报》在第 1 卷第 1 号上发表了《〈生活日报〉创刊词》，创刊词揭示了生活日报的宗旨："本报的两大目的是努力促进民族解放，积极

---

① 胡愈之：《我的回忆》，前引书，第 367 页。

推广大众文化,这也是从民众的立场反映全国民众在现阶段内最迫切的要求。"对于如何扩大民族解放阵线以及民族解放斗争与《生活日报》的关系,创刊词进行了详细的阐释:"全中国民众在当前所焦思苦虑、梦寐不忘的,是争取中华民族的平等自由,是要避免亡国奴的惨祸。我们做中国老百姓的人们,不管张三李四,不问何党何派,在行动上抗敌救国的便是全国民众的好友,在行动上降敌卖国的便是全国民众的仇敌,今日在事实上表现抗敌救国的是友,明日在事实上降敌卖国,就即时是敌。'敌乎友乎',全以是否在行动上,或事实上抗敌救国为转移。我们认为须用这样的态度,从各方面扩大民族解放的阵线。……民族解放运动所争取的是民族大众的利益,所以必须唤起民众,共同奋斗,揭破汉奸理论的麻醉,制裁汉奸疯狂的行为,灌输抗敌救亡的知识,指示抗敌救亡的实践。我们要民族解放运动获得广大巩固的基础,必须积极推广大众文化,使大众集中力量对民族的内外敌人作无情的坚决的猛攻与扫除。我们要就纯粹的民众的立场,力求这两大目的的实现。"①

(二) 中型报纸的总体版面设置

对于《生活日报》的版面安排,邹韬奋在《生活日报》创刊号里《编者的话》中说得很明白:"在决定本报篇幅和格式的时候,我们考虑到集中条件:第一是读者大众的需要;第二是我们自己的能力;第三是目前一般新闻纸不能顾及而我们可以设法补充的地方。关于第一点,我们想,读者不一定希望篇幅的繁多,而要新闻的准确敏捷;不一定希望消息的反复,而要内容的简明系统化。关于第二点,我们觉得自己对于新闻文化事业虽有极高的兴趣,但在物质能力上却不鞥和拥有大资本的相比拟。关于第三点似乎国内报纸在注意新闻之外,对于具体的地方通讯材料和可供参考需要的特载材料,还未能充分顾及,至于能够使新闻更加活泼增加读者兴趣的插图材料,也似乎嫌少一些。"②根据上述三点考虑的结果,邹韬奋等人决定将《生活日报》办成一种介于大报和小报之间的中型报纸,每日外埠二张,本埠加一张,共三张,星期日则另加三张的增刊。邹韬奋特意指出了中型报纸的好处:"中型报的好处是小巧玲珑,在携带、翻阅和装订保存上,都有许多便

---

① 本社同人:《〈生活日报〉创刊词》,《生活日报》,1936 年 6 月 7 日。
② 《编者的话》,《生活日报》,1936 年 6 月 7 日。

利;而它的注意点则是要选材精审,文字简洁。我们想,这正是合于读者大众的要求的。为了读者阅看的便利,我们又把广告的地位划定,勿使广告割裂了新闻,而结果却能使新闻和广告俱保持美观。"① 邹韬奋将《生活日报》办成了中型报,这在当时的新闻界可以说是一个创举,因此陶行知特意在该报上发表一首诗称赞它:"大报不像大报,小报不像小报,问有什么好处,玩的不是老套。……笔杆一致对外,不肯胡说乱道。"②

《生活日报》短短的55天创办的时间里,它的版面经过了三次变化(见表2-3、2-4、2-5)。

表2-3 《生活日报》第一个阶段(6月7～12日)的版面安排

版次	版面的名称或主要内容
第1版	要闻版:主要刊载每日最重要的新闻,在下面的一半刊登"社论",在左上角划出一小方地位刊载漫画或人物写像,漫画或人物写像和当天的新闻相配合,右下角为"新闻题要",主要列出当日报纸各个版面重要新闻的标题
第2版	国内新闻:刊载国内各地重要新闻的专电,关于政治的、经济的、社会的、文化的都有。也辟有"短评"小栏目,对国内外各种事情加以评论,篇幅非常短
第3版	粤闻侨讯:主要刊载两广(广东、广西)的新闻,原因是该报在南方出版,所以特别划出版面反映南方的情形,该版的内容和第二版差不多。"侨讯"的部分主要关注侨胞在海外的经济文化生活状况,他们在他人土地上所受的待遇,特别是侨胞与祖国的民族解放斗争运动的关系
第4版	国际新闻:刊载每日国际的大事。该版面特辟一栏,名为"新闻之新闻",主要内容是通过征集各国重要报纸,将重要资料加以译载后登载出来
第5版	特约通讯:《生活日报》社在上海、南京、天津、北平、广州、汉口以至东京、纽约、伦敦、巴黎、莫斯科、柏林等重要地方,都约定了有经验的通讯员,由他们供给关于政治、外交、经济、社会、文化等方面的报告。这些报告材料广泛,文字轻松,有叙述而兼分析,可帮助读者大众明了许多国外的实际情形
第6版	特载:这个版面和通讯版面有所不同,刊载的多是专论当前重大问题的文字。例如关于国际情势的分析,对于时局的意见;这些文字有的是专著,有的是译作。还有许多与新闻有关系的参考资料,如重要的宣言、演说或条约等(有些内容与上海《大众生活》的"转载"栏目相类似)
第7版	副刊"前进":综合性的副刊,刊载关于民族解放斗争的理论与技术,以至一般大众文化的文字

---

① 《编者的话》,《生活日报》,1936年6月7日。
② 陶行知:《送生活日报》,《生活日报》,1936年6月18日。

续表

版次	版面的名称或主要内容
第8版	读者信箱：主要刊载读者对于许多事情意见的来信，也刊读读者所报告的为记者所不能收得的"新闻"，这一栏的来信，不是讨论问题的，而是报告事实或发表关于某些时事的简明意见的（讨论问题的归副刊及星期增刊答复，本栏来信编者不须要答复）
第9、10版	本港新闻：专门刊登关于香港的行政、经济、社会、文化等方面的重要新闻，一些要人过港及在港停留的消息
第11版	体育新闻：香港人对于体育非常热心，《生活日报》特辟这一栏，以适应关心体育人士的需要，报道国内（主要是两广地区）一些体育赛事的消息
第12版	信息版面：主要包括"今日播音"、"娱乐消息"、"邮局截信时间"、"船期"四个小的专栏。"今日播音"主要刊载两广地区一些电台的节目播音信息。"娱乐消息"主要刊登香港地区即将上演的一些戏剧节目的预告。"邮局截信时间"主要刊登香港地区邮局发往国内外各地邮件截止时间的信息。"船期"主要刊载香港地区开往国内外各地船只的信息

说明：该阶段共有12个版面，但是只有本埠发行的（即香港）才有12个版面，外埠发行的是前8个版面。

表 2-4 《生活日报》第二个阶段（6月13~21日）的版面安排

页次	页面的名称或主要内容
第1页	要闻页：与第一阶段不同的是社论调整到上半个页面，下半个页面为国内外重要新闻，漫画调整到左下角的位置，"新闻提要"一栏也被取消
第2页	国内新闻：与第一阶段基本相同，特辟了"国难新闻"小栏目，主要报道日本对中国进行侵略的相关新闻
第3、4页	内容比较驳杂：主要报道两广地区的新闻和侨讯，但又少量地报道国内其他地区的一些新闻，并辟有"东南西北"（间断性地开设）小栏目，登载国内各地的一些简讯；也刊登一些特约通讯
第5页	国际新闻：内容与第一阶段基本相同
第6页	特载：内容与第一阶段基本相同
第7页	"前进"副刊，内容与第一阶段基本相同
第8页	主要刊登读者来信，可算是"读者信箱"专页，但也刊登了少量的地方通讯和特载栏目里才刊登的内容

说明：这个阶段是《生活日报》版面调整过渡的时期，《生活日报》"为排印利便起见，从六月十三日起，本报每日出纸两全张。本港与外埠均照一律"[①]。也就是说，从6月13日开始，本外埠都只出两张，共8个版面，各版改称第多少页。

---

① 《〈生活日报〉紧要启事》，香港《生活日报》，1936年6月12日。

表 2-5 《生活日报》第三个阶段（6 月 22 日到 7 月 31 日）的版面安排

页　次	页面的名称或主要内容
第 1 页	要闻页：与第二阶段的内容和版面安排基本相同
第 2 页	国内新闻：与第二阶段基本相同，"国难新闻"小栏目取消
第 3、4 页	主要刊登两广地区的消息和少量侨讯稿件，大量刊登通讯稿件。基本不再刊登国内其他地区的消息，"东南西北"小栏目被取消，少量刊登一些在第一、二阶段属于"特载"栏目的稿件
第 5 页	"前进"副刊：内容与第一、二阶段基本相同，但该阶段开设了由柳湜负责的栏目"生活的小理想"
第 6 页	"通讯"和"特载"混合栏目，也间断性地刊登有读者来信
第 7 页	国际新闻：内容与第一、二阶段基本相同，后间断性地开设有"世界点滴"小栏目，刊登国外各地的小简讯，并间断性地开设"国际新闻漫谈"小栏目，由金仲华撰写一些指导读者如何阅读国际新闻的文章
第 8 页	主要间断性地刊登国际新闻稿件，也刊登有本属于"通讯""特载"栏目的稿件

说明：这个阶段是《生活日报》版面调整后的定型阶段，从 6 月 22 日到 7 月 31 日，本外埠也都只出两张，共 8 个版面，各版依然称为第多少页。

在短短 55 天之内，《生活日报》的版面就进行了三次调整。这说明邹韬奋对《生活日报》的编排格式和内容的分配，是非常重视的。他在《生活日报》创刊号中《编者的话》里就说："我们希望每一个读者都和本报非常熟悉，对于什么新闻是在什么地方，什么文字是在什么版上，以至什么爱读的材料应往哪里找，都要弄得非常清楚。这在每天阅看和日后翻查的时候，都是很有用处的。"① 总体来说，《生活日报》的版面安排也是比较合理的，同类性质的材料基本上做到了集纳安排在同一个版面。在版面内容的安排和划分上，也是刊登新闻内容的版面远远多于副刊、"读者信箱""特载"等内容所占用的版面，充分体现了《生活日报》"新闻本位"的办报理念。但是，在版面的划分和设置上，《生活日报》也存在着问题，尤其是调整过后，《生活日报》有些版面存在定位不清晰和内容杂糅的现象。如第三阶段第 3、4 两个版面完全可以明确分开，以一个版面刊登两广地区的"消息"，以一个版面刊登各地来的"通讯"，避免"消息"和"通讯"稿件杂糅在一起。又如，《生活日

---

① 《编者的话》，《生活日报》，1936 年 6 月 7 日。

报》第三阶段中，"通讯"稿件在第3、4、6、8版面都出现，这说明《生活日报》的"通讯"稿件比较充足，完全可以划出一到两个版面专门作为"通讯"专版，就像第一个阶段一样，这样使版面安排显得更为紧凑和合理，每个版面的定位就更为明晰。

(三) 特色版面的内容分析

从《生活日报》所包含的主要版面和主要内容来看，比较有特色的是该报的"通讯"版面和"特载"版面的内容，这两个版面是邹韬奋基于"目前一般新闻纸不能顾及而我们可以设法补充方面"的这个考虑而设置的，这两个版面的内容确实是当时其他报纸关注不多的地方。此外，《生活日报》的"前进"副刊版面，也是邹韬奋倾注较多心血，力求办得比较有特色的一个副刊版面。

《生活日报》的"通讯"版面上刊登了大量的地方通讯稿件，《生活日报》的地方通讯最多的是关于国内各地情况的通讯报告，也有少量反映海外各国不同地区情况的国外通讯报告。国内通讯的内容，更多的是描述日本帝国主义的侵略和国民党的反动统治给中国人民所带来的深重灾难。如1936年7月8日登载的黄冈通讯：《枪杆支配下的农村（引题），苛捐杂税吸尽了人民的膏血（主题），枪杆逞威风地主豪绅献殷勤（副题）》；7月14日登载的四川巴县通讯：《东川米荒的惨状（引题），二月巴中死亡九万人（副题）》；7月18日登载的大同通讯：《常年和风雪暴日奋斗（引题），晋北人民的口外生活（主题），兵匪灾官四劫之余日啜燕麦浆，商人难赚钱市场现为强邻夺去（副题）》；7月22日登载的厦门通讯：《日本扩充台湾军备与福建危机（主题），厦门日警组织青龙会公然武装走私，加强军事设施以外还有人口的移植，连日在台湾海峡会操无疑向我示威（副题）》；7月30日登载的上海通讯：《在日商控制下（引题），沪华商纱厂将完全破产（主题），华商仅四家开工夜班已停，日商家最近增纱锭十五万（副题）》。类似于上述内容的国内地方通讯在《生活日报》中还非常多，这些通讯无疑描画了一幅内忧外患下中国人民地狱般的生活图景。《生活日报》上刊登的国外通讯只有不多的几篇，如：7月10日登载的新加坡通讯：《从数字上分析（引题），马来亚的华侨教育（主题）》；7月22日刊登的日内瓦通讯：《远东各国（引题），遍受日人毒化政策害（主题），在朝鲜台湾勒令种植鸦片 各国应彻底禁止杜绝蔓延（副题 两行）》；7月23日刊登的星洲通讯：《日本积极准备南侵（引题），英帝国巩固新加坡防务（主题），海陆空均有最新最强之布置 日人垂涎星洲军港旦夕不忘（副题，两行）》；7月29日刊登的美国旧金山通讯：《第六届太平洋学会会议》（主题）。《生活日报》登载的通讯报告，材料广泛，内容翔实，叙述和分析兼有，趣味性强，对于读者大众更好地明了国内外一些地区的实际情形，引起读者阅读报纸和关注国内外大事的兴趣，这无疑是很有帮助的。通讯栏目的设置，实质上是原《生活》周刊、上海《大众生活》周刊中"通讯"栏目在《生活日报》上的再现，从这个意义上来说，邹韬奋在确定《生活日报》的版面时，很好地借鉴了以前办刊时的经验。

　　《生活日报》的特载版面，刊载的多是专论当时重大问题的文字。这些文字大致可以分为两大类。一是关于国际情势、时局的分析或意见方面的专著和译著，但更多的是译著，如《生活日报》刊登的《莫斯科今昔记》（6月30日）、《美国在觉醒中》（7月3日）、《日本人民战线的展开》（7月19日）、《西班牙改造的四年》（7月22日）。二是许多与新闻有关系的参考资料，如重要的宣言、演说或条约等。又如《生活日报》刊登的《国民代表大会选举法施行细则》（6月30日）、《军人救国同盟告同志书》（7月15、16日）、《留东（即东京）中国学生救亡会宣言》（7月17日）等。这个版面的文字，具有专业化和学术化的特点，对于读者深入理解或研究当时国内外的一些重大问题或重大事件，具有较大的参考价值。

　　邹韬奋对《生活日报》副刊"前进"版面是非常重视的，《生活日报》的版面经过三次调整，但是"前进"版面每次都完整地加以保留，并不断地想办法加以改进，这足以看出他对该版面的重视。关于这个综合副刊版面的任务和具体内容，邹韬奋在《生活日报》创刊号的《怎样前进》一文中进行了专门的说明："中国民族前进的道路是名叫独立解放的大道，但在现阶段是发动民族自卫战争，挽救危亡。《生活日报》诞生在今日，是以喇叭手的资格，高喊当前民族应走的道路，怎样走法，'前进'在这总的任务下，它分担的是报道以外的职责，即配合着报道，更广泛的反映实践发展的全面。……'前进'要反映实践的全面，以及实践发展的活泼性，它的内容自然也不能不是一种综合的，不局限于什么学术而是有极广大范围与具体的内容的东西。"①

"前进"副刊的编辑由柳湜担任,柳湜本人在"前进"副刊以"方直""辰夫"②的笔名发表了大量的评论性文章,同时为了改进该版面的质量,特意在该版面开设了"生活小道理"小栏目(从6月29日开始),用唯物辩证法来解释一切生活问题。③初期每天坚持写一篇,后来改为隔日登一篇(从7月18日开始)。这个小栏目的开设,对于丰富"前进"副刊的内容,提高"前进"副刊的质量起到了一定的作用。邹韬奋为了协助柳湜办好"前进"副刊,也多次在《生活日报》上以编者的名义发表文章,对"前进"副刊所存在的问题和需要改进的地方进行解释和说明。如1936年6月10日的《大家送稿子来——给全国同情本刊的朋友》一文就专门谈到了"前进"副刊因稿件缺乏,内容单一的问题,希望各地读者,尤其是中国南方的读者多投寄相关稿件,以丰富"前进"副刊的内容。1936年6月28日和7月12日又在《生活日报》上分别发表《"前进"紧要启事》和一封信(信的名称被香港当局检查后删掉了),对"前进"副刊所出现的印刷问题和其他不足进行解释。在《生活日报》发行的55天里,"前进"副刊始终坚持每天出一个完整的版面,在读者投稿比较少的情况下,还是保证了版面内容的充实。在读者投稿较少的情况下,"前进"副刊主要依靠《生活日报》内部的编辑人员以及通过向当时文化界一些作家约稿的办法来解决稿源问题。《生活日报》编辑部的柳湜、邹韬奋、林默涵在该版面上发表了大量的文章。当时文化界的名人陶行知以本名在该版面发表了大量的诗歌,此外,周达、张静芬等人也提供了较多的稿件。总体来说,"前进"副刊版面的内容主要包括以下几方面:"一、关于救亡工作中实际问题的讨论;二、关于国难教育、自学的一切问题;三、关于一般生活问题的讨论;四、以现实为题材的文学的速写、诗歌、短剧、短篇的感想、随笔以及批评、介绍;五、以现实为题材的木刻漫画。"④这些内容均"以讨论救亡运动中一切理论与战术为中心"。讨论的问题不限于抽象问题而注重活生的东西,"与每一个个人都有关系,与他的公生活,甚至私生活都有紧密的联系。这里要讨论国家的一切大事,对敌人的策略和战术,

---

① 韬奋:《怎样前进》,《生活日报》,1936年6月7日。
② 雍桂良编撰《中国当代社会活动家辞典》,学苑出版社,1990,第361页。
③ 《"前进"紧要启事》,香港《生活日报》,1936年6月28日。
④ 《本刊征求下列稿件》的启事,《生活日报》,1936年6月20日。

救亡的基本理论,民族统一战线的组织,国难教育,以及批判一切的亡国论及有害民族解放的谬说"[①]。因此,尽管"前进"副刊存在一些问题和不足,但它以讨论救亡问题为中心,力求反映实践中的现实问题,以谋求达到"促进民族解放,推广大众文化"的目的,这种副刊的定位和内容的安排,在当时的日报副刊当中还是比较独特的。用邹韬奋自己的话来说,就是"我们更注意的是生活,是方面很广,极具体,极一般的问题,用科学、文学、艺术各种形式表出,但都要集中在认识现实上。这种刊物的性质,如果拿过去的附刊来比拟,有些像过去上海的《觉悟》、《学灯》、《动向》,北平的《京报附刊》《晨报附刊》之类的东西,但因中国现实发展的阶段不同,所以在质的方面应该是更高级的,在编辑方面是更有计划,更活泼的"[②]。

(四) 香港《生活日报》新闻的编辑与写作特点

1. 新闻选择注重时效性和接近性

20世纪交通和电讯的发展使新闻的传播速度加快,对新闻时效性的重视成为各报共同的追求,邹韬奋对新闻报道的时效性也是非常关注的。他在谈论日报和周刊的区别时认为日报和周刊最大的不同是:"日报须有迅速真确而编辑得法的新闻材料。周刊所根据的事实当然也须真确,然日报对新闻方面,于真确之外,尚须迅速。"[③]这段话说明邹韬奋在强调新闻的真实性之外,特别强调了新闻的时效性,也就是日报的新闻必须迅速。《生活日报》创办以后,为了保证新闻的时效性,《生活日报》对头版新闻报道、国内新闻报道以及国际新闻报道主要采用电讯稿,极少使用非电讯稿件,即使是在报道港粤地方新闻时也比较多地采用电讯稿件。在《生活日报》所采用的电讯稿件中,这些电讯一般都是前一天或前两天所收到的,其中又以前一天所收到的电讯稿居多,这就很好地保证了《生活日报》新闻报道的时效性。《生活日报》创办时间不长,自己建立的通信网

---

① 韬奋:《怎样前进》,《生活日报》,1936年6月7日。
② 编者《大家送稿子来——给全国同情本刊的朋友》,香港《生活日报》,1936年6月10日。
③ 韬奋:《〈生活日报〉与〈生活〉周刊》,《生活》周刊1932年5月7日第7卷第18期,第265页。

络有限，因此《生活日报》刊登的电讯稿中，本报记者所发出的电讯稿件不多，其他的主要是采用其他通讯社的电讯稿件。笔者在查阅《生活日报》时，发现《生活日报》采用的电讯稿件基本来自这些通讯社：路透社（英国）、美联社（美国）、塔斯社（苏联）、哈瓦斯社（法国）、华联社（中国）、同盟社（日本）、海通社（德国）、中央社（中国）①，在这些通讯社中，《生活日报》采用路透社的稿件最多，其次是美联社、塔斯社和哈瓦斯社的电讯稿件，同盟社、海通社和中央社的电讯采用都很少。

《生活日报》在新闻的接近性方面也非常重视，新闻的接近性指："事实在地理上或心理上与接受者十分接近，因而会引起受众的普遍关注。地理上的接近是指事实发生的地点就在受众的周围，因而会比发生在遥远地方的事件更为接受者所重视。心理上的接近，指事实所涉及的事项在感情上与受众接近，容易引起受众的认同和关注。"② 由于《生活日报》是在香港出版，在广州设立分销处进行发行，因此当时《生活日报》主要是在中国的南方发行，为了吸引南方读者的注意，《生活日报》就要考虑新闻报道地理上的接近性，为了做到这一点，《生活日报》在创办初期专门设置了"粤闻侨讯"的版面，在《生活日报》的出版地香港专门多加一张，用来刊登香港的地方消息。《生活日报》改版后，在第3、4页还是用来刊登香港和两广地区的新闻，充分地考虑了新闻报道地理上的接近性。1936年《生活日报》出版时，正是日本不断制造事端、加紧侵华步伐，为1937年全面侵华做准备的时期。因此国内民众抗日情绪不断高涨，纷纷要求抗日救国，而在这个时期，西南地区的粤系军阀陈济棠和桂系军阀李宗仁、白崇禧发动了西南事变，打出了抗日的旗号，但事实上西南军阀以抗日为名，行内讧分裂之实。在这种情况下，《生活日报》大量刊登日本侵华和西南事变的新闻报道，很好地体现了《生活日报》新闻选择上对新闻心理接近性的重视。报纸的头版非常重要，报纸编辑对新闻报道内容的安排往往体现出该报纸在新闻选择上的倾向。笔者对55天《生活日报》的头版新闻报道进行了统计。

日报的头版一般是刊登国内外重要新闻，但从新闻地理接近性而言，

---

① 金仲华编《报章杂志阅读法》，中华书局，1935，第12页。
② 邱沛篁主编《新闻传播手册》，前引书，第120页。

人们更关注国内新闻,《生活日报》55 天的头版报道中,国际新闻报道只占 5%。而在国内新闻中,"日伪在华暴行"相关报道占到 49%,居第一位,"西南事变"的相关报道占到 20%,居第二位。《生活日报》头版的国内新闻报道内容之所以出现这种倾向,是因为当时日伪加紧侵华步伐,不断制造事端普遍为爱国民众所强烈关注,而西南事变又事关抗日大局,为当时的热点政治事件,也会引起人们的普遍关注。总体看来,《生活日报》的头版新闻报道就充分显示了《生活日报》在新闻选择上对新闻接近性的高度重视。

表 2-6 《生活日报》55 天(6 月 7 日至 7 月 31 日)
头版新闻报道内容统计(不含社论)

报道内容	西南事变	国内反日救亡运动	国民政府软弱妥协	日伪在华暴行	其他国内新闻	国际新闻
报道条数(共 359 条)	76	37	13	177	40	16
所占比例(%)	20	10	3	49	11	5

2. 新闻标题使用的特点

《生活日报》的新闻报道在标题的制作上,主要呈现以下三个主要的特点:

一是单一题和复合题的混合使用,且以复合题为主。单一题即通常所说的单层题(又称"一行题"),是只有主题,而无辅题。多行题被称为复合题,是既有主题又有辅题。复合题包括三种形式,第一种是引题(竖行排版的报纸中又称"肩题"或"眉题")加主题;第二种是主题加副题(又称"子题");第三种是引题加主题再加副题。① 复合题的前两种形式又被称为二层题(又称"二行题"),第三种又被称为三层题(又称"三行题")。在《生活日报》中,单一题和复合题是混用的,但是又以复合题居多。单一标题如《生活日报》6 月 7 日第 1 号中的《伦敦观察》和《津市辟谣》以及 6 月 12 日第 6 号中的《抗日战争将变内战?》,这三条新闻都是只有主题的单层标题。双层题如第 1 号中的《宁粤军应一致抗日

---

① 蒋晓丽:《现代新闻编辑学》,高等教育出版社,2002,第 179 页。

（主）苏联报揭露日人阴谋（副）》、6月28日第22号中的《平津学生组同盟（引）阻止私运（主）》、7月6日第30号中的《日军将占据北宁全线（主）每年移民十五万至冀察鲁　为控制平津促兴筑沧石路（副，含两行）》，以上三条新闻都是复合题中的双层题。《生活日报》中新闻标题以复合题为主，而复合题中又以三层题居多。比如6月7日第1号中的《日致牒我外部（引题）质问西南抗日行动（主题）海军省将令台湾舰队开粤（副题）》、6月27日第21号中的《对付日方压迫（引题）华北五省合作联防（主题）鲁韩增兵驻边必要时北上援津　李树春代韩谒阎交换时局意见（副题，两行）》、7月31日第55号中的《下月初在豫北会议（引题）决定华北整个步骤（主题）召阎韩学良等聚商　孙哲萱昨谒宋哲元长谈（副题，两行）》，以上三个标题即为《生活日报》复合题中的三层标题。需要说明的是，《生活日报》复合题中的主题字体往往大于辅题的字体，每个版面头条新闻（一般居于每版的中上位置）的字体又往往大于其他新闻标题的字体。

　　二是综合性总括标题的运用。所谓综合性总括标题的运用，即："只围绕一个主要消息来有机综合相关的其他消息，或者把具有同一主旨的众多具体消息综合起来报道，综合性表明同一主旨的不同方面。"[①] 前者如6月13日第7号的一篇新闻报道，标题《日军继续威胁绥东》实际上是综合性总括新闻标题。其标题只表明"日军继续威胁绥东"的主要消息，但详细报道却是围绕着表明主要消息，也有机综合地表明了相关的"傅作义布置防务""德王王府被围""张垣危急"等其他消息。后者如6月16日第10号的一篇新闻报道，标题是《消息传说不一（引）西南时局似转趋混沌（主）》，在标题所总括的主旨下，把许多有关事实综合起来分四个方面加以报道，很有说服力地表明了"时局转趋混沌"的新闻主旨。综合性总括标题以揭示主旨为主，彻底突破了一事一报的窠臼，具有特定的实用价值。

　　三是新闻标题的字数从一字到几十字不等。《生活日报》上新闻标题的字数也不拘一格，富于变化，少的只有一两个字，多的则达到几十个字。比较典型的如7月6日第40号的两条电讯的标题只有一个字，分别是

---

① 资庆元：《论中国报刊新闻标题的发生发展》，《云南师范大学学报》（哲学社会科学版）1997年第2期。

《湘》和《赣》。6月11日第5号的一条电讯只有两个字——《走私》，而6月29日第23号的一则新闻标题——《日并吞中国再进一步　内蒙古自治政府德王电告独立称有力御侮时再对外　绥远军前日与蒙兵激战　中央去电敦劝》，这则新闻标题的字数高达47个字，在《生活日报》当中，一些比较重要的新闻往往采用多字多层标题，而比较次要简短的新闻则采用单层几个字的标题。

《生活日报》新闻标题的上述三个主要特点，显示出《生活日报》在制作新闻标题时不拘一格，根据新闻内容的轻重主次灵活采用适当的标题形式，确定新闻标题的字数，这样不仅使报刊的版面更加富有变化，也有利于更好地体现报纸新闻报道的意图。

3. 配发大量的新闻评论

邹韬奋在讨论新闻编辑方法时曾说："新闻之迅速真确，固靠办者之努力，就是编辑方法，我们也主张须于每事之前因后果，作有系统有组织的叙述，尤其是关于国内及国际的重要问题或事故，编者须有历史的眼光，平日的研究，明其原委，抉其关系，藉此灌输一般国民以有条理的真确知识，因为无论何事之发生，绝不是临时从天上掉下来的，必有其所由来，亦必有其所趋向。所以西方新闻学者尝谓新闻事业不仅在报告，尤在指导。"① 邹韬奋在此认为新闻报道不仅在报告事实，更重要的在于指导，而指导的一个重要的办法是每事之前因后果，做有系统、有组织的叙述。《生活日报》在报道"西南事变"这样的重大事件时确实是花了大量的篇幅，将事件的前因后果与来龙去脉做了详细的追踪报道，对读者明白事件的真相起了一定的作用。但是，任何报纸的篇幅都是有限的，不可能对任何事件作如此大量报道，再者，《生活日报》的宗旨是"促进民族解放，推广大众文化"，而大众当中有许多读者由于文化层次和明辨是非的能力有限，并不能明白许多新闻事件的原委和本质，在这种情况下，要对读者加以指导，最好的办法就是配发新闻评论，对读者表明倾向，阐释观点，引导舆论。

"报道是主题和基础，评论则是灵魂和旗帜。"② 邹韬奋在编辑《生活日报》时，对新闻评论非常重视，在编辑新闻消息的同时配发了大量的新

---

① 韬奋：《〈生活日报〉与〈生活〉周刊》，《生活》周刊1932年第7卷第18期。
② 邱沛篁主编《新闻传播手册》，前引书，第120页。

闻评论，对读者加以指导。《生活日报》配发的新闻评论主要有"社论"、"短评""国际新闻漫谈""专论""前进"副刊栏目里一些关于抗日救亡运动实践工作的一些评论文章以及邹韬奋写的一些编者按等。在这些新闻评论当中，"社论"这种体裁在《生活日报》中的配发量最大，对读者的指导作用也最强。

《生活日报》的"社论"置于头版要闻版面，初期置于左下角。6月13日调整版面设置后就一直居于头版的上半部分，从它所占的版面位置来看，就可以看出邹韬奋对它的重视。《生活日报》出版55天，头版的"社论"每天都由邹韬奋撰写一篇，从未间断（7月31日第55号上的社论转至第2页）。除了6月7日创刊号上的《创刊词》和7月31日第55号上《五十五天的工作经验》是讨论《生活日报》的出版问题外，其他基本上都是针对当时的重大新闻事件，加以阐释和评论，对当时社会舆论，读者的思想认识，起到了很好的指导作用。如针对当时的西南事变，"当时的香港报界或主张讨伐西南，或主张反抗'中央'。而邹韬奋在了解了中国共产党关于抗日民族统一战线的政策后，与报社同人讨论，统一了意见，坚持了拥护中共的政策方针的立场"①。《生活日报》的社论始终在"坚持抗日民族统一战线"为基本立场，发表诸如《民众的要求》（第2号）、《民众与国难》（第4号）、《一致步骤与整齐行动》（第5号）、《救亡问题与二中全会》（第6号）、《消弭内战的唯一途径》（第7号）、《全国一致对外》（第14号）等社论，一方面揭露两广军阀西南事变假抗日，真内讧的真相；另一方面也揭露国民党以解决西南事变从而统一军令政令为名，消极抗战的真面目。在揭露的同时又积极宣传了共产党所提出的建立抗日民族统一战线，消除内战，全民团结一致抗日的主张。对当时的读者认清时局形势，了解事变的真相，明白抗日救亡的真正出路起到了很好的引导作用。

第三节　增刊演变来的《生活星期刊》

邹韬奋在香港出版《生活日报》的时候，于每周日增出三张，这三张的内容就是随《生活日报》赠送给读者的《生活日报星期增刊》。《生活日报星期增刊》后来又改名为《生活日报周刊》，最后又改名为《生活星期刊》。

---

① 柳湜：《韬奋逝世十周年》，《光明日报》1954年7月24日。

一 《生活日报星期增刊》的宗旨与栏目

1936年6月7日是星期日,《生活日报》出版创刊号,与《生活日报》创刊号同出的还有《生活日报星期增刊》。邹韬奋在《生活日报星期增刊》的创刊词里说:"时势的危迫实在不能让我们犹豫了!日本陆海外三省已根据须磨的报告,于本月召开陆海外三省会议,研究一切侵华大计,在新任驻华大使川樾赴任前,作具体的决定。我们不愿坐以待毙,就该下决心起来自救。自救的方法怎样,这就是本刊所要提出贡献的问题。"[①] 关注抗日救亡,找出自救的办法,这是《生活日报星期增刊》办刊的宗旨,而这一点与《生活日报》的宗旨"促进民族解放,推广大众文化"其实是相通的。在《生活日报星期增刊》改名为《生活日报周刊》后,也曾一度把印在《生活日报》报头上的"促进民族解放,推广大众文化"这几个字印在《生活日报周刊》的刊头上,这说明,《生活日报星期增刊》和《生活日报》的创刊宗旨是一样的,只是二者的性质不一样,一个是日报,一个是周刊。

《生活日报星期增刊》出版三张,共12个版面,《生活日报星期增刊》共出版了8号,这8号的几个主要栏目及刊载的内容如表2-7所示。

表2-7 《生活日报星期增刊》(第1卷第1号到第8号)的主要栏目及内容

栏目名称	主要内容
笔谈、漫笔	这是邹韬奋专门负责撰写的两个栏目,主要就国内外的一些问题进行研究探讨的评述。二者的区别在于笔谈是该刊每期头版的第一篇文章,每期都有,而漫笔出现在其他版面,并不是每期都有
专论	是对国内外各种问题带有研究性质的评述,但这是该刊特约各方面专家撰述的
时论拔萃 (时论检讨)	该栏目就是把国内外报章杂志上的重要文章选来转载,介绍给读者。限于篇幅,转载的不一定是全文,有些文章的论点不一定完全和该刊的观点相同。但是这些文字所代表的都是当时民族危机和解放斗争中最切要和最可参考的意见
时事连环画	这个栏目主要以每周国内外的大事为题材,编写绘制的系列漫画性质的连环画,每一期的连环画都围绕一两个主题来编写绘制,每一幅画的旁边都有文字说明,做到图文并茂,形象生动

---

① 韬奋:《艰苦奋斗——〈生活日报星期增刊〉创刊词》,《生活日报星期增刊》1936年第1卷第1号。

续表

栏目名称	主要内容
每周时事动态	该栏目每期登载国内和国外的一周时事动态，与当时国内其他周刊只是详细地记载时事，把大事小事都用剪报方式登出来而不加分析的做法不同，该栏目在登载时事时，还加以相当的分析和批判，有利于指导读者对一周的时事有清晰的认识，在登载的时事后面，还提出问题让读者思考
书报评述（书报介绍）	对当时一些著作加以评述介绍。只存在于第1、2、3号
通讯	主要介绍当时国内外各地关于民族被侵略的情形，救亡运动的消息和各地社会文化方面的实际情形。从第4号开始有
小说	刊登短篇小说。只有第7号才有
信箱	主要刊登读者来信，每封信后一般加有"编者按"

《生活日报星期增刊》虽然主要是作为《生活日报》的赠品送给读者的，但是它精彩的内容还是得到了读者的肯定和赞扬。读者季成章写信来赞扬说："在编排的形式方面，很活泼明晰，使读者展阅的时候觉得美感。各栏文字的内容，一般说来，都是很有精彩的，最大的优点使各栏所讨论的题旨，都和当前的现实问题有着相当的联系。周刊在时间性方面不及日报的急迫。但究竟和研究或叙述什么抽象原理的专书不同，也须顾到相当的时间性，贵报的星期增刊对这一点已有相当的注意，我希望你们能保持这个优点，不要无关现实的文字来充篇幅。"[1]

1936年7月31日，在香港的《生活日报》停刊，准备迁到上海去出版，但是作为《生活日报》增刊的《生活日报星期增刊》仍然在香港出版。

二 更名为《生活日报周刊》独立发行

《生活日报星期增刊》虽然留在香港继续出版，但是从第1卷第9号开始，刊名改为《生活日报周刊》，而且，原来题写于《生活日报》报头的"促进民族解放，推广大众文化"这几个字，被题写到《生活日报周刊》的刊头上。为了刊物更名的事情，《生活日报周刊》专门刊登启事说："《生活日报》自二十五年八月一日起，迁移上海，呈请登记，筹备出版。

---

[1] 季成章：《谈生活日报》，《生活日报星期增刊》1936年第1卷第2号。

在筹备时期内本报停止在香港发行。惟《星期增刊》改名《生活日报周刊》，于每星期日照常出版，暂由生活日报香港办事处发行，上海及国内其他各处，由本筹备处总经售。一俟日报筹备告竣，在上海出版有期，当再登报公告。"① 此时的《生活日报周刊》已经不可能随《生活日报》赠送给读者，为了让它与读者见面，只能通过代销零售和赠送试阅的办法让它到达读者的手中，《生活日报周刊》上登出的广告说："《生活日报周刊》欢迎各地书店、报社，或学校机关代销，批价低廉，另订章程，函索即可。外埠读者试阅，只须以姓名地址函知，并附下邮票二分，即可寄奉本刊一份。总发行所：香港利源东街生活日报香港办事处；总经售处：上海北京路兴业大楼四楼本报筹备处。"②

《生活日报周刊》在栏目设置上与原来的《生活日报星期增刊》基本相同，只是《生活日报周刊》为了唤起读者对当时"救亡联合阵线问题"的注意，准备将《生活日报周刊》的第 11 号作为"救亡联合阵线问题特辑"。为此《生活日报周刊》在第 10 号的《下期预告》中指出："上海文化界沈钧儒、章乃器、陶行知、邹韬奋最近发表《团结御侮的几个基本条件和最低要求》一文，对于救亡联合阵线问题，提出具体主张，本刊认为此项问题关系重大，特定本刊第十一号为'救亡联合阵线问题特辑'，广征南中国文化界意见。惠稿请于八月十日前寄到本刊编辑部。特此预告。又沈、章、陶、邹四人所发表一文，曾登载七月三十一日生活日报。另印有单行本，可向香港利源东街生活日报社办事处面索。函索请附邮票二仙。"③《生活日报周刊》发出征文通知后，因启事登载太迟，到第 11 号发稿的时候，"只收到香港方面赐稿七八篇，广州方面寄稿一篇，此外各作家都因时间过分匆促，不及寄稿件"④。由于时间太短，收到的稿件有限，第 11 号没能办成"救亡联合阵线问题特辑"。虽然《生活日报周刊》在第 11 号所发布的启事里说"'救亡联合阵线问题特辑'因集稿时间不及，亦移上海编印"⑤。但后来还是因为稿件不足，"救亡联合阵线问题特辑"始终没有出成功。

---

① 《生活日报筹备处公告第一号》，《生活日报周刊》1936 年第 1 卷第 9 号。
② 《欢迎推销 欢迎试阅》（广告），《生活日报周刊》1936 年第 1 卷第 9 号。
③ 《下期预告》，《生活日报周刊》1936 年第 1 卷第 10 号。
④ 《编者的话》，《生活日报周刊》1936 年第 1 卷第 10 号。
⑤ 《启事》，《生活日报周刊》1936 年第 1 卷第 11 号。

《生活日报周刊》在香港只从第1卷第9号出到第11号,便迁移到上海出版,《生活日报周刊》也改名为《生活星期刊》。《生活日报周刊》第1卷第11号上《编者的话》一文指出:"《生活日报周刊》从一卷十二号起改名《生活星期刊》,迁移在上海出版。"① 《生活日报周刊》之所以要迁移到上海去,主要原因还是在于香港的地理位置太偏,不容易得到全国文化界的协助和外界的稿件。邹韬奋希望将刊物迁移到上海后,利用上海的有利条件,能从三个方面对刊物加以改良,"上海为全国报纸及出版事业的中心,容易吸收全国各地的来稿。使本刊的内容更精彩,更普遍。这是本刊希望之一。本刊移上海出版后,因印刷设备比较完备,编制体例及形式,可以大加改良。大多数读者要求本刊每期钉装成册,以便保存,此层在上海较容易办到,插图也可以增加。此外并已决定每期增加影写版画报。这是本刊今后的希望之二。本刊过去内容倾向严肃,迁移上海后,编制当力求活泼,文字当力求通俗。这是本刊今后的希望之三。宗旨,我们立意要使本刊成为销行全国的大众化的刊物"②。

《生活日报周刊》的发行部和编辑部也在第1卷第11号上分别登出两则启事,告知读者:"本报自第一卷第十二号起,改名《生活星期刊》,迁移上海爱多亚路泰晤士报大楼三一九号,照常于每星期日发行,所有本刊旧定户,以后概由上海发行不直接寄报,所有本报分销往来账项,亦改由上海本报筹备处接管,至希公鉴。"③ "本报自第一卷第十二号起,改名《生活星期刊》,迁移上海爱多亚路泰晤士报大楼三一九号生活日报社筹备处编辑发行,以后各界惠稿,请直寄该处。"④

三 更名为《生活星期刊》后的大改进

从第1卷第12号开始,《生活日报周刊》改名为《生活星期刊》在上海出版,为了扩大稿件的来源,丰富《生活星期刊》的内容和栏目,《生活星期刊》编辑室特意在《我们需要的稿子》一文中说:"《生活星期刊》的内容,在总的原则上,我们是想做到正确的反映一周内中国社会的生活,不独是纪述各种各色的生活现象,还想做到科学地解释这些现象,求

---

① 《编者的话》,《生活日报周刊》1936年第1卷第10号。
② 《编者的话》,《生活日报周刊》1936年第1卷第10号。
③ 《生活日报周刊发行部启事》,《生活日报周刊》1936年第1卷第11号。
④ 《生活日报周刊编辑部启事》,《生活日报周刊》1936年第1卷第11号。

出这复杂现象的底子是什么,和它的发展的线索,并在文化意义上,负起推动社会的前进的作用。……现在最需要的:一、对救亡有具体意见的讨论。二、生活抗争上发生的问题。三、求知和修养方面发生的问题。四、有具体内容的通讯。五、文学作品——速写、诗歌、散文之类。六、幽默或娱乐小品。七、与时事发展及社会生活有关的讽刺漫画和照片。"[1] 这篇文章对《生活星期刊》在内容选择上的总原则,《生活星期刊》的文章风格、文章基本形式和体裁等都做了具体要求,整个《生活星期刊》的内容以及栏目设置也都体现了这些要求。以总原则和这些具体要求为指导,再结合邹韬奋在第11号时提出的三个希望(见本节第二部分《编者的话》里的相关内容),在上海出版的《生活星期刊》,对刊物的编辑编排和栏目设置做了比较大的改变。

首先是版式的改变。从第1卷第12号起到第21号,《生活星期刊》不再采用单张的形式发行,而是将原来的中型单张纸装订成册,每册覆盖以封面,每册的封面上还配以漫画或插图,使刊物的封面更为美观和生动,封面除漫画或插图外,再配发韬奋的笔谈文章和本期的目录。从第1卷第22号起,《生活星期刊》的版式再次进行改革:"本刊向用八开本,现因多数读者以版口太大,不便携带,来信要求改用十六开本,现已决定自下期起照改,内容质量仍旧,仅画报略减。"[2] 从第1卷第22号起,《生活星期刊》的封面采用画报作为封面,不再刊登邹韬奋的笔谈文章和本期目录,而是将邹韬奋的笔谈文章和本期目录转入正文部分,使《生活星期刊》的封面装裱更为精美。

其次,《生活星期刊》的栏目设置也发生了一些改变,这从表2-8中可以看出来。

从表2-8可以看出,《生活星期刊》新增的栏目是比较多的。"短评"的内容是对生活当中或国内外大事的评述,它的篇幅一般非常短小,这种栏目形式在原来的《生活日报》上出现过。"文艺栏目"在《生活星期刊》中又被称为"文艺之页",主要是刊登一些文艺作品,初期的文艺作品包括诗歌、随笔、小说,后来还登载了一些报告文学和弹词。"每月征文"栏目是由《生活星期刊》编辑部每月指定一个题目,向读者征文,

---

[1] 《生活星期刊》编辑室:《我们需要的稿子》,《生活星期刊》1936年第1卷第13号。
[2] 《本刊版式革新启事》,《生活星期刊》1936年第1卷第11号。

表 2-8　《生活星期刊》与《生活日报星期增刊》、《生活日报周刊》栏目比较所出现的变化情况

《生活星期刊》保留的《生活日报星期增刊》的栏目	《生活星期刊》新增栏目	《生活星期刊》删掉的原《生活日报星期增刊》的栏目
笔谈（第 24 号后改名为"社论"）；专论；通讯；每周时事漫画（与原来的"时事连环画"相同）；信箱；小说（但并入"文艺栏目"）	短评；文艺栏目；每月征文；短简；据说；画报	漫笔；每周时事动态；时论拔萃；书报评述

从读者征文当中选取一些加以刊登。《生活星期刊》在征文启事里说："本刊从九月起，每月举行征文一次，使读者有充分机会运用文字发挥意见。征文题目由编者拟定，在上一个月的中旬发表。收得的应征文字，由本刊同人仔细阅过，选择适用的，分刊在月中的各期。现在将征文的简单条例列后，请读者诸君注意：一、征文题目只是规定一个范围，读者投稿，可自定文题；题材也尽可活用，不必拘泥于题面字眼。二、征文篇幅以一千字为限，需要短小精悍，简洁明净。三、来稿请写明'应征'字样，径寄本社，勿由任何私人转递。四、刊登的稿件，以现金为酬。五、征文稿无论刊登与否，概不退还。"①《生活星期刊》从 9 月到 11 月共出了三个征文题目，9 月的征文题目是"我们需要怎样的报纸"，10 月的征文题目是"民国三十年"，11 月的征文题目是"我的家乡"。这些征文得到了广大读者的热烈响应，如 9 月的征文在 8 月 23 日的第 12 号上刊登启事，到 9 月 20 日止，便收到了 436 篇征文稿。②《生活星期刊》也选取了一些予以刊登。"短简"栏目是《生活星期刊》在"信箱"栏目外另外开设的一个栏目，但是二者的区别在于："'信箱'刊登比较长的报告和讨论重要问题的来信，'短简'则单是关于某些问题的简略回复。"③ 也就是说，"信箱"栏目是刊登读者来信，而"短简"栏目则是刊登编辑部答复读者来信的去信，去信主要是回答读者在来信中所提出的问题。为了办好"短简"栏目，《生活星期刊》特别提出规约，要求"1. 本栏来信，以比较简单的问题，要求回复的为限，凡报告的信，需要长篇讨论的信，请寄信箱栏。2.

---

① 《本刊每月征文启事》，《生活星期刊》1936 年第 1 卷第 12 号。
② 编者《阅卷记——九月征文总结》，《生活星期刊》1936 年第 1 卷第 17 号。
③ 《短简》，《生活星期刊》1936 年第 1 卷第 14 号。

每一次通信，请提出一个具体问题，至多不要超过三个问题。3. 不说一句客气话，不说一句空话，用一、二、三、分条写。4. 信封上请标明短简栏收。5. 来信请写明编辑部收，不必寄给私人。"①《生活星期刊》增添"据说"栏目的目的和编辑要求，在其"据说"栏目的导言里说得很明白："我们添开'据说'这一栏，目的在提供一些意味隽永而有意义的消息，每段消息的来源根据，在末后都注明。这栏的材料除由本社编辑部采编外，并欢迎来稿，内容注重真实，如果是译文，请附原文。"②《生活星期刊》在上海出版后，每期都刊登了大量的影写版画报，如第16号的画报：建筑中的钱塘江铁桥（7幅）、照相镜中的日本（14幅）、世界科学的新发明（5幅）。从第22号起版式改革后，更是以画报作为该刊的封面，版式改革后，刊物整体篇幅减少，画报的内容也有所减少，但每期还是有多幅。例如第26号的画报栏目，《往前线去!》（封面），平绥路沿线（6幅），廿九军演战（6幅），南澳岛（6幅）。这些影写版画报的大量出现，不仅能真实生动地记录当时国内外所发生的一些事情，而且使整个刊物的编排和装帧显得更为美观，增强了刊物的吸引力。

在上海出版的《生活星期刊》，从刊物的编排版式和栏目内容都做了很大的改良，达到了邹韬奋在《生活日报周刊》上曾经提出的三个希望（见本节第二个部分的相关内容）：刊物的内容变得更精彩，更普遍；编制体例及形式大加改良，插图增加，画报更是大量增加；栏目设置更为活泼，文字更为通俗化。这一方面与上海的地理条件和印刷设备条件优于香港有很大关系，但是另一方面，这与邹韬奋及该刊同人精心对刊物加以改良，读者的大力支持也是分不开的。

四 "七君子事件"后被迫停刊

邹韬奋创办的《生活星期刊》宣传团结抗日，反对妥协投降，他本人和《生活星期刊》自然会遭到国民党当局的忌恨。1936年11月6日《生活星期刊》便接到停刊的命令，禁止发行。③ 1936年11月23日上午2点半，上海市政府公安局会同法租界的探员将邹韬奋拘捕，次日解送到江苏高等法院第三分院，和邹韬奋同时在公共租界被捕的还有沈钧儒、章乃

---

① 《规约》，《生活星期刊》1936年第1卷第24号。
② 《导言》，《生活星期刊》1936年第1卷第23号。
③ 《本刊事启》，《生活星期刊》1936年第1卷第28号。

器、李公朴、王造时、史良、沙千里，① 这就是历史上有名的"七君子事件"②。在接到停刊命令，再加之邹韬奋被捕的情况下，《生活星期刊》的同人决定在邹韬奋恢复自由之前，"公推金仲华代理本刊主编，负责编辑部一切责任"③。为了《生活星期刊》不至于中途停刊，能够继续办下去，《生活星期刊》决定采取让金仲华代理主编兼发行，"向社会局更换登记"的办法，以求"继续出版"④。但是这种办法也未能行得通，1936 年 12 月 13 日，在《生活星期刊》出版到第 28 号时，《生活星期刊》还是被查禁停办了。

《生活星期刊》最初虽然作为《生活日报》的增刊而创办，但是邹韬奋将这个增刊性质的刊物同样办得很好，内容丰富而精彩。在香港《生活日报》出版的时期，它与《生活日报》互相取长补短，充分发挥了周刊的长处，与《生活日报》一起对国内外的"抗日救亡"运动做了很好的宣传。《生活日报》在香港停刊，转移到上海筹办以后，《生活星期刊》作为进步舆论阵地，继续宣传"抗日救亡"，使邹韬奋和进步文化界人士在《生活日报》筹办期间仍然有一个发表言论，"促进民族解放，推广大众文化"的阵地。除此以外，转移到上海的《生活星期刊》，为《生活日报》在上海的筹办工作也起到了很好的宣传作用。邹韬奋在《生活星期刊》上连续发表的"在香港的经历"系列文章，对《生活日报》在香港的创办过程做了一个总结。此外，他还在《生活星期刊》上发表了《我们要怎样办〈生活日报〉？》的系列文章，对正在筹办的《生活日报》做了较好的设想和规划，对读者进一步了解未来的《生活日报》，从而支持《生活日报》的筹备和出版起到了很好的宣传作用。

就这个阶段的报刊实践而言，这与邹韬奋海外游历后思想的转变有很

---

① 参见同人《向读者报告一件意外的事情》，《生活星期刊》1936 年第 1 卷第 26 号。
② 七君子事件："1936 年 11 月 23 日，国民党反动派以'危害民国'的罪名，在上海逮捕了沈钧儒、章乃器、邹韬奋、李公朴、沙千里、史良、王造时七位爱国领袖。史称'七君子事件'。事件发生后，全国各界立即开展了援救运动，宋庆龄发表宣言，抗议国民党政府对爱国志士的迫害。北平、西安等地举行援救示威。1937 年春，国民党政府对沈钧儒等 7 人起诉并公审，中共中央为此于 4 月 12 日发表宣言，要求国民党彻底放弃错误，释放一切'政治犯'。6 月，宋庆龄、何香凝等 17 人发起救国入狱运动。1937 年'七七事变'后，沈钧儒等 7 人光荣出狱。"引自王宗华主编《中国现代史辞典》，河南人民出版社，1991，第 19 页。
③ 《本刊特别启事》，《生活星期刊》1936 年第 1 卷第 27 号。
④ 《本刊事启》，《生活星期刊》1936 年第 1 卷第 28 号。

大的关系。邹韬奋在担任《新生》周刊驻欧记者时给该刊所发的文章，都是他对欧美和苏联的政治及新闻事业考察后所写的通讯稿件。在实地游历考察欧美和苏联的同时，他也系统地学习了马克思主义相关著作，他接受了共产主义思想，思想发生了很大的转变。对国外新闻事业现状的考察，以马克思主义的眼光对世界大势及国内政治形势的重新认识，使得他对报刊实践活动有了更深入的认识和理解（具体论述见第六章第五节的相关论述）。因此这个时期所办报刊存在时间虽然很短，但在这个阶段，邹韬奋对期刊编辑的宗旨、对期刊编辑的研究及经验的积累都是进一步深入并已经相当成熟的，他的报刊实践活动也由单纯的期刊编辑活动深入到了期刊和日报同时实践的阶段。但是就日报的编辑实践而言，由于《生活日报》存在的时间太短，他对《生活日报》的创办和编辑始终处在摸索阶段，因此尽管他后来还提出了很多关于日报编辑工作的设想，但这些设想却没有机会加以实践，从这个意义上来说，他对日报的编辑实践还处在起步和摸索阶段，实践经验还不多。

第三章 从《抗战》三日刊到香港《大众生活》：为抗战办刊

1937年全面抗战爆发后，出狱不久的邹韬奋立即创办《抗战》三日刊以动员民众起来抗战，《抗战》三日刊虽然仓促出刊，却非常成功，同时为了更好地宣传抗战，他在上海还增出了《抗战画报》。《抗战》三日刊后来与《全民》周刊合并并改名为《全民抗战》，合并后出版的《全民抗战》的宗旨与《抗战》三日刊基本一致。邹韬奋为了给前方将士和识字不多的劳苦大众供应精神食粮，《全民抗战》又发行了战地版和通俗版。1941年，在生活书店分支店被摧残殆尽的情况下，《全民抗战》也被迫停刊，邹韬奋只得又流亡到香港，并将《大众生活》予以复刊，但香港的沦陷又使香港《大众生活》停刊。

抗战全面爆发后，从《抗战》三日刊《全民抗战》，再到后来的香港《大众生活》，这三个刊物都把"动员民众抗战到底"作为办刊宗旨的一个重要方面，因此，这个阶段邹韬奋的办刊实践活动，可以称为"为抗战办刊"的阶段，这充分体现了邹韬奋作为一个爱国知识分子和爱国报人自觉争取民族独立，捍卫国家、民族及大众利益的责任感和使命感。

第一节 《抗战》三日刊：日报与杂志的中性刊物

1937年"七七事变"后，国共合作再次形成，中国国内政治形势发生了很大的变化，全国团结抗战的局面已经形成。1937年7月31日，在"七君子事件"中被捕的邹韬奋和其他救国会领袖被国民党政府无罪释放。出狱后的邹韬奋，立即投入到抗日救亡的新战斗中。

一　战火中骤生的《抗战》三日刊

1937年8月13日，日军对上海发动了大规模进攻，"八一三"事变爆发（又称为"八一三"淞沪抗战），驻守上海的中国军队奋起抵抗，在上海和全国人民的支持下，开始了历时3个月之久的"淞沪抗战"。为了声援上海军民的抗战，邹韬奋经过昼夜努力筹备，于1937年8月19日在上海出版了由他主编的《抗战》三日刊。

对于为什么要创办《抗战》三日刊，邹韬奋在第1号的《编辑室》一文当中说得非常清楚："在这民族抗战的紧急时期，本刊的任务，在一方面是要对直接间接和抗战有关的国内和国际的形势，作有系统的分析和报道，显现其重要意义和相互间的关系；在又一方面，是要反映大众在抗战期间的迫切要求，并贡献我们观察讨论所得的结果，以供国人的参考。本刊为便于读者记忆起见，每逢三六九发行，即每逢三日，六日，九日，十三日，十六日，十九日，廿三日，廿六日，及廿九日，就发行一期，以后类推。本刊内容力求适合抗战紧急时期的需要，希望作家和读者多赐教。"[①] 很显然，报道和宣传抗战，以供国人参考，是《抗战》三日刊创办的主要目的所在。

邹韬奋所创办的《抗战》三日刊，从正式筹备到出版是非常仓促的。1939年8月15日，茅盾在上海郑振铎那里见到邹韬奋[②]，后来茅盾有这样的回忆："原来韬奋要复刊的杂志已确定叫《抗战》三日刊，他们又在帮忙筹办一张小型日报——《救亡日报》。韬奋对我说……《救亡日报》就是文化界救亡协会的机关报，社长是郭沫若，主编请夏衍来担任，你是编委之一。《抗战》三日刊仍由我来主编。这两份东西最迟一个星期就要出版。"[③] 事实上，从邹韬奋说这番话到8月19日《抗战》三日刊正式出版，还不到一个星期。《抗战》三日刊出版的仓促，从它刊头的一些记录也可以看出来。当《抗战》三日刊第1号出版时，刊头上只写有"编辑人韬奋，每逢三、六、九日发行，每份二张，零售一分"的字样，连发行所及发行所的地址都没有写上。到第2号时刊头也只写上"编辑人韬奋，发行

---

① 《编辑室》，《抗战》1937年第1号。
② 参见邹嘉骊编著《韬奋年谱》，中卷，前引书，第339页。
③ 茅盾：《烽火连天的日子》，《茅盾全集》，第35卷《回忆录二集》，人民文学出版社，1997，第138页。

所，上海邮政信箱抗战三日刊社第一五〇八号，每逢三、六、九日发行，本期三张，零售二分"的字样。到第 3 号的刊头上才写上"编辑人韬奋，发行所，上海邮政信箱抗战三日刊社第一五〇八号，每逢三、六、九日发行，本期三张，零售二分。本刊已经呈请内政部中宣部登记"① 的字样。上述这些刊头上的字样说明，邹韬奋出版《抗战》三日刊时确实非常仓促，创刊号出版时连发行地址都没有写上，也来不及向国民党政府的内政部及中宣部呈请登记。直到第 8 号的《本刊启事》才指出："本刊自本期起，中华邮政特准挂号立券，得照日报同样优待寄递外埠。"② 第 9 号的刊头上才出现"本刊已经呈请内政部中宣部登记　中华邮政特准挂号立券"③。也就是说，到《抗战》三日刊第 8 号出版时，《抗战》三日刊才完成向官方所应办理的相关手续。《抗战》三日刊自身的这些记录也表明，它从筹备到正式出版，时间上确实比较仓促。

二　《抗战》三日刊仓促出刊成功的原因分析

《抗战》三日刊虽然出刊非常仓促，但是它很快就受到了广大读者的欢迎和喜爱。著名的抗日爱国将领冯玉祥来信称赞《抗战》三日刊说："韬奋先生：接读九月六日大书，至为欣慰。前寄奉拙作诗稿数首，承陆续在尊编《抵抗》三日刊发表，冯玉祥业已看到。贵刊内容丰富切实，而眼光尤为正确远大，诚为今日抗战中之指针，若能努力推行内地，以获更广大之读者，必收更多更佳之效益。兹另邮再奉拙稿十首，望请斧正，斟酌录用。玉祥以后军中得暇，拟每日写作一首，裨于本分职守外，略尽鼓吹之力。惟文字拙劣，不脱丘八本色，如蒙予以不客气的批评，幸甚。专布，敬颂　编安。"④ 冯玉祥先生是当时的抗战名将，军界名人，他读了《抗战》三日刊后，不仅对它赞赏有加，而且主动表示愿意为它写稿并加以宣传，这充分反映出《抗战》三日刊符合当时全国人民的抗战需求，本身也确实办得不错。除冯玉祥外，《抗战》三日刊的普通读者对它的评价也是很高的："首先要向你行一个最敬礼表示谢意，正在病得奄奄一息的时候，突然接到由正阳关转来二十几本《抗战》，你想我是多么高兴！我

---

① 《抗战》1937 年第 3 号。
② 《本刊启事》，《抗战》1937 年第 8 号。
③ 《抗战》1937 年第 9 号。
④ 《冯玉祥先生的信》，《抗战》1937 年第 11 号。

完全忘记病了，坐在搬家的汽车上就打开来看，躺在床上忘记了按时吃药，也忘记了两只手臂被打针打痛了，只要特和三哥一离开我，马上便从枕头下取出《抗战》来看。你想，一个多月没有看到武汉的报纸和杂志，也没有接到友人的信，突然发现了一包书而上面是写着寄给我的，叫我怎不欢喜欲狂呢？一个旅行在沙漠中的人，渴得快冒出烟来了，突然得到了甘露，怎叫他不高兴得跳起来呢？"①另外一位读者也在来信中说："我是《抗战》三日刊的一个热心读者，关于抗战救亡工作者所必须的知识，我早已感到十二分的饥渴，它——《抗战》三日刊，确曾供给我不少的食粮。我每一次接到它都是紧张的愉快的一口气把它读完，得到了这些精神上的滋养，我慢慢地感觉到自己的身心于无形中健壮起来，对于国内国际的形势和各种重要的问题有了比较正确的认识，对于抗战前途有了胜利的信心，同时我就逐渐觉悟到在这争取民族解放的大时代里，我也应该拿出自己所可能尽力的力量来。"②《抗战》三日刊的读者将该刊比作沙漠中的甘露、读者的精神食粮，可见《抗战》三日刊在读者心目中有着崇高的地位，受到了读者极高的评价，这些充分说明，《抗战》三日刊是办得非常成功的。

《抗战》三日刊仓促出刊后很快得到读者的认可，并得到相当高的评价，究其原因，主要在于以下几方面。

(一) 丰富的办刊经验与声望的影响

邹韬奋在创办《抗战》三日刊之前，就已经先后成功地创办过《生活》、上海《大众生活》《生活日报》《生活星期刊》等刊物，而这些刊物都办得非常成功，在广大的读者心目当中留下了良好的印象，产生了很好的影响力。一些读者还非常怀念邹韬奋原来所创办的这些刊物。这在邹韬奋答复读者方先生的短简中可以看出来："承你追想《生活》和《大众生活》，足见我们是精神上的老同志。不过你建议叫它复活，盛虽可感，而我觉得随着它后面的刊物，如《生活星期刊》及现在的《抗战》三日刊，已是它的后身，它在实际上并未死去，不但未死去，而且因时代车轮的推进，它的后身也应着新时代的需要而以新的姿态出现了。"③从这则短简可

---

① 《短简》，《抗战》1938 年第 75 号。
② 《短简》，《抗战》1938 年第 75 号。
③ 《短简》，《抗战》1937 年第 8 号。

以看出，读者方先生对邹韬奋原来所创办的刊物仍然非常怀念，而现在邹韬奋创办的《抗战》三日刊在某种程度上就是《生活》周刊在抗战时期的延续，这自然会得到《生活》周刊、上海《大众生活》《生活星期刊》等刊物老读者的认可和欢迎。

邹韬奋原来成功的办刊实践有助于《抗战》三日刊迅速得到读者的认可，同时他本人的爱国行为也有助于《抗战》三日刊得到读者内心的认同。早在邹韬奋创办《生活》周刊的时候，他就对"九一八"事变进行了大量的报道和评价，呼吁国人起来抗争，对国民党的妥协行径也进行了揭露和批评，并因此而不得不流亡海外。1935年回国后继续呼吁国人团结抗战，并担任了救国会的重要职务，不停地为抗日救亡工作四处奔走呼号。著名的"七君子事件"，他是七君子之一，他在狱中不屈不挠的斗争赢得了当时中国社会各阶层爱国人士的敬佩，他的爱国行为和崇高的人格力量无疑会使他本人在读者心目中转化为一个抗日爱国的符号，这也有助于提升《抗战》三日刊的公信力，《抗战》三日刊出刊后迅速得到读者的认同和欢迎，也就是情理之中的事情了。

（二）媒体形态的合理选择

媒体一个重要的功能在于传递信息，尤其是在抗战时期，人们更希望能迅速确切地知道与抗战有关的信息。就时效性而言，日报显然比期刊传递信息要快，这一点邹韬奋在创办《生活日报》时就有过比较和论述，创办一份独立的人民大众的日报是他一生所追求的理想。按理说，要迅速地向大众报告抗战的信息，最好是创办一份日报。但是就当时的形势而言，邹韬奋没有办法创办一份日报。"八一三"事变后，当时比较有名的日报如《申报》《大公报》及《立报》等，都纷纷派出记者加强战地新闻及军事新闻的报道，如《大公报》的名记者长江、秋江采写的战地通讯，曹聚仁为《立报》所采写的"战地特讯"，在当时都非常引人注目。而这些大报大刊都经历了多年发展，资金雄厚，稳固的记者群落可以提供稳定的新闻来源，也都已经形成一套相当成熟的新闻运作系统。而这一切，对于当时屡遭打压，又刚出狱不久的邹韬奋来说，都是可望而不可即的。

在当时的形势下，邹韬奋根据自身的办刊经验和当时的社会现实选择了一种折中的办法，他选择了出版三日刊这样一种方式。他后来在《抗战一周年》中这样说："三日刊在性质上原具有两重性。三日刊是日报与杂志的中性刊物,它应具有新闻和杂志的二种特点。本刊在时事方面,力求保持新闻趣味,但以系统的供给新闻为原则,而在其他方面,我们却要发挥杂志本身的特点。"①《抗战》三日刊每三日出版一次,在时间上就会显得比较宽松,"以系统的供给新闻为原则",就能较好地发挥报的功能,向大众及时地传递抗战信息。在供给战时信息的同时,又有较为系统的评论分析和深度报道,这就充分地利用了刊的特点。利用刊的形态,辅以报的优势,将报与刊的特点与优势充分结合和发挥出来,这也是《抗战》三日刊在当时能迅速抓住读者的心的一个重要原因。

(三) 作家队伍和读者队伍强有力的稿源支撑

《抗战》三日刊能在短期内出刊,并且做到内容丰富,很快得到读者的赞许,这与当时各界抗日进步人士的大力支持与赐稿是分不开的。就《抗战》三日刊本身的编辑队伍而言,如胡愈之、金仲华、张仲实、柳湜、钱俊瑞等人就是生活书店成员中的精英,在邹韬奋原来所创办的刊物当中,担任了重要的撰稿任务。《抗战》三日刊出刊后,他们也提供了大量的优秀稿件,也就是说,《抗战》三日刊本身的编辑队伍就已经不弱。

除了自身的编辑队伍以外,其他各界的社会名流、抗日志士也纷纷为《抗战》三日刊写稿。上文中的冯玉祥是军界中的名人,据笔者统计,他在《抗战》三日刊上共发表了23首诗歌,如《九八》(第1号)、《跳楼》(第43号)、《孩子团》(第51期)等。除了军界的冯玉祥外,还有如宋庆龄、史良、沈钧儒、章乃器、叶剑英、郭沫若、潘汉年、艾思奇、李公朴、茅盾、冼星海、臧克家、张天翼、范长江、曹聚仁等人,这些人或为当时的社会贤达名流,或为中共人士,或为文化名人,或为新闻战线上的名记者,这些人都曾经先后,或多或少地为《抗战》三日刊供稿,在《抗战》三日刊发表各类文章,这些人物的支持供稿,对丰富《抗战》三日刊的内容,提升《抗战》三日刊的质量,无疑是极为有力的支持。

上述都是《抗战》三日刊自身的专业编辑队伍以及社会各界的知名人

---

① 韬奋:《全民抗战的使命》,《全民抗战》1938年第1号。

士所组成的作家队伍。事实上,由于邹韬奋在创办《生活》周刊时期便注重与读者的互动交流,很多读者的来信被刊登于刊物上,读者的身份实现了很好的转换,也变成作者。此后邹韬奋在创办刊物时就一直都保留了"信箱"这个栏目。到邹韬奋创办《抗战》三日刊的时候,邹韬奋还是非常注重读者的来信,此时的《抗战》三日刊,也刊登了大量的读者来信,一部分在"信箱"栏目刊出,一部分以"来函"或"来件"的形式予以专门登载。王琳在他的硕士论文中对《抗战》三日刊中的读者进行了统计和分析:"从1937年8月创刊到1938年7月停刊,《抗战》三日刊出版86号,共发表了152篇读者来信。其中读者来源地遍布中国各地的大中小城市,甚至远到国外的巴黎。读者的年龄层从小朋友到青年到中年甚至是年逾不惑的老人。职业分布也甚是广泛,有教师、公务员、工人、难民、战场上的士兵等等。"① 当然除了读者来信以外,还有许多普通的读者以专门投稿的方式提供了各种稿件,这些来信、来稿,也为《抗战》三日刊内容的丰富提供了重要的稿源。

(四) 服务抗战需要的栏目设置

《抗战》三日刊的成功,与它的栏目设置也有很大的关系。《抗战》三日刊在出版的过程当中,栏目设置也处在不断地调整中。

1.《抗战》三日刊主要栏目的变化情况

1937年11月9日,上海沦陷。《抗战》三日刊又坚持出版了三号,即出到1937年11月23日第29号时,从1937年11月23日到12月23日之间停刊了一个月,于1937年12月23日移到汉口后才出版第30号。金仲华在《一月来战局发展的观察》一文中说:"上海沦陷以后,我们在敌人的包围的区域中继续出版了三号,到后来已经无法公开出版,只能暂时停出。现在,我们已由华南转道来此,继续出版;在这一次的停搁中间,不得已与读者大众暂别了一个月。"② 因此,以第30号为界,《抗战》三日刊的出版地发生了改变,与出版地改变相伴随的是,《抗战》三日刊的栏目设置也做了一些调整。笔者将《抗战》三日刊的主要栏目,以第30期为界,划分为两个大的时期(见表3-1)

---

① 王琳:《〈抗战〉三日刊研究》,北京印刷学院硕士论文,2006,第27页。
② 金仲华:《一月来战局发展的观察》,《抗战》1937年第30号。

表 3-1　《抗战》三日刊第 30 号前后主要栏目对照

时　间	期　数	主要栏目	主要栏目的增减情况
1937 年 8 月 19 日至 11 月 23 日	第 1 号至第 29 号	战局一览；时评（第 1 号称"社评"）；专论；通讯；战事常识；杂文；诗歌（含歌曲）；插画（含"漫画""木刻""地图"）；特载；信箱（含"来函"或"来件"）；短简	第 30 号以后"时评"栏目改称为"社论"，新增了"短评""三日国际"栏目，去掉了原来的"战事常识"栏目
1937 年 12 月 23 日至 1938 年 7 月 3 日	第 30 号至第 86 号	社论；战局一览（第 51 期开始改称为"战局动向"）；三日国际（第 41 号开始设置，第 41、42 号称"国际一览"）；专论；短评（第 32 号开始设置）；通讯；杂文；诗歌（含歌曲）；插画（含"木刻""地图"）；特载；信箱（含"来函"或"来件"）；短简	

表 3-1 反映的是《抗战》三日刊主要栏目的增减变化情况，主要栏目除了增减变化外，还有一些细微的变化，主要有：一是"时评"栏目改称为"社论"后，每期的篇目数也由原来的每期 2 篇变为每期 1 篇（严格地来说从第 28、29 号还称"时评"开始时就变为 1 篇了）；从第 51 号开始，社论的位置开始调整到每期的首位，即为每期的第一篇。二是诗歌（含歌曲）的数量锐减，从第 30 号到第 86 号，只有 6 首，而第 1 号到第 29 号，却有 40 首。三是"插画"栏目中的"漫画"不再出现，"木刻"也只在第 41 号出现过一次，而"地图"却出现得比较多。

总体来看，《抗战》三日刊第 30 号前后主要栏目的增减变化并不是很大，这说明《抗战》三日刊在主要栏目的设置上虽有调整，但在服务抗战需要的前提下，还是注重栏目前后的继承性的。

2. 为抗战而专设栏目

《抗战》三日刊在栏目设置上有一个最大的特点，那就是为抗战而设置了新的专门的栏目。在《抗战》三日刊的主要栏目中，"战局一览"、"战事常识""三日国际"这三个栏目可以说是以前的《生活》、上海《大众生活》《生活星期刊》所没有的三个栏目。而这三个栏目，是为抗战而专门设置的。

为什么要设置"战局一览"这个栏目，《抗战》三日刊第 2 号的《编辑室》一文中是这样解释的:"留心抗战消息的人们,对于战讯是非常注意的,但是纷纭错杂,往往不易寻出头绪来。本刊有鉴于此,每期特请金仲华先生根据最近消息,写一篇'战局一览'报道最近的抗战形势。战事地图也是了解抗战形势所非常需要的,所以本期特附两张地图,详细明确,以供参考。"① 很明显,"战局一览"这个栏目就是为了向人们报告最近的战事动态,为了让人们更好地理解战事发展的局势,本期还配备了专门的战事形势地图,使人们能够更详细明确地了解战事发展的状况。这种地图是金仲华的妹妹金端苓所绘制的,在后来的许多期中也经常出现,与他哥哥所撰写的"战局一览"的文章相得益彰,更好地向人们报告了战局的发展动态。"战局一览"开始并无其他标题,只是在"战局一览"的栏目标题下对整个战事的形势进行分析。从第 8 号开始,该栏目在征文中又以"华北""华中""华南"等小标题报告不同地区的战事。从第 12 号开始一直到第 86 号,正文中的小标题又被取消,但是从这一期开始,"战局一览"四个字(第 51 号开始称"战局动向")均用方框框起来,在方框的下方再拟出标题,对整个文章的内容加以简练的概括,使读者一看标题,便能明了整个文章的主要内容。如第 12 号的标题是:"华北主力战的前夜(主题) 晋北我军初次大捷 平汉线敌将攻保定 淞沪战线未有变化 敌机轰炸京粤平汉(含四行副题)。"这则标题由主题和副题组成,将当时的战事动态概括得非常清楚。

"战局一览"主要分析的是国内的战局动态,但是中国人民的抗战与整个世界有着密切的联系,中国的抗战必然会引起国际社会的关注和反应,中国的抗战更需要国际援助,因此,单单让人们了解国内的战局动态显然是不够的。从第 42 号开始,《抗战》三日刊又开始增设"三日国际"(第 41、42 号称为"国际一览")栏目,由"思慕"专门负责。"三日国际"栏目从第 41 号开设后,每期都坚持发表一篇文章,每期都以方框框住"三日国际"四个字,在方框下也都拟定一个标题,将三日内国际局势的变化简要概括出来,如第 42 号"三日国际"栏目的标题:"国联会议讨论援华问题(主题) 由调停进于个别切实的援助 苏联积极发动援华实施关键在于美国(含三行副题)。"这个标题就把当时国际社会反对日本侵华,准备进行切实援助的事情准确地概括了出来。当然,"三日国际"

---

① 《编辑室》,《抗战》1937 年第 2 号。

更多的是反映了1939年第二次世界大战全面爆发前夕德、意、日等法西斯国家的侵略活动，以及这些活动对整个国际局势尤其是欧洲局势的影响。这些报道和分析，有助于人们了解整个世界的局势，以及整个局势变化对中国抗战的影响，该栏目的设置，也反映出邹韬奋对中国抗战问题的认识进一步深化。

在中国人民的抗战中，如何抗战；当战争降临到头上的时候，该如何应对，这是读者非常关心的事情。《抗战》三日刊专门请"无患"开设"战事常识"栏目，该栏目既有对战争基本常识的介绍，如《从飞机谈到炸弹》（第1号）、《略谈救护》（第2号）、《宣传战》（第5号）。这些介绍有助于教会广大读者一些应对战争的知识。除了基本常识的介绍以外，该栏目也有对敌我战争双方形势的介绍。比如从第11号到第16号，作者"无患"六次谈到我们应对敌人的战略，谈到了我方抗敌的优势所在。而在第19、20、22号上，作者"无患"又替敌人算了三次账，指出敌人的劣势所在，这些对我方优势的宣传，对敌人短处的揭露，有助于增强广大读者的抗战信心。可惜的是，这个栏目只开设到第22号（第21号也没有）就停止了。

以上三个栏目，笔者进行了比较详细的分析，只是因为这三个栏目是《抗战》三日刊为抗战而新增专设的栏目。但这并不是说，《抗战》三日刊的其他栏目就不为抗战服务，事实上，其他栏目也都紧紧围绕抗战这个主题，对直接、间接和抗战有关的国内和国际的形势，也都有系统的分析和报道，同时也反映了大众在抗战期间的迫切要求。比如"时评""社论""专论""短简"等言论栏目，这些是邹韬奋一贯所重视的，也都服务于抗战这一主题，通过刊物来宣传抗战，力求将进步的思想与正确的观点传达给广大民众，从而发动民众起来抗战，将全民抗战进行到底。这些言论栏目，起到了很好的引导民众的作用。再如"通讯"栏目，这是邹韬奋在《生活》周刊时期就办得很成功的一个栏目，在《抗战》三日刊里，邹韬奋依然将它办得很为出色，通过大量的通讯，《抗战》三日刊将前线的战争情况，后方的社会状况做了很好的描述和反映。难能可贵的是，《抗战》三日刊的第59号至第72号上连载了（第64号没有）长篇通讯《边区实录》，对当时陕甘宁边区的政治、经济、文化、司法以及民众运动做了系统报道，这在当时国统区的报刊中是很少见的。

为抗战服务，以对抗战的报道和分析为主要内容设置和充实栏目，这符合当时抗战形势的需要，更符合广大人民要求抗战、保家卫国的愿望，这也是《抗战》三日刊能迅速抓住读者，取得成功的一个重要原因。

当然，《抗战》三日刊取得成功的原因不止上述几个方面，这里所谈及的，只是几个重要的方面。

三 《抗战》三日刊诸问题的辨正

《抗战》三日刊出版后，它的刊名、价格均有所变化，对于它的发行量的问题，学界也一直有争论。

首先是刊名的问题，《抗战》三日刊中间一度更名为《抵抗》，后来才恢复《抗战》的名称。但是，到底哪些期数称为《抵抗》，何时改回《抗战》之名，学界一直有多种不同说法。生活书店这样记载："9月26日出版的《抵抗》（《抗战》在上海租界出版，受英帝国主义者的限制，从9月9日第7号起改名为《抵抗》，在全国各地仍以《抗战》为刊名）。"[①]《抗战》三日刊从第7号开始易名为《抵抗》，学界的看法比较统一，但是何时改为《抗战》原名，就有了多种不同的说法。如朱少伟认为《抗战》三日刊是"于11月23日以原名出版第29期，并宣布从第30期起迁往汉口"[②]。章雪峰则说："因主张团结、民主、进步，抗战到底，因而为国民党统治者所不容，受到上海租界当局的干扰，自1937年9月9日第7号改名《抵抗》三日刊，直到1937年11月13日第26号为止。1937年11月9日上海沦陷，11月16日的第27号即恢复《抗战》三日刊名称。"[③]对于价格问题，有研究者称它的价格为："第一号为每份两张，零售1分，第2号起改为每份3张，零售2分。"[④] 对于《抗战》三日刊的发行量问题，章雪峰认为："《抗战》三日刊每逢三、六、九日出版，共出86期，出版时间约11个月，最高期发量曾达30万份。"[⑤] 对于上述三个问题，陈丽菲、赵延涛专门写了《关于〈抗战〉三日刊几个问题的辨正》，并制成表格，兹转引如下：

---

① 生活书店史稿编辑委员会编《生活书店史稿》，前引书，第96页。
② 朱少伟：《"八一三"炮火中问世的〈抗战〉》，《新民晚报》，2003年8月11日。
③ 韬奋纪念馆编《邹韬奋研究》，第2辑，学林出版社，2005，第231页。
④ 宋楠：《〈抗战〉——特定时期的特定刊物》，《青年记者》2005年第7期。
⑤ 韬奋纪念馆编《邹韬奋研究》，第2辑，学林出版社，2005，第231页。

表3-2 《抗战》三日刊价格、名称、发行等变动统计①

期　数	刊　名	价格（分）	张数（张）	发行所地址等
第1号	抗战	1	2	无
第2号	抗战	2	3	上海邮政信箱《抗战》三日刊社第1508号
第3号	抗战	2	3	此期加"本刊已呈请内政部登记"，以后每期刊登此标示语
第6号	抗战	2	3	加"上海城内肇家路《抗战》三日刊社第75号"，以后均如此
第7号	抵抗（改名）	2	3	同上
第9号	抵抗	2	3	加"一月两角三月六角六月一元邮费在内""中华邮政特准挂号立券"字样
第13号	抗战	3	3	上海邮箱1508号《抗战》三日刊社
第14号	抵抗	2	3	上海城内肇家路《抗战》三日刊社第75号
第16号	抵抗	3	3	加"外埠经营处　汉口交通路中生活书店　广州汉民北路"，以后时停，至第27号一直标示
第18号	抗战	3	3	上海邮箱1508号《抗战》三日刊社
第19号	抵抗	3	3	上海城内肇家路《抗战》三日刊社第75号
第27号	抗战	3	3	上海邮箱1508号《抗战》三日刊社
第29号	抗战	3	3	"外埠经营处"加"汉口交通路　广州　西安　长沙　重庆　成都"五点
第30号	抗战	4	3	同上
第32号	抗战	3	3	同上
第35号（1938年1月）	抗战	3	3	五店扩大为八店，加"桂林　贵阳　梧州"
第47号	抗战	4	3	同上

---

① 韬奋纪念馆编《邹韬奋研究》，第3辑，学林出版社，2008，第552～554页。

续表

期　数	刊　名	价格（分）	张数（张）	发行所地址等
第48号	抗战	3	3	同上
第50号	抗战	4	3	同上
第51号	抗战	3	3	"外埠经营处"改为"总经销处"，地点有："汉口：交通路63号　广州：汉民北路51号　重庆：武库街21号　西安　长沙　梧州　成都　桂林　贵阳　昆明　上海　宜昌　兰州　万县　衡阳"
第68号	抗战	4	3	同上

陈丽菲所得出的结论基本上是正确的，因为她是在仔细翻阅《抗战》三日刊原刊物后得出的结论。表3-2中的结论，笔者通过查对《抗战》三日刊，刊名、价格、纸张、发行地址的变化都得到证实。其他人之所以得出不正确的结论，一个重要的原因在于没有认真查阅《抗战》三日刊的整个刊物，只看到了其中的一部分，因此得出的结论也就比较片面。《抗战》三日刊的刊名变化，可从表3-3中清晰地反映出来[①]。

表3-3　《抗战》三日刊刊名变化归纳

刊　名	该刊名所在的号数
抗　战	第1~6号；第13号；第16号；第18号；第27~86号
抵　抗	第7~12号；第14、15号；第17号；第19~26号

《抗战》三日刊的刊名之所以在前26号里做了多次改动，一个重要的原因是因为它"在上海租界出版，受到了英帝国主义者的限制"[②]，而它价格的波动，一个很重要的原因在于"八一三"淞沪抗战以后国内的物价受到战争的影响，纸张的价格必然会有所波动，这也会影响到《抗战》三日刊的定价。至于《抗战》三日刊的发行问题，从陈丽菲所列表格中我们可以明显看出，它所发行的范围是逐步扩大的，这与当时生活书店分支店扩大有很大的关系。但是，《抗战》三日刊真的如章雪峰所说很快就发行到了30万份吗？陈丽菲不同意这种看法，认为《抗战》三日刊的销量不可

---

① 陈丽菲原表格中第16号"刊名"一栏显示的是"抵抗"，这是不对的，笔者核对原刊后发现应该为"抗战"。
② 生活书店史稿编辑委员会编《生活书店史稿》，前引书，第96页。

能一下子达到这么多。30 万份的销量,是《生活书店史稿》对《全民抗战》销量的记载。① 而且就目前所能找到的资料来看,尚未有任何资料证明《抗战》三日刊的销量一下子就达到了 30 万份,再者"从当时刊物发行的情况和经销的区域看,《抗战》三日刊的成长有一个必要的过程,尽管这个过程发展迅速,但在面的覆盖上远不及后来《全民抗战》,从这一点上说,两个刊物均能同时达到 30 万份,似乎有些难以说通"②。陈丽菲的这种说法,是应该认同的,在没有找到可靠史料证实之前,不能认定《抗战》三日刊的发行量一下子就达到了 30 万份。

四 增出《抗战画报》:用图画宣传抗战

邹韬奋在出版《抗战》三日刊的时候,又增出了《抗战画报》。1937 年 8 月 29 日,《抗战画报》第 1 号在上海正式出版,每期 16 个版面。《抗战画报》创刊号上的版权页有这样的说明:"抗战画报创刊号　中华民国廿六年廿九日　编辑者　抗战三日刊社　上海邮政信箱第一五○八号　总经售　生活书店　上海总店　福州路三八四号　临时营业处　霞飞路四四四号　分店　汉口交通路口　广州汉民北路　本刊已呈请内政部及中宣会登记　每六日出版一次　每册零售六分"③。为了征集画报的相关稿件,《抗战》三日刊社在《抗战》的第 3 号上刊出了这样的启事:"本社为适应抗战时期之需要与扩大宣传期间,特编行《抗战画报》一种,每六日出版一次,凡各地有关抗战之时事照片惠赐,无任欢迎,采用者当酌奉薄酬,以答盛意。"④ 为了扩大《抗战画报》的影响,《抗战》又在第 12 号上登出广告:"《抗战画报》第四期已出版　真实生动　五日出版一期　道林纸色墨印　每册实价六分　抗战画报社发行　各处报贩均有出售。"⑤

(一)《抗战画报》第一阶段的编辑特点及主要内容

《抗战画报》的编辑特点及主要内容可分为两个明显不同的阶段:第 1 号到第 5 号时期;第 6 号到第 9 号时期。

---

① 参见生活书店史稿编辑委员会编《生活书店史稿》,前引书,第 104 页。
② 韬奋纪念馆编《邹韬奋研究》第 3 辑,前引书,第 551 页。
③ 载《抗战画报》1937 年创刊号(该刊每页均未标页码,见中国国家图书馆馆藏原件)。
④ 《抗战画报征求战事照片启事》,《抗战》1937 年第 3 号。
⑤ 《〈抗战画报〉第四期已出版》,《抗战》1937 年第 12 号。

《抗战画报》从第 1 号到第 5 号主要刊登照片。它的封面一般是一幅照片,再配简要文字说明,如创刊号的封面就是一幅照片,照片的文字说明是"我前线军官向后方报告抗战消息"。其他各页都是以一个总标题作为统率,将与该标题相关的一些照片登在一起,每一幅照片再配以简单的说明。从第 2 号开始,在有些总标题下还有对几幅图片的一个总的分析或说明。如第 2 号中一页的总标题是:"我军炮队的雄姿——国际社摄",在这个总标题下,有一段总的说明:"此次日军侵略,全赖飞机及军舰大炮作战,但我方飞机大炮也同时出动,使敌人遭受重创",在总标题和总说明的下面是 3 幅展示我军炮兵英姿的照片。从第 2 号到第 5 号,《抗战画报》的文字说明不仅采用中文,还采用了英语说明文字。如第 3 号中的两页照片的总标题是:"我军准备冲锋肉搏",总标题下的总说明是:"我军凭其神勇,在敌人猛烈炮火下,不稍移动,但当敌人迫近我阵线,则立刻跃出壕沟,与敌人肉搏,使胆小如鼠的敌人,大受挫折。罗店,吴淞,宝山的几次血战,敌人曾因此损失数团,死伤近万人。"与此相对应的英文说明文字是:"CHINESE FIGHTERS READY FOR HAND‐TO‐HAND COMBAT" "Despite Japanese heavy gun fire, Chinese fighters always hold their lines intact, but upon the approach of Japanese troops, they would quickly jump out of trenches and engage the enemies in hand‐to‐hand combat. This way of fighting has inflicted heavy losses on the Japanese forces at the Lotien and Woosung fronts."[①] 当然,并不是每一段中文都匹配有英语文字说明,有些有,有些没有。

《抗战画报》第 1 号到第 5 号刊登的照片的主要内容有这几个方面:一是我军(国军)将士英勇抗敌的场面及英姿,如《以空军打击敌人的空军》(第 1 号,组图)、《我军机关枪队》(第 3 号,组图)、《淞沪第一线上的我军》等,这个方面的内容最多。二是敌军侵略暴行的展示,如《盘踞我土地作战的敌军》(第 1 号,组图)、《日机轰炸松江车站,屠杀数百贫民妇孺》(第 2 号,组图)、《敌人久攻我市中心》(第 4 号,组图)等。三是后方将士支援前线的场景,如《救护抗敌的战士》(第 1 号,组图)、《我后方铁路人员尽力维持交通》(第 3 号组图)、《妇女界努力救护》(第 4 号,组图)等。当然,除了这三种主要的内容外,还有其他如反映我军

---

① 《我军准备冲锋肉搏》,《抗战画报》1937 年第 3 号。

士兵生活、反映敌军俘虏生活及国际人士援助西班牙抗敌的照片，等等。难能可贵的是，《抗战画报》给了妇女很多的镜头和画面，反映了我国妇女在抗战中巾帼不让须眉的英勇表现。例如第2号的封面照片就是"我军女战士的英姿"，该号中的组图——"我军前方的女战士"，以及第4号的组图——"妇女节努力救护"等画面，生动地反映了我国妇女在抗战的前后方所作出的努力及贡献。此外，《抗战画报》第4号上刊登了一幅朱德同志的照片，照片的文字说明是："新任第八路军军长朱德现已率部抵晋"，英文说明是："(Top) General Chu, The Commander of the newly organized 8th Route Army."这幅朱德在山西的照片，后来成为摄影作品的经典，被许多书籍转载和引用。

（二）《抗战画报》第二阶段的编辑特点及主要内容

"八一三"事变发生以后，上海产生了许多以抗战为题材的画报，这些画报名称各异，但都是以宣传抗战为宗旨的。《中国摄影史1937－1949》一书指出："从8月13日到11月13日中国军队从淞沪前线撤退，除了原来已出版的《良友画报》和《中华图画杂志》以外，这三个月内上海所出版的画报就达15种之多。"①

表3－4　"八一三"期间上海出版的画报

名　称	刊　期	起迄年月	期　号	出版单位
少年画报	月　刊	1937.4～1941.9	1～49	上海商务印书馆
良友战事画刊	五日刊	1937.8～11	1～49	良友图画杂志社
抗战画报	三日刊	1937.8～10	1～29	抗战三日刊社
抗日画报	周　刊	1937.9～11	1～25	新生出版社
抗敌画报	周　刊	1937.9～11	1～14	抗敌画报社
战时画报	五日刊	1937.9～11	1～20	中华图书杂志社
血战画报	五日刊	1937.10～11	1～7	血战画报社
胜利画报	月　刊	1937.10～12	1～3	大同出版社
抗日战事画刊	号　外	1937.7～	1	时代画报社
大抗战画报	旬　刊	1937.10～11	1～3	大抗战画报社
抵抗画报	五日刊	1937.10～11	1～2	抵抗画报社

---

① 蒋齐生、舒宗侨等编著《中国摄影史1937－1949》，中国摄影出版社，1998，第103页。

续表

名　　称	刊　期	起迄年月	期　号	出版单位
辛报战情画刊	周　刊	1937.10~11	1~15	辛报馆
战声画报	五日刊	1937.10~11	1~10	战声画报社
战时生活画报	五日刊	1937.10~11	1~10	健康生活社
总动员画报	半月刊	1937.11	1~2	总动员画报社

资料来源：转引自蒋齐生、舒宗侨等编著《中国摄影史 1937–1949》，中国摄影出版社，1998，第 103 页。

这些画报，都是为了宣传抗战，但是，他们在选用照片时，就不可避免地会发生重复，这也引起了读者的不满。邹韬奋在《抗战画报》第 6 号中说："本刊出版到了第五期，发现同性质的画报，已有四五种之多；在内容上，几个画报也没有多少分别。有人说，在目前的抗战时期，这样重复的刊物太多了，是力量上的浪费。这意见是很对的。"[①] 为了办出与众不同的画报，邹韬奋对《抗战画报》的内容进行了改革："我们考虑了一下，决定改变内容，在双十节重复出版。我们改编的计划，是在原有的照片之外，再加上漫画、地图、图表这种种材料。抗战的照片是可以激励抗战的精神，暴露侵略者的罪恶；而抗战的漫画，地图，图表则可以普及军事的知识，推进抗战的教育。我们希望在各个救亡教育团体方面，都可以把这些材料应用。每期在封底有一幅地图，或者是关于整个战局的，或者是关于局部战况的，可以帮助大家明了抗战推进的状况。这想来也是大家所希望的。"[②] 为了更好地改革版面内容，《抗战画报》在第 6 号上又发出了征稿启事："本刊欢迎下列各种稿件：一、照片　关于战地的或后方的抗战情形，与敌人的残酷破坏等等。二、漫画　关于抗战期间的时事问题的。三、地图　关于战局形势的。四、关于抗战的军事常识的，刊登之后，一律致酬现金。"[③]

正如邹韬奋所说的，从第 6 号开始，一直到第 9 号结束，《抗战画报》的编辑特点和内容发生了变化。从第 6 号开始，每期的封面都不再是照片，而是漫画。如第 6 号的《新双十》、第 7 号的《"地质学"家碰了壁》、第 8 号的《肥皂泡》、第 9 号的《沙滩上的宝塔》，每幅封面漫画的下面，都

[①]《本刊革新出版启事》，《抗战画报》1937 年第 6 号。
[②]《本刊革新出版启事》，《抗战画报》1937 年第 6 号。
[③]《本刊征稿启事》，《抗战画报》1937 年第 6 号。

有详细的文字说明和评论，这些漫画以当时的时事为题材加以绘制，其宣传和鼓动功能，一点也不比照片差。每期的封面除了漫画外，在封面的底部都写上："发扬抗战精神　普及抗战教育。"这充分说明，此时的《抗战画报》，不再是只注重画报的宣传功能，也注重它的教育功能，注意增强画报的知识性。从第 6 号到第 9 号，每期的封底确实也都是一幅地图，这些地图都是金端苓所绘制的，如第 6 号的《晋北游击战的进展——战局图解》、第 7 号的《淞沪战局的新形势》、第 8 号的《华北战场形势图》、第 9 号的《山海关我军的新旧战线》。在每幅地图的下面，都有详细的文字说明。金端苓在《抗战》三日刊里配合她哥哥金仲华负责撰写的"战局一览"也绘制了许多地图。《抗战画报》这些地图的绘制，再辅以文字说明，对于读者了解战场形势与动态，是很有帮助的，这个功能是单纯登载照片难以做到的。

从第 6 号到第 9 号的正文部分也不再只单纯登载照片，在一些照片旁边，往往有同一主题的漫画、木刻、地图或图表出现，或者干脆是一些介绍战争知识的专栏（或专页，专栏含几页，专页就是一页一个主题），这些专栏往往是由照片、漫画、地图或图表这四种中的一种或几种组成，在专栏（或专页）中往往还有一长段知识性的介绍文字。如第 6 号里就出现了"敌情解剖""空战图解""游击战争"三个专栏或专页。"敌情解剖"专栏共占了 2 页，它有一个总标题："经济封锁是敌人的大难关"，总标题下是一段比较长的文字介绍，除了标题和长段文字介绍外，还包括一幅照片——"最近美国民众反日大示威的景象"，一个图表——"日本资源的贫乏"，一幅没有标题的地图。"空战图解"专栏也占了 2 页，专栏的总标题是："我们的飞机怎样轰炸敌人的军舰"，这两页包括照片两幅——"我国华侨飞行家最近由美学成归国，准备参与杀敌""停泊在黄浦江中日领署旁的敌第三舰队旗舰出云号，为我空军攻击目标"，照片旁边是三幅图——（一）平飞式的轰炸；（二）垂落式的轰炸；（三）飞机施放鱼雷，三幅图的旁边是一段较长的知识介绍性的文字，标题是《三种轰炸方式》。"游击战争"专页只由两幅照片组成，但是，在照片的下方，有一段比较长的文字，标题是《游击战的十种任务》，对游击战的十种任务进行了详细的介绍。

改进后的《抗战画报》的编辑亮点在于画报的图片有照片、漫画、木刻、地图及图表这四种形式，而改进前单纯只有照片，这就有利于活跃画报的版面，使画报的版面更富有变化。长段的知识性文字的加入，又有利于增强刊物的知识性和可读性，做到图片与文字相结合，但是又以图片为主，从而更好地达到"普及抗战教育"的目的。实质上，漫画、木刻、地图、图表及知识性文字的加入，不仅仅是版面编辑上的变化，实质上也增添了画报的内容。

第6号到第9号《抗战画报》所刊登照片的主要内容与第1号到第5号的差不多，但是，这后四号画报的照片增添了一个非常重要的内容，那就是对晋北中共军队活动的报道。第6号的《游击战争》组图，第7号的《第八路军的游击战士》组图，第9号的《威震晋北的第八路军》组图、《晋北捷音》组图、《山西的民众动员》组图。这些照片的刊登，很好地展示了中共领导下的八路军的伟大抗日业绩，这三个组图中分别有一张照片是主要展示中共将领活动的，照片中出现的中共将领有周恩来、彭德怀、林彪、彭雪枫、萧克。《抗战画报》能大胆地刊登中共军队的抗日活动及介绍他们的抗战业绩，是需要一定勇气的。

五 《抗战画报》诸问题的辨正与存疑

《抗战画报》是《抗战》三日刊社增出的，它在当时的上海也产生了不小的影响。但是，后来人们对它的研究却很少，对它专门的研究几乎是没有，只是在相关专著或文章当中顺带地提及它。问题在于，这些顺带的说明中存在着比较多的问题，有些记录与事实并不相符。除了上文中对《中国摄影史 1937–1949》一书的引述外，笔者在此再选取几种记载引述如下。

《生活书店史稿》记载："在上海时，还出版过6天一期的《抗战画报》，及时地登载前线将士英勇杀敌及后方支援前线的生动图片。"[1]

穆欣著的《邹韬奋》一书记载："在上海的时候，还出版过六天一期的《抗战画报》"。[2]

《上海新闻志》记载："《抗战画报》于民国26年（1937年）8月29日创刊。周刊。《抗战》三日刊增出的画报。每周六出版，后改为五日刊。说明文字有中英、中法两种版本。在上海出10余期后迁往汉口。"[3]

---

[1] 生活书店史稿编辑委员会编《生活书店史稿》，前引书，第97页。
[2] 穆欣：《邹韬奋》，前引书，第217页。
[3] 贾树枚主编《上海新闻志》，上海社会科学院出版社，2000，第358页。

上海档案信息网上的《馆藏创刊号——〈抗战画报〉》一文记载："《抗战画报》三日刊于 1937 年 8 月 29 日在上海创刊，由《抗战》三日刊社编辑，总经售生活书店。该刊为邹韬奋的《抗战》三日刊增出的画报，每周六出版，后改为五日刊。说明文字有中英、中法两种版本。在上海出 10 余期后迁往汉口。该刊 1937 年 10 月停刊，共出 29 期。"①

从上述记录来看，对《抗战画报》的刊期、期数这些记录之间是存在矛盾的。那么，《抗战》画报到底办了多少期，刊期到底是多少？为了说明这个问题，笔者根据《抗战画报》每期版权页上的相关记载制成表 3-5。

表 3-5　《抗战画报》出版时间、刊期、零售价格统计

号　数	出版时间	该刊版权页上的刊期、零售价格说明
第 1 号	1937 年 8 月 29 日	每六日出版一次，每册零售六分
第 2 号	1937 年 9 月 6 日	每六日出版一次，每册零售六分
第 3 号	1937 年 9 月 13 日	每六日出版一次，每册零售六分
第 4 号	1937 年 9 月 20 日	每六日出版一次，每册零售六分
第 5 号	1937 年 9 月 25 日	每六日出版一次，每册零售六分
第 6 号	1937 年 10 月 10 日	每五日出版一次，每册零售六分
第 7 号	1937 年 10 月 15 日	五日刊　逢五、十出版，每册零售六分
第 8 号	1937 年 10 月 25 日	五日刊　逢五、十出版，每册零售六分
第 9 号	1937 年 10 月 30 日	五日刊　逢五、十出版，每册零售六分

由表 3-5 我们可以清楚地看出，《抗战画报》第 1 号到第 5 号虽然在版权页上明确标明"每六日出版一次"但在实际出版时却并未如此，第 1 号与第 2 号之间相差 8 天，第 2 号与第 3 号之间相差 7 天，第 3 号与第 4 号之间相差 7 天，第 4 号与第 5 号之间相差 5 天。从第 5 号到第 9 号，每两期之间的间隔时间大多为 5 天，但第 7 号与第 8 号之间却相差 10 天。因此，《抗战画报》的刊期应该是第 1 号到第 5 号时虽然标明"每六日出版一次"，但出版时间并不规律，从第 5 号开始，基本上改为 5 日刊。因此，《中国摄影史 1937-1949》《生活书店史稿》《上海新闻志》等书以及文章中的"三日刊""六天出版一次""每周六出版"等说法都是不确切的。

上面分析的是刊期的问题，接下来是《抗战画报》的期数问题，它到

---

① 王慧青：《馆藏创刊号——〈抗战画报〉》，上海档案信息网，http://www.archives.sh.cn/docs/200904/d_282503.html（该网页现在已经打不开）。

底出版了多少期。从目前笔者所掌握的资料来看,《中国摄影史 1937 – 1949》以及王慧青的 29 期的说法明显有问题,因为该刊从 1937 年 8 月 29 日在上海创刊,到 1937 年 10 月 30 日第 9 号就停止了。即使假设它与《抗战》三日刊一道坚持到 1937 年 11 月 23 日才在上海停止出版,按照它最初大约每六天,后来每五天的刊期,也达不到 29 期这个数目。

至于《上海新闻志》的"在上海出 10 余期后迁往汉口"的说法,笔者认为也是值得怀疑的。因为如果真如这本书所说的在上海出版了 10 余期,为什么 1937 年 11 月 9 日上海沦陷后,《抗战》三日刊又坚持出版了三期,即《抗战》三日刊的第 27、28、29 号,这些都能在战火中保存下来,难道《抗战画报》就无法保存吗?笔者为了求证《抗战画报》的确切期数,先后通过各种途径和方法到以下机构去查询,它们是:国家图书馆、韬奋纪念馆、上海市图书馆、上海市档案馆、南京图书馆、重庆图书馆、西南大学图书馆、四川省图书馆、四川大学图书馆、北京大学图书馆、复旦大学图书馆、中山大学图书馆、广东省立中山图书馆、湖北省图书馆、武汉大学图书馆、云南省图书馆、桂林市图书馆。但是,这些机构除国家图书馆外,要么没有收藏,要么残缺不全,没有一个机构所收藏的《抗战画报》超过第 9 号。至于《馆藏创刊号——〈抗战画报〉》一文的作者王慧青,笔者还于 2010 年 10 月 29 日上午和她取得了联系,她此时在上海市档案局工作,笔者问她上海市档案馆到底收藏了多少期《抗战画报》,她在文中所提到的 29 期的说法之依据是什么?她为此特意去馆内做了核实,然后告诉笔者其实该馆只藏有《抗战画报》的第 1 号。至于这篇文章中 29 期的说法,她的解释是当时也只是参照别的资料匆忙写了一个简介,写的时候没有来得及去阅读和核实。

那么,《抗战画报》是否在《抗战》三日刊迁往汉口后继续出版呢?笔者目前尚未发现《抗战》三日刊社出版的《抗战画报》第 9 号以后的文本。同时,笔者为此特意查阅了《1920 – 1949 年武汉报刊要目》一书,该刊也确实有对《抗战画报》的记录,但这个记录却是:"抗战画报 1938 年 1 月创刊,冯玉祥创办,发行人黄秋农,主编赵望云。"[①] 可见,此《抗战画报》非邹韬奋所创办的画报,如果邹韬奋在汉口还继续出版了《抗

---

① 武汉地方志编纂委员会《1920 – 1949 年武汉报刊要目》,武汉大学出版社,1991,第 128 页。

画报》，该书应该会有所记载。

因此，就笔者目前掌握的资料和调查的情况来看，《抗战画报》应该是出到1937年10月30日的第9号就停刊了，没有再继续出版。当然，随着后来相关资料的整理和发掘，也许会有新的发现。

此外，《抗战画报》上的说明文字，《上海新闻志》及王慧青的文章中都说有中英、中法两种文字，但是笔者对《抗战画报》进行了仔细阅读，发现只有中文和英文两种说明文字，没有法文说明文字，而且英文说明文字只存在于《抗战画报》的第2号到第5号。

最后，关于给《抗战画报》供稿的记者的名字问题，笔者认为有必要顺带纠正。《抗战画报》刊登的关于八路军在山西活动的许多照片，是当时上海的记者沈逸千、俞沧硕、顾廷鹏三人合拍的。而《中国摄影史1937—1949》一书及其他有关文章中将"俞沧硕"写成"俞创硕"，这显然是不对的。当然，给《抗战画报》供给照片的除了这三人以外，还有杨小梵、夏晓霞、赵定明、欧阳璞、李公朴等人，《抗战画报》除了这些记者提供的照片外，还有一些照片是转发"国际社"的。

第二节 《全民抗战》："全民动员抗战到底"

《抗战》三日刊出到第86号后，便与《全民》周刊合并，联合创办《全民抗战》周刊。1938年7月7日，《全民抗战》正式出版，由邹韬奋担任发行人，由邹韬奋、柳湜二人共同担任主编（第155期后由邹韬奋一人担任主编），编委会成员除了邹、柳二人外，还有沈钧儒、张仲实、艾寒松、胡绳。此时的《全民抗战》依然为三日刊，由生活书店总经售，每逢三、六、九日发行，每期16开12页，零售价为每份4分，三月8分，半年1元5角，全年3元，国外8元4角，港澳5元4角。汉口、重庆、香港等共20个生活书店的分支店都有发行①。

一 《抗战》与《全民》合并的缘由

《全民》周刊是救国会的机关刊物，于1937年12月12日在汉口创刊，社长是沈钧儒，编辑者为李公朴、柳湜等，发行人是李公朴，由生活书店总

---

① 参见《全民抗战》1938年第1号。

经售。① 对于二者合并的事,《全民抗战》第 1 号上刊登了相关的启事:"为集中力量充实内容起见,《抗战》自八十七期起与《全民》自二卷六期起合并,改出《全民抗战》三日刊。所有《抗战》以前未满期之定户,仍继续照寄。倘同时定有《全民》者,当延长期数。以《全民》三期合《全民抗战》五期。再在合并以前之一切编者未了事务及经济关系,仍由二刊各自负责。特此郑重声明。"② 在这个启事当中,对于二者合并的原因,它只是总括性地说是"为集中力量充实内容"。在《全民抗战的使命》一文当中,对二者合并的原因有着更为详细的说明:"我们感到我们这两支号角分散的声音还不够洪亮,我们这两队号手,各个的力量还不够强大,为了配合新的抗战形势,集中人力物力的原则,我们深觉这两个抗战的单位应该并成一个。因此,我们遂于这伟大的抗战周年纪念之际,将两个刊物实行合并,合组全民抗战社,发刊《全民抗战》三日刊。我们决定在集中双方的力量,发挥双方的特点,补足双方过去的不够的原则下,以统一的意志,从事更大的努力,力求我们今后对于全民动员的号召与教育上更多地尽力。"③

《抗战》三日刊与《全民》周刊能够合并,首先在于二者的宗旨是一致的。《抗战》三日刊的创办是为了促进民族团结,动员民众一致抗日。而《全民》周刊系救国会同人所创办。"该刊也以加强全民族的统一战线,将单纯的政府与军队抗战,转变为全面的、全民族的抗战,作为它的基本任务。"④可见,二者的宗旨完全是一致的。其次,二者都是生活书店发售经营的,《抗战》三日刊的编辑人员与《全民》周刊的编辑人员原来就互相合作,互相帮忙写稿,因此合并起来也比较方便。

二 《全民抗战》的宗旨与任务

《全民抗战》合并后的宗旨与任务,《全民抗战的使命》一文中也说得非常清楚:"我们的信念与认识,在《抗战》、《全民》上已有明确的表现,当前并无丝毫的改变,这用不着在这里多说。"⑤ 这实际上就是说,《全民抗

---

① 参见《全民》周刊 1937 年第 1 卷第 1 号。
② 《抗战三日刊全民周刊合并启事》,《全民抗战》1938 年第 1 号。
③ 《全民抗战的使命》,《全民抗战》1938 年第 1 号。
④ 中国社会科学院近代史研究所中华民国史研究室主编《救国会》,中国社会科学出版社,1981,第 350 页。
⑤ 《全民抗战的使命》,《全民抗战》1938 年第 1 号。

战》坚持《抗战》与《全民》的"动员民众一致抗日"的办刊宗旨不变。为了让读者更明确其宗旨,《全民抗战》在第 2 号的刊头上明确写上其宗旨:"推进全民动员　坚持抗战到底",从第 3 号开始又改为"全民动员　抗战到底",其实二者的意思一样,修改后显得更为简洁。这刊头上的几个字,一直到第 56 号都存在。从第 57 号开始才没有在刊头上出现,当然,《全民抗战》从第 1 号一直到第 157 号,它的宗旨一直都没有改变。

与其宗旨相适应的是它的任务:"至于本刊在抗战建国总的任务下,当前实践的任务,我们认为有两个:一是巩固全国团结,提高民族意识,灌输抗战知识,传达、解释政府的国策,剖析国内政治、军事、经济、文化以及国际之情势,为教育宣传的任务。另一是以使政府经常听到人民的声音,民间的疾苦,动员的状况,行政的优劣,使政府在领导抗战,实施庶政上得到一种参考,为我们政治的任务。"① 对于《全民抗战》的内容,邹韬奋认为:"关于本刊内容,也有需要略为提及的。三日刊在性质上原具有两重性。三日刊是日报与杂志的中性刊物,它应具有新闻和杂志的二种特点。因此本刊今后在时事方面,力求保持新闻趣味,但以系统的供给新闻为原则,而在其他方面,我们却要发挥杂志本身的特点。至于更具体的编辑方针,我们以为这里可以不必说它。"② 《全民抗战》在三日刊的时候,注重将报与刊的优点加以结合利用,事实上,这个做法,在《全民抗战》改为五日刊和周刊以后,也一直在坚持和加以保留。言论是邹韬奋一向非常重视的,在这里,邹韬奋也特意提到了这个问题:"本社工作同人,今后对于一切工作,均想做到是集体的力量的表现,本刊的言论,也想渐渐做到都是集体的讨论的结果,因此我们希望社会各方面的人士及全国读者经常对本刊提出批评,建议,报告,通信,使《全民抗战》变为真正代表全国人民的公意,与全民教育,宣传,最有力的工具。"③

三　《全民抗战》刊期与栏目的演变

(一)《全民抗战》刊期的变化

《全民抗战》最初是三日刊,但是在后来出版的过程中,它的刊期发

---

①　《全民抗战的使命》,《全民抗战》1938 年第 1 号。
②　《全民抗战的使命》,《全民抗战》1938 年第 1 号。
③　《全民抗战的使命》,《全民抗战》1938 年第 1 号。

生了两次大的改变。第一次是它由三日刊改为五日刊,第二次是由五日刊改为周刊。

《全民抗战》从第 1 号到第 13 号是在汉口出版,后来因汉口战事吃紧的缘故,迁往重庆出版。对于《全民抗战》迁到重庆的确切时间,《生活书店史稿》的记载是"1938 年 10 月 15 日《全民抗战》自第 30 期起移至重庆出版"[1]。但是,生活书店的内部刊物《店务通讯》上的记载却是:"'全民抗战'第十四期(十九日出版)起在重庆排印,(由国民公报社承印)并改用土纸,结果很好,字体清晰,出版期较前提早一天,纸型共打两付,一寄汉口,一寄香港。"[2] 从第 14 号开始在重庆排印出版。这段记述,非常明显地说明了《全民抗战》在第 14 期就已经在重庆出版了,而汉口和香港所用的纸型都是由重庆寄送过去的,《生活书店史稿》上的相关记载明显是不正确的。

从第 1 号直到第 29 号,《全民抗战》都是三日刊,但后来又因战事的影响,《全民抗战》在第 29 号上登出《本刊改出五日刊重要启事》:"本刊原为三日刊,现因印刷来不及,决定于下期(第三十号)起改为五日刊,每逢五、十日出版,即每逢五、十、十五、二十、廿五、三十日出版。每期比原来增加四页。零售价改为每份五分,预定价仍照旧。未满期定户,以五日刊六期抵作三日刊九期计算。"[3] 这个启事,在第 30 号上再次登出,以告知所有读者。重庆虽然在战时是陪都,但是由于它地处内陆,又是山城,交通也不便利,它的印刷条件及其他办刊条件显然无法与上海及汉口相比,刊物邮寄也不太方便。这则启事只讲明了印刷来不及。事实上,邹韬奋在重庆办《全民抗战》的时候,纸张供应也是一个很大的问题,笔者在翻阅《全民抗战》的原件时,发现它基本上都是用土纸印刷,印刷质量很差,纸张很薄,有些字迹印刷模糊不清。由于纸张太薄的缘故,双面印刷时一面的字迹浸透到另一面是常有的事情。

国民政府迁往重庆后,日寇的飞机经常来重庆轰炸。1939 年 5 月 3、4 日,重庆遭到日机狂轰滥炸,印刷极为困难。[4] 在这种情况下,《全民抗

---

[1] 生活书店史稿编辑委员会编《生活书店史稿》,前引书,第 104 页。
[2] 北京印刷学院、韬奋纪念馆编《〈店务通讯〉排印本》,下卷,学林出版社,2007,第 124 页。
[3] 《本刊改出五日刊重要启事》,《全民抗战》1938 年第 29 号。
[4] 生活书店史稿编辑委员会编《生活书店史稿》,前引书,第 104 页。

战》又不得不决定改出周刊,通过延长刊期,以弥补印刷条件的不足。《全民抗战》在第69号和第70号上分别登出启事,告知读者该刊改出周刊的事情:"本刊因交通及印刷的障碍,自本期起将五日刊改为周刊,每逢周六出版,定户期数照延。战地版亦改为周刊。特此通告。"①"《全民抗战》因重庆经大轰炸后,印刷与交通均感困难,自本期(七十期)起,改为周刊,以后每逢星期六出版。篇幅字数及零售价仍照旧。所有原定户照期数寄满为止。预订价改为全年(五十期)二元五角,半年(二十五期)一元三角。三月不预定。统希读者鉴谅为幸。"②《全民抗战》自70号到第157期停刊,一直都是周刊,没有再加改动。由上述两则启事可以看出,《全民抗战》改出周刊,日机轰炸导致出版发行条件跟不上是一个很大的原因。日机轰炸给《全民抗战》的出版带来了很大的不利影响,除此次轰炸所带来的损失外,《全民抗战》有时因日机轰炸而不得不延迟出版。如第127号上就有这样的启事:"本期本刊,原定六月十五日出版,嗣以六月十日十二日敌机滥炸渝市,本社社址被毁,集稿印刷,均发生故障,不得已,乃延至七月六日出版,并增加篇幅,刊载纪念抗战三周年专文,零售酌加定价,预定概不加价,特此声明,并向读者诸友致歉。"③由上述记载可见,战时不利的办刊条件是《全民抗战》刊期一再改变的主要因素。

(二)《全民抗战》栏目及内容的变化

《全民抗战》创办后,邹韬奋在调整《全民抗战》刊期的时候,也在不断地对《全民抗战》的栏目进行调整,以求不断丰富其内容。《全民抗战》的栏目变化情况,大致可分为四个时期(见表3-6)。

表3-6 《全民抗战》四个时期栏目情况归纳

不同阶段	主要栏目	备 注
第1阶段,第1号到第40号	社论;专论;杂文;三日时事解说(第30号开始称"五日时事解说");通讯;短评;诗歌;特载;信箱;简覆	无

---

① 《本刊改为周刊启事》,《全民抗战》1939年第69号。
② 《生活书店发行科启事》,《全民抗战》1939年第69号。
③ 《本刊紧要启事》,《全民抗战》1939年第127号。

续表

不同阶段	主要栏目	备注
第2阶段，第41号到69号	社论；专论；杂文；五日时事解说；通讯；短评；诗歌；特载；小说；文艺评论；歌曲；小品；木刻；信箱；简覆	增加小说、文艺评论、歌曲、小品、木刻
第3阶段，第70号到第139号	每周评坛；专论；杂文；每周时事；通讯；诗歌；小说；信箱；简覆	减掉短评、特载、文艺评论、歌曲、小品、木刻
第4阶段，第140号到第157号	社论；专论；每周短评；杂文；每周时事；国际研究资料；通讯；小说；听说；木刻；信箱；短简（或称为"回音"，就是原来的"简覆"）	增加每周短评、国际研究资料、听说；减掉诗歌

第1阶段的主要栏目中，除"三日时事解说"栏目是新设的栏目以外，其他都是《抗战》三日刊已有的栏目。其中"社论""专论""三日时事解说"（第30号开始称"五日时事解说"）、"通讯""信箱"这几个栏目是常设栏目，差不多每期都有。其中的"社论"栏目主要由邹韬奋负责，差不多每期都由他写一篇，其中只有第5号的"社论"为沈钧儒所写，第22号到第28号的"社论"由柳湜所写。"短评""杂文""简覆"这几个栏目在第1阶段只是偶尔出现，篇数不多。而"诗歌""特载"的篇目就更少，"诗歌"仅仅在第4号出现了艾青的一首《为被难者控诉》，而"特载"只在第18号出现了两篇：《全国出版界要求撤销〈战时图书杂志原稿审查及抗战期间图书杂志审查标准〉》《中国学生救国联合会代表郑代巩李赓致湖南学生抗敌后援会同学书》。

对于"三日时事解说"这个新设栏目，《全民抗战》专门在第3号上的《致读者》一文中加以说明："为什么在这三日刊中要附这两页小小的'报'？这个'报'对于读者们有什么用？附这一张'报'的目的首先自然是希望他能帮助读者整理，分析理解最近的时事，而且住在乡村不能经常看到日报的人，这张'报'对于他们想来定更有用处。但我们的希望还不止此，我们更希望读者们把这张报当作壁报，粘贴在当地的茶馆饭店街道上，或者据这张'报'中的材料加以改编，并增加旁的材料而编出你们自己的壁报或油印小刊物来，或者用这'报'中的材料，在谈话或演说中向民众解释时事。不过我们这张小报是否适用,还希望大家多多建议批评。"① 在《全民抗战的使命》一文中,邹韬奋已经说明"三日刊是日报与杂志的中性刊物,它应具有新闻和杂志的二种特点"。"三日时事解说"这个栏目就是要发挥"报"的功能,定期向读者报道近三日来国内外的时事消息,并加以分析,当然在报道时事时,这些消息以与抗战相关的国内外消息为主。仔细阅读"三日时事解说"的内容就会发现,它每一期的内容都是由国内与国外的时事这两个部分的内容组成,它其实就是《抗战》三日刊中的"战局一览"和"三日国际"栏目的综合产物。

《全民抗战》自第30号开始改为五日刊以后,邹韬奋也接着对该刊的栏目设置加以调整,但是这个调整比较慢,直到第40号以后才开始进行。第40号的一则《编后记》里说:"顺便可以报告读者诸友者,即本刊内容从下一、二期起,拟逐渐增加文艺、讨论、书评、战时生活,以及比较专门理论方面的文字。关于战地通讯,本刊也正在充实各战区通信网,使战区消息,迅速传到后方。亟盼读者诸友多多惠寄:文艺(包括诗歌、特写、散文等短篇文字)、讨论、书评、战地通讯诸稿。同时还盼本刊读者诸友经常保持与本刊的通信关系,随时发表改进本刊内容的意见和批评。"②

从第41号开始是《全民抗战》栏目调整的第2阶段,《全民抗战》对原有栏目中的专论、通讯、诗歌栏目进行了充实。"专论"栏目里比较专门理论方面的文字明显增多,"战地通讯"的报道数量也明显增加,尤其是"诗歌"栏目,第2阶段的诗歌虽然不是每期都有,但是篇目也已经是明显增多了。为了充实"专论"和通讯栏目,《全民抗战》特意在第43号上用方框专门刊出两句话:"本刊欢迎前后方有精彩内容的通讯稿件!本刊欢迎通信讨论抗战期中的各种问题!"③ 在充实原有栏目内容的基础上,第2阶段又增设了"小说""文艺评论""歌曲""小品""木刻"等栏目。当然,这些新增栏目的篇目都不是每期都有,而且篇目也非常少。

《全民抗战》从第70号开始改为周刊后,对栏目设置也马上进行了调整,这是《全民抗战》栏目调整的第3个阶段。其中最明显的变化是这几个栏目:一是《全民抗战》的第一页不再刊发"社论",而是每期的第一

---

① 《致读者》,《全民抗战》1938年第3号。
② 《编后记》,《全民抗战》1938年第40号。
③ 《全民抗战》1938年第43号。

页都是刊登一幅漫画（其中只有第113号上刊登的是中山先生的画像），这些漫画以时事为题材，配以标题，生动明了，有助于读者读图就能了解一些重大的时事，这种做法一直延续到第157期《全民抗战》停刊。二是将"社论"栏目改为"每周评坛"，每周评坛每期发表2或3篇评论文章，其中第一篇依然是由邹韬奋来撰写，而另外的由其他人撰写。每周评坛的内容"是就每周中比较令人注意的重要消息或问题，作短小精悍的评论。这好像是酒席的冷盘，或是西菜开头吃的冷菜，开开胃口"①。"每周评坛"的篇目和版面明显多于原有的社论，这就更加重了《全民抗战》中言论的分量。三是将原有的"五日时事解说"改为"每周时事"，但这只是改变一个名称，并将它的位置放在每期的最后两个版面（原来两个阶段都是把它放在中间部分的页面，而将"信箱"和"简覆"栏目放在最后面）。四是减掉了"短评""特载""文艺评论""歌曲""小品""木刻"这几个栏目。

《全民抗战》经过第3阶段的改革后，在出版发行的过程中，又接到一些读者来信，对《全民抗战》提出一些意见。鉴于此，邹韬奋特意在第136期（从第100期开始改称多少期。）上刊登《征求读者对本刊的意见》一文，明确征集读者对《全民抗战》的意见："最近我们常收到一部分读者的来信，对本刊殷切指教，并希望我们增加材料，扩充篇幅，读者的盛意，使我们深深地感奋。由于读者的这些来信，引起我们更广泛地征求读者意见的兴趣，我们要根据多数读者的意见，作为本刊革新的指针。"② 对于《全民抗战》中的"每周评坛""专论""每周时事"等栏目，邹韬奋在这篇文章当中要求读者告诉他以下几个方面的内容："第一，我们希望读者告诉我们，对于这几栏最爱读的是哪一栏，其次是哪一栏，最后是哪一栏，最喜欢哪一栏，其次是哪一栏，最后是哪一栏。……第二，我们希望读者对某栏作较详的指教，例如该栏的缺点，应如何改善等等的意见。倘有什么栏应取消，也请指出，并说明理由。第三，除这几栏外，还有什么栏或怎样的文章应该加添进去？

"以上是我们希望读者赐教的几点。当然并不一定以上面所要求几点的为限，读者有任何指教，只须是有可以使本刊进步或革新的地方，都是

---

① 《征求读者对本刊的意见》，《全民抗战》1940年第136号。
② 《征求读者对本刊的意见》，《全民抗战》1940年第136号。

我们所竭诚欢迎,要尽可能使它实现的。

　　做编辑的人好像是读者所用的厨子,所差异的,不过厨子所贡献的是物质食粮,编辑所贡献的是精神食粮。厨子要使菜烧得可口,往往要征求主人对于菜单的意见,我们现在是要征求读者对于精神"菜单'的意见,很诚恳地希望读者诸君不吝赐教。来信请寄重庆学田湾四号附一号全民抗战社编辑部收。来信的结果,我们还要在本刊上公布,以告热心赞助本刊的朋友们。"

　　通过对读者意见的征求和集中,邹韬奋在《全民抗战》的第 139 期上刊出《本刊革新的前夜》一文,明确告知读者从第 140 期开始,《全民抗战》将对篇幅和栏目内容加以革新:"由于印刷费和纸费的暴涨,本刊出版者为着要使本刊得勉维生存,原有不得不加价的建议,同时在另一方面,我们却接到不少读者来信提出扩充篇幅的要求,这两件事原是很矛盾的,我们现在决定使这两件事尽可能地'统一'起来,即一面自第一四〇期起革新内容,扩充篇幅,一面自该期起酌加价格,这两方面虽未能成正比例。但希望由于略加篇幅,对读者能多尽一点微小的贡献。"①

　　从第 140 期开始,《全民抗战》的篇幅由原来的 16 个版面扩充到 20 个版面,对原有的栏目进行了革新。主要是这几个方面:一是恢复"社论"栏目。仍由邹韬奋主持。二是将原来的"每周评坛"栏改为"每周短评"栏目,发表文章的内容与"每周评坛"差不多,但篇幅更为短小。三是增添"国际研究资料"和"听说"两个主要栏目,减掉"诗歌"栏目。为什么要增添"国际研究资料"和"听说"这两个栏目,邹韬奋在《本刊革新的前夜》一文中说得很明白:"我们鉴于多数读者对国际问题的研究特感浓厚的兴趣,又鉴于本刊向来缺乏译述的文章,所以想从革新的那一期开始,加登关于国际研究资料的特译稿,选译外国报纸杂志的最近佳作,以介绍给读者。"②"我国英勇抗战三年多以来,全国各地社会的各方面都有着很大的变化,其中可歌可泣令人兴奋的材料固多,奇特现象令人捧腹的情形亦不少,我们希望各地读者或有机会常往各地旅行的读者,常就见闻的事实随笔记下寄给我们,字数不拘,文体随便(数百字至一二千

---

① 《本刊革新的前夜》,《全民抗战》1940 年第 139 号。
② 《本刊革新的前夜》,《全民抗战》1940 年第 139 号。

都可），只须内容有发表的价值，我们当尽量刊载，并于发表之后。致送薄酬，以表谢意。在这方面，我们希望各地读者多多帮忙。"① 很显然，"国际研究资料"栏目的增设，是为了让读者更多地了解国际方面的情况，而"听说"栏目的增设，则主要刊登一些奇特有趣的材料，这有利于增添读者的阅读兴趣。"国际研究资料"栏目增设以后，每期都有 2 篇左右的译文刊登。而"听说"栏目只间断性地出现了 5 期。

为了更多地征求读者对刊物革新后的意见，邹韬奋特意要求："最后为着对更多读者有所贡献起见。请每一位读者开示一个至四个亲友的姓名地址（每人请附下邮票一角，备寄二期之用），径寄重庆学田湾全民抗战社。我们当把革新后的本刊连寄一二期去，以供试阅。"② 对于增加篇幅，同时增加售价的情况，为了更好地向读者解释，邹韬奋在《全民抗战》第 140 号的《编后语》里说："特别使我们抱歉的是增加篇幅四页，而价格却加了一倍。这一点还需要一些补充的解释。本刊在未扩充以前，篇幅与各日报相等，价格亦相等，但各日报有巨量广告费的收入，而本刊却全恃售价来勉强维持，故原来已有不加价即无法生存之苦，扩充后所加篇幅所以不能和所加的价格相称，原因在此。在编者方面，只得继续努力于内容的革新与充实，希望由此可以给予读者以微小的补偿。"③

《全民抗战》的栏目设置特点虽然分为 4 个阶段，前后共经历了 3 次调整，但是就整体而言，调整的幅度不是很大，邹韬奋原来办刊时一些经典的栏目如"社论""通讯""信箱"等栏目一直没有多大的改变。在维持这些经典栏目地位的前提下，在广泛征求读者意见的基础上，邹韬奋不断对《全民抗战》的栏目和内容加以调整和改进，这对于活跃刊物版面，增添新的内容，满足不同读者的不同要求，最终达到丰富刊物内容，提高刊物的质量还是很有帮助的。

四 增出《全民抗战保卫大武汉特刊》与《七大杂志联合特刊》

上海沦陷后，日寇并未停止侵华的步伐。1938 年 6 月，日军对武汉发动攻击，武汉大会战正式拉开序幕。在这种情况下，全民抗战社为了鼓舞全国人民抗战的信心，鼓舞全国人民保卫大武汉，又特意增出了《全民抗

---

① 《本刊革新的前夜》，《全民抗战》1940 年第 139 号。
② 《本刊革新的前夜》，《全民抗战》1940 年第 139 号。
③ 《编后语》，《全民抗战》1940 年第 140 号。

战保卫大武汉特刊》。1938 年 8 月 19 日，《全民抗战保卫大武汉特刊》第 1 号在汉口正式出版。还是由韬奋、柳湜担任主编，编委会成员除二人外，还有沈钧儒、张仲实、艾寒松、胡绳。该刊也是三日刊，每逢三、六、九日发行，每期 4 个版面，每份一分，合购 4 分。

对于增出《保卫大武汉特刊》的目的，邹韬奋在《保卫武汉特刊发端》一文中讲得非常清楚：

"我国这次的神圣抗战，它的整个的大目的当然是要收复失地，歼灭敌人，保卫整个的中国。但是保卫武汉却是第三期抗战过程中一个中心的任务，所以在目前，保卫武汉是全国同胞所最为关怀的一件大事，因此《全民抗战》三日刊除原有的篇幅外，再编行《保卫大武汉特刊》。……这个特刊所要努力贡献的，一方面想尽其微力，促进这些条件的进展，一方面也是保卫武汉过程中的一面小小的镜子，是这个努力奋斗的过程的一个反映。本刊的几位朋友的力量当然还不够，我们诚恳地希望救国同志和读者予我们以种种指教和协助。"①

为了办好这个特刊，邹韬奋在该刊的第 1 号上专门发出了征稿启事："全民抗战保卫武汉特刊欢迎读者经常供给下列各种稿件：一、关于保卫武汉的动员工作的检讨、批评、建议或讨论。二、关于保卫武汉的前线上的通讯报道；洒满武汉卫戍区内，全湖北省内的各县各乡镇的通讯（关于各该地民众的情绪，动员情形，保卫武汉的工作布置等等）。三、各团体的保卫武汉工作的报道。（希望每一个团体最近都来把他们的保卫武汉的工作布置作一系统的报告，以后并随时把每一件工作都做简单的报告，望特别注意工作的成功或失败的经验，工作进行的实际情形与效果。）四、一切有关保卫武汉的随笔，杂感、诗歌等等。每篇稿子都希望不超过一千字，来稿均请寄到汉口交通路 63 号全民抗战社保卫武汉特刊编辑部。"②

《保卫大武汉特刊》的栏目，主要有"时评"（第 2 号称"短评"）、"专论""通讯""三日来的保卫武汉运动"。其中的"时评"主要就当时保卫武汉而发生的一些时事所发表的一些评论文章。而"专论"主要是就保卫武汉抗战工作中的某个问题进行的专门研究和讨论。"通讯"栏目主

---

① 《保卫武汉特刊发端》，《全民抗战保卫大武汉特刊》1938 年第 1 号。
② 《征稿!》，《全民抗战保卫大武汉特刊》1938 年第 1 号。

要是关于湖北省各地保卫武汉工作情况的一些报告。"三日来的保卫武汉运动"有点类似于《全民抗战》的"三日时事解说"栏目，但是内容只限于对保卫武汉的抗敌工作的报道和简要分析。《保卫大武汉特刊》的栏目设置，可以说是《全民抗战》栏目的缩写版，它的内容限于保卫武汉的相关情况和事实，而文章的篇幅因为刊物本身的容量，比《全民抗战》上的文章一般也要短小得多。

1938年9月，因为战争形势日趋紧张，武汉有陷落的危险，邹韬奋等人只得迁往重庆。1938年9月29日，《全民抗战保卫大武汉特刊》出到第13号便停刊了。10月下旬，日寇相继攻陷武汉三镇，武汉沦陷了，该特刊也就没有再办的必要了。

1939年4月14日，《全民抗战》又与《世界知识》《妇女生活》《战时教育》《文艺阵地》《读书日报》《理论与现实》七家杂志社联合，共同出版了《七大杂志联合特刊》。该刊每册实价5分，由生活书店发行①。只出版了1期。

《七大杂志联合特刊》全刊为16开16页，封面的左右上方各印有"意志集中、力量集中"，"军事第一、胜利第一"字样。该刊又可称为《国民精神总动员特刊》，因为该刊是为了配合国民政府所发动的"国民精神总动员运动"而编辑出版的，所以全刊的文章主要都是对"国民精神总动员"问题的探讨和论述，上面刊登的文章分别是：《国民精神动员的正确认识与迫切需要》（邹韬奋）、《国民精神总动员问答》（柳湜）、《题词》（沈钧儒）、《反侵略的精神动员》（钱俊瑞）、《国民精神总动员的理论基础》（沈志远）、《李四劝张三——大众齐来精神总动员》（"唱词"，方白）、《国民精神总动员纲领大纲》（史枚）、《精神动员和文化动员》（寒松）、《世界最伟大的学校》（白桃）、《妇女的精神动员》（兹九）、《青年的精神动员》（任初）、《用什么方法改造精神》（庶谦）。在特刊的最后，还以"特载"的形式刊登了《中国学生救国联合会为推行国民精神总动员的通告》。

《七大杂志联合特刊》虽然只出版了一期，但它是中国期刊汇刊史上联合汇刊之始，在当时的全国出版界产生了重大影响，它所刊登的一些文章，也是研究当时"国民精神总动员运动"的珍贵史料。

---

① 参见1939年4月14日《七大杂志联合特刊》目录页。

五　为前方将士和识字不多的民众出版战地版与通俗版

邹韬奋在主编《全民抗战》的时候，又增出了战地版和通俗版，以便满足前方将士和后方普通群众的精神文化生活的需要。

（一）为前方将士出版《全民抗战战地版》

邹韬奋在主编《全民抗战》的过程中，得知前方将士缺少精神食粮，于是决定发行《全民抗战战地版》，免费赠送给前方的将士。他在《全民抗战》第 57 号上刊登启事说："在前方精神食粮缺乏的呼声和宣传重于作战的号召下，本刊增刊了战地版，然而不是本社的力量所能单独负起的，而且愿意在这方面尽力的人，一定也不少。所以，本社谨向全国热心前方文化的朋友们作热烈的请求：一、踊跃捐订本刊战地版。二、供给本刊能激励前线将士的文稿。三、将本刊战地版介绍给在前线的朋友。"[①] 在第 57 号与这个启事一同刊登的还有《敬求读者赞助本刊战地版》和《本刊战地版订赠办法》两则启事。《敬求读者赞助本刊战地版》说："本刊自本期起增加战地版，供给前方需要，系采捐赠办法（办法另在本刊公布），纯尽义务。第一次并特别多印，附本刊赠送读者，希望指教，并努力捐赠前方将士。现在已有一位朋友，每期捐赠三千册，韬奋按月将参政员公费捐赠百元，每期可增印一千五百册，此外敬请读者多多赞助。"[②]《本刊战地版订赠办法》对捐赠办法进行了详细的说明："一、个人或团体，均可一次或按月定印本刊战地版，捐赠前方将士或后方受伤士兵阅读。二、本刊战地版每隔五日出版一次，每份收印刷成本一分，每元可定印百份。三、订赠者请留出台衔及通讯地址，以便编入征信录，捐购数及印送数总统计，当逐月在《全民抗战》披露。四、捐购款项请直寄'重庆冉家巷十六号生活书店总管理处服务部'掣给收据，以昭信实。如交各地生活书店分支店收转亦可，当由各店出立收据，并每五日汇寄总管理处一次办理。五、战地版除指定一部分交由各部队驻渝办事处转送前方外，余均交由战地文化服务处转送前方，将来结束时，当由会计师查核账目，正式公告。"[③]

1939 年 3 月 5 日，在《全民抗战》出版第 57 号的时候，《全民抗战战地版》

---

① 《无标题启事》，《全民抗战》1939 年第 57 号。
② 《敬求读者赞助本刊战地版》，《全民抗战》1939 年第 57 号。
③ 《本刊战地版订赠办法》，《全民抗战》1939 年第 57 号。

的第 1 号也出版了，每 5 天一期（从第 13 号开始随《全民抗战》一起改为周刊），第 1 号的刊头上写明编辑人是韬奋和柳湜，发行人是徐伯昕，发行所是生活书店重庆冉家巷 16 号。为了吸引各界捐款印刷该刊，刊头上写明"本刊欢迎各界捐赠前方将士　每份收印刷成本一分　每百份国币一元　印有详细办法备索"。为了鼓舞前方将士的士气，刊头上还写上这两段话："我们这一次抗敌战争是善与恶，是与非的战争，是公理与强权的战争，是守法和毁法的战争，也是正义和暴力的战争。""我们要守定立场，认定目标，立定决心，愈艰苦，愈坚强，愈持久，愈奋勇，全国一心继续努力，最后胜利必属于我们。"①

邹韬奋在第 1 号发表《本刊的使命与希望》："本刊的战地版今天第一次和诸位读者见面，尤其是和在前方为国努力的朋友们见面，我们感觉到无限的快慰和兴奋。

"我们知道在前方为国努力的朋友们，有许多原是本刊的老朋友，有许多地方也还能继续看到本刊，但是本刊战地版却有它的特殊的使命，因为它要运用很简省的篇幅，供给前方朋友以渴欲听到的种种情报，以及对于重要问题的扼要的意见。战地的朋友们仍苦于'精神食粮'太少，本刊的战地版想在这方面增加一些贡献。

"但是我们所准备的'精神食粮'，是否合于战地朋友的需要，却希望战地朋友给我们以切实指教，或提出问题让我们在本刊上解答。只有由于读者诸友的不断的指示与批判，不断的提出问题讨论，才能充实本刊的战地版，使它有精神，使它成为战地朋友的一位好朋友。"②

（二）各界捐款订阅情况探究

《全民抗战战地版》出版以后，立即受到了前方将士的极大欢迎和各界人士的高度评价和密切关注，各界人士也纷纷捐款赞助。王造时给邹韬奋来信说："韬奋兄：弟明天即离重庆返第九战区，今天忽然接到《全民抗战》战地版和启事，你可想象到我是如何的欢喜。在前方和乡间，文化食粮的缺乏，我因为在战区里各处奔走，特别感觉到，所以呼吁也特别迫切。尤其在第二期抗战必须实施全面抗战方针的今日，全面文化工作的发展是刻不容缓的。现在你们竟迅速办起战地版来了，我只有敬佩你们的努

---

① 《全民抗战战地版》1939 年第 1 号。
② 韬奋：《本刊的使命与希望》，《全民抗战战地版》1939 年第 1 号。

力。我自己除在参政会第二届会议提出了几项具体办法促当局注意此问题外,并决在战区里成立一前方文化社,以推进前方的文化工作,希望特来与你们取得密切的联系,对于战地版弟愿按月捐送一百份,兹先寄上三个月报费三元,聊表慰劳前方将士及受伤官兵的微意。匆匆即祝努力。弟造时　三月十三日夜十二时。"①

两名普通读者给邹韬奋写信说:"韬奋先生:全民抗战发行战地版,为前后方将士供给精神食粮,行见一纸风行,士气益奋。美虽力薄,报国不敢后人,谨先捐购五元,印报五百分,款随函奉上。专此,即颂　著安。金济美三月五日。""……启者,敝人乃一穷苦之流浪学生,悉《全民抗战》发行战地版时,不胜欣慰,然复恨自己无力捐助。力思之下,方得一法,遂将生活零费,节省下来,今特挂号寄上大洋一元,敬希督查为荷。"②

《全民抗战》不定期地将社会各界的捐款以"报告"的形式公布出来,这些报告很好地反映了当时社会各界捐赠订阅战地版的情况,历次捐款的情况,可以从表3-7中反映出来。

表3-7　《全民抗战战地版》各界捐款资助情况

序号	捐款时间段	按月捐款人数	一次性捐款人数	捐款组织个数	捐款总额（国币单位：元）	《全民抗战》公布时的标题	《全民抗战》公布时所在号数
1	1939.3.5~3.9	5	60	1	332.3	各界人士热烈响应订印本刊战地版捐送前方	58号
2	1939.3.10~3.13	3	62	3	289.9	本次捐赠者更形踊跃	59号
3	1939.3.14~3.18	1	46	1	160.8	王造时先生来信鼓励国际友人慷慨解囊	60号
4	1939.3.19~3.27	1	43	8	360.75	徐柏图先生汇款捐订各地商号店铺热心赞助	62号

---

① 《王造时先生的来信》,《全民抗战》1939年第60号。
② 《热心捐助本刊战地版的两封信》,《全民抗战》1939年第62号。

续表

序号	捐款时间段	按月捐款人数	一次性捐款人数	捐款组织个数	捐款总额（国币单位：元）	《全民抗战》公布时的标题	《全民抗战》公布时所在号数
5	1939.3.28~4.7	2	38	1	323.6	战地版捐款公布	64号
6	1939.4.8~4.12	4	67	2	229.75	长生乡农民热心捐赠战地版	65号
7	不详	0	130	1	52	大夏大学全校师生热心赞助本刊战地版	68号
8	1939.4.3~5.4	15	117	0	193.3	本刊战地版捐款公布	70号
9	1939.5.5~5.29	6	101	9	513.42	捐助战地版的举动在各地开展着（越南叻币5元）	72号
10	1939.5.30~6.19	18	71	9	1043.49	战地版捐款公布	76号
11	不详	0	566	3	682.2	马华工友爱国热忱认购本刊战地版六万余份	79号
12	1939.6.16~7.10	17	84	6	401.22	战地版捐款	80号
13	1939.7.11~8.7	11	24	2	297.26	战地版捐款	85号
14	1939.8.18~9.15	9	29	7	785.73	战地版捐款	89号
15	不详	3	10	2	498.9	战地版捐款报告	99号
16	1939.12.2~1940.4.16	2	31	4	1715.3	战地版捐款报告	119号

续表

序号	捐款时间段	按月捐款人数	一次性捐款人数	捐款组织个数	捐款总额（国币单位：元）	《全民抗战》公布时的标题	《全民抗战》公布时所在号数
17	1940.4.17~8.20	1	503	11	2023.5	《战地版捐款报告》《新加坡华侨同胞战地版捐款报告》（一）（二）（三）（四）	136号 150号 151号 153号 154号
合计		98	1982	70	9903.42		

说明：本表根据《全民抗战》上的历次报告制定，有些组织捐款时同时送交了本组织内部捐款者的名单，此表在统计时既统计个人数目，同时也统计组织数目，如大夏大学是一个学校，那么既统计师生捐款人数，也将大夏大学作为一个组织加以统计，特此说明。

由表3-7看来，从1939年3月到1940年的8月，社会各界人士对战地版的捐购是非常踊跃的，捐款的人数、总数额也是比较可观的。笔者在查阅这些报告时发现，战地版的捐购活动得到了国内外社会各界的广泛支持。就地域范围来看，这些捐款者有国内各地区的国民，也有越南、暹罗、新加坡等海外的爱国侨胞，以及支持中国抗战的国际友人。就年龄阶段来看，既有白发苍苍的老头老太、广大的青壮年，也有可爱的少年儿童。就职业身份来看，有政府官员、工人、农民、教师、学生等各种职业身份的人。这些反映出《全民抗战战地版》确实很好地满足了当时前后方将士的精神文化生活需要，得到了社会各界人士的认可和大力支持。

（三）主要内容及发展变化

《全民抗战战地版》从第1号到第23号，以及第24号革新后有哪些主要栏目，已经很难判定了，因为目前所能见到的战地版仅存第1号，以及第3、6、27号所残存的几页[①]。是难以判定它到底有哪些主要栏目的，

[①] 笔者在查找《抗战画报》的同时也在查找战地版和通俗版，所查找的地方可见《抗战画报》部分的记录，但是，笔者查找了很多图书馆和相关机构，只见到战地版的第1号，第3、6号各两页以及第27号残存的第2、3、4、7、8页。而通俗版只见到第1号的第1页，第2~5、8、9、11、14~18号（以上都为原件，见四川大学图书馆和重庆图书馆馆藏），其余均未查到。

因此它的主要内容，只能从《战地版发行一周年——希望各界人士继续捐订!》一文中的有关记载中看出来："我们不揣浅陋，于去年三月五日起，定期发刊战地版一种（每周出版一次），专供前方将士阅读。内容包括，国内国际简报及浅释，后方民众动员报道，敌情简述，慰劳信件，以及足以激发爱国热情的短小文字。同时，因为战地版的发行，是纯粹服务性质，对于前方各部队各机关工作团体，概系赠阅，不收报费。"① 就现存的《战地版》的第1号来看，它的第1页刊登了韬奋的《本刊的使命与希望》以及一篇评论文章《慰劳的热潮泛滥了重庆》，第2、3两页是与《全民抗战》一样的"五日时事解说"，主要对国内外的时事进行简要报道和分析。第4页的内容是：《铲除汉奸》一文是一个电讯和消息的汇编，记录了四则国内铲除汉奸的简讯。《有力出力》一文汇集了南昌、重庆、福州等5个地方群众入伍的简讯。《有钱出钱》一文记录了重庆群众献金的情况。此外还有《在山林里》这首诗歌和《全民抗战》社慰劳前方将士的一封信。第3、6号所残存的均为每期的第2、3页，都是"五日时事解说"部分的内容。可见，就这些残存页的内容来看，它与《战地版发行一周年——希望各界人士继续捐订!》一文的记载是比较接近的。

《全民抗战战地版》出版时，是4开一张的，每期共4个版面。《店务通讯》上也记载说："政治部战地文化服务处最近向本店桂、渝、蓉、陕、兰各店搜购抗战读物约二十万册，输送前方。并定编《全民抗战战地版》一种（四开一张）按期定印输送前方。"② 可见，当时的战地版是以四开纸张出版的。但是从第24号开始，战地版又进行了革新，《店务通讯》上有这样的记载："'全民抗战'战地版自第二十四期起，内容大加革新，并改小开本。"③《店务通讯》上所说的形式改革，主要是指将原来的四开一大张改为32开的小开本，这与笔者所见到的第27号所残存的几页是相符合的，这种小开本比后来曾经风行过的"小人书"略大，方便携带和装入衣兜。而内容上的改革，就笔者所见到的第27号残存的几页来看，它包括这些文章：《汪精卫的臭肉值得多少钱一斤》（第2页），"战斗报告"——

---

① 全民抗战社：《全民抗战社为征印"战地版"敬告读者》，《全民抗战》1940年第118期。
② 北京印刷学院、韬奋纪念馆编《〈店务通讯〉排印本》，上册，学林出版社，2007，第380页。
③ 北京印刷学院、韬奋纪念馆编《〈店务通讯〉排印本》，中册，学林出版社，2007，第727页。

《袭击罗城镇》（第2、3页），"评词"——《老太婆报信》（第4页），"谈时事"——《山西东南部敌人又打败仗了》《英日会议暂时停止》、《蒋委员长对外国记者谈话》《英法苏三国举行军事会谈》（第7、8页），"儿歌"——《牛儿走的慢》（第7页）。这些内容比以前更加通俗易懂，如"评词"《老太婆报信》，"儿歌"《牛儿走的慢》更是利用民间的文艺形式，既明白易懂，又有韵味。比如《牛儿走的慢》的全文是："牛儿走的慢，要和鬼子长期战；马儿马儿跑的快，日本鬼子要失败。"这简直就是明白如话，又朗朗上口。所以《店务通讯》记载说："'全民抗战'战地版自形式与内容加以革新后，较前更适合于前方战士及伤病官兵之阅读。"①

（四）为识字不多的民众创办《全民抗战通俗版》

1939年8月12日，当《全民抗战》发行第83号时，《全民抗战》社同时又发行了《全民抗战通俗版》。《全民抗战通俗版》的编辑人还是韬奋、柳湜。发行人是徐伯昕，发行所是生活书店，地址是重庆国府路学田湾四号。版权页上写明"每份零售二分，预定三月（十二期）二角四分，一次订购五百份以上九折一千份以上八折，国内连邮，逢星期六出版，中华邮政特准挂号立券"，刊头上写明"内政部登记警字第六六三三号　渝审查会审查证杂字第×××号（数字每期都在变化）"。

《全民抗战通俗版》主要是针对当时识字不多的人所创办的，所以它的形式和内容就显得比较特别。《全民抗战》是16开形式的，而它却是32开小册子形式的，可以随身携带，方便随时拿出来阅读。它的这种装订形式，后来《全民抗战战地版》第24号开始也学习它加以改变。

由于《全民抗战通俗版》的读者定位是识字不多的人。因此它在内容安排和文字使用上特别注意体现它的通俗易懂性。就目前笔者手头所掌握的11期多一点的通俗版②的资料来看，它的主要栏目有"社论""谈时事""小消息""专论""插画""文艺作品"这几大类。③

---

① 北京印刷学院、韬奋纪念馆编《〈店务通讯〉排印本》，中册，前引书，第775页。
② 《全民抗战通俗版》的查找与掌握情况见《战地版》的相关注释，笔者目前能查找到的是《通俗版》的第1号的第1页，第2～5、8、9、11、14～16、18号的全部，均为原件。
③ 对通俗版的栏目内容的分析，只是依据仅存的这些资料，难免有片面性，特此说明。

第三章　从《抗战》三日刊到香港《大众生活》：为抗战办刊 | 141

"社论"是每期的第一篇，由邹韬奋亲自撰写，"专论"是由其他人写的，每期也都有。"谈时事""小消息""通讯"也是通俗版上的重要内容，但不是每期都有，"谈时事"有点类似于《全民抗战》中的"每周评坛"栏目，也是每期刊登几篇谈论国内外时事的评论文章，但是它的篇幅较小。而"小消息"有点类似于"全民抗战"中的"每周时事"栏目，只是每期中几则小消息的篇幅都是非常短小的。"通讯"栏目与《全民抗战》中的"通讯"一样，只是篇幅更小。上述栏目里的文章篇幅明显少于《全民抗战》里相关栏目里的文章篇幅，而且用语也非常浅白，基本上是比较口语化的词语。比如第 8 号上的"专论"文章《美国为什要修改中立法》的开头是这样写的："从这几天报纸上，看到美国正在闹着修改中立法的事情，而且闹得很是厉害。究竟美国的中立法是怎样的？为什么要修改它？恐怕是许多人想要知道的。"① 这篇谈国际问题的专论文章的开头就是非常浅近的用语，整个文章也谈得不深，让人一看就懂，不像《全民抗战》上的专论文章，带有一定的理论性，具有一定的深度，一般识字不多的人还难以理解，甚至难以读懂。

"插画"包括漫画、图画（有些是单幅，有些是连环画）与木刻三种。漫画是基本上每期的第一页都有的，与邹韬奋的社论文章编在一起的，并且内容都是与社论所谈的问题相关。在一些文章当中，为了让读者更好地理解文章的内容，也随文章编配了连环画或插图。如第 5 号的"评词"《飞毛腿躲雨》一文中，就编了四幅连环图画，每幅图画旁边配有简短的说明文字。第 11 号的鼓词《汉奸报应》就配有单幅图画，单幅图画旁边一般没有文字说明。第 16 号中单独出现了 6 幅连环木刻，标题是《劝募寒衣》，每幅画旁边都配有简短的说明文字。这些"插画"的出现，有利于文化水平较低的人理解文章的内容，又形象生动。

"文艺作品"栏目是通俗版上比较有特色的一个部分，它包含的种类很多，有"故事""歌曲""歌谣""街头诗""军中游戏""韵文""评词""鼓词""弹词"等。比如第 4 号中由士兵"亦五"写的歌谣《张得功哈哈笑》的前几句是："张得功，在前方。个不大，硬邦邦。腰缠两颗手榴弹，肩背一支大步枪，这步枪，真不坏，百多颗子弹打不

---

① 景平：《美国为什要修改中立法》,《全民抗战通俗版》1939 年第 8 号。

坏。……这一枪，打得好。鬼子军官向后倒。……"①再如民谣《小麻雀》："小麻雀，叫喳喳，日本鬼子把眼瞎，来到中国想发家。中国人齐心，到处游击到处扰，看你鬼子哪里跑。"②上述士兵和普通民众写作的歌谣，读起来简明而有韵味，非常利于传唱。说"文艺作品"栏目比较有特色，其特色在于，这些"文艺作品"更多地采用了民间文艺的形式，很多作者就是普通的士兵和百姓，这些文艺作品，贴近普通群众的生活，使用了他们自己的语言和常用的文艺形式，作品内容丰富，形式不拘一格，生动活泼。

就现存的资料来看，《全民抗战通俗版》的主要内容有这几个方面：一是对国内外时事的报道和分析；二是前后方军民抗敌情况及活动的介绍与宣传；三是对军民团结、共同抗敌的宣传。这些内容当然是以抗战建国为中心的。通俗版的发行，不仅利于识字不多，文化层次较低人群的阅读，其中的许多内容，也方便不识字者从识字者那里学习和口头相传。正因为通俗版的通俗定位和大众文艺形式的充分运用，使得它在促进下层劳动群众的觉醒，启迪他们的民族意识，最终达到动员他们起来抗战的目的，这无疑是很有用处的。

六 战地版、通俗版诸问题的辨正与存疑

由于《全民抗战战地版》与《全民抗战通俗版》保存下来的原始资料很少，所以对它们的专门研究可以说付之阙如，很多著作或文章中只是提到它们，做一个简单的介绍，但是，在这些简单的介绍当中，对于二者的刊期与期数的说法，存在着很大的出入，兹引述几种如下：

"3月《全民抗战》增出战地版，免费赠送供前方阅读。8月，增出通俗版，以32开小型刊物形式发行。"（生活书店史稿）③

"全民抗战战地版，重庆出版，一九三九年三月五日创刊，共出二十三期。"（《文史资料选辑》第1辑 总第23辑）④

"3月5日 《全民抗战》从第57期起创办《战地版》1号，同年8

---

① 亦五：《张得功哈哈笑》，《全民抗战通俗版》1939年第4号。
② 王安亭：《小麻雀》，《全民抗战通俗版》1939年第14号。
③ 生活书店史稿编辑委员会编《生活书店史稿》，前引书，第362页。
④ 中国人民政治协商会议上海市委员会文史资料工作委员会编《文史资料选辑》，第1辑（总第23辑），上海人民出版社，1979，第39页。

月 12 日，还发行《全民抗战》通俗版，每周一版，至 1940 年 3 月 16 日终刊，共 32 期。"《中国出版史料 第二卷 现代部分》①

"全民抗战（通俗版） 编辑人：韬奋、柳湜。发行人：徐伯昕 发行所：生活书店。1939 年 8 月 12 日在重庆创刊，1939 年 8 月至 1940 年 3 月出版 30 期，32 开，每期 8 页，周刊。"（《生活·读书·新知三联书店总目：1932～1994》）②

"3 月 5 日，全民抗战》增出'战地版'，共出 33 期，……8 月 12 日创办《全民抗战》通俗版周刊。"（《韬奋年谱》）③

"全民抗战战地版 五日刊、周刊 重庆 1 号至 33 号 1939.3—10 全民抗战通俗版周刊 重庆 ? 1939.8—?"（《韬奋论》）④

关于战地版和通俗版的刊期和期数，这些记录要么语焉不详，要么是互相矛盾。对于战地版的刊期，应该是开始 5 天一期，后来改为周刊，俞月亭的《韬奋论》讲得比较正确。而通俗版的刊期，有关的记录都没有问题，它从出版到最后都是周刊。

但是对于二者的期数问题，争议就比较大了。首先是战地版的期数，主要有两种观点：分别是 23 期和 33 期之说（见上文引述的资料）。事实上这两种说法都是错误的。在《全民抗战》第 115 期上有《战地版发行一周年——希望各界人士继续捐订！》一文，该文中有明确的记载说："战地版自发刊迄今，共出了五十八期，总印数是五十一万四千六百份。"⑤ 很显然，到 1940 年 3 月 23 日《全民抗战》出到第 115 期时，战地版已经出版了 58 期，那么，23 期和 33 期之说明显是错误的。战地版第 1 号是在《全民抗战》第 57 号时与它一起出版的。到《全民抗战》出版第 115 期时，这中间恰好是 58 期的间隔，据此可以推算，从《全民抗战》第 57 号开始，《全民抗战》每出版一期，《全民抗战战地版》也出版了一期，因此到第 115 期之时，就已经出了 58 期（不含与《全民抗战》第 115 期同时出版的第 59 期）。而且，该文明确表示出版战地版的费用不够了，希望社会

---

① 宋原放主编《中国出版史料》，第 2 卷（现代部分），山东教育出版社，2001，第 199 页。
② 曹鹤龙、李雪映编《生活·读书·新知三联书店总目：1932～1994》，生活·读书·新知三联书店，1995，第 122 页。
③ 复旦大学新闻系研究室编《邹韬奋年谱》，前引书，第 119、121 页。
④ 俞月亭：《韬奋论》，河北教育出版社，1991 年，附录页。
⑤ 《战地版发行一周年——希望各界人士继续捐订！》，《全民抗战》1940 年第 115 期。

各界继续捐款。此后，社会各界确实又有捐款，直到《全民抗战》的第157期上还刊登有《新加坡侨胞战地版捐款报告（4）》，可见，到此时为止，战地版的费用是不成问题的。这就可以推算，直到《全民抗战》发行到第157期时，战地版也一直在发行，且刊期与《全民抗战》同步，因此，战地版的期数至少在101期。当然，这只是笔者的推算，其中也可能出现其他的因素导致该刊停出或中间有脱期的情况，因此，该刊的确切期数，目前只能是推算和存疑，只有等有朝一日相关资料被发掘出来，才能得到确证。

而通俗版的期数问题，许多专著上要么不予记载，已经记载的也主要是两种说法：32期和30期之说。《中国出版史料 第二卷 现代部分》提出《全民抗战通俗版》出版到1940年3月16日终刊，出版了32期；《生活·读书·新知三联书店总目：1932～1994》提出它出版了30期，是出版到1940年的3月。对于《全民抗战通俗版》，《全民抗战》上提得非常少，它何时停刊，也没有明确的记载。但是，该刊是由生活书店发行经售的，而生活书店自己有一个内部刊物《店务通讯》。笔者在查阅《店务通讯》的时候，发现它对《全民抗战通俗版》的出刊期数有明确的记载："'全抗通俗版'出至32期为止，决定停刊。未满期定户由重庆、桂林两处发行科寄发通知，可将余款购买其他书刊或退款。"[①] 显然，《中国出版史料 第二卷 现代部分》所持的32期说是对的，理由在于，《全民抗战通俗版》是周刊，发行时间与当时的《全民抗战》同步，即《全民抗战》出版一号时，它也出版一号，而《全民抗战》出第83号（1939年8月12日）时，《全民抗战通俗版》发行第1号，到《全民抗战》第114期（1939年3月16日）时，恰好是32期，因此它终刊的时间应该是1939年3月16日。

七 通俗版与《韬奋全集》的补遗

《全民抗战通俗版》上每期第一篇社论都是由邹韬奋所写的，就笔者目前所见到的《全民抗战通俗版》的残存原件来看，残存的12期上有12篇邹韬奋以"韬奋"的笔名发表的社论，而笔者在查阅《韬奋全集》《韬奋年谱》（邹嘉骊编写）以及《邹韬奋研究第三辑》中的补遗部分时，发

[①] 北京印刷学院、韬奋纪念馆编《〈店务通讯〉排印本》，下册，学林出版社，第1265页。

现都未曾收录，这可能是因为当时这些原件未被发现的缘故，因此《韬奋全集》还需要做补遗工作，将这些已经发现的文章补充进去。表 3-8 为已发现的相关篇目。

表 3-8　《全民抗战通俗版》中《韬奋全集》尚未收录文章篇目一览

序　号	文章名称	文章的署名	在《全民抗战通俗版》中的号数及位置
1	八一三纪念	韬奋	第 1 号首页第一篇
2	美女丝袜与日寇脑袋	韬奋	第 2 号首页第一篇
3	投降的一个别名	韬奋	第 3 号首页第一篇
4	日寇的窘态与丑态	韬奋	第 4 号首页第一篇
5	愈溺愈深的日本强盗	韬奋	第 5 号首页第一篇
6	关于参政会的几件事	韬奋	第 8 号首页第一篇
7	今年的双十	韬奋	第 9 号首页第一篇
8	粉碎敌人造谣的阴谋	韬奋	第 11 号首页第一篇
9	打倒奸商	韬奋	第 14 号首页第一篇
10	第三伪组织与敌人的末日	韬奋	第 15 号首页第一篇
11	谁的功劳最大	韬奋	第 16 号首页第一篇
12	一二·九的青年精神	韬奋	第 18 号首页第一篇

说明：对于《韬奋全集》，后来的《邹韬奋研究》第一、二、三辑等书也做过补遗工作，但是上表所列文章，在这些补遗的篇目中也没有出现。

由表 3-8 可以看出，《全民抗战通俗版》的第 1 篇文章均为邹韬奋所写的评论文章，据此可以推断，《全民抗战通俗版》上还有更多邹韬奋所写的文章（起码不少于 32 篇，因为通俗版共出 32 期，按每期第一篇为韬奋所写得出次数）没有被收录进去，当然，这有待于相关原件的进一步被发掘，才能最终确定。

第三节　香港《大众生活》：读者"知识上的好友"

1941 年，邹韬奋在生活书店横被摧残的情况下（见第 5 章的相关记述），愤然辞去国民政府参政会参政员的职务，出走到香港。邹韬奋到香港后，应邀担任范长江所主编的《华商报》的特约撰述，为之撰写长篇连载，在该报上发表了大量的文章，这些文章后来结集成《抗战以来》和《对反民主的抗争》两本书单独加以出版。除了担任《华商报》的特约撰述外，他又积极活动，力图恢复《大众生活》在香港复刊出版。

一 香港《大众生活》的曲线出刊

当时的港英政府虽然标榜"言论自由"，但不可能欢迎邹韬奋这样一位进步文化名人来香港办报。虽然不好公然不许，但是可以在登记上做文章，不让邹韬奋登记，在这种情况下，邹韬奋只能另辟途径。矛盾后来的一篇回忆文章详细地记载了《大众生活》在香港登记成功的经过："所谓'有志者事竟成'罢，韬奋终于找到一位发行人了。原来有一个曹先生（他的父亲是所谓港绅），早已登记好了要办一个周刊。但因找不到适当的主编，故而那刊物还没出世。这位曹先生年纪还轻，读过韬奋的著作及其所编的刊物，可以说是对于韬奋的道德文章有相当认识，对于韬奋怀着敬佩之心的一个人。经过第三者的介绍，事情就成功了。这就是后来坚持到香港沦陷后停刊的'大众生活'周刊。"①

1941年5月17日，《大众生活》在香港正式复刊（为了将其与上海时期的《大众生活》加以区别，本文将在香港复刊后的《大众生活》称为"香港《大众生活》"），刊头上写明"新一号"字样，每逢星期六出版，主编为韬奋，编辑委员除韬奋外有千家驹、金仲华、矛盾、夏衍、乔木、胡绳。刊头上写明督印人为曹克安（即上文中提到的曹先生）。大众生活社设在香港雪厂街太子行，香港邮箱一三〇三号，由香港七姊妹马宝道的国际印刷公司印刷，由设在香港皇后大道中的时代书店总经售。由于香港《大众生活》还要向海外的华侨发行，该刊又在刊头写明自己的英文地址："Public Life publishers 1st, Prince's Bldg. Ice House Street. Hong Kong. P. O. Box No. 1303, Hong Kong."

二 为光明前途而努力

香港《大众生活》在出版第1号时，专门以本社同人的名义发表了题为《复刊辞》的文章，说明了《大众生活》在香港复刊后的宗旨。

《复刊辞》指出，《大众生活》在香港复刊时的形势与当初在上海创刊时的时代已经完全不同了："假如在五年以前，摆在全国人民面前的紧迫问题是如何促成停止内战，团结统一的局面以进一步达到对外的全面抗

---

① 矛盾：《韬奋和〈大众生活〉》，《人民日报》1954年7月24日。

战，那么现在，摆在全国人民面前的紧急问题，就是如何使分裂的危机根本消灭，巩固团结统一，建立民主政治，由而使抗战坚持到底，以达到最后的胜利。回顾五年以前，那时中国是处在何等的惊风骇浪之中，内争未息，外侮频仍，但卒赖全国人民一致呼号奋发而使民族的航轮驶上坦途；因此，现在虽然很不幸地发生了局部的逆流，但我们坚信，靠着全国人民的巨大力量也一定能旋乾转坤，而到达胜利与光荣的彼岸，所以目前正需要一个比五年以前更广泛而深刻的民众力量的表现。"①

《复刊辞》指出，要形成更广泛更深刻的民众力量，就必须充实大众的知识，增进大众对于本国及国际上各种重要问题的了解。所以："《大众生活》这回和诸位重行见面，所自勉的就是要造成诸位的一个'知识上的好友'——但却不是脱离现实的抽象的知识，而是直接间接和抗战建国以及在这大时代中各人工作上修养上有关的知识。我们不愿意讳疾忌医，对于进步的，有利于民族前途的一切设施固极愿尽其鼓吹宣扬之力，但对于退步的，有害于民族前途的现象我们也不能默尔无言。纵使因此而受到误会与攻讦。但我们对民族前途的信心与为这信心而不惜一切牺牲的决意是必能为读者诸友们共鉴的。《大众生活》是为了大众也是属于大众的一个刊物，我们不但热诚希望读者诸友随时赐予批评指示，同时也极望读者以见闻所及，研究所得，惠赐佳作。"②很显然，《大众生活》在香港复刊后，其宗旨与五年前上海《大众生活》宣传反帝反封、克服个人主义，宣扬革命有所不同，此时香港《大众生活》的宗旨主要是宣传民族团结统一、抗战建国，"为国家民族的光明前途，为世界人类的光明前途，携手迈进，共同努力"③。

三 栏目的继承与发展

邹韬奋到香港复刊《大众生活》后，对该刊的编辑工作抓得很紧，夏衍就韬奋编辑《大众生活》的事情有这样的回忆记录："《大众生活》则有韬奋这样一位主编，而这位主编又的确抓得很紧。这个刊物雷打不动地每周开一次编委会，讨论时事之外，还要决定下一期的主要内容，并在这个范围内每个编委负责一篇以上的文稿。韬奋的特点是用他特有的精神和

---

① 本社同人：《复刊辞》，《大众生活》1941 年新 1 号。
② 本社同人：《复刊辞》，《大众生活》1941 年新 1 号。
③ 本社同人：《复刊辞》，《大众生活》1941 年新 1 号。

品德来团结作者和读者，同时又以科学的管理方法来编辑和经营这份刊物。"①

到邹韬奋在香港复刊《大众生活》时，他已经主编了很多的刊物，香港《大众生活》中的许多栏目就是对以前一些刊物栏目的继承和发展。香港《大众生活》的主要栏目有"社论""周末笔谈""专论"（又称为"论文"）、"通讯"（或报告）、"文艺作品"（含诗歌、小说、故事新编三种）、"杂文""信箱""简覆""漫画·木刻·地图""生活修养""大众之声""书评""特载"等主要栏目。这些栏目中，除"大众之声"这个栏目外，其他的栏目在韬奋以前所主编的其他刊物当中都已经出现过。"大众之声"与"信箱"栏目中的读者来信性质差不多，只不过"信箱"的内容非常广泛，而"大众之声"主要是一些读者对时事或一些社会问题的呼吁，这在香港《大众生活》当中的篇目也不多，整个刊物只刊登了5篇：《马华教师的呼吁》（新21号）、《大后方民主运动的信号》（新22号）、《谈敌后区域的财政经济》（22号）、《改善教师生活》（23号）、《一个汽车夫的信》（新23号）。香港《大众生活》的栏目设置，总体来看依然是非常重视言论的，上述栏目中的"社论""周末笔谈""专论"（又称为"论文"）、"简覆"等栏目都是办得比较好的评论栏目。其中的"社论"栏目，由韬奋专门负责，每期一篇，从未间断。"周末笔谈"栏目有点类似于原来上海《大众生活》的"星期评坛"栏目，基本上每期是5篇（新9号是6篇，新12号是4篇）。"专论"栏目也是每期都有，篇数从1到4篇不等。"简覆"栏目也是一个比较特别而重要的评论栏目，这个栏目在原来的《抗战三日刊》《全民抗战》中曾大量出现。茅盾回忆说："这是刊物很重要的一栏，刊物与读者的联系固然赖此一栏，而尤其重要的，是借这一栏发表一些还不宜于用其他方式（例如短评等等）来发表的主张或批评。……韬奋常说：他花在'简覆'上的时间和精力，比花在'社评'上的要多得多。"② 夏衍也回忆说："他（指邹韬奋）不止一次说过。他办刊物的经验是亲自抓'一头一尾'，'头'是社论，'尾'是答读者来信（就是'信箱''简覆'）。社论绝大部分是经过编委讨论题目后由他亲自执笔的，而他花精力最多的，则是答读者来信。有一次私下谈话，他对我说：

---

① 夏衍：《懒寻旧梦录（增补本）》，生活·读书·新知三联书店，2006，第309页。
② 茅盾：《韬奋和〈大众生活〉》，《人民日报》1954年7月24日。

'我们这些知识分子或多或少是脱离群众的,在香港这个特殊的地方,要接近群众也不容易,所以我只能从读者来信中摸到一点群众的脉搏。'"①

邹韬奋为了将上述栏目办得比较出色,不断丰富刊物的内容,他花费了很大的气力,除了上文所讲的定期召开编委会、向编委会的成员分派稿件任务外,邹韬奋非常注重向当时的文化界名人和专家征稿,向广大读者征集稿件。香港《大众生活》比较多地刊登了茅盾、柳亚子、张友渔、羊枣②(笔名)等人的稿件。为了向广大读者征稿,香港《大众生活》在创刊的新1、2号上接连发出征稿启事:"本刊各栏目都向读者开放着,欢迎投稿。文章请勿过长,最好不超过三千字;千字左右的短论杂文尤其欢迎。本刊也需要大后方、战区中的通讯,海外华侨的动态的报告也同样为我们所重视。本刊准备讨论读者所提出的任何问题,并发表读者的任何零碎的意见,只要那是值得发表的。从下期起设立的'信箱'一栏将是本刊中最主要的一栏,希望读者多多提出问题,提出意见,来稿请寄香港邮政信箱一三〇三号大众生活编辑部。请留底稿,恕不退还。"③ "本刊各栏都欢迎投稿,尤其欢迎包含有具体事实的报告的文章。希望读者多多写寄。因为编辑部人手缺乏的缘故,来稿无论刊用与否,暂不退还,望自留底稿。"④

邹韬奋在办期刊时,是非常注意通讯栏目的。但是由于香港地处一隅,又加之战争的影响,这就导致香港《大众生活》能获得的通讯类稿件不多,因此香港《大众生活》上的通讯类文章不多,最多的一期只有3篇,绝大多数只有一篇,甚至于在新4、8、25、30号里没有通讯类文章出现。为了征求通讯稿件,邹韬奋在新20号上专门发出了征求各地通讯稿件的通知:"我们特别要求散布海内及各地的读者供给有具体而生动的内容的通讯。我们希望海外侨胞在通讯中报告各地在太平洋的风暴中的各种动态,侨民对于祖国情绪的具体表现及其活动,以及敌伪在各地的活动情形;我们希望在敌后游击区中的战士们报告各区中抗日力量生长的一般情形,政治经济与人民生活的发展现象;……以上所举的只是一时想到的例

---

① 夏衍:《懒寻旧梦录(增补本)》,前引书,第309页。
② 羊枣(1900~1946年):中国共产党的军事评论家和国际问题专家。原名杨廉政,后改名杨潮,号九寰,笔名羊枣、朝水、易卓、潮声、杨丹荪。
③ 《征稿启事》,《大众生活》1941年新1号。
④ 《无标题启事》,《大众生活》1941年新2号。

子，读者们自能从周围的生活中找到更多的好题目。每一篇通讯中也不必接触过大的范围，以少数具体的事实做中心更为相宜。因为我们深信，政治分析决不能代替通讯，通讯必须从更有生命的，更丰富复杂的社会形象中反映出这社会的多方面的生活……"①。虽然邹韬奋发出了如此恳切的征求通讯稿的启事，但是由于地理位置和战争的原因，香港《大众生活》的通讯稿件来源并未从根本上得到改善。从新21号到新30号终刊，每期的通讯类文章还是不多，涉及的范围也极其有限。当然，香港《大众生活》"通讯"的不尽如人意并不影响整个刊物内容的质量。

除了征求稿件充实栏目内容外，邹韬奋还经常要求读者对刊物创办中的问题提出意见，以便自己加以改进。他在新21号《编者的话》里说："我们打算以后多多刊载各地通讯，而这是必须靠散处海内外各地读者的多多赐教，关于本刊内容有什么缺陷，需增加补充些什么，也希望读者们多加赐教。"② 为了更好地征求读者的意见，香港《大众生活》社在新28号该刊寄送发行时，附着寄送了《读者意见调查表》，以便专门获得读者的改进意见。在新29号的一则启事里详细地记录了这件事："读者诸友：上星期寄出请你们填写的《读者意见调查表》，已经得到你们很多的答复了。在短短的三天之内，我们已得到二百余位读者对本刊的宝贵意见和批评，还有什么能令我们的工作者感到更大的快慰和兴奋呢？关于你们的意见和批评，我们已在着手整理中，准备在短时间内要在本刊上面发表和大加讨论，使本刊得以达到更好更适合全体读者需要的地步。"③ 可惜的是，由于日本入侵香港，香港《大众生活》出到新30号便停刊了，这些读者的意见还来不及刊登出来。

四　广泛影响与炮火声中的停刊

在邹韬奋和其他编委的努力下，香港《大众生活》丰富、充实的内容得到了广大读者的认可。在完善刊物内容的同时，邹韬奋和其他同人对香港《大众生活》的发行工作也进行了努力，采取了一些措施，其中最主要的是"优待长期订户"和"赠送试阅扩大影响"的办法。香港《大众生活》新3号上的一则广告说："本刊为减轻读者负担起见，特订优待长期

---

① 《读者们：请供给各地通讯》，《大众生活》1941年新20号。
② 《编者的话》，《大众生活》1941年新21号。
③ 《无标题启事》，《大众生活》1941年新29号。

定阅办法如下：一、凡学生凭校徽订阅本刊半年以上得照定费享七折优待；二、业余进修团体会员凭证章订阅半年以上照定费优待七折；三、学校或图书馆订阅半年以上，其定费可照八折优待；四、凡联合订阅半年以上五份者，其定费照八折优待；十份者照定费七折优待。"①

香港《大众生活》新9号的一则启事说："本刊新八号附有赠送名单插页，读者诸友取得此页，将姓名地址填写后，寄交雪厂街太子行二搂一二二号本社营业部，即将本刊最近期一份按照所填地址寄赠读者亲友二人，藉答雅意。该插页并附有征求纪念定户详细优待办法，读者如未取得，请向经售书店索取为幸。"② 香港《大众生活》社的这两种推广发行的方法，对该刊扩大影响、吸引订户，最终增大发行量，无疑是很有作用的。

香港《大众生活》在提高刊物内容质量，采取一些提高发行量措施的基础上，再加上原来邹韬奋在香港创办《生活日报》和《生活日报星期增刊》时的影响，香港《大众生活》的销量和销售范围从一开始就十分可观："本刊此次在港复刊，极受读者欢迎，新一号销数已突破万份，遍销港澳及南洋欧美各地，创香港出版界新纪录。"③ 夏衍也回忆说："《大众生活》和《华商报》紧密合作，在宣传战线上起了很大作用。回想起来，在当时当地，《大众生活》的影响可能比《华商报》还大。"④

《大众生活》在香港复刊后，虽然在邹韬奋等人的努力下，刊物很受广大读者的欢迎，销量也很不错。但是，邹韬奋原来在香港创办《生活日报》和《生活日报增刊》时所遭遇的困境，复刊后的《大众生活》一样也遭遇到了。

首先是《大众生活》的稿源不够充分和丰富，尤其是通讯栏目的稿件比较难以得到。其次是印刷质量的问题，就今天所看到的香港《大众生活》而言，其印刷质量明显不如上海《大众生活》，上海《大众生活》的封面与封底都是用精美的影写版画报进行装帧，而香港《大众生活》虽然也注意到了图画对于刊物的美化以及传达信息的形象生动性有很大关系，但是香港《大众生活》只能在刊物中加入对印刷要求不是很高的漫画、木

---

① 《无标题广告》，《大众生活》1941年新3号。
② 《本刊启事》，《大众生活》1941年新9号。
③ 《本刊扩充广告篇幅启事》，《大众生活》1941年新3号。
④ 夏衍：《懒寻旧梦录（增补本）》，前引书，第309页。

刻以及不多的地图。这些当然也是与香港《大众生活》社在香港没有自己的印刷所，而香港的整个印刷条件比较差有很大关系。最后，此时的港英当局虽然也还标榜"言论自由"，但是此时港英当局对刊物的检查比当年邹韬奋创办《生活日报》时要严格得多，《生活日报》和《生活日报星期增刊》中基本上没有因当局的新闻检查扣留某些文章而导致这两种刊物上出现很多方形空格和出现开天窗的现象。但是香港《大众生活》的版面当中出现了很多的"天窗"，空白的地方和方形空格（有多少字因为送审时被删掉，便在刊物中出现多少"□"），有些"天窗"中明确标明"被检"或"全文留阅"的字样，表示因港英当局的检查，相关文章无法刊登。如香港《大众生活》新5号、新14号的天窗中就出现了"被检"两个字，新27号的大块空白处就出现了"全文留阅"的字样，至于香港《大众生活》中所出现的方形空格——"□□□□□"，基本上是每期都有，在刊物中到处可见。这说明此时的港英当局对进步刊物的检查和控制比以前严苛得多。香港《大众生活》上出现的这些东西，自然会影响刊物的内容和质量，一些读者纷纷来信质问，表示不满，邹韬奋不得不在简覆当中予以回答："菲律宾中玉先生：各种刊物上有时因被检查删除，现出许多方形的空格，你觉得这于读者不利，最好有添补的补救办法，这在原则上确有理由，但在事实上却有着不能克服的困难，因为各稿送检查的稿件是已经拍好的清样，送检查收回之后，即须急急忙忙付印，如改排或'添补'，往往要延误出版时间，所以只得让'方形空格'出现。所幸各种刊物的编著人都在尽可能避免'方形空格'在清样上出现，清样上能尽可能避免，刊物上也就可以达到少见为妙的目的了。"[1]

香港《大众生活》虽然遭遇到了一些困难，但是当时的港英当局毕竟还允许邹韬奋把《大众生活》办下去，在邹韬奋等人的努力下，香港《大众生活》的内容和质量总体还是不错的，因此在读者当中很受欢迎，影响也很大。但是不幸的是，1941年太平洋战争爆发后，日本于当年的12月对英属殖民地香港也发动了进攻，当时驻港英军显然抵挡不住日本军队的进攻，因此香港《大众生活》不得不于1941年12月6日在新30号之后就不再出版，连邹韬奋写的"暂别读者"一文也未能够发表。邹韬奋和其他爱国民主人士在中共负责人廖承志、曾生的安排及东江游击队的帮助下，

---

[1] 韬：《方形的空格》，《大众生活》1941年新20号。

安全撤离香港岛,回到内地。① 香港《大众生活》成为邹韬奋一生中所主编的最后一个刊物。

五 "六刊一报"说的辨正

邹韬奋一辈子到底创办(或主编、主持)了多少种刊物或报纸,人们一般都说是"六刊一报",但是到底是哪"六刊一报",人们很少把它特别列举出来。笔者查阅了许多新闻史方面的著作,发现对邹韬奋所办报刊种类的说法主要是两种,一种是不明确持"六刊一报"的说法,对邹韬奋所主持的报刊只简单地提及几种,不一一列举;另一种是承认"六刊一报"之说,并将"六刊一报"一一加以列举。前者如《中国新闻事业通史》上的说法:"在他主持下,先后出版的报刊有《生活》、《大众生活》、《生活日报》及《生活日报星期刊》、《生活》周刊、《抗战》(曾改名《抵抗》)、香港《大众生活》、《全民抗战》等。"② 后者如《中国新闻图史》《中国新闻事业史新编》上的说法:"他一生主办过《生活》周刊、《大众生活》周刊、《生活日报》、《生活星期刊》、《抗战》三日刊(一度改名《抵抗》)、《全民抗战》、《大众生活》(香港版)共'六刊一报'。"③

就《中国新闻事业通史》上的说法来看,它的说法也不尽确切,因为这个说法当中有两处明显的错误,一是《生活》与《生活》周刊实为一种刊物,而该书将其误作两种不同的刊物;二是《生活日报星期刊》的名称不对,因为邹韬奋所办刊物当中没有《生活日报星期刊》,正确的名称应该是《生活星期刊》,它原来先后还有两种不同的名称分别是《生活日报星期增刊》和《生活日报周刊》。《中国新闻图史》《中国新闻事业史新编》二书明确认定邹韬奋办了"六刊一报",并一一列举,但笔者认为,他认定的"六刊"也不够确切,其中最有问题的就是到底上海《大众生活》和香港《大众生活》应该算作两种刊物还是应该算作一种。在笔者看来,上海《大众生活》和香港《大众生活》应该就是一种刊物,理由在于邹韬奋在香港办《大众生活》时,他将发刊词明确命名为《复刊辞》,并

---

① 夏衍:《懒寻旧梦录》(增补本),前引书,第312页。
② 方汉奇主编《中国新闻事业通史》,第2卷,中国人民大学出版社,2004,第401页。
③ 丁淦林主编《中国新闻图史》,南方日报出版社,2002,第126页,相同的说法又见丁淦林、刘家林、孙文铄等:《中国新闻事业史新编》,四川人民出版社,2008,第277、278页。

说："《大众生活》在读者诸友中是一个面熟的老友，老友的久别重逢，是彼此间最感觉愉快和兴奋的事情……《大众生活》这回和诸位重行见面……"①，很明显，邹韬奋在此文里明确称是将原来在上海创办的《大众生活》加以复刊，因此笔者认为，上海《大众生活》与香港《大众生活》应该是同一种刊物，不能因为中间停刊，后来在不同的地方出版就认为是两种刊物。类似于此种情况的刊物还有生活书店出版的《世界知识》半月刊，该刊 1934 年 9 月在上海创刊，1941 年 12 月停刊，抗战胜利后在上海复刊，到 1949 年 3 月又被迫停刊，解放后再复刊，1950 年 5 月起迁到北京出版。《世界知识》停刊次数，出版地的变化比《大众生活》更大，但人们还是把它看成一种刊物，而《大众生活》的情况与它类似，因此，上海的《大众生活》和香港的《大众生活》实际上也就是一种刊物，而不能划分为两种。

既然上海《大众生活》和香港《大众生活》为一种刊物，那么邹韬奋一生创办（主持）的刊物就应该为"五刊一报"，而不是"六刊一报"，这"五刊"分别是《生活》周刊、《大众生活》《生活星期刊》《抗战》《全民抗战》，一报则为《生活日报》。②

---

① 本社同人：《复刊辞》，香港《大众生活》1941 年新 1 号。
② 对于"五刊一报"的变化情况，笔者在本书的前三章已经有详细的阐述。

第四章　抗战前对生活书店的创办与经营管理

邹韬奋在图书出版方面的实践与成就，突出表现在他对生活书店的创办与经营管理上，但是，他所创办的生活书店，以出版图书为主要业务，同时也出版一些刊物。自生活书店创办以后，邹韬奋的新闻（报刊）实践与图书出版实践便同时交叉进行，很难截然分开，但为了研究上的方便，本文也大致加以区分，即本文第4、5章主要论述他对生活书店的创办与经营管理，即他的图书出版实践，当然也要论及生活书店所出版的一些期刊。而他的新闻（报刊）实践，则在本文的第1、2、3章中探讨（见前文）。

邹韬奋对生活书店的创办，最早还是从《生活》周刊社时就开始萌芽的。生活书店的创建，与《生活》周刊社虽然有着不可分割的关系，邹韬奋甚至说："生活书店的前身是《生活》周刊社。"[1]但二者又有所不同。早期的《生活》周刊社主要是出版《生活》周刊，它虽然也编印和发行过《小言论》《韬奋随笔》《最难解决的一个问题》等书籍，但是这些书籍的内容都是在《生活》周刊上发表过的文章，只不过是编选结集成单行本陆续加以发行而已，而《生活》周刊社本身还并未出版或发行过其他的书籍，因此严格地说，《生活》周刊社还只是一个期刊的出版发行机构，它不能算是生活书店的前身，但它可以算是生活书店的"母体"，因为生活书店的"胚胎"——1930年9月《生活》周刊社所创设的书报代办部，是在《生活》周刊社内部萌芽并成长的，生活书店是在《生活》周刊社书报代办部的基础上建立起来，并最终从《生活》周刊社分离出来的。

《生活》周刊社在办刊的过程中，与读者的联系是非常紧密的，读者

---

[1] 北京印刷学院、韬奋纪念馆编《〈店务通讯〉排印本》，中册，前引书，第918页。

除了来信探讨一些问题外,有时还委托《生活》周刊社的工作人员代办其他的事情,其中委托《生活》周刊社代购书籍便是其中之一。正是在读者的要求和信任下,书报代办部才得以创立:"读者和我们真做成了好朋友,不但大大小小的事要和我们商量,在海外的侨胞和在内地的同胞,还时常寄钱来托我们买东西,买鞋子,买衣料,都在'义不容辞'之列……所代买的东西之中,书报占最大部分,其初我们只是由同事兼带照料,后来愈来愈多,兼带不了,于是才于民国十九年设立'书报代办部',对读者还是纯尽义务。"①邹韬奋的这段回忆,在《〈生活〉周刊社附设书报代办部》的广告里也可以看出来:"在内地或海外的人,对于书报的定阅或购买常感有种种的不便,我们常接到读者来信委托调查所欲定阅或购买的书报,而且常有读者写信来告诉我们说寄出了款项而收不到书报。"②书报代办部为方便和指导读者购书,还特别选取靠得住的健康进步的书报编成《经售书目》供读者参考。

邹韬奋对代办部的工作非常关心,强调发扬服务精神,在总结实践经验的基础上,建立工作制度,进行进货、发货分工,按规定程序运行,井然有序,因此它的业务也不断扩大,它为日后生活书店的建立和发展,积累了宝贵的经营经验。因此邹韬奋说:"这'书报代办部'是附属于'《生活》周刊社'的,它可算是生活书店的胚胎,最可注意的是它的产生完全是服务做它的产妇,'服务'成为生活精神的最重要的因素。"③

第一节 创建生活书店与制定合作社章程

"九一八"事变后,由于《生活》周刊宣传抗日救国,并宣传社会主义和马克思主义,这当然会受到国民党的打击和压制。为了不连累中华职业教育社,邹韬奋要求脱离中华职业教育社,由他自己负责独立经营下去,他的要求得到了职教社的同意,并在报上登载《生活》周刊社脱离中华职业教育社的启事。

---

① 北京印刷学院、韬奋纪念馆编《〈店务通讯〉排印本》,中册,前引书,第1010页。
② 《书报代办部广告》,《生活》周刊第5卷合订本分类总目前附页。
③ 北京印刷学院、韬奋纪念馆编《〈店务通讯〉排印本》,中册,前引书,第1010页。

一　创建生活书店的动因

《生活》周刊社虽然脱离了职业教育社，但是它坚持抗日民主的进步立场必然不容于国民党当局，在与国民党当局斗争的过程当中，邹韬奋本人也深知《生活》周刊迟早有被查封的一天，为了继续保持和维护《生活》周刊这一重要舆论阵地，邹韬奋必须寻找新的出路。此外，《生活》周刊脱离职教社以后，遗留下来的只是一些书报和办公用具等物件，但是当时《生活》周刊的销数达到了每期 15 万份以上，而且还吸收了订户报刊预订费几万元，因此当时的资金还是比较充裕的。《生活》周刊社独立经营后就发生财产归属的问题，邹韬奋自己不愿意当《生活》周刊社的老板，希望把全部财产资金作为同人共有。① 在这种情况下，邹韬奋咨询胡愈之该怎么办。胡愈之建议他："把《生活》周刊社改组成生活书店，除刊物外，还可以出书。内部办成生产合作社，即把全部财产作为职工共有，以职工过去所得工资数额多少为比例，作为股份，分给全体职工。以后新进职工，则于一定时间，以月薪十分之一投入书店作为资金。分配股息时，有股份二千以上者，其超过部分不分股息。"② 这个计划由胡愈之起草。

邹韬奋接受了胡愈之的建议，并由胡愈之起草了生活书店的章程，1932 年 7 月，生活书店在当时代表全国出版中心的上海成立，店址设在华龙路 80 号，但是后来店址因各种原因又不断地搬迁。1932 年 9 月 10 日，生活书店随《生活》周刊迁往环龙路（今南昌路）环龙别业（今南昌别业）2 号。同年 11 月 12 日，因事业的发展，同时也为了业务上的方便，生活书店又单独迁往陶尔斐斯路 42 号。1933 年 12 月，生活书店由陶尔斐斯路 42 号（今兴业路）迁往霞飞路（今淮海中路）桃源坊，业务有进展，分设编辑部、经理部、出版部、营业部、财务部等部门。1934 年 9 月，生活书店由桃源坊迁至福州路 384 弄 4 号靠街的一座楼房，将二楼辟为门市部、邮购、批发、进货等部门，三楼为编辑部和其他办公室，自行加筑四层楼为栈房和宿舍，此后，一直到 1938 年 1 月生活书店总店转移到汉口之前，生活书店的总部一直在这里办公。③

---

①　胡愈之：《我的回忆》，前引书，第 154 页。
②　胡愈之：《我的回忆》，前引书，第 155 页。
③　参见生活书店史稿编辑委员会编《生活书店史稿》，前引书，第 347~356 页。

二　制定生活出版合作社章程

1933年7月8日，生活出版合作社①举行第一次社员大会，"会上通过由胡愈之起草的合作社章程"②。此次通过的《生活出版合作社章程修正草案》"全文共八章四十三条，即第一章总则（第一至第六条），第二章社员、社费及股份（第七至第二十一条），第三章社员大会（第二十二至第二十四条），第四章理事会（第二十五至第二十九条），第五章监察人（第三十至第三十一条），第六章人事委员会（第三十二至第三十五条），第七章会计（第三十六至第四十一条），第八章附则（第四十二至第四十三条）"③。该章程明确了生活书店的宗旨："以社员共同投资、工作，经营出版事业，促进文化生产为宗旨。"④ 同时，该章程的第五条明确规定该社信条如下："（一）服务社会；（二）赢利归全体；（三）以共同努力增进社员福利；（四）社务管理民主集权化。"⑤ 由此可见，当时生活书店的宗旨和《生活》周刊社是一脉相承的，二者都不是为了谋取私利，而是致力于进步文化出版事业，是为了促进文化生产，用邹韬奋的话来说就是"努力为社会服务，竭诚谋读者便利"。后来又宣告"本店以促进文化、服务社会"为主旨。⑥ 该章程不仅说明了生活书店的宗旨，也对社员的基本权利和义务基本上做了说明，对生活书店的领导机构也进行了初步的规划和设置。章程规定生活书店的主要领导机构为理事会、人事委员会、监察人（后来改称监察委员会）。领导机构的成员均由社员大会民主选举产生。理事会由七人组成，其职权为设计及管理本社一切业务，理事任期一年，连选得连任；理事会互选常务理事一人，任理事会主席；理事会互选总经理及经理各一人，为理事会之代表，总揽社务，并为本社对外之代表。人事委员会设委员七人，常务理事、总经理及经理为当然委员，此外委员四人，则由社员大会选出之，任期一年，连选得连任。人事委员会为无给职。人事委员会职权为：

---

① 生活书店对内是合作社，为集体所有制性质，对外称生活书店，其实二者是不同的名称指称同一个事物，这在后文的注释中也有说明。
② 生活书店史稿编辑委员会编《生活书店史稿》，前引书，第348页。
③ 《生活出版合作社章程》，《出版史料》2004年第3期。
④ 俞子林主编《百年书业》，上海书店出版社，2008，第173页。
⑤ 俞子林主编《百年书业》，前引书，第173页。
⑥ 生活书店史稿编辑委员会编《生活书店史稿》，前引书，第34页。

"（一）决定职工进退；（二）核定职工薪额；（三）核定工作时间；（四）分配职工红利；（五）考核职工勤旷劳绩，拟定工作纪律及惩奖办法；（六）核准职工请假；（七）管理宿舍安适及教育、卫生、娱乐等事项；（八）其他有关职工福利之事项。"① 社员大会选出监察人二人，查核会计账目。监察人为无给职，任期一年，连选得连任。②

总体来说，《生活出版合作社章程》的内容体现了三项原则性的规定：即经营集体化、管理民主化、盈利归全体。1933年通过的这个章程虽然还比较粗糙和简略，但是它为生活书店规定了发展的宗旨和目标，规定了社员的基本权利和义务，设置了基本领导机构，明确了生活书店运行的基本程序和方式，它实质上成为生活书店发展的一个纲领性的指导文件。

1933年7月8日的社员大会除通过了生活出版合作社章程外，还选举出了领导机构，"会上选举邹韬奋、徐伯昕、王志莘、毕云程、杜重远为理事，互选邹韬奋为理事会主席，毕云程为常务理事，徐伯昕为经理。选举孙明心、陈锡麟、孙梦旦为人事委员会委员。选举艾寒松、严长衍为监事"③。当时胡愈之因为其他事务比较多，没有参加合作社，平时一般也可以不出面。会后，生活书店对全体社员颁发了社员证，社员证上颁明了生活出版合作社信条：一、服务社会，二、赢利归全体，三、以共同努力谋社员福利，四、社务民主化。这四条是《生活出版合作社章程》的主要精神的概括，使全体社员信守不渝，努力工作。④ 邹韬奋自己对生活出版合作社评价说："总之，这个生产合作社原则，以社员共同投资，经营出版事业，促进文化生产为宗旨，除用在服务社会事业上的费用外，所得赢利归于全体，这虽不能算是合于理想的办法。但至少已经没有谁剥削谁的问题存在，各人一面为社会服务，同时也为自己工作。"⑤

生活书店于1933年8月"向国民政府事业部注册，取得设字第8760号营业许可证。额定资金国币5万元，徐伯昕为法人代表（1937年2月申报增资为10万元）"⑥。生活书店对内是合作社，为集体所有制性质，每一

---

① 俞子林主编《百年书业》，前引书，第178页。
② 参见俞子林主编《百年书业》，前引书，第176、177页。
③ 生活书店史稿编辑委员会编《生活书店史稿》，前引书，第348、349页。
④ 俞子林主编《百年书业》，前引书，2008，第181页。
⑤ 韬奋：《以往和现在》，《生活》周刊1933年第8卷第30期。
⑥ 生活书店史稿编辑委员会编《生活书店史稿》，前引书，第349页。

个成员都是书店的主人,但是限于当时的形势,对外只能称生活书店①。生活书店采用的是合作社的组织形式,它是带有社会主义性质的集体合作经济,也是民国时期国民党统治区较早的合作经济组织。

　　生活出版合作社是邹韬奋所命名的,它的章程里规定合作社是"社员共同投资","赢利归全体",这就是说,合作社的财产为社员共有。而成为该社社员的条件也不苛刻:"(一)除短时期或特约雇员外,现在本社之职工任职满六个月者;(二)本社职工任职十年以上,年老而退休者;(三)虽未在社内任职,但对于本社曾有特殊劳绩,并仍经理事会向社员大会提出通过者。"② 社员入社时必须入股,入股以后所得利益为股息,也就是分红。社员所入的股本成为合作社的资本,每国币10元为一股。为了不增加职工,尤其是新进职工的负担,只是在"每月就其薪水中扣除百分之十,于任职满六个月时并计作为入社时之股份;职工任职未满六个月而去职者。则发还其扣除数额"③。为了限制大股东的出现,也为了防止因股份悬殊而造成分红差距过大。1933年的章程规定"每一社员之股份不得超过五百股"④。1940年修改后的章程规定"每人至少缴纳五年,至多不得超过股金总额百分之二十"⑤。而对于那些未达到最高限额股份的小职员,可以将每年所得的红利代为加股,以让大家都有达到最高股份额的机会。因此生活书店的职员认股既有限制,又有同等的机会,只是时间的早晚而已。对职工入股与分红的问题,邹韬奋说:"在我们的合作社里,社员更大股款不得超过二千元,到了二千元就根本没有任何利息可拿。五百元以上股本所得的利息(倘若有的话),比二百五十元以下的股本所得的要少一倍。这是可以造成什么'资本家'或括钱的机关吗?"⑥ 这段话表明,社员入股股本越多,股息也相对越少,这就有利于在利益分配方面做到均等和公平,充分照顾和保证了低薪职工的利益。生活出版社这种平等认股和平等受益的方式,不会出现剥削他人的资本家,也不会出现被剥削的职工,大家都是企业的"老板"和主人翁,又都是为这个企业工作的劳动

---

① 本文除了在一些特殊的地方称"生活出版合作社"外,其他地方都沿用该社对外的名称,称"生活书店",特此说明。
② 俞子林主编《百年书业》,前引书,第174页。
③ 俞子林主编《百年书业》,前引书,第174页。
④ 俞子林主编《百年书业》,前引书,第174页。
⑤ 《生活出版合作社章程》,《出版史料》2004年第3期。
⑥ 三联书店编《韬奋:韬奋画传·经历·患难余生记》,前引书,第193、194页。

者，这就有利于增强职工的自豪感和责任感，使职工热爱整个事业，有利于发扬职工的主人翁精神。

生活出版合作社是邹韬奋参考苏联的"优点"而兴办的劳动合作组织，它实行社会主义性质的集体所有制和按劳分配的原则，实施民主集中制原则下民主科学的经营管理。生活书店得以发展壮大，成为一个出版进步书刊，服务大众，促进文化生产的革命文化堡垒，与这种先进的组织形式是分不开的，合作社性质的组织形式，奠定了生活书店后来发展壮大的组织基础。

第二节 富有创意的书刊出版发行方略

生活书店创办之初，其生存环境不容乐观，在邹韬奋总的指导方针下，生活书店从自己自身的实际条件出发，采取了一系列适应当时环境的书刊出版发行方略，因此到抗战前夕，生活书店得到迅速发展，取得了很大的成就。

一 创办之初生存环境艰难

生活书店于 1932 年 7 月在上海成立。20 世纪 30 年代初是中国历史上最黑暗、最反动的时代。"'九一八'事变后，民族危机空前深重，但蒋介石集团却顽固地推行'攘外必先安内'的卖国政策。对外妥协求和，对内加紧法西斯独裁统治。在进行军事围剿的同时进行文化围剿，残酷地迫害进步的新闻出版事业，生活书店是在民族矛盾和阶级矛盾交织着的异常复杂的时代背景下诞生的。"[①]

生活书店诞生的时代背景如此，其业务发展的生存环境也不容乐观，其中最大的不利因素来自同业之间的竞争。生活书店诞生之地——上海是当时全国的出版中心，在生活书店诞生之前，上海的出版业已经有很大的发展，上海的书店已经有很多家。据 1928 年有关数据统计，当时上海的福州路一带 29 家，北四川路一带 13 家，其他地区 18 家，因此 1928 年上海的新书店合计 60 家。在这些书店当中，比较有名的便有"棋盘街上的亚东图书馆；河南路上的商务印书馆、中华书局；福州路上，路南的光华书

---

① 生活书店史编辑稿委员会编《生活书店史稿》，前引书，第 33 页。

局、春潮书局、北新书局、启智书局,路北的新文化书社、现代书局、群众图书公司、世界书局、泰东图书局;望平街上的新月书店和开明书店等等"①。"生活书店成立之初,规模很小,邹韬奋主持编辑工作,唯一的助手是艾寒松,徐伯昕协同邹韬奋进行策划并主管经理部的工作。除《生活》周刊外,出书不多。"② 而从上文统计的数据来看,成立之初的生活书店处在一个强手如林的竞争环境之中。因此,如何开展业务,在激烈的竞争环境中立足并取得一定的发展,便成为一道摆在邹韬奋和书店其他负责人面前的一道难题。

二 从实际出发并富有创意的出版生产方略

在生活书店的营业过程中,生活书店始终把服务放在首位,服务是目的,营业是手段,服务通过营业来实现。用邹韬奋的话来说就是事业性和商业性兼顾:"我们的事业性和商业性是要兼顾而不应该对立的。……例如倘若因为顾到事业性而在经济上做无限的牺牲,其势必致使店的整个经济破产不止,实际上也要使店无法生存……因为我们所共同努力的是文化事业,所以必须顾到事业性,同时因为我们是自食其力,是靠自己的收入来支持事业,来发展事业,所以必须同时顾到商业性。这两方面应该是相辅相成的不应该对立起来的。"③ 事业性和商业性兼顾的思想,便构成生活书店经营管理的指导思想之一。

需要指出的是,在抗战前生活书店逐步发展的过程中,邹韬奋因处境危险,被迫于1933年7月14日离开上海出国考察,生活书店的店务工作实际上主要由经理徐伯昕负责经营。当然,徐伯昕在经营的过程中,也是以生活书店既定的"促进文化生产"的宗旨和邹韬奋的"事业性和商业性兼顾"的思想为指导的,在这一宗旨和思想的指导下,徐伯昕充分发挥了自己的才能,使生活书店的业务很快地发展起来。

当时的生活书店既出版图书和期刊,又自办发行,徐伯昕有政治家的头脑,又有生意人的精明,胡愈之后来在回忆中也这样评价他:"徐长于经营管理,书店营业所以逐步发展,主要由于读者群众的支持,但和徐伯

---

① 宋原放主编《中国出版史料》,第1卷(现代部分),前引书,第445页。
② 生活书店史稿委员会编《生活书店史稿》,前引书,第38页。
③ 中国韬奋基金会韬奋著作编辑部编《韬奋全集》,第5卷,前引书,第683页。

昕个人的业务才能也有关系。"① 政治家的头脑使他让生活书店在异常复杂的政治环境中得以生存,生意人的精明使他能有创意地闯出了一条搞好出版发行工作的新路子。

当时的生活书店为了搞好出版生产工作,既结合自身的实际情况,从实际出发,又采取了一些比较有创意的出版生产方略,这主要体现在以下几方面。

(一)开门办店与包干制

生活书店刚成立的时候,限于人力、财力和物力,它不可能组织庞大的编辑部来编辑出版图书和报刊,它只能采取包干的办法,将许多图书和期刊包给店外作者编辑,即生活书店把钱给作者或编辑,这笔钱当中包括编辑费和稿费,至于编辑人如何分配,书店一概不管,书店只管书刊的出版生产和发行推广。这种办法的实行,从刊登在《生活》周刊1933年第8卷第33期上的《生活书店征稿启事》中可以看出来:"本书店为供应大众知识荒之需求起见,拟在可能范围内,搜罗学术专著,大众读物,陆续发行,以供时代之需要,所望海内外著作界惠赐宏著,通力合作,则不仅本店之幸矣,谨拟订征稿办法如下:(一)收印书籍,不限性质种类,惟选择内容,力求审慎,凡由本书店发行之书籍,最低限度,应具备下列条件:……(四)收稿方法分为两种:或由著作人将撰成之全部寄交本书店,经审阅合意时,即行订约印刷发行。或由著作人与本书店先行磋商,得双方同意后,由本书店特约著作人编译某种书籍,订约以后,可由著作人分期交稿。(五)著作报酬,或购版权,或抽版税,悉任著作人之便,抽版税办法,依照通常最高版税率,一律照定价抽百分之十五,如购版权,则由本书店与著作人双方协议,但决不在通常购稿报酬率之下。(六)购买版权者,于交稿时一次付款;抽版税者则于出版后分期核算交给。"② 这是生活书店为出版书籍而进行征稿的一则广告,它对作者与生活书店如何合作的办法都说得非常详细,合作的办法当中很明显地体现了"包干制"的特点,即只要书籍合乎书店的出版要求,生活书

---

① 胡愈之:《我的回忆》,前引书,第155页。
② 《生活书店征稿启事》,《生活》周刊1933年第8卷第13期。

店都愿意出版，书店只管以版税或稿酬的形式付给作者报酬，至于编译、写作及报酬如何分配的问题，书店不加干涉。这则广告反映的还只是书籍出版的包干制，而当时和生活书店接触较多的茅盾在后来的回忆当中则明确地指出了当时生活书店对许多期刊和杂志均采取包干制的做法："当时生活书店出版各种杂志和丛书都采取包干制，书店只管出版发行，编辑工作完全包给编辑人，书店出编辑费，至于编辑人员多少，编辑费稿费如何分配，书店一概不管。这个办法，好处是书店省事，编辑者精打细算；缺点是杂志要创新只能在编辑费允许的范围之内进行。"①

生活书店采取包干制减少了生活书店的行政事务和许多开支，而且可以吸收更多的同道者参加期刊和图书的出版，凝聚智慧和力量，胜过书店自己去组织庞大的编辑部。这种办法的实质也就是走群众路线，依靠社会力量做好出版工作。包干制的实行，使生活书店快速、高效而优质地出版了许多好书和期刊，比较典型的如茅盾所主编的《中国的一日》，倡议编这本书的是邹韬奋，他见到高尔基在苏联发起和主编《世界的一日》，觉得很新鲜，很有意义，便想在国内出版一本《中国的一日》，其目的在于通过它来反映全国各地民众抗日的要求，与当局的不抵抗政策作一对照，也可以向读者介绍在这国家生死存亡之时全国的黑暗面和光明面。据茅盾的回忆，当时邹韬奋的意思"就是把《中国的一日》的编辑包给我，人手不够，我自己去想办法"②。整个书稿从1936年4月下旬开始筹划，再到6月征稿，到8月初最后定稿，整个稿件80万字，全书编辑所用的时间只有4个月，时间虽然短，但是材料雷同和敷衍杂凑的毛病倒差不多没有了，③整个书的质量是很不错的。当时生活书店的图书出版如此，它的期刊出版，也主要采取包干制的做法，当时生活书店的期刊，除《生活》周刊和《世界知识》半月刊外，其他期刊都是特约店外作者编辑包干的。生活书店编辑部自身只有十几位编辑校对人员，而能处理大量的书籍编辑业务，就是得益于书店所采取的包干制。④

---

① 茅盾：《茅盾全集》，第35卷（回忆录二集），前引书，第105页。
② 茅盾：《茅盾全集》，第35卷（回忆录二集），前引书，第105页。
③ 茅盾：《茅盾全集》，第35卷（回忆录二集），前引书，第108页。
④ 生活书店史稿委员会编《生活书店史稿》，前引书，第64页。

（二）多元渠道筹措资金与合理组织生产

生活书店开办时所有资产不过 3 万余元，① 由于生活书店是合作社组织，不接受非社员带有剥削性质的投资，因此资金完全依靠自我积累，但是自我积累是比较有限的，不足以支持生活书店业务日益发展的需要。因此经理徐伯昕只能想方设法，多元渠道吸收社会资金来拓展生活书店的业务。这些渠道主要有以下三种：一是吸收邮购户结余存款。由于生活书店从《生活》周刊代办部时期就帮读者办理通信购书，且信誉比较好，因此许多读者放心把购书款汇过来。到抗战前，生活书店拥有邮购户（包括个人和图书馆）达 5 万户。读者是先汇来购书款，书店再配书寄出，购书款从收到支中间就有一个月左右的时间差可以利用。当时生活书店邮购户存款余额近 10 万元，超过生活书店自有资金，这成为生活书店一项重要的资金来源。二是大力发展书刊预订，吸收订户的订金，生活书店所出版的《生活》《大众生活》《文学》《世界知识》等刊物拥有多少不等的订户，其中《生活》《大众生活》的订户达 5 万户以上，生活书店预收这些订户的订金也达 10 多万元②。生活书店不但期刊发售预订，定期出版的图书如"青年自学丛书""世界文库"等也实行预订的办法。这也可扩大生活书店订金的数量。生活书店大力吸收预订户，既有利于调剂和周转生产资金，解决自身所存在的资金困难，又可以根据预订户的数量来预测市场供求信息，从而确定书刊印刷和发售的数量。三是必要时向银行贷款，拆借资金。曾当过《生活》周刊主编的王志莘做了新华银行的主持人，他经常向生活书店予以一定的透支，帮助生活书店融通资金，解决资金困难。生活书店通过多种渠道筹措资金，基本上解决了资金上存在的困难，不但生存了下来，还不断地扩展业务，取得发展。

生活书店虽然不以营利为主要和最终目的，但是它首先也要搞好生产经营获取利润，才能存在和发展，成立后的生活书店按照企业原则进行生产经营，它主要通过以下途径和方法，来合理组织书刊的出版生产工作：

一是有计划地按需生产。邹韬奋历来主张工作要有计划性，他早在 1928 年主办《生活》周刊时就说过："无论什么事，无计划最坏，因为无

---

① 参见生活书店史编辑稿委员会编《生活书店史稿》，前引书，第 65 页。
② 以上数据均参见赵晓恩《按企业原则进行文化生产经营活动的生活书店》，《出版发行研究》1993 年第 3 期。

计划便无目标，更无所谓努力前进。"① 经理徐伯昕具体负责组织生活书店的生产经营业务，他会同编辑、出版、发行及财会等有关方面商定业务计划，确定好生产目标。生活书店所要出版的书刊，徐伯昕根据书刊种类的不同，根据不同书刊出版的轻重缓急，安排出版先后，并确定印数和推广发行应采取的方法和具体措施。对于生产和流通各个环节中所需要的资金，徐伯昕也进行宏观调控，尽力筹措，合理分配，计划使用，把各项资金的统筹安排置于具有可行性的基础上，使书店的出版工作既积极又稳妥，保持合理的出版规模②。

　　生活书店的计划化生产，是建立在市场需要基础上的。它往往根据市场的需要来确定某种书刊的印刷和出版数量。生活书店一般采取快速生产，快速发行的办法，采取少印勤印、分批供应的办法，这样可以随时把握市场需求动态，根据市场需求再决定是否重印或多次印刷。比如"青年自学丛书"，第一个印次只有3000册，但在出书后市场收集的销售信息显示它很受欢迎，生活书店马上准备进行重印，有些畅销的书刊，重印了十次八次。③ 少印和勤印，按市场需求进行计划生产的好处有两个方面。一方面可以借此减少书刊库存和滞销带来的损失，有利于加速资金的周转；另一方面，由于生活书店出版了大量的进步书刊，随时都有被查禁的危险，少印、勤印，可以减少因遭受查禁而带来的经济损失。

　　二是尽量缩短生产周期。"生产周期和现在人们常说的印刷（出版）周期是不同的两个概念。生产周期是指某一种书刊的编辑出版的全过程所有的时间，印刷（出版）周期是指书刊从发排到出书的时间，都是反映工作进度和工作效率的。"④ 生活书店的编辑出版部门想方设法，一起努力，尽力缩短生产周期，通过多重努力，生活书店书刊的出版周期一般较短，对于期刊，生活书店要求"周刊从发排到发行不超过一周时间，半月刊、月刊的排印时间，也不超过刊期"⑤。对于图

---

① 心水（韬奋的一个笔名）：《民穷财尽中的一线曙光》，《生活》周刊1928年第3卷第36期。
② 参见生活书店史稿编辑委员会编《生活书店史稿》，前引书，第67页。
③ 参见赵晓恩《按企业原则进行文化生产经营活动的生活书店》，《出版发行研究》1993年第3期。
④ 生活书店史稿编辑委员会编《生活书店史稿》，前引书，第67页。
⑤ 赵晓恩：《按企业原则进行文化生产经营活动的生活书店》，《出版发行研究》1993年第3期。

书的印刷时间,生活书店后来也有一定的标准:"1. 十万字左右,三十二开本,印数在五千册的书稿,自发稿日起,至迟须在一个月内排印装订出版;2. 十万字左右,三十二开本,印数在五千册的重版书籍,自发印日起,至迟须在一星期内出版;3. 三十二面左右,十六开本,印数在五千册的重版杂志,自发印日起,至迟须在三日内赶印出版;4. 其他有时间性者,应设法照拟定时间赶印出版。"①《生活》周刊是邹韬奋举办时间最长的一个刊物,生活书店成立的初期,它的主要任务还是出好《生活》周刊,可以说,在邹韬奋的主持下,《生活》周刊八年如一日,它定于每周的星期六出版,那么上海的读者准能在星期六的早晨在报摊上买到它。生活书店在印刷书刊时,各稿件往往按"拼台印刷需要,分批校对付型,随即制型浇版上机,各生产环节是环环扣紧,争分夺秒地缩短生产周期"②。生产周期缩短,因此书店的书刊出版迅速,流通也比较畅快,这也意味着生活书店逐项投入的资金流转加速,既提高了资金利用率,也提高了书店的经济效益。

三是注重印装质量。生活书店力求缩短生产周期,但是它并不因为快而影响出版书刊的质量。邹韬奋本人对出版书刊的发稿工作抓得紧,他对书刊的印装质量也同样抓得很紧。书刊付印时他要亲自到工厂查看校对清样,力求消灭排版时可能出现的错排字。由于邹韬奋重视校对质量,因此他所主编的期刊,基本上看不到错别字。在邹韬奋的影响下,生活书店所出版的其他书刊,排版印刷质量都比较高,很少出现错字的现象。生活书店出版书刊快中求优的另一个表现是版面的安排非常精到,邹韬奋在发排时字数和所占版面算得非常准确,一篇文章尽量排在同一页上,而不是转来转去排到另一页上去,这样既减少了排版时的麻烦,也方便了读者阅读。在安排版面时,如果某篇文章多了几行,编辑便进行删节,如果某页中有小块空白的地方就补上广告,这样就不会浪费篇幅,版面安排也显得比较紧凑。

邹韬奋不仅对书刊的印刷质量要求高,对书刊的外形设计和装订工作也非常重视。生活书店出版的书刊在外形设计上讲究形式与内容相协调,也讲究技术与艺术的完美结合,使出版的书刊既实用又美观。邹韬奋和徐

---

① 北京印刷学院、韬奋纪念馆编《〈店务通讯〉排印本》,中册,前引书,第736页。
② 赵晓恩:《按企业原则进行文化生产经营活动的生活书店》,《出版发行研究》1993年第3期。

伯昕在实际工作中经常商量和总结，从收稿、编审、排版、印刷、装帧、封面、里封、插页、用纸等项都制定了具体的要求规格，[①] 徐伯昕后来把这些规格标准归纳为八条[②]：1. 印刷时间标准；2. 排印版口标准；3. 书脊两端空白标准；4. 开本大小标准；5. 装订标准；6. 校对标准；7. 图书分类及其有关规定；8. 版权与编号。这八项标准对书刊印刷装帧的要求规定得非常细致，由于篇幅较多，不一一列出，笔者在此只引第 7 条的内容（见表 4 - 1）。

表 4 - 1　图书的分类及有关规定

类　别	开　本	应排字号	封面设计	定　价	每版排数
A 高级学术	23 或 32	老五号	严肃	高	1000
B 中级学术	32 为主	老五号	朴素	中	3000
C 时事	36 为主	老五号或新五号	变化	中	3000
D 工具书	不定	老五号至六号	简单	中	5000
E 大众读物	32 或 36	四号至五号	鲜明	低	5000
F 定期刊物	16 开为主	新五号	新颖	低	不定

从表 4 - 1 可以看出，生活书店书刊的分类较细，对不同种类书刊在印刷和封面设计等方面的规定都非常细致和严格。封面设计是书刊印装质量的一个重要环节，它关乎书刊的外在形象，生活书店对此非常重视。最初的生活周刊社丛书是由徐伯昕自己设计的，后来为了进一步提高封面装帧质量，生活书店陆续请了一些专业人员来帮忙作专门的封面设计。由于对封面设计一向重视，因此生活书店出版的书刊的封面比较有特色，如上海《大众生活》就用影写版画报改订在刊物外面来作封面。"《太白》半月刊的封面设计具有中国民族特色，它用正楷'太白'两字为刊头，再从民间流行的美术信纸中找来一些图案如花卉翎毛甚至青菜、萝卜等作封面。"[③] 除了对书刊的封面进行精心设计和绘制以外，生活书店对每一本书的书脊、扉页、平装、精装等也有非常具体的规定和要求，这就有利于提高书刊的整体印装质量。

[①]　参见钱小柏、雷群明《韬奋与出版》，前引书，第 128 页。
[②]　北京印刷学院、韬奋纪念馆编《〈店务通讯〉排印本》，中册，前引书，第 736～751 页。
[③]　钱小柏、雷群明：《韬奋与出版》，前引书，第 130 页。

三 多样化的书刊发行推广方式

建立发行网络是一个极重要的问题，直接影响书刊出版后的销路，受我国商品经济不发达因素的制约，当时图书发行业极不发达，出版和发行还没有真正的社会分工，直到新中国成立都没有形成专业的书籍批发商。[①]因此新中国成立的出版社，一般都要自己建立发行网络，否则出版社的生存就会成问题。当时的生活书店一方面要出版书刊，另一方面要自己发行书刊，因此书刊发行也成为生活书店业务的一个重要方面。

生活书店本着为读者服务的精神，从通信购书做起，经常为读者代购代办各种书刊。在开展业务的过程中，生活书店"同各地零售书店也建立了业务往来关系，经销生活书店出版的或总经销的书刊，生活书店同时替各地经销书店代进其他单位的书刊，并选择其中作风正派，信用较好的书店为特约经销处，代理就近地区的发行业务，相互保持密切联系，这样，使自办发行同借助社会发行力量结合起来，逐步形成多渠道多形式的发行体系"[②]。在逐步发展多渠道多形式发行体系的过程中，生活书店本着"努力服务社会，竭诚谋读者便利"的信条，在发行工作方面也别出心裁，想出了很多的办法，形成了灵活多样的发行推广方式，主要有如下几种。

（一）两全其美的预订和批发业务

预订业务包括期刊的预订和图书的预约订购，但这主要是针对期刊而开展的业务。抗战前生活书店便创办了十多种期刊，各种期刊都有不少的订户，为了对读者负责，做到按期发刊，"生活书店为每个订户分别建立了专门的订户卡片，按四角号码编制索引，这些卡片包含了订户的一些基本信息，在订户更改地址、查询脱期、催请续订时可以随时检用。对图书的预订，主要是一些质量较高、部头较大、印刷成本较多的书籍，书店就以较低的价格请读者先行预约订购，如 1935 年在上海出版发行的《世界文库》全年分 12 册出版，每册四十余万字，全年共五百万字，分甲种本

[①] 参见汪家熔《旧时出版社成功诸因素——史料杂录（之三）》，《出版发行研究》1994 年第 3 期。

[②] 赵晓恩：《按企业原则进行文化生产经营活动的生活书店》，《出版发行研究》1993 年第 3 期。

和乙种本，这两种版本的预订费分别为 14 元和 9 元"①。无论是期刊还是图书的预订，都能做到两全其美，读者预订可以获得低于实际定价的优惠价格，书店可以先行获得预订款，方便自己的资金流转，又不用担心吃倒账，对书店也是很有利的。

生活书店的批发业务是它发行工作中的一个重要部分，批发分期刊批发和图书批发两大类。"1932 年 7 月，生活书店成立之初，已经有不少批发户。上海的商务印书馆、文明书局，就代销《生活》周刊。外地的小县城如山东的牟平、山西的运城，都有代销店。这些代销店后来又发展为图书代销户。当时，不仅上海、南京、北平、天津、济南等大中城市，就是一些小城市也可以买到。"② 随着生活书店出版物和代销书刊的增多，尤其是它出版的进步书刊较多。由于历史的原因，当时阅读进步书刊的人也越来越多，因此找生活书店批发书刊的同业也越来越多，生活书店的批发业务也日益发展。

生活书店的批发同业主要有四种：一是大型书业，如商务印书馆，它们推销生活书店的书，生活书店也向它们批购图书。二是中小型书业，它们兼营出版和发行，都设有门市。三是专营零售的大书店，如南京的中央书局、济南的东方书社等。这些大书店所设门市比较大，推销能力较强，信用也比较好。四是批量较小的中小零售书店。③ 对于有批发业务往来的同业，生活书店一般都订有批发合约，合约里写明批发折扣、结账办法及退货率等事项。生活书店的批发折扣及结账办法比较严格，批发折扣根据同业的信用度、批发量以及往来关系亲疏等标准给予灵活的折扣度，一般情况下主要是 7 折、7.5 折和 8 折，有时甚至低至 6.5 折。④

批发工作的首要任务是致力于发行网点的建设，网点越多，发行力量就越大。为了扩大发行网点，生活书店配合批发业务大力开展宣传推广工作，生活书店往往在报纸杂志上刊登新书广告，针对不同书刊和对象散发不同的书刊目录。生活书店通过多方面的努力，在全国建立了较大的发行网络，同时推销有方，服务周到，批发的折扣比较合理，批发商愿意来批发，因此生活书店的批发工作是做得比较成功的。批发工作的成功，使批

---

① 钱小柏、雷群明：《韬奋与出版》，前引书，第 132 页。
② 新华书店总店编《书店工作史料 4》，中国书店，1990，第 30 页。
③ 参见新华书店总店编《书店工作史料 4》，前引书，第 31 页。
④ 参见新华书店总店编《书店工作史料 4》，前引书，第 31 页。

发商有钱可赚，同时书店书刊发行更快，资金回收也更快，这也是两全其美的好事。

（二）繁琐有序的邮购业务

生活书店的邮购业务，可以追溯到《生活》周刊社所创设的书报代办部，该部就是因为办理邮购业务才设立的（本章导入语已有论述）。生活书店成立后，由于邮购业务繁多，书店不得不专设邮购科来办理邮购业务。邮购科成为"生活书店发行业务最繁忙、工作人员也最多的一个（达20人）部门。每天读者的来信，少则几百，多至上千封。抗战前拥有5万以上的邮购户，遍及海内外，其中包括个人、图书馆、机关、团体。这是生活书店基本读者的一部分，也是联系外地读者的重要纽带"①。

邮购工作手续繁琐，相当复杂，稍不注意便容易出错，生活书店为此订立了一套严密的工作制度进行管理。据统计，生活书店每一项邮购业务大体上要经过如下十几道手续："（1）拆信验收。（2）登记入账。（3）批阅来信。（4）抄好配单后信件归档，经办人各自抄出配单，分头进行。（5）依配到的书开发票算账。（6）依刊物开订单。（7）再依函购代办书刊物品开列清单。（8）再取出来信作复，复信中除回答购书情况外，还要答复来信中提出的其他问题，信要写得诚恳周到，附在邮包中寄去。（9）打包付邮。（10）最后要做好交账销账转账手续，将邮购户已办妥手续的发票存根、订单存根以及其他代办书物的原始发票等有价证件和已由会计处盖过收款图章的邮购账卡一起，送到会计处加盖注销图章。邮购户如有余款，除记明在分户索引卡片之外，还要计入邮购户存款总账，便于结算。（11）宣传推广。每年应对邮购户发送完全书目一次，平时也应经常发送一些有关书刊宣传的印件，特价或优待办法之类，方便读者了解情况并选购。（12）整理索引卡片。每半月或一月整理一次邮购户索引卡，查明有无未了应办的事要办。"②当时生活书店邮购工作的各道工序都是手工作业，"但组织得有条不紊，像一条流水线，运转很顺畅。人人职责分明，处理问题都有章可循。二三十人在一间屋子中工作，寂静无声，互不干扰"③。

---

① 生活书店史稿委员会编《生活书店史稿》，前引书，第73页。
② 钱小柏、雷群明：《韬奋与出版》，前引书，第142、143页。
③ 王益：《我在生活书店邮购课当练习生》，《中国出版》1979年第12期。

在 20 世纪 30 年代的上海，真正为广大零散读者开展邮购业务，而且服务周到，办得有声有色，为人们所称道的只有生活书店。其他一些较大的书局，一般不对个别读者开展邮购业务。有的书局设立"通信现购"的部门，但业务多限于同业批发或学校、图书馆等单位大批量的购书，而且只邮购本版书。① 生活书店当年邮购科的科长张锡荣高度评价邮购业务说："如果书店拥有相当巨大数量的邮购户，而这些邮购读者在精神上、物质上和书店密切联系的时候，就成了书店的一宗宝贵的财产。"②

（三）富有生气和特色的门市工作

1934 年 9 月，生活书店由桃源坊迁至福州路 384 弄 4 号靠街的一座楼房，将楼房的二楼辟为门市部、邮购、批发、进货等部门，这是生活书店开设门市部售书的开始。为读者服务，是邹韬奋一直所提倡的，后来邹韬奋在《我们对外应有的态度》一文中明确将其列为生活书店的三大目标之一："发展服务精神——本店三大目标之一……这个极可宝贵极当重视的原则。"③ 为了贯彻服务精神，从为读者服务出发，生活书店的门市工作采取了许多措施，做得富有生气和特色。

为方便读者，徐伯昕提出了一个大胆的设想，使生活书店的门市布置采取了一个在当时颇具创新意义的举措——陈列图书馆化，开架售书。具体做法是靠墙周围二十来个书架全部开放，按科学的图书分类法陈列，从总类开始，分哲学、社会科学、自然科学、文艺、语文、史地、技术知识、儿童读物等。本版书和总经售图书分设专柜。书店同人把这种布置叫作"陈列图书馆化"。在店堂中间，摆开四个书柜，陈列杂志、新书与重点书。每个书台可摆近百种图书，每种书七八十本一叠，畅销书一放就是三四叠。读者一进门，全部图书都看得见、摸得着，置身于一个随意挑选，不受约束的环境中。④ 与开架售书相伴随的，生活书店还想办法美化门市内的环境，并在门市大厅的立柱四周宣传橱窗下面设置几圈座椅，让

---

① 王益：《我在生活书店邮购课当练习生》，《中国出版》1979 年第 12 期。
② 北京印刷学院、韬奋纪念馆编《〈店务通讯〉排印本》，中册，前引书，第 861 页。
③ 中国韬奋基金会韬奋著作编辑部编《韬奋全集》，第 9 卷，上海人民出版社，1995，第 678 页。
④ 王仿子：《生活书店门市工作的特色——为纪念徐伯昕同志而作》，《出版发行研究》1993 年第 5 期。

买不起书的人可以坐在椅子上看书，使门市部起到了一点流通图书馆的作用。

陈列图书馆化，开架售书的办法突破了当时一些书店的做法，当时许多老式书店都是书架用柜台隔开，柜台上一般只放少数几本样书供读者翻阅，读者要书必须通过店员去取，读者不能自己直接翻书和挑选图书。这种老式的做法虽便于管理，但是不利于读者选书和购书。生活书店的开架售书，不利于管理，但是却极大地方便了读者。据生活书店的老工作人员王仿子回忆："陈列图书馆化的开架售书模式，后来成为生活书店门市的传统模式，生活书店后来增设的分店的门市部，也都采取开架售书的模式，把方便留给读者。"① 开架售书方便了读者，却给门市部的管理带来了麻烦，如读者在翻书选书的过程中可能弄脏新书、弄乱整理好的图书，甚至可能偷书，等等。邹韬奋看到了正确处理这种麻烦的重要性，他说："麻烦是大家怕的，但是认识了服务的意义，存心不怕麻烦，存心先克服麻烦，就可以不怕麻烦，否则便为麻烦所克服。"②他要求生活书店门市同人不仅不能怕麻烦，而且还对门市同人的服务态度提出了要求："最须注意的是诚恳、热诚、周到、敏捷、有礼貌等等。"③ 后来，生活书店的门市工作总结出 72 条工作经验，作为服务规范，要求员工执行和遵守。

生活书店的门市除在布置方面方便读者外，它的进货业务和电话购书业务也是从尽量满足读者方面出发，也是做得有特色的地方。在进货业务方面，生活书店门市部把进货工作看成门市工作的一个重要环节，在工作上做到尽量进好书，快速供应新书，书的品种尽量丰富，后来又提出了"好书皆备，备书皆好"的奋斗目标。生活书店本着对读者负责，对社会负责的精神，在进书刊时把重视思想性和政治性作为进货工作的原则。④邹韬奋说："我们在上海开店的时候，就力避'鸳鸯蝴蝶派'的颓唐作风，而努力于引人向上的精神食粮。"⑤ 基于此，凡是内容庸俗低劣，政治上落后反动的书生活书店一概不进，从而尽量达到备书皆好的目标。为了做到

---

① 王仿子：《生活书店门市工作的特色——为纪念徐伯昕同志而作》，《出版发行研究》1993 年第 5 期。
② 中国韬奋基金会韬奋著作编辑部编《韬奋全集》，第 9 卷，前引书，第 678 页。
③ 中国韬奋基金会韬奋著作编辑部编《韬奋全集》，第 9 卷，前引书，第 678 页。
④ 参见新华书店总店编《书店工作史料 4》，前引书，第 34 页。
⑤ 中国韬奋基金会韬奋著作编辑部编《韬奋全集》，第 9 卷，前引书，第 682 页。

"好书皆备",生活书店的工作人员非常关注报纸、杂志上的新书广告和出版消息,捕捉新书的信息。为了丰富经销图书的品种,生活书店有选择的大量销售外版图书,如商务、中华、开明、世界、大东、亚东、天马、光华、南强等书店和大公报出版的图书,只要内容好,生活书店都进货。为了将新书好书尽快地拿到门市部销售,进货科专设四个工作人员每天到本市有关书店进货,其中两人专跑四马路的各家书店,两人专跑四马路以外的南强书局、良好图书公司、内山书店和一些杂志社。[①] 对于门市部暂时脱销或未进的书刊,门市部先让读者登记,然后想办法帮读者购买。总之,门市部想尽办法把好书送到读者手中,追求"好书皆备"的服务目标。

门市部还开设了本市电话购书业务,对于在上海市内但离生活书店较远或没有工夫到书店购书的读者,打电话到书店便可以送书上门,服务对象有个别读者,也有图书馆。生活书店在编印的《全国新书汇报》中写道:"本埠读者可用电话(94426)通知选购任何图书杂志,随时由专差送达,快廉省费。"[②] 电话购书业务不另加费用,书价与门市购书相同。为了做好电话购书业务,门市部专门做了电话购书卡片,卡片上登记有购书者的姓名、地址、电话号码等信息,并编好号码,发给购书者购书证。购书者第二次购书只需报购书证的号码即可,不需再说明其他信息。通过电话购书业务,在一年多的时间里,生活书店在上海发展了400多个个别读者,50多个图书馆经常购书。[③]

(四) 多途径的宣传推广途径

书刊发行工作的顺利进行,与书刊的宣传推广工作有着密切的联系,它是书店和读者之间取得联系的不可缺少的桥梁。邹韬奋从创办《生活》周刊开始就十分重视书刊的宣传与推广,生活书店成立后,采取多种渠道和方式加强书刊的宣传和推广工作,这项工作由经理徐伯昕亲自操办。随着业务的发展,为了加强宣传推广工作,生活书店后来还设置了专门的推广部门——推广科。生活书店用得比较多的宣传推广方式主要有以下

[①] 参见新华书店总店编《书店工作史料4》,前引书,第35页。
[②] 王仿子:《生活书店门市工作的特色——为纪念徐伯昕同志而作》,《出版发行研究》1993年第5期。
[③] 参见生活书店史稿编辑委员会编《生活书店史稿》,前引书,第75页。

几种。

第一种是撰拟和刊登各种广告。生活书店以服务读者为本，在撰拟刊登书刊广告时注重社会效益和信誉，邹韬奋要求书店的书刊广告内容实事求是，不做无原则的夸张和吹嘘，要求广告文字准确但又生动有力，要求广告版式新颖夺目而又经济美观。① 例如生活书店委托茅盾主编的《中国的一日》的广告版面与广告词："左侧是直排通栏大字书名，书名上是横题：'现代中国的总面目'，牌面中间位置直排四行长仿宋字——'这里有'：'富有者的荒淫与享乐，饥饿线上挣扎的大众，献身民族革命的志士，女性的被压迫与摧残。'两行四句用仿宋字：'落后阶层的麻木，宗教迷信的猖獗，公务人员的腐化，土豪劣绅的横暴。'版面的左边上角是全书缩影，内注明全书字数、装帧、定价和优待办法等。这个文字和书影结合的广告，构图新颖，文字精练，有条有理，中心突出。"② 总体说来，生活书店各类书刊的广告词在写法上有所不同，但能够忠实地介绍内容，显示出版物的文化品位，塑造书店的良好形象。

生活书店经常性刊登的广告主要是两种，一是书刊互动广告；二是日报上的联合广告。书刊互动广告是生活书店利用自身既主办有多种期刊，又出版大量图书的优势，在期刊和图书上互相登载广告，扩大宣传途径的办法。这种广告大多位置不固定，往往利用书刊空白处插入，既不挤占书刊内容的篇幅，又起到了宣传的作用，可谓一举两得。日报广告也是生活书店发布宣传广告的一个重要渠道。因为日报具有发行及时、覆盖面大和传送迅速的特点。生活书店选择在《申报》上刊登广告，因为这个报纸的知识分子读者较多，广告效果会比较好。当时《申报》的广告版面费很贵，且登载的广告篇幅一般较小，位置也不醒目。为了解决这个问题，徐伯昕创制了一种书刊联合广告，生活书店包定"全国著名大型日报（如《申报》、《大公报》、《新闻报》等）的第一版全版或上半版，经精心设计，分为大小若干块，其中除一部分用以登本版书的广告之外，其他部位即用来刊登同行业的出版物的广告，照所耗地位大小平均收费，还可以将书交给生活书店代为经售。这就很圆满地解决了小出版社想登而登不起或

---

① 参见赵晓恩《"努力为社会服务 竭诚谋读者便利"——回忆生活书店的推广宣传工作》，《中国出版》1983年第5期。
② 任中林主编《中国广告实务大全》，科学技术文献出版社，1992，第842页。

登了又不醒目的问题"①。生活书店的联合广告，既解决了自身的广告宣传问题，又团结了同业，增加了书店收入，扩大了书店的影响，是一举数得的创举。

第二种是制作和散发多种其他形式的宣传品。生活书店除了直接刊登书刊互动广告和日报广告外，还制作和散发多种其他形式的宣传品，这主要是编印书目和制作门市招贴、包装广告、小广告片以及抗战后出现的橱窗广告。编印书目是宣传工作的重要项目，生活书店编印的书目大致有四种：一是完全的图书目录，如1934年印发的《全国新书汇报》，1935年平心（李鼎声）编的《生活全国总书目》，全部本版图书目录等。二是丛书目录。三是每月新书目录。四是半月新书目录。目录一般用32开拍印成小册子形式，后面两种目录有时也用单张或折页形式。②门市招贴是生活书店印制的大至4开、对开张，小至16开张三折页的放在门市部或公共场所招贴的宣传画。包装广告是生活书店利用书刊的外包装做广告，如在寄发杂志订户的封袋上印上书刊广告，小广告片是生活书店利用印书的边角余纸制作窄长的小广告片，正面印有名人头像和语录，反面介绍图书，还可作书签用。这些形式多样的宣传品依不同需要编印，向读者、图书馆和同业散发，有的夹在刊物里发，有的放在门市部备读者取阅，或作包书纸用。③

第三种是创造多种形式的随机推广法。生活书店除了广告宣传的形式外，还创造了一些灵活多样的随机推广法，这些推广法归纳起来主要有：一是跟踪连续推广法。即一种刊物被查禁后，马上把新出版刊物的创刊号寄给前一种刊物的原订户征求续订。这种办法是为了适应当时恶劣的政治环境而创造的，生活书店因为出版进步刊物，往往被国民党政府查禁。比如《生活》周刊被查禁后，《新生》周刊马上出版，并把《新生》周刊的创刊号寄给原《生活》周刊的订户征求续订，这样就能保持原来的销路不衰退。生活书店后来出版的新刊物大多采用这种办法，因此能很快就站稳脚跟。二是滚雪球推广法。即一种期刊订5份再加赠一份（但加赠的期刊只给半年）。或者请一些老订户把自己10位亲友的姓名地址提供给生活书

---

① 钱小柏、雷群明：《韬奋与出版》，前引书，第147页。
② 参见钱小柏、雷群明《韬奋与出版》，前引书，第145页。
③ 参见赵晓恩《"努力为社会服务 竭诚谋读者便利"——回忆生活书店的推广宣传工作》，《中国出版》1983年第5期。

店，然后书店寄赠一期样本刊物给这些亲友试阅，并附去订单，这样也增加了一些订户。三是书刊连锁推广法。生活书店既出图书，也出期刊，读者如多订期刊，则赠送与期刊相关的一些图书。四是签名留念推广法。生活书店适应青年爱好，出版了一些兼收名人语录的新型日记本（如《生活日记》《文艺日记》），凡预购者，书店为其在封面上免费烫印签名，留作纪念，此法也大受欢迎。五是"创造需求"推广法。生活书店还充分将读者潜在的需求变为现实需求。书店采取多种渠道联系读者、组织读者以促进读书运动，读者读书活动增加了，所需求的书刊自然也就增加了。①

第四种是开通十大银行免费汇款购书。为了便利读者购书，生活书店同当时比较有名的中国银行、上海银行、交通银行、江苏省银行、新华银行、浙江兴业银行、聚兴诚银行、富滇新银行、大陆银行、华侨银行十大银行签约商定：由其在国内外的八百多处分支行一律免费汇款购书。作为回报，书店在上述十大银行开专用账户，汇款计入账内，每月结算一次。读者购书，向银行索取使用书店特制的免费汇款申请单，在上面写明欲购的书目，连同书款交银行，银行给收据。这样一单两用，也不用再写信，手续简便，且省汇款邮资。对银行的好处是，带动了汇兑业务，而且书店经常登免费汇款购书广告时，必然要提到银行名字，等于免费给银行做了广告。②

第三节 抗战前生活书店的发展成就

生活书店从成立之初便处在激烈的竞争环境中，邹韬奋为生活书店的发展设置了合作社的组织形式和"以社员共同投资、工作，经营出版事业，促进文化生产"为宗旨。徐伯昕等其他书店同人以此宗旨为指导，根据书店自身的实际情况确定了自己的经营管理方略，不仅在强手如林的出版中心上海站稳了脚跟，从生活书店成立到抗战前的五年里，生活书店还取得了较大的发展。

一 规模初步扩大

抗战前生活书店的发展首先表现为资产的增多，1932年7月，在

---

① 参见赵晓恩《生活书店的经营之道和斗争艺术（三）》，《出版发行研究》1999年第10期。
② 参见赵晓恩《生活书店的经营之道和斗争艺术（三）》，《出版发行研究》1999年第10期。

书报代办部基础上成立的生活书店，只有资产2000多元。但经过抗战前5年的发展，达到了15万元，这从徐伯昕1948年的回忆中可以看出来："生活出版合作社的第一期股款不到二万元，经过五年的共同努力经营，发展到十五万元。"① 其次表现为人员的扩充和营业场所的增加。生活书店成立初期业务发展是比较快的，因此很快就感觉到人手的不够，这从1933年生活书店一则招考练习生的广告中可以看出来："本店现拟招考练习生三位，有志应考者，请作自荐书一封，叙述籍贯，年龄，家庭状况，通信地址，已否定婚或结婚，以往求学或就业经过，及志趣等，于十二月二十日以前寄到本店，信封上请注明'应考'两字，附最近四寸半身照片一张，及挂号回件邮票，合者函约面试，不合者当将照片寄还，恕不另复……"②。这则广告刊登的日期是1933年12月，距离生活书店成立的日期——1932年7月才一年多一点。初期的生活书店因资金缺乏，是不敢随便增加人手的，而这一次招考便是三名，这说明生活书店经过一年多的发展，业务已经有了很大的发展，迫不得已一下子要增加三名职员。抗战前生活书店的人员是不断增加的，1935年邹韬奋回国后审查生活书店时说："同事人数由二十人左右突增至六七十人。"③ 到抗战前，生活书店已经造就了一支近100人的出版发行骨干队伍。④ 抗战前生活书店的营业场所也是得到较大扩充的，抗战前除了在上海的总店外，1936年在汉口交通路设立了汉口分店，1937年春在广州汉民北路建立了广州分店，在国外的新加坡等地也建立了特约分销处，分支发行面辐射到了南洋群岛一带。⑤

二 书刊出版成就初显

抗战前生活书店的发展成就还体现在它所出版的书刊方面。生活书店在抗战前出版了多种期刊和图书，表4-2、表4-3显示了生活书店在抗战前出版期刊和图书的基本情况。

---

① 王仿子：《王仿子出版文集》，中国书籍出版社，1994，第429页。
② 《生活书店招考练习生启事》，《生活》周刊1933年第8卷第49期。
③ 中国韬奋基金会韬奋著作编辑部编《韬奋全集》，第9卷，前引书，第740页。
④ 参见生活书店史稿编辑委员会编《生活书店史稿》，前引书，第92页。
⑤ 参见生活书店史稿编辑委员会编《生活书店史稿》，前引书，第76页。

表 4-2 抗战前（1937 年 7 月以前）生活书店出版的期刊

编号	刊名	创刊时间与地点	主编或主要负责人	基本发展情况
1	《生活》周刊	1925 年 10 月 11 日在上海创刊	邹韬奋	第 2 卷第 1 期起由邹韬奋主编，1933 年 12 月 26 日第 8 卷第 50 期被迫停刊
2	《文学月刊》	1933 年 7 月 1 日在上海创刊	傅东华、郑振铎编（实由茅盾主持）	第 7、8 卷曾由王统照主编。第 9 卷第 3、4 期曾将 16 开本改为 32 开本，由傅东华主编并脱离生活书店单独发行，1937 年 11 月 10 日第 9 卷第 4 期终刊
3	《新生》周刊	1934 年 2 月 10 日在上海创刊	杜重远主编（实由艾寒松编辑）	1935 年 5 月 4 日第 2 卷第 15 期因刊登易水（艾寒松）《闲话皇帝》一文，被迫于 1935 年 6 月 22 日第 2 卷第 2 期停刊
4	《生活教育》半月刊	1934 年 2 月 16 日在上海创刊	陶行知主持，白桃（戴伯韬）主编	第 1、2 卷由儿童书局出版，第 3 卷第 1 期起由生活书店出版，1936 年 8 月 16 日第 3 卷第 12 期终刊
5	《译文》月刊	1934 年 9 月 16 日在上海创刊	黄源主编（实由鲁迅主持）	在生活书店共出 13 期，1935 年 9 月 16 日停刊，1936 年 3 月 16 日改由上海杂志公司复刊
6	《世界知识》半月刊	1934 年 9 月 16 日在上海创刊	毕云程编（实由胡愈之主持）后由金仲华主编	"八一三"后曾和《国民》周刊、《妇女生活》《中华公论》出版过《战时联合旬刊》四期。1938 年 1 月 1 日迁至汉口出版第 7 卷第 2 期，后又在广州、香港出版，1941 年 12 月太平洋战争爆发时停刊。抗战胜利后组织独立机构在上海复刊，1949 年 3 月 19 日第 19 卷第 10 期被迫停刊。解放后再复刊，1950 年 5 月迁北京出版至今
7	《太白》半月刊	1934 年 9 月 20 日在上海创刊	陈望道主编	1935 年 9 月 5 日终刊
8	《读书与出版》月刊	1935 年 5 月 18 日在上海创刊	平心、寒松等编	每期附有每月全国新书汇报，出至第 22 期曾一度停刊。1937 年 3 月复刊，由张仲实、林默涵编辑，至第 29 期又停刊，1946 年 4 月在上海复刊，由胡绳、史枚负责编辑。1948 年 9 月 1 日终刊

续表

编号	刊名	创刊时间与地点	主编或主要负责人	基本发展情况
9	《妇女生活》月刊	1935年7月1日在上海创刊	沈兹九主编	第2卷起由生活书店总经销,第5卷第6期迁汉口出版。第6卷第9期迁重庆出版。第9卷第2期后由曹孟君主编,1940年12月第9卷第6期终刊
10	《生活知识》月刊	1935年10月10日在上海创刊	沙千里、徐步主编	第1卷12期,第2卷出到1936年10月20日第11期被禁止出版
11	《大众生活》周刊	1935年11月16日在上海创刊	邹韬奋主编	1936年2月29日被封。1941年5月17日在香港复刊,出新1号至新30号,1941年12月8日因太平洋战争爆发停刊
12	《永生》周刊	1936年3月7日在上海创刊	金仲华主编	1936年6月27日出至第17期被迫停刊
13	《生活星期刊》	1936年6月7日在香港创刊	邹韬奋主编	初名《生活日报星期增刊》,自1936年8月21日第1卷第9期起改名为《生活日报周刊》,1936年8月23日第1卷第12期起又改为《生活星期刊》,迁到上海出版,第1卷第26期由金仲华接编,至1936年12月13日第1卷第28期被封禁
14	《光明》半月刊	1936年6月10日在上海创刊	洪深、沈起予编	1937年8月10日出至第3卷第5期,因"八一三"抗战爆发停刊,另出"号外"5期
15	《新知识》月刊	1936年12月10日在上海创刊	王达夫、吕骥、徐懋庸、张庚、钱绍华编辑	1937年1月10日停刊,仅出两期即被禁
16	《新学识》月刊	1937年5月7日在上海创刊	谢六逸主编,实由张弼(张明养)编辑	"八一三"后,曾和《世界知识》《妇女生活》《中华公论》出过《战时联合旬刊》,1937年11月19日终刊

说明:本表主要参考的资料为《韬奋与出版》的附录三:《生活周刊社及生活书店出版刊物一览》和《生活书店史稿》的附录二:《生活书店图书目录》。

表 4-3 抗战前（1937 年以前①）生活书店出版的图书种类及数量

单位：种

编　号	图书种类	数　量
1	哲学	5
2	社会科学	25
3	政治、法律	41
4	军事	4
5	经济	26
6	文化、教育	5
7	语言、文字	4
8	文学、艺术	144
9	历史、地理	32
10	自然科学、生理卫生	10
11	其他分类待查	6
合　计	302 种。其中 1932 年 23 种，1933 年 43 种，1934 年 60 种，1935 年 60 种，1936 年 116 种	

从以上两个表格可以看出，抗战前生活书店出版的期刊种类已经较多，虽然大多数刊物遭到查禁甚至于被迫停刊，但一些刊物还是得以保存下来，在抗战中得以继续发挥舆论斗争阵地的作用。抗战前生活书店出版的图书种类也是比较丰富的，尤其是文学艺术类图书最多。总体来看，抗战前 5 年时间内，虽然这个阶段大部分时间邹韬奋流亡海外，归国后也忙于创办《大众生活》和《生活日报》，"七君子事件"后又身陷囹圄，直到抗战爆发后才被释放出来，因此抗战前生活书店的具体事务主要由徐伯昕在主持，但徐伯昕坚持邹韬奋既定的宗旨和方针，采取一系列适合自身实际而富有特色的经营管理方略，使生活书店的出版发行业务得到了较快的发展，取得了比较突出的成就。所出版和发行的这些书刊在宣传马列主义和社会主义思想、传播进步文化方面起了巨大的作用。

---

① 抗战从 1937 年 7 月 7 日开始，原则上应该将 1937 年 7 月 7 日以前生活书店所出版的图书加以统计，但可资参考的资料将生活书店所出图书出版时间只标明年份，没有到月，因此本表在统计时无法加以精确的区分，同时 1937 年所出图书大部分是关于抗战的图书，所以本表不计入 1937 年生活书店所出版的 162 种图书（见钱小柏、雷群明《韬奋与出版》之附录四《生活周刊社及生活书店出版的图书目录》第 225~228 页），而将它算作抗战后生活书店所出版的图书，特此说明。

第五章 抗战时期对生活书店的战时经营管理

抗战时期尤其是抗战前期，由于国共合作的实现，政治环境相对宽松，邹韬奋得以公开自由活动，因此，从1937年抗战爆发到他流亡到香港之前，他都能坐镇生活书店总管理处，亲自指导生活书店的经营管理业务。但是，抗战爆发后又使生活书店面临着更为复杂恶劣的战时环境，为适应复杂恶劣的战时环境，邹韬奋带领其他负责人对生活书店的经营管理方略进行了许多调整，采取了许多符合战时需要的措施，因此，在抗战前期，生活书店不但没有萎缩，反而得到了很大的发展，为当时的抗战做出了很大贡献。

生活书店的发展壮大，使国民党当局感到恐慌，在对邹韬奋威逼利诱难以奏效的情况下，国民党当局对生活书店横加摧残，邹韬奋在抗争难以保全的情况下，只能流亡到香港继续从事他的新闻出版事业。

第一节 健全组织机构与发展店内言论机关

抗战爆发后，随着生活书店的不断发展和业务范围的扩大，生活书店原来的一些制度和组织机构已经难以适应形势发展的需要，为此，邹韬奋和生活书店的其他负责人对生活书店的内部进行了一系列整顿和调整。

一 成立总管理处和区管理处

抗战爆发以后，生活书店开设的分支店越来越多，为了加强对分支店的领导，生活书店临时委员会决定成立总管理处，自1938年8月起将总店改为总管理处。为了使职工明白总管理处设置的原因，邹韬奋特别在《店务通讯》上撰文加以详细说明："本店在组织系统上原来只有总店和分店（支店和办事处当然在内以下相同）并无所谓总管理处（下简称总处）。自总店从上海移到汉口后，才想出总处的办法来。简单说来，有两个主要的原因，第一是因为总店因抗战形势的变动，地址也随着时局有所变动，由上海移到汉口时，已把汉口分店合并起来，如将来移到别处，势必也把其他各该地的分店合并起来，这于其他各分店在组织和工作上是很不便的，所以为各地分店在组织和工作的一贯及便利计，索性将总店改为总处与直接有门市的各分店不相混，这样一来总处尽管依事实上的需要而迁移地点，于各分店的组织和工作并不致相混。第二是因为分店逐渐加多，综合的事务也逐渐加紧，在客观的需要上，也有总处做中枢的必要。为了这两个原因，本店的总处便成立了。"① 邹韬奋指出总管理处和以前总店的不同之处在于："（一）把门市部归并于所在地的分店；（二）其他部分的工作因分店的增加而较前扩大复杂起来。总处目前的组织分五部：（一）总务部；（二）主计部；（三）营业部；（四）编辑部；（五）出版部。这五部的工作，都是综合整个本店（即包括各分店等机构）的工作，注重提纲挈领的效用。它和各地分店的异点只是责任和工作上的范围有广狭之分，而在性质上还是同样地为整个的本店工作和事业而努力。"② 邹韬奋将总管理处成立的主要任务概括为："注意本店各部门整个计划的规划与全盘中各项工作的考核指导与调整。一方面尽量容纳各分店工作同志的合理的意见，一方面尽力帮助各分店工作同志解决困难问题。"③ 1938 年 8 月 1 日起，总管理处便迁至重庆冉家巷 16 号，总管理处是管理生活书店全局的领导机构，充实干部是加强领导工作的重要环节，为了加强总管理处的力量，总管理处从各分店抽调了一些干部到总管理处加强力量，如陕西分店经理张锡荣和贵阳分店经理邵公文等就先后被抽调到总管理处工作。

抗战前期，随着生活书店业务的不断发展，到 1939 年前后，生活书店在全国各地的分支店达到 57 个④，总管理处的业务又过于繁重，无法适应形势了，1939 年 1 月，总管理处"为整个店务的便于执行计，设西南区管理处及东南区管理处，主持各该区内的造货、发货及存货等等事务"⑤。1939 年 3 月第 5 届常务理事会举行会议，决定简化总管理处的机构，充实

---

① 北京印刷学院、韬奋纪念馆编《〈店务通讯〉排印本》，上册，第 116 页。
② 北京印刷学院、韬奋纪念馆编《〈店务通讯〉排印本》，上册，前引书，第 117 页。
③ 北京印刷学院、韬奋纪念馆编《〈店务通讯〉排印本》，上册，前引书，第 117 页。
④ 参见生活书店史稿编辑委员会编《生活书店史稿》，前引书，第 437 页。
⑤ 北京印刷学院、韬奋纪念馆编《〈店务通讯〉排印本》，上册，前引书，第 336 页。

东南和西南两个区管理处,并相应地提高区管理处的职权。① 此次会议后,区管理处又担负了指导、协调区内分支店工作的任务。西南区管理处设在桂林,负责指导和协调广西、广东、湖南、云南四省分支店的工作。东南区管理处设在香港,负责指导和协调香港、浙江、福建沿海地区分支店以及香港和新加坡两个海外分店的工作。直到 1940 年 8 月,因两个区内的分支店都不存在了,两个区管理处才被撤销。

生活书店设置总管理处和区管理处,有利于对生活书店的整个事业进行统一规划,有利于对书店各项工作进行统一的考核、指导与调整,也有利于统一协调书店各分支店的关系,使生活书店各部门能够"分工合作、和衷共济",既便于管理,又提高效率。

二 历次社员大会召开时间和顺序的补正

按照《生活出版合作社章程》的规定,生活书店每年都要举行社员大会,改选新的领导机构并讨论其他重大事务。据《生活书店史稿》后的《生活书店大事记编年》记载,生活书店从 1933 年 7 月 8 日在上海召开第 1 次社员大会以后,于 1935 年 11 月 9 日在上海青年会召开第 2 次社员大会,于 1936 年 8 月 31 日在上海召开第 3 次社员大会,成立临时管理委员会,于 1939 年 1 月 24 日在重庆召开第 5 次社员大会,于 1940 年 3 月 20 日在重庆召开第 6 次社员大会。② 这中间缺少第 4 次社员大会的记载,对于以"出版合作社"为组织形式的生活书店来说,社员大会是非常重要的一件事情,而《生活书店史稿》正文以及后面的《生活书店大事记编年》竟然漏记,这到底是怎么一回事呢?

笔者在仔细阅读了《生活书店史稿》和生活书店的内部刊物《店务通讯》以后,发现《生活书店大事记编年》中关于生活书店历次社员大会召开时间的记录存在一些错误。在《店务通讯》第 38 号上面有生活书店职员宝珣③(即黄宝珣)的一篇文章:《渝地社员大会记》,该文章当中有两

---

① 参见生活书店史稿编辑委员会编《生活书店史稿》,前引书,第 363 页。
② 参见生活书店史稿编辑委员会编《生活书店史稿》,前引书,第 343~388 页。
③ 黄宝珣当时是生活书店总管理处下属机构秘书处的秘书,她当时的身份可参见《店务通讯》第 37 号上的《总管理处各部科员工一览》。她于 1928 年即进入《生活》周刊社工作,后来一直工作到生活书店被封闭到只剩重庆的总管理处和重庆分店,后来她在 1942 年创办耕耘书店。因此她的这两段回忆文字应该真实可信。她的经历可参见《黄宝珣和她的耕耘出版社》一文,见姜德明主编《倪墨炎书话》,北京出版社,1998,第 160 页。

段这样的文字：

"生活出版合作社是在廿二年七月成立的，照章每年须举行社员大会一次，过去因上海环境特殊，不允许我们有这种开会举动，为了适应当时环境，故于廿五年八月份卅一日召集临时社员大会，组织临时委员会，代表理监人事委员执行一切职务，这'临委'已临了二年五个月，直到最近，可告一段落。

记得第一次成立大会在上海环龙路，第二次大会在上海福州路，第三次在上海八仙桥青年会，第四次在上海四川路青年会（是临时会），想不到在国步艰危的今日得在重庆武库街分店举行社员大会，出席的社员约有四分之一。"①

这两段话明确地记述了生活书店前四次社员大会（含临时会）召开的地点，也点出了第一次和第四次社员大会（临时会）召开的时间，以此两段文字与《生活书店大事记编年》中关于历次社员大会召开时间的记录进行对比我们就可以推断出《生活书店大事记编年》中的记载存在错误和遗漏，它把第三次和第四次开会的时间弄错了，而真正遗漏了第二次大会的时间。根据这两段文字，我们可以推断出生活书店前四次社员大会的时间和地点应该是：1933 年 7 月 8 日在上海环龙路召开第一次社员大会，1934 年（具体月、日目前无法查考）在上海福州路召开第二次社员大会，1935 年 11 月 9 日在上海青年会所在地召开第三次社员大会，1936 年 8 月 31 日在上海四川路青年会所在地召开第四次社员大会（是临时会）。1939 年 2 月 24 日在重庆召开第 5 次社员大会②，《生活书店大事记编年》中关于第 6 次社员大会召开时间和地点的记录与《店务通讯》上的记载一致。③

从宝珣的两段文字可以看出，1936 年由于反动派的压制，当时上海的环境已经不允许生活书店能照常召开社员大会，因此生活书店只能于 1936 年 8 月 31 日在上海四川路青年会召集临时社员大会，组织临时委员会，代表理、监人事委员会执行一切职务，后来抗战爆发，这个临委会一直存在

---

① 北京印刷学院、韬奋纪念馆编《〈店务通讯〉排印本》，上册，前引书，第 392 页。
② 第 5 次社员大会召开的时间在《生活书店史稿》第 139 页的记载也为 1939 年 2 月 24 日。
③ 参见北京印刷学院、韬奋纪念馆编《〈店务通讯〉排印本》，下册，前引书，第 1274 页。

到 1939 年 1 月生活出版合作社第 5 次社员大会的召开。

三 指导社章的修改和领导机构新成员的选举

抗战全面爆发后，邹韬奋和生活书店其他领导人对社章的修改，领导机构成员的改选一直都非常关注，并经常发动书店员工关注社章修改和领导机构成员改选的工作，在抗战前期，邹韬奋领导生活书店的员工成功地修改了社章，并成功地在 1939 年和 1940 年分别举行了生活书店第 5 次和第 6 次社员大会，选举了新的领导成员。按照社章的规定，1937 年就应该召开第 5 次社员大会，但 1937 年抗战爆发后，生活书店的总店一直处在转移的过程中，直到 1938 年生活书店在重庆成立总管理处后，才有条件筹备和召开社员大会，选举新的领导机构成员。在第 5 次社员大会召开以前，生活书店已经发动全体同人参与修改社章的工作。随着生活书店事业的发展与壮大，在全面抗战的新形势下，1933 年 7 月生活书店第一次社员大会通过的《生活出版合作社章程》已经有很多内容不适应新形势的需要了。1938 年 4 月 16 日，生活书店便向各分支店及办事处发出新的社章草案，要求全体同人参与对社章草案的讨论，并要求将讨论结果于 1938 年 5 月 10 日左右寄交汉口的生活书店总店，以便进行第二次讨论和选举。① 邹韬奋在《迅速扩展后的积极整顿——向同人提出一个具体的建议》一文中表达了从速修改社章，健全组织的希望："我在目前所要努力办到的是督促总处总务部，在尽可能的速度内，把选举办好，使比较健全的组织赶快成立，使比较精密的新章赶快实行。我希望至迟在本年十月内使这件事告成。"②

生活书店的同人对新的社章草案提出了比较多的意见，其中讨论较多、问题最为突出的是雇员转为社员的问题。1936 年下半年前后，生活书店由于业务发展，不得不招进大量的新人做工作，但是当时邹韬奋等书店负责人时常听到谣言说国民党的特务想在生活书店招请职员，暗中利用他们的人混入，借机进行捣乱和破坏，鉴于当时复杂的政治环境，生活书店临委会于 1936 年 9 月 24 日做出决议："从该月以后新来的同事，都用'雇员'的办法，与新社员的增加无关。进来时说明先试用三个月，随后再试

---

① 参见北京印刷学院、韬奋纪念馆编《〈店务通讯〉排印本》，上册，前引书，第 79 页。
② 北京印刷学院、韬奋纪念馆编《〈店务通讯〉排印本》，上册，前引书，第 108 页。

用六个月,最后再试用一年,在这一年零九个月的试用期内,都是试用雇员。一年九个月的试用期满后才是正式雇员,或简称雇员。"① 但是,根据这个决议,这些雇员却永远不得做社员。

生活书店临委会的这个决议,到 1938 年讨论修改社章时,由于环境的变化,显然已经不适应生活书店发展的需要,因此许多同人都对此条决议提出质疑,要求在新的社章中对此项决议加以修正。《店务通讯》上的一系列文章,如逖生(艾寒松的笔名)的《整理了同人对社章修正案意见以后》(《店务通讯》第 23 号)、冯一予的《我对于调整"雇员—职员—社员"必须要经过审查的一点意见》(《店务通讯》第 25 号)和邵公文等人的《我们对于健全组织、改进业务及调整人事的意见》(《店务通讯》第 27 号)等文章都对雇员转社员以及今后增加新社员的问题提出了自己的疑问或意见。为此,邹韬奋先后在《店务通讯》上发表了《一件过渡的调整工作的说明——关于雇员与新社员》(《店务通讯》第 23 号)、《关于增加社员的调整工作——为什么和怎么办》(《店务通讯》第 24 号)、《社员和非社员的同点和异点——同为文化事业努力一则》(《店务通讯》第 25 号)、《关于增加新社员的问题》(《店务通讯》第 28 号)等文章进行反复的解释和说明。经过书店全体同人反复的讨论和修正,最后临委会在 1938 年 10 月 11 日开会做出决定:"取消二十五年九月二十四日本会第一次常会所规定之'添用新同人,作为雇员办理',凡二十五年九月二十四日以后进店之同人,一律改称职员(内分 1. 试用职员 2. 聘用职员 3. 特约职员)。"② 这项决议实质上是表明自此后生活书店同人主要有职员和社员两种身份性质(还有短期或约来担任某特殊任务的职员则称为"特约职员",但是人数非常少),而取消了雇员名称的说法。而按照社章的相关规定,职员在符合相关条件后便可顺利转为社员,这些相关修正后的决议,还可加入新社章草案。③ 1938 年 11 月 1 日生活书店临委会便通过决议,决定徐植璧、邵峻甫、杨永祥等 30 人成为正式职员并晋升为社员。④

经过广大社员的反复讨论和书店负责人的多次修正,1939 年 2 月 24

---

① 北京印刷学院、韬奋纪念馆编《〈店务通讯〉排印本》,上册,前引书,第 128 页。
② 北京印刷学院、韬奋纪念馆编《〈店务通讯〉排印本》,上册,前引书,第 245 页。
③ 参见北京印刷学院、韬奋纪念馆编《〈店务通讯〉排印本》,上册,前引书,第 203~205 页。
④ 参见北京印刷学院、韬奋纪念馆编《〈店务通讯〉排印本》,上册,前引书,第 277 页。

日生活出版合作社第 5 次社员大会通过新的社章共 62 条,并通过黄任之、沈钧儒、江问渔、杨卫东四人为名誉社员。①这次通过的新社章,对原来争议最大,反复讨论并最终修正的新社员入社时间的方案,在新社章中也得到很好的体现,"新社章通过之后,一个新同事只要经过半年的试用之后,就能获得准社员的资格,再正式任职半年,经过审查就是一个社员了。(以前有一个时期,试用要一年九个月,后又曾改为试用一年)"②。但该社章在第 6 次大会时又被进行修订,因此 1940 年 3 月 20 日第 6 次社员大会通过的新社章为 61 条,共分为 10 章,与 1933 年最初的社章相比,此时的社章的条文更多,相关事项规定得更为详细,如 1940 年新社章的第六章"监察委员会"的规定达 4 条约 370 个字,而 1933 年老社章第 5 章"监察人"的规定只有 2 条约 42 个字。1940 年新社章对社股、社员权利与义务更是分别单独列章,详细加以规定和说明。③《生活出版合作社章程》的不断修改和完善,更加有利于生活书店制度和组织的完善和健全。

邹韬奋在指导社章修改和完善工作的同时,他对生活书店第 5 届领导机构的选举工作也进行了关注和指导。为了做好领导机构的选举工作,他接连在生活书店的内部刊物《店务通讯》上发表相关文章,提出自己对选举问题的看法和建议。1938 年 10 月 8 日发表在《店务通讯》第 29 号上的《理想与现实——关于整顿社务店务的感想》一文中,他表达了通过选举来充实干部,健全组织,加强集体力量的愿望:"赶快办理改选,充实干部,用集体的力量来整理并发展本社的文化事业,我时时在渴望看到改选后的新的阵容,由这新的阵容表现出更健全的组织,更充实的力量。"④1938 年 11 月 19 日发表在《店务通讯》第 31 号上的《对于本届选举的希望》一文中,他要求社员在选举的时候要"注意本社事业上对内对外所特别需要的人才,而不可囿于个人间的'交情'。我们的眼光要放大,放在我们大家所共同努力的整个事业的需要上面,而不可把眼光缩小,缩小在个人间的'交情'上面"⑤。1938 年 12 月 24 日发表在《店务通讯》第 33 号上的《适应大时代的文化工作》一文中,他认为没有健全的干部,那么

---

① 参见北京印刷学院、韬奋纪念馆编《〈店务通讯〉排印本》,上册,前引书,第 390 页。
② 北京印刷学院、韬奋纪念馆编《〈店务通讯〉排印本》,上册,前引书,第 434 页。
③ 参见《生活出版合作社章程》,《出版史料》2004 年第 3 期。
④ 北京印刷学院、韬奋纪念馆编《〈店务通讯〉排印本》,上册,前引书,第 218 页。
⑤ 北京印刷学院、韬奋纪念馆编《〈店务通讯〉排印本》,上册,前引书,第 260 页。

组织的合理化就只是一个空架子，不会有实质的东西。因此他要求同人在选举时"对于人选，要从发展本社文化事业上的需要加以慎重的考虑。干部的充实，选举亦有关系"①。

生活书店第 5 届领导机构新成员的选举工作，在 1938 年 11 月间就正式开始了，而社员大会却到 1939 年 2 月 24 日才举行，这是因为当时生活书店已经有了很多分支店和办事处，而战时交通阻隔的关系，不可能举行全体社员大会，对于领导机构成员的选举，只能采取"通讯选举"的方式。各分支店和办事处的社员把自己的选票填好后，再寄送到重庆的总管理处。1939 年 2 月 24 日，生活书店临时委员会决定在重庆召开渝地社员大会，举行选举，并揭晓各地寄送过来的通讯选举票。在大会召开之前，邹韬奋根据"'包括各方面'，'能够设计及计划'及'孚众望'的原则，准备了自己的名单，并把这个原则和名单介绍给大会，以供参考"②。

第 5 届社员大会选举的理事为："杜重远、胡愈之、王志莘、张仲实、沈钧儒、甘遽园、李经安、王太来、金仲华、邹韬奋、徐伯昕共 11 人为理事。（邵公文原当选，因体弱辞职）。"选举的人事委员为："范广桢、孙明心、张又新、华风夏、薛迪畅、顾一凡、艾逊生、袁信之、张锡荣。（吴全衡票数与范广桢、孙明心同，自动弃权）。"选举的监察委员为："张子旻、陈其襄、杜国钧"③。4 月 28 日，理事会举行成立大会，"选举邹韬奋、徐伯昕、沈钧儒、金仲华（艾逊生代）、张仲实（邵公文代）李济安为常务理事，徐伯昕主席、金仲华秘书，并选举邹韬奋为总经理，徐伯昕为经理"④。5 月 8 日，人事委员会举行成立大会，邹韬奋当选主席，张锡荣当选书记。⑤

生活书店第 5 届选举结束后，邹韬奋又在《店务通讯》第 38 号上发表题为《本届选举的感想——应有的正确认识与将来的准备》的文章。文章总结了生活书店第 5 届选举工作的成绩，但他更多地指出了选举中所存在的问题，尤其是选举准备工作的不足。在此文中他特别提出了选举应该事先提出候选人以利于选举的办法："我们必须在事前大家商定根据几个

---

① 北京印刷学院、韬奋纪念馆编《〈店务通讯〉排印本》，上册，前引书，第 303 页。
② 北京印刷学院、韬奋纪念馆编《〈店务通讯〉排印本》，上册，前引书，第 388 页。
③ 北京印刷学院、韬奋纪念馆编《〈店务通讯〉排印本》，上册，前引书，第 390 页。
④ 北京印刷学院、韬奋纪念馆编《〈店务通讯〉排印本》，中册，前引书，第 521 页。
⑤ 参见北京印刷学院、韬奋纪念馆编《〈店务通讯〉排印本》，中册，前引书，第 538 页。

什么原则提出候选人，用什么方法提出，用什么方法容许大家对于候选人发表意见。……对于这一点，本届还做得太不够，我们以后还须共同努力。在下届选举以前，我们大家对这件事要给予更充分的注意。"① 邹韬奋建议在选举以前提出候选人名单，以供社员们参考的做法，得到了生活书店其他负责人的认同，邵公文在《本届选举的经验与教训》一文当中便认为这对于选举的结果有良好的影响，只是提出得太迟了。②

1940年3月20日，生活书店召开第六届社员大会，进行第六届选举。在选举进行前，为配合第六届的选举，《店务通讯》特别推出了第82号附册作为第六届选举的特刊。在这期特刊里，邹韬奋所写的《关于本届选举的重要说明》特别介绍了生活书店第六届选举的一个新特点："就是由理事会、人事会及监察委员会联席会议提出供同人参考的候选人名单。"邹韬奋告诉全体同人候选人名单的出台是经过审慎考虑的："先由理事会推定三位理事组织一个小小委员会，拟定'候选人应具备的条件'，提交理事会斟酌修改，经理事会、人事委员会及监察委员会联席会议同意。（'候选人应具备的条件'另见本期本刊）其次由理事会推出二人，人事委员会推出二人，监察委员会推出一人，共五人组织委员会，根据所规定的'条件'及整个事业所需要，拟定候选人名单，提交三个机构联席会议，针对所规定的'条件'，按名加以检讨。当联席会议开会时，遇到名单中有座中人的姓名，即须离席回避，以便他人可以坦白评判，以示公允。（惟一例外是在座年高德劭的沈钧儒先生，因全体对他表示特别崇敬，得免离席）现在公布的名单，就是经过这样的手续所规定出来的。"③ 为了社员的选举权利的真正实现，邹韬奋在文中也特别声明候选人名单没有指定或指派的意思，只是供同人参考，选举时同人也可以不选举名单中所列的人名。

为了让书店同人对第六届选举有一个全面的了解，《店务通讯》第82号附册还刊出了《社员之权利与义务》《候选人应该具备的条件》《关于下届选举的筹备经过》《本届理事、人事委员会、监察委员会》《第六届候选人之介绍》等文章对第六届的选举工作进行介绍。其中《第六届候选人

---

① 北京印刷学院、韬奋纪念馆编《〈店务通讯〉排印本》，上册，前引书，第390页。
② 参见北京印刷学院、韬奋纪念馆编《〈店务通讯〉排印本》，上册，前引书，第389页。
③ 北京印刷学院、韬奋纪念馆编《〈店务通讯〉排印本》，下册，前引书，第1131、1132页。

之介绍》一文将36位候选人在店服务成绩及其对店之贡献进行了详细的介绍。并在文后附有"选举须知":"一、社员均有选举权和被选举权。二、选举方法系采取记名投票直接之方式。三、选举理事十一人、人事委员九人、监察委员三人。四、总经理及理事会主席均由理事会产生,并参加人事委员会。"① 这个"选举须知"告诉了社员怎样行使自己的选举权和被选举权。在邹韬奋的指导下,第6届社员大会的选举工作比第5届有了很大的改进,主要是选举前的准备工作做得非常充分。

第六届选举主要还是采取通讯选举的办法,各分支店及办事处的社员将选票寄送到总管理处,再由在渝社员于1940年3月20日举行大会,统计选票。第六届选举选出徐伯昕、邹韬奋、沈钧儒、胡愈之、杜重远、王志莘、沈志远、金仲华、李济安、艾寒松、王太来11人为第六届理事会理事,选出甘遽园、柳湜2人为候补理事。选出诸祖荣、张锡荣、邵公文、胡耐秋、薛迪畅、袁信之、张又新、莫志恒、孙明心9人为人事委员会委员,选举华风夏、黄宝珣2人为候补人事委员。选出毕云程、张子旻、陈其襄3人为监察委员会委员,选举严长庆、廖庶谦2人为候补监察委员。② "5月,理事会和人事委员会分别开会,选举邹韬奋、徐伯昕、沈志远、胡愈之、李济安5人为常务理事,邹韬奋为理事会和人事委员会主席,徐伯昕为总经理。"③

1940年8月,生活书店因为抗战期间敌机经常轰炸重庆,理事会、人事委员会和监察委员会分别开会比较困难,同时也为了更迅速、更灵便地执行领导任务,生活书店决定将三个机构组成联席会议,同时由三个机构推出代表组成联席会议常务委员会。邹韬奋在《店务通讯》第99号上发表《领导机构的改革》的文章,详细地对这个改革进行了说明,并认为这种做法有增加集体领导效率但不违背民主原则、充分收到分工合作效用的优点。④ 但是对于此次改革,生活书店的同人仍然有些疑问,因此邹韬奋又在《店务通讯》第107号上发表《关于联席会议的几点说明》的文章,

---

① 北京印刷学院、韬奋纪念馆编《〈店务通讯〉排印本》,下册,前引书,第1141页。
② 参见北京印刷学院、韬奋纪念馆编《〈店务通讯〉排印本》,下册,前引书,第1274～1277页。
③ 生活书店史稿编辑委员会编《生活书店史稿》,前引书,第177、178页。
④ 参见北京印刷学院、韬奋纪念馆编《〈店务通讯〉排印本》,下册,前引书,第1434、1435页。

从 5 个方面回答了同人的疑问，他认为联席会议的设置没有违反社章的精神和有关规定，也没有削弱理、人、监三个机构的职权，相反，这个改革是在"不违反社章的大原则下，作为比较灵活的运用，以求有裨于店的业务"①。

邹韬奋对生活书店选举工作及机构改革的重视和指导，有利于书店选举工作的顺利进行，通过选举，很好地充实了书店的领导机构，健全了生活书店的组织。生活书店能够在全面抗战爆发后，在国民政府对生活书店不断进行打压的复杂环境中生存和发展，这与生活书店通过民主选举出来的强有力的领导机构是分不开的。生活书店民主选举的成功，与邹韬奋对民主选举的积极探索和实践又是分不开的。

四　指导建立三个基层组织系统

在 1939 年生活出版合作社第五届选举即将告竣的时候，邹韬奋在《店务通讯》第 37 号上发表《怎样严密我们的组织》的文章。邹韬奋在文中指出，选举领导机构的新成员，完善领导机构是很不够的，这仅仅是最高干部组织的完善。要在组织里多多容纳或反映全体社员和同人的意见，使全体同人的意见得到最大可能的沟通，就必须进一步注意全体群众的基层组织。

（一）强调三个系统的重要性

邹韬奋在这篇文章当中提出了三个系统同时并存以便发挥各自特殊效用的构想："第一个系统是职务的组织（后来改称为业务系统），有总经理、经理、各部主任、各科主任以及一般的职员。在总管理处之外还有区管理处及各分店负责人等。这一系统是应本店职务上的需要而建立的，这是我们原有的组织。我们应该还要使它充实，使它的工作更有效率。第二个系统是全体同人的小组。应该把我们原有的自治会改善充实起来，来担当这一方面的任务。以后每个同人都应该加入自治会，自治会应有小组的组织，各组选举出组长组成组长会。全体同人的意见可由小组反映到组长会议，通过组长会议达到人事委员会和理事会。店的政策和方法，也可

---

① 北京印刷学院、韬奋纪念馆编《〈店务通讯〉排印本》，下册，前引书，第 1626～1628 页。

以通过这个同人的组织而普达与同人，关于同人福利及自我教育，都由这一系统的组织特别负起责任。第三个系统是社员的小组，也应该由小组选出组长，组织组长会。本系统小组的重要任务是研究任务，沟通关于重要社务的意见，传达社务的重要政策和方针，业务比较简单。以往社员举出理事会和人事委员会之后，就没多多顾问社务的群众本身组织，有这个系统，可以补救这个缺憾了。"[1]邹韬奋认为这三个系统的组织是"三位一体"的，三个系统上面的最高机构是理事会与人事委员会。组建这三个系统的主要目的是要多多反映基层全体同人及社员的意见，沟通最高干部与全体同人及社员的意见，更充分地实现生活书店民主集中化的精神。

1939年2月24日在重庆分店举行社员大会时，邹韬奋在致开会辞的过程中又谈到了确立三个系统的问题，并在《怎样严密我们的组织》一文的基础上有所发挥。[2] 1939年3月11日，邹韬奋在《店务通讯》第39号上发表的《我们最须练习的一件事》一文中，再次谈到了三个系统的组织，在此文中他认为三个系统的组织"不但须能反映群众的批判和要求，同时还须共同想办法"[3]。在邹韬奋的大力提倡下，生活书店决定成立三个系统的组织，由于"职务上的组织已略具规模，其他两种系统的组织，还在胚胎期间"[4]。因此在1939年3月，生活书店总管理处拟定了同人自治会组织条例及本社小组会组织条例，并经临时委员会通过加以实施。[5] 而后两种条例随《店务通讯》第42号分发到各分支店及办事处，要求书店同人加以参阅和施行。[6]

为了加强生活书店同人对三个系统的认识，更好地促进三个系统的建立和健全，1939年4月8日《店务通讯》第43号上集中发表了书店负责人邹韬奋、徐伯昕、邵公文、张锡荣四人的文章，从多个角度对三个系统加以介绍。邹韬奋的文章《对于细胞组织的一切期望》指出这些细胞组织（三个系统的组织）的作用"是要在原则的规定和执行，民主纪律的规定和维持，以及同人福利的保障和增进，都可有很大的贡献"[7]。他希望书

---

[1] 北京印刷学院、韬奋纪念馆编《〈店务通讯〉排印本》，上册，前引书，第367、368页。
[2] 参见北京印刷学院、韬奋纪念馆编《〈店务通讯〉排印本》，上册，前引书，第393页。
[3] 北京印刷学院、韬奋纪念馆编《〈店务通讯〉排印本》，上册，前引书，第404页。
[4] 北京印刷学院、韬奋纪念馆编《〈店务通讯〉排印本》，上册，前引书，第404页。
[5] 参见北京印刷学院、韬奋纪念馆编《〈店务通讯〉排印本》，上册，前引书，第440页。
[6] 参见北京印刷学院、韬奋纪念馆编《〈店务通讯〉排印本》，上册，前引书，第465页。
[7] 北京印刷学院、韬奋纪念馆编《〈店务通讯〉排印本》，上册，前引书，第465、466页。

店的工作人员有好的办法和想法，要利用细胞组织尽量贡献出来，他认为有了健全的细胞组织，就能在"充分反映同人的意见，增加事业效率、保障同人福利"①等方面发挥积极有效的作用。他要求生活书店的同人要以诚恳、热烈、大胆和学习的心情与态度去参加细胞组织。

（二）帮助组建三个系统并发挥其功能

生活书店社的小组是由社员组成，帮助社务能正确执行、严密社的组织的细胞组织。社的小组主要是通过社员小组会来运作的，它是理事会的群众基础，理事会可以依靠它来正确执行任务："一切重要的方针与方法，通过了小组会，能够充分地顺利地实现起来，理事会可以随时考虑社员提出的问题，正确把握社员的要求，保证正确的领导。"②

在三个系统的组织中，业务系统是比较健全的一个系统，它在生活书店成立总管理处以后变得更为繁复："总管理处自总经理、经理以下，设秘书处及总务、生产、营业、服务四部，每部得视实际需要而增设各科；同时在东南、西南两区成立区管理处，管理各分支店的业务，此外另组编审委员会，也同样在东南和西南两地成立编委会分会，计划生产和编审工作。……为适应实际的需要，在总处先后组织了科务会议、业务会议和编审会议，分店则陆续组织店务会议、部务会议和总务会议。"③ 业务系统内这些会议的内容主要是讨论各部门的工作计划，报告和检讨各部门的工作实施情形以及讨论业务上的各种问题。这些会议更多的是包含了教育意义，通过这些会议来提高生活书店一般同人的工作技术水准。

生活书店的同人自治会组织在 1937 年 11 月间上海总店的许多同人到达汉口以后便开始成立了，但是当时的组织形式是散漫而不严密的。发展到重庆的自治会，在组织形式和内容方面有了长足的进步，但是生活书店对他采取的是让它自生自灭的态度，生活书店各地分店的组织和发展情形也很不一样，有些甚至是没有。第五届社员大会结束后，在邹韬奋的倡导下，生活书店出台的同人自治会组织条例的"第一条就规定一地只要有三个人，就'均须'组织自治会，这就是说，这是强迫的，一定要组织起来

---

① 北京印刷学院、韬奋纪念馆编《〈店务通讯〉排印本》，上册，前引书，第 465、466 页。
② 北京印刷学院、韬奋纪念馆编《〈店务通讯〉排印本》，上册，前引书，第 472 页。
③ 北京印刷学院、韬奋纪念馆编《〈店务通讯〉排印本》，上册，前引书，第 467 页。

的。第二条更规定了自治会直接由人事委员会领导"①。自治会的任务主要是使生活书店同人的生活健全起来,帮助书店完成对同人的教育工作、训练工作和组织工作。它是人事委员会执行职权所依靠的主要力量,也是一个集体监督社章正确执行的机关。它在组织形式上主要是小组会、干事会,生活书店的每一个人都要参加小组会,小组会每星期要召开一次。同人小组干事会由自治会的同人选出干事若干人组成,它的任务是领导及辅助各小组。② 为了使书店同人克服弱点,真正进步,自治会条例第十三条还规定"每一工作人员的工作、学习、生活状况,每三个月要做成报告。这个报告的内容是要由每个人的实际行动去填上去的"③。这个规定的目的也是在于鼓励自治会的成员只要进步不要落后。

邹韬奋对于同人自治会的工作一直给予热情的支持,他本人也积极参与。1939年4月,在重庆总处、重庆分店以及桂林分店成立同人小组干事会或同人小组以后,他又提出一些意见供各地同人小组干事会参考并对之给予深切的期望:"第一,干事会对于发挥民主集中精神的重大责任。我们所以要有同人小组的组织,最重要的目标就是要更充分发挥民主集中的精神。因为要充分发挥民主的精神,所以要通过小组来充分集思广益,尽量反映同人的公意……第二,干事会负有充实小组内容的责任……第三,干事会须有充分的创造精神。"④ 在邹韬奋的推动下,生活书店同人自治会所开展的活动是比较多的,它对于生活书店的民主管理、同人的团结及工作与生活质量的提高,起到了很好的推动作用。

五 《店务通讯》:"我们的言论机关"

《店务通讯》是生活书店在抗战前期所创办的一个内部刊物,它从1938年1月22日创办直到1941年1月31日停刊,前后共出了108期。邹韬奋对《店务通讯》的编印非常重视,他本人也利用《店务通讯》为阵地,经常在上面发表文章,借以加强店内的沟通和交流,指导生活书店的

---

① 北京印刷学院、韬奋纪念馆编《〈店务通讯〉排印本》,上册,前引书,第469页。
② 北京印刷学院、韬奋纪念馆编《〈店务通讯〉排印本》,上册,前引书,第497页。
③ 北京印刷学院、韬奋纪念馆编《〈店务通讯〉排印本》,上册,前引书,第470页。
④ 北京印刷学院、韬奋纪念馆编《〈店务通讯〉排印本》,上册,前引书,第497、498页。

工作。

(一)《店务通讯》的创办、发展及停刊

《店务通讯》的远祖可以追溯到生活周刊社所创办的《社务月报》。当年生活周刊社为了业务上的发展，曾经也创办自己的内部刊物——《社务月报》，《社务月报》的任务比后来的《店务通讯》还重大，"它不单是作为社内对同人的业务上的指导，同时也分送给同业，作为商讨经营方针与联络同业的工具"①。《社务月报》对生活周刊社业务的进展，起到了相当大的推动作用，《店务通讯》的孕育与诞生，可以归功于《社务月报》的启示。

《店务通讯》于1928年1月22日在汉口出版，它创刊的动机非常简单，这从《店务通讯》第1号开篇的话里可以看出来："本店因分店及办事处的逐渐增多，营业的日益开展，同仁们都分散至各地工作，在业务计划与消息报道方面，除随时用通讯方法商洽外，似乎很少有系统的联络，所以想每周出版一次专供同仁阅览的'店务通讯'，来报告一些关于总店办事处的业务进行计划、出版界消息、文化人动态，以及各店和办事处的扩展情形、同仁的生活近况等等，使各地能经常的互通消息，多得联系，这次就是我们的开始，以后每逢星期六刊行一次，目前暂用油印，将来逐渐改进。"②很显然，"互通消息，多得联系"就是《店务通讯》创办的最初动机，也就是说，该内部刊物的创办，就是为了加强书店内部的沟通和交流。

初创时期的《店务通讯》，并未指定专人负责编印，只是由总务部的人负责搜集材料，负责编辑。《店务通讯》采用散张油印的办法，没有固定的形式，每周出版一期。初期的篇幅也不多，刊物上的内容大致可分为以下几栏："1. 一周动态，2. 业务研讨，3. 分店通讯，4. 出版消息，5. 同仁近况，6. 文化情报，7. 规章与统计及图表。"③汉店时期出版的《店务通讯》已经得到了一定的发展，各分店同人寄去了很多精彩的分店通讯支持《店务通讯》的编辑出版。④但此时的《店务通讯》还未引起邹

---

① 北京印刷学院、韬奋纪念馆编《〈店务通讯〉排印本》，下册，前引书，第1472页。
② 北京印刷学院、韬奋纪念馆编《〈店务通讯〉排印本》，上册，前引书，第1页。
③ 北京印刷学院、韬奋纪念馆编《〈店务通讯〉排印本》，上册，前引书，第8页。
④ 参见北京印刷学院、韬奋纪念馆编《〈店务通讯〉排印本》，上册，前引书，第84页。

韬奋的注意。

1938年8月邹韬奋因《全民抗战》迁到重庆出版而到了重庆。邹韬奋在这里渐渐感觉到《店务通讯》的重要性，觉得它应该承担"教育同人与沟通意见"的使命，在邹韬奋的重视下，《店务通讯》初创时期无定形的散张形式也改为单行本刊物，由总管理处指定专人负责编印，并且由徐伯昕写了"店务通讯"四个标准字印在封面上。① 此后的《店务通讯》，内容更加丰富起来，其中一个显著的变化就是生活书店的负责人如邹韬奋、徐伯昕、张锡荣、邵公文等人开始定期或比较多地在《店务通讯》上发表署名文章，借此指导书店的工作。编排形式改革，内容充实后的《店务通讯》越来越受到书店同人的欢迎和重视。

由于《店务通讯》上的内容涉及书店的内部事务以及业务上的一些机密，所以自第21号后，一些刊期的《店务通讯》会特别提醒书店同人注意："1. 本通讯专供同人阅览，请勿转示外人。2. 本通讯每期应由经理或负责人交与同人传看，看后每人签字，最后交由经理或负责人妥收保存。3. 本通讯关于计划及有关业务秘密部分，请勿宣泄。4. 本通讯有关营业上之具体办法请即分别切实实行，不再另行通知。5. 本通讯各栏，欢迎各地同仁投稿。"② 很显然，此时的《店务通讯》加强内部交流与沟通的功能进一步加强。但是，当时的《店务通讯》是只在生活书店内部传阅，不让外人阅读的，因此在外人看来有点"秘密"的意味，这甚至引起了国民政府当局的注意和误会，以至于1939年8月，国民党政府重庆某机关对生活书店颇为热心的朋友跑来告诉邹韬奋说当局的一个报告称："书店方面有一通讯，内容系指须保守秘密，现在时候尤须特别谨慎，以避免政府方面之捕缉，万一不幸，虽在严刑拷问之下，亦须咬紧牙关等等。"③ 为了减少不必要的"误会"和麻烦，《店务通讯》自第50号后，"在内容方面，在个别的字句方面已做到尽量避免误会，减少刺激，并且也由此而开始侧重于多多揭载事业修养与技术介绍的文章"④。《店务通讯》第51号也明确提出以后要多刊发业务方面的文章："本刊是实际经营业务的一面镜子，希望忠实地把实际经营业务的努力情形反映到本刊上来。直到现在，中国还

---

① 参见北京印刷学院、韬奋纪念馆编《〈店务通讯〉排印本》，上册，前引书，第1472页。
② 北京印刷学院、韬奋纪念馆编《〈店务通讯〉排印本》，上册，前引书，第114页。
③ 北京印刷学院、韬奋纪念馆编《〈店务通讯〉排印本》，上册，前引书，第1页。
④ 北京印刷学院、韬奋纪念馆编《〈店务通讯〉排印本》，上册，前引书，第1472页。

没有一本'出版业经营术'的著作出现,但本刊提供这本待孕育的著作以丰富的材料。希望能够成为业务上的、技术上的良好的参考读物,甚至必修课本。"① 事实上,自第 50 号以后,《店务通讯》确实发表了大量业务技术方面的文章。《店务通讯》百期纪念特辑有《百期来技术介绍索引》的表格,它统计了《店务通讯》创刊 100 期以来所发表业务技术方面的文章,共 57 篇,类别共 11 类,分为"分店——负责人须知""文书""编校·生产""会计""进货""批发""邮购""发行""栈务·核销""门市""推广""事务"。在这 57 篇业务技术类文章当中,第 50 号以后发表的占 51 篇②,可见《店务通讯》自第 50 号以后,业务技术类文章成为它刊发的一个重点。

1940 年春,抗战进入艰苦阶段,国民党当局也日益加紧对生活书店的迫害,生活书店的发展受到严重的影响,"为求紧缩节约起见,兹经总经理,经理考虑决定,自九十一期起,改为半月刊,每逢十五,卅日出版。"③ 原来负责编辑《店务通讯》的两人也抽出一人去做其他更紧要的事情。改为半月刊后,为了使各分店之间相互报道的消息和同人之间交换意见的机会不至于太少,《店务通讯》决定增强"分店近况"及"同人消息"两个栏目的地位,《店务通讯》编辑室为此要求书店同人对这两个栏目多投稿件。④ 总体来看,改为半月刊后的《店务通讯》更侧重于发表探讨工作技术方面的文章,当然,为了沟通与联络书店同人,《店务通讯》"曾特辟各地通讯与各地的工作指导来弥补专谈工作技术的沉闷的缺陷"。生活书店的同人也依然注重阅读该刊,一些在请假中与在养病中的同人也要求按期寄送该刊,可见它的影响依然是比较大的。⑤ 1941 年 1 月"皖南事变"发生后,生活书店各分支店及办事处被国民党当局全部封闭或查禁,只剩下重庆的总管理处与重庆分店,《店务通讯》已经失去存在的价值,它也随之停刊。

《店务通讯》前后共出版了 108 期,但是后来散落到各处,韬奋纪念

---

① 北京印刷学院、韬奋纪念馆编《〈店务通讯〉排印本》,中册,前引书,第 605 页。
② 参见北京印刷学院、韬奋纪念馆编《〈店务通讯〉排印本》,上册,前引书,第 1483~1485 页。
③ 北京印刷学院、韬奋纪念馆编《〈店务通讯〉排印本》,下册,前引书,第 1266 页。
④ 参见北京印刷学院、韬奋纪念馆编《〈店务通讯〉排印本》,下册,前引书,第 1320 页。
⑤ 参见北京印刷学院、韬奋纪念馆编《〈店务通讯〉排印本》,下册,前引书,第 1645、1646 页。

馆多方面搜集整理，于2007年与北京印刷学院合出了《〈店务通讯〉排印本》上、中、下三册，但是这个排印本还差9期（第5~8、10、15~18期）没有搜集齐全。

（二）利用《店务通讯》指导店务工作

邹韬奋对《店务通讯》的重视，是从他到重庆后才开始的，重视它的原因，邹韬奋说得非常明白："自八一三以来，我们的分店突然加多，干部也突然因事实上的需要而分散到各地上，于是彼此有许多思想难于沟通，我便渐渐感觉到'店务通讯'的重要。"①邹韬奋在这篇文章里明确表示他要经常地在《店务通讯》里写东西，并借《店务通讯》向散布在各地的书店同人提出意见，和同人们一齐讨论，同人们认为正确的意见或建议，他将负责督促实现，他希望每个同事都能看到每一期的《店务通讯》。

从《店务通讯》的第21号开始，邹韬奋在百忙中都要为《店务通讯》的"每周谈话"一栏撰写文章。邹韬奋不仅自己撰写文章，他还请徐伯昕、张仲实、艾逖生（即艾寒松）等人经常为《店务通讯》撰写内容注重解释店务与研究方法的文章。为了使各地分支店及办事处负责人真正重视《店务通讯》，支持《店务通讯》的编辑出版，邹韬奋特意致函各分支店经理及办事处负责人，在信中，他从四个方面对《店务通讯》的性质和内容进行了阐发："第一，'店讯'内所载，既有关本店之计划与各项工作之办法、通告，与各分店之工作有重要关系，且其中关于办法之登载即为各分店实施之根据，并不另有通告，所关尤为重要。……第二，过去'店讯'分发各地，份数太少，第22期将按各分支店人数比例，酌予增发。……第三，在第二十一期最后一张'注意'栏内的第四项说：'本通讯有关营业上之具体办法，请即分别切实实行，不再另行通知。'……第四，今后'店讯'要做到成为同人生活、思想、技术之教育训练的刊物，成为沟通同人意见，共同讨论本店业务的刊物。通过这个刊物，要将同仁为大众文化及民族解放而努力之目标统一起来，精神一致起来。因此，须请兄等经常负责向各同仁征求稿件；任何稿件，凡有益于团结同人、改进店务者均甚欢迎。特别请兄等多多贡献意见，将店务和'店讯'充实起来。"②

---

① 北京印刷学院、韬奋纪念馆编《〈店务通讯〉排印本》，上册，前引书，第107页。
② 北京印刷学院、韬奋纪念馆编《〈店务通讯〉排印本》，上册，前引书，第153、154页。

为了更进一步解决好同人认识、编辑以及阅读使用好《店务通讯》的问题，他在《店务通讯》第 46 号上又发表《我们的言论机关》的文章。邹韬奋在文中认为《店务通讯》是生活书店的言论机关之一，它是"注重社务和业务上的言论和公布的文件"①，同人应该加以充分的重视。

为指导店务工作，邹韬奋在《店务通讯》上发表署名韬奋的文章共 110 篇（包括邹韬奋与他人联合署名的提案和单独署名的声明②），《店务通讯》前后共出版 108 期，恰好是每一期有一篇多一点的文章。邹韬奋从第 21 期开始发表文章，基本上是每一期有一篇，从第 70 号开始有许多期都有两篇文章，从第 21 号开始的《店务通讯》，只有第 26、27、65、102、106、108 号上面没有邹韬奋的文章，可见邹韬奋是经常性地为《店务通讯》撰写文章，借以指导生活书店的店务工作。

邹韬奋在《店务通讯》上撰文指导店务工作，主要是从思想教育方面着手，侧重于宏观上的指导，他在《店务通讯》上发表文章所谈的内容大部分是关于事业管理与职业修养方面的，旨在对书店同人从思想上加以教育和指导，提高同人的思想认识以及个人修养和素质，而没有谈论具体业务技术知识方面的文章。他的朋友毕云程认为这些文章很有公诸社会，以供社会上其他机关以及一般社会青年参考的价值，建议邹韬奋选取一些篇目编辑成单行本。邹韬奋共选取 43 篇编成《事业管理与职业修养》一书。邹韬奋在《事业管理与职业修养》这本书中将所选取的文章依其性质大致分为四类："（一）关于民主与集中（13 篇），（二）关于干部与待遇（10 篇），（三）关于服务的对象与态度（11 篇），（四）关于工作与学习（9 篇）。前二类偏重于事业管理，后二类偏于职业修养。"③《店务通讯》上所登载过的《生活史话》的 22 篇文章，邹韬奋认为它有关生活书店在十五年中艰苦奋斗的经过，与正文中 43 篇文章所讨论到的原则，可供读者参证，所以作为附录辑入该书，《为生活书店辟谣敬告海内外读者及朋友们书》，邹韬奋认为也有同样的效用，也被附录于该书的后面，也就是说，

---

① 北京印刷学院、韬奋纪念馆编《〈店务通讯〉排印本》，上册，前引书，第 512~514 页。
② 这里指《店务通讯》第 19 号上与别人联合署名的《邹先生在国民参政会对书报检查的提案》，第 92 号上单独署名韬奋的《为生活书店辟谣敬告海内外读者及朋友们书》。
③ 中国韬奋基金会韬奋著作编辑部编《韬奋全集》，第 9 卷，第 607 页。

《事业管理与职业修养》一书共从《店务通讯》上选录了66篇文章,占了《店务通讯》上署名韬奋的文章的大部分,这66篇文章是《店务通讯》上署名韬奋文章的精华部分,是邹韬奋多年经营管理生活书店实践经验的一个总结。这本书编成以后,生活书店于1940年11月在重庆出版,该书出版后,非常受欢迎,曾多次再版。

邹韬奋在《店务通讯》上撰文指导店务工作,往往是针对店务工作中所存在的问题而撰写。如生活书店将民主集中制的原则运用于书店事业的管理,生活书店全体同人都是管理者,同时又都是被管理者,也就是集体的管理。这种以民主集中制为原则的集体管理模式,是通过生活出版合作社的社章和生活书店所特有的组织形式来加以实现的。但是,生活书店同人对它的认识,对它的运作方式,以及同人自身如何参与书店的集体管理,这些并不是每个同人都能理解的,民主集中制的贯彻和实行,也还存在一些问题。为此邹韬奋说:"值得特别提出,那就是要在管理上采用民主集中的原则,必须加强对于同人的教育。民主的程序重在集体的商讨决议,如果构成集体分子对于事业的意义没有明白的认识,对于应付的问题没有正确的见解,对于处事的态度不能大公无私,那是不免要发生种种流弊的。虽则在民主的程序中,也可以给同人以实践上的学习,增加他们的经验与认识,但同时仍须加强对于同人的教育,使他们更能得到更充分的知识经验成为更健全的分子。分子愈健全,民主集中的管理法愈能收到宏大的效果。"[1] 邹韬奋在《店务通讯》上发表的大量关于民主与集中方面的文章,其目的也就是针对生活书店民主管理中所存在的问题,加强对同人的教育,加强对生活书店中民主管理事务的指导,以利于民主集中制的真正贯彻和实行。

邹韬奋在《店务通讯》上撰文指导店务工作,往往也具有注重配合书店当前主要工作而展开的特点,也就是说,某个时段生活书店的主要工作是哪方面的,邹韬奋便撰写哪方面的文章对同人加以教育和指导。1938年生活书店总管理处迁到重庆后不久,当时书店的主要工作是积极整顿内部,并为社章的修改和第5届社员大会中的选举工作做准备,为此,邹韬奋接连在《店务通讯》上发表一系列文章:《迅速扩展后的积极整顿》(第21号)、《本店设立总管理处的理由》(第22号)、《一件过渡的调整

---

[1] 中国韬奋基金会韬奋著作编辑部编《韬奋全集》,第9卷,第607页。

工作的说明》(第23号)、《关于增加社员的调整工作》(第24号)、《社员和非社员的同点和异点》(第25号)、《迅速充实总处的干部》(第26号)。这些文章的发表,当时对于生活出版合作社社章的修改,社员大会的召开,书店领导机构新成员的选举等工作,都具有及时的指导作用。

邹韬奋在《店务通讯》上撰写大量的文章,为书店布置任务、交流经验、提高管理水平,提高同人思想认识和修养素质以及服务精神,都起到了很好的指导作用。在邹韬奋的重视和倡导下,生活书店的负责人和普通职员都纷纷为《店务通讯》撰稿,据《店务通讯》百期纪念特刊统计,到第100号止,共计有76人为《店务通讯》撰文[1],其他同人的参与,进一步丰富了《店务通讯》的内容,使《店务通讯》真正起到了"加强教育,沟通意见"的作用。

第二节 战时科学管理与发行推广的新举措

抗战期间邹韬奋和生活书店的其他负责人健全生活书店的组织机构,建立了民主管理体制下的三个组织系统,在先进组织系统的基础上,邹韬奋和书店其他负责人为了使书店管理工作适应战时形势和发展新局面的需要,采取了一些新的管理措施,使生活书店的管理更为科学。与科学管理相同步的,是邹韬奋和生活书店同人在坚持原有发行推广举措的基础上,又采取了一些适应战时特殊形势的新举措。

一 管理制度化

生活书店有着许多先进的管理制度,除了最基本的《生活出版合作社章程》外,其他如人事方面、分支店管理方面也都有比较先进的管理制度,这些制度使生活书店的管理较好地做到了管理制度化。

(一)先进的人事管理制度

在20世纪三四十年代的中国,一般管理较好的企业,他们的领导机构也只有董事会(理事会)和监事会,而生活书店在理、监二会以外,又专门设置了人事委员会,其地位和理、监二会平等,呈三足鼎立之势。早在

---

[1] 参见北京印刷学院、韬奋纪念馆编《〈店务通讯〉排印本》,下册,前引书,第1489页。

1933年的社章当中就规定了人事委员会的八项职权，1939年和1940年的社员大会都对社章进行了修改，人事委员会的八项职权都未曾改变（有些项表述的字句出现改动，但主要内容并未改变）。1939年两次换届选举，邹韬奋均担任人事委员会主席一职，邹韬奋和人事委员会的其他成员每月要开会两次，"据《店务通讯》公布的材料，自1939年5月8日新的人事委员会成立之日起至8月12日止三个月内，开会6次，决议案28件。1939年10月21日起至1940年1月21日止的三个月内，开会达10次，决议案80件"[1]。这些数据说明邹韬奋领导下的人事委员会是非常勤于公众事务的，也做出了很多合理的决议。人事委员会的正常运作和合理决议的做出，是以生活书店所制定的若干人事制度为指导的，这些人事制度主要有以下几个方面。

第一是严格的用人制度。邹韬奋在全权主持生活周刊社时期，就始终坚决地不介绍自己的亲戚到社里做事，从那时就奠定了"人才主义"的用人政策，这种"人才主义"的用人政策后来也成为生活书店的传统精神。生活书店最大多数的同事是基于事务的需要和本人的能力，经过考试手续进入生活书店的。[2] 生活书店的考试，分为书面考试和口头考试，为了保证录用人的素质，每次招考时报考的人数很多，但录取的人数却非常少，书店的负责人还亲自主持口试。例如1938年4月生活书店的汉口分店招考文书和练习生，投考信有一百多封，通过审查，准予考试机会的只有22人，对参加考文书的考生，邹韬奋还亲自主持了口试，考练习生的由徐伯昕和甘遽园两人主持。[3] 最后，能到职试用的却只有6人。[4]

第二是七小时工作制和自我学习制度。生活书店仿照苏联工人的七小时工作制，在生活书店也试着推行七小时工作制度，生活出版合作社新修改的社章第四十八条明确规定："社员均有休息权，以七小时工作制之推行，星期日例假之确定，每年卅六天休假期之施行，休息室之普遍设立，为之保证（其细则另定）。"[5] 当然，由于生活书店各地分支店的情况各异，

---

[1] 生活书店编辑委员会编《生活书店史稿》，前引书，第150页。
[2] 参见北京印刷学院、韬奋纪念馆编《〈店务通讯〉排印本》，下册，前引书，第1290页。
[3] 参见北京印刷学院、韬奋纪念馆编《〈店务通讯〉排印本》，上册，前引书，第63页。
[4] 参见北京印刷学院、韬奋纪念馆编《〈店务通讯〉排印本》，上册，前引书，第77页。
[5] 《生活出版合作社章程——二十九年三月第六届社员大会通过》，《出版史料》，2004年第3期。

并不是所有的分支店都有条件推行七小时工作制,当时各地分支店的工作时间大多数是超过七小时的,甚至延长到十小时以上的也有。① 但是生活书店一直着力推行这一制度,力图切实改善书店所存在的这种恶劣现象,以便提高同人工作的积极性和工作效率。同时给予书店同人更多参加社会活动,进行自我学习的业余时间。就这项制度本身来说,它还是比较进步的,抗战前期该制度在一些条件较好的分支店也得到了实行,但是到1940年进入抗战艰苦时期,生活书店人事委员会不得已做出这样的决定:"因为经营文化事业利益微薄,为支持本店事业起见,工作时间自9月份起改为每日八小时。"② 邹韬奋是非常注重同人的学习教育问题的,他在《工作实践中的学习》一文中专门讨论了书店同人如何在工作实践中进行学习的问题。③ 除了工作实践中的学习,邹韬奋更提倡业余时间的自我学习教育,为了有利于同人的业余学习,生活书店专门要求书店的同人自治会组织读书会,读书会所用的书报,由书店供给,一些条件较好的地方还设法请专家到读书会上作报告,解决同人在讨论过程中自己难以解决的一些问题。④ 生活书店同人的自我学习活动大大提高了职工的政治思想水平和知识修养。

第三是严格客观的考绩制度。生活书店每半年对全体同人进行一次考绩。为了增强考绩的客观真实性,生活书店将考绩表的内容按勤旷、工作、能力、学习、生活等项目比较精密地进行划分,同时考绩表由书店的负责人、自治会干事、同人自己三方面分别填写,其中负责人填的表作为主要的参考依据,同人自己和自治会干事填写的只是作为辅助性参考。对于考绩评审采用百分制,其中勤旷占20分、工作占50分、能力占20分、学习占10分。⑤ 为了很好地记录书店同人每次的考绩情况,生活书店专门做了一种记录簿,该记录簿分为三张:"第一张包括'姓名,年龄,籍贯,性别,编号,照片,永久通讯处,电话号码,学历,经历,家庭状况,到职年月,入社年月,开始职务及地点,开始待遇,保证人,通讯处,保单号码,思想性行,特长殊好,喜读书报,备考等项,这是固定的;第二张

---

① 参见北京印刷学院、韬奋纪念馆编《〈店务通讯〉排印本》,上册,前引书,第449页。
② 北京印刷学院、韬奋纪念馆编《〈店务通讯〉排印本》,下册,前引书,第1439页。
③ 参见北京印刷学院、韬奋纪念馆编《〈店务通讯〉排印本》,下册,前引书,第1207页。
④ 参见北京印刷学院、韬奋纪念馆编《〈店务通讯〉排印本》,上册,前引书,第155页。
⑤ 参见北京印刷学院、韬奋纪念馆编《〈店务通讯〉排印本》,上册,前引书,第579页。

包括'姓名，现任职务及地点，历年享受各项津贴及其数目，历年待遇变动情形，历年迟到次数，历年请假次数，历年健康情形，业余生活变动情形，家庭状况变动情形'等项，这是有变动的；第三张包括'历年工作概况及迁调情形，奖励记录，惩戒记录，负责人考语，总经理考语'等项，这是常常要变动的。"① 通过这些项目的记载，差不多书店每个同人的工作、生活等状况，一看就非常明了，每个同人进步或退步过程，从这个记录簿也可以很清楚地看出来。生活书店有上班签到的制度，生活书店为此制定了统一的签到表和勤旷月报表，要求生活书店同人认真填写，并把签到表和勤旷月报表作为统计和考绩时的参考。② 为了保证考绩的顺利进行，每次考绩进行时《店务通讯》上都会有相应的文章加以动员考绩制度的实行，有利于识别和选拔干部，可以作为加薪的根据，同时也可以对书店同人加以检查和教育，起到督促勉励的作用。

第四是比较先进的薪水福利制度。生活书店的薪水福利制度包括三个部分："第一部分是偏重按劳取值的薪水；第二部分是相当的物质和文化享受；第三部分是偏重解决困难的津贴。"③ 薪水福利制度与书店同人的关系最为密切，也是他们非常关心的事情。生活书店的薪水标准是比较低的，但是以按劳取值为原则，因此是比较合理的。为了使同人的薪水真正与他的劳动贡献结合起来，生活书店每年的年中和年尾都要根据考绩调整一次。每次调整薪水的时候，生活书店都要在自己的内部刊物《店务通讯》上征求同人对薪水和津贴的意见。针对薪水和福利制度方面的问题，作为人事委员会主席的邹韬奋在《店务通讯》上发表许多文章来对薪水福利调整的事情加以说明，如《关于工作报酬的几个要点》（《店务通讯》第60号）、《顾到生活的急迫问题》（《店务通讯》第66号）、《关于调整薪水与津贴的办法》（《店务通讯》第75号）、《同人福利的普遍研究》（《店务通讯》第76号）、《过渡社会中的薪水与津贴》（《店务通讯》第77号）、《关于调整同人待遇的几点说明》（《店务通讯》第84号）等文章。这些文章都是在书店调整薪水福利制度时期所撰写的，这些文章有助于同人加深对生活书店薪水福利制度的了解，有助于书店同人更好地理解人事委员会对书店薪水福利制度的调整。

---

① 北京印刷学院、韬奋纪念馆编《〈店务通讯〉排印本》，上册，前引书，第515页。
② 参见北京印刷学院、韬奋纪念馆编《〈店务通讯〉排印本》，上册，前引书，第356页。
③ 北京印刷学院、韬奋纪念馆编《〈店务通讯〉排印本》，中册，前引书，第990页。

在调整薪水福利制度的过程中，以邹韬奋为首的人事委员会在经过多次讨论还不能决定的情况下，还专门指定一位人事委员，先后向法学专家沈钧儒先生和财政专家王志莘请教。为了很好地征求广大同人的意见，拿出科学合理的办法，人事委员会成员先讨论拿出草案，发给同人征求意见，再由人事委员会根据同人的意见讨论，最后决定并付之实行，① 整个调整工作是非常慎重的。

生活书店定有多种津贴制度，如《职工疾病死亡津贴实行办法》《生活书店有眷属员工住外津贴规则》《职工调动眷属津贴办法》《旅途因公被劫津贴原则》《战时生活费津贴办法》《求学津贴办法》《抚恤办法》《家眷膳食津贴办法》（或称《家属米贴办法》）、《制服津贴暂行办法》等。② 津贴制度的实行偏重于解决困难，而不注重同人的劳动价值，这些制度是按照待遇的普遍性原则制定的，当然普遍性指的是"有原则的普遍性，而不是无限制的普遍性"，即书店同人必须根据实际困难条件享受津贴，而不是所有同人一律都享有这些津贴。

生活书店职工的收入虽然低于同业的职工，但由于邹韬奋仿照苏联社会主义国家在书店内部实行了比较先进的薪水和福利制度，这些薪水福利制度的实行，"只有'整个经济的健全'和'同人待遇的改善'两者之间兼筹并顾，加以斟酌的问题，而丝毫没有'老板要顾到个人利润'的问题夹在里面"③。因此很好地起到了鼓励上进，团结职工队伍，增强职工对事业向心力的作用。

（二）分支店管理的相关制度

抗战前期，生活书店的分支店日益增加，为了实施对分支店的有效管理，生活书店也加强了分支店管理的制度建设。生活书店经理徐伯昕草拟了《分支店管理原则纲要》，经过生活书店业务会议初步的讨论后，又和甘遽园、陈雪岭、王太来等同事进行了讨论，将其发表在《店务通讯》第39期上，要求各地同人详细加以讨论，提出修改意见，修正后加以施行。《分支店管理原则纲要》从9个方面谈论了分支店管理的原则，共39条：

---

① 参见北京印刷学院、韬奋纪念馆编《〈店务通讯〉排印本》，中册，前引书，第970页。
② 参见以上津贴办法名目分别散见于北京印刷学院、韬奋纪念馆编《〈店务通讯〉排印本》，前引书，第15、247、325、451、975、1158、1158、1628、1628页。
③ 北京印刷学院、韬奋纪念馆编《〈店务通讯〉排印本》，中册，前引书，第731页。

（一）设店的原则（4条）；（二）名称的规定（3条）；（三）管理等次的分别（5条，分为甲、乙、丙三个等次）；（四）每月开支的比例（6条）；（五）工作人员的分配（5条）；（六）经常存货额（6条）；（七）会计的处理（3条）；（八）内部的组织（3条，包括机构设置和每两周举行店务会议的制度）；（九）工作原则（4条，分为一般工作原则、总务方面工作原则、会计方面的工作原则、营业方面的工作原则，共四类）。该原则的施行，总管理处就在总的方面"可以统计并把握住整个店的经济的支配，管理也比较统一，并可根据这个标准作进一步的整顿"①。

《分支店管理原则纲要》中所提到的原则都是从实际工作中总结出来的，规定得非常详细和具体，具有很强的操作性，这些规定大大加强了分支店的管理工作。1939年9月，生活书店常务理事会又通过《生活书店分店组织简纲》和《分店办事细则》②，作为分支店补充的配套管理制度。抗战前期，生活书店因业务发展，各地各店人事，时多调动，1939年9月生活书店总管理处第七次和第八次业务会议又通过了《生活书店分店交代与接管办法》和《生活书店分店办理交代与接管须知》两个文件，目的在于"使职务上交接手续办理清楚，并使责任分明"③。这两个文件也是分支店重要的配套管理制度。为了规范和指导分支店工作人员的工作行为，生活书店于1938年便制定了《分店职员服务规程》用来约束书店的每一个同人，作为全体同人的工作纪律。④ 到了1939年，由于生活书店人员的激增，旧有的《分店职员服务规程》已经不大适用了。1939年10月6日，人事委员会又通过了《生活书店员工服务规约》。邹韬奋领导的人事委员会曾经两次开会讨论这个新规约，每次开会时间达十小时以上，并请教了书店的法律专家沈钧儒先生。⑤《生活书店员工服务规约》对工作纪律、赏罚办法、工作时间及假期等义务权利进行了详尽的规定，这是一部拿来保证生活书店同人完成工作和竞求进步，并标明全体同人的职责、权利、义务的新规约，这个新规约，是在旧的《分店职员服务规程》基础上发展而

---

① 北京印刷学院、韬奋纪念馆编《〈店务通讯〉排印本》，中册，前引书，第717页。
② 参见江苏省政协文史资料委员会、常州市政协文史资料委员会合编《新文化出版家徐伯昕》，前引书，第465页。
③ 北京印刷学院、韬奋纪念馆编《〈店务通讯〉排印本》，中册，前引书，第846页。
④ 参见北京印刷学院、韬奋纪念馆编《〈店务通讯〉排印本》，上册，前引书，第165页。
⑤ 参见北京印刷学院、韬奋纪念馆编《〈店务通讯〉排印本》，上册，前引书，第946页。

来的，它不再只适用于各分支店，生活书店全体同人都必须遵守，它是以契约形式规范员工行为的一个重要制度。

生活书店除了上述的人事管理制度和分支店管理制度外，比较重要的还有经济管理方面的会计制度和存货管理方面的核销制度。生活书店在上海时期就已经采用经济公开原则和先进的会计制度，每年请著名的会计师潘序伦等人查账并出具证明书。在分支店增加后，生活书店拟定了新的会计制度[1]，特别是从会计科目、会计簿籍、会计程序等方面严格了会计制度，增加了内部制约的机制[2]。存货管理是与进销货管理、财产管理和书店版税计算能否准确的关键环节，生活书店先后制定了本版书编号制度，本版存货管理制度和核销制度[3]等相关的制度，这些制度使书店书刊的销售数和存货数比较准确明了，有利于加强书店的存货管理。

二 管理计划化

抗战前，邹韬奋对生活书店书刊的出版生产已经注重计划性，但当时的计划化管理主要集中在生产领域，具有只能顾及局部的特点。抗战爆发后，书店的出版事业迅速发展，邹韬奋对计划性更加强调。1939年1月他在《店务通讯》第35号上发表的《本店机构的调整》一文指出："为了充实我们的文化生产及增强我们在文化上的贡献起见，我们对于生产这一部门必须做有计划的执行。从前不是没有计划，但是太不够，执行时也没有规定的程序。以后每年有计划，依此计划每季每月都有详细的规定程序，须有认真地执行与切实的检讨，担负执行生产计划的是生产部。"[4] 1939年2月他又在《店务通讯》第36号上发表《本社事业怎样能上轨道》的文章，在这篇文章中邹韬奋专门以书店工作的计划化为例来讨论了生活书店如何才能上轨道的问题，再次强调了计划化的重要性："我认为本社事业要上轨道，一切工作要力求计划化。"[5] 对于生活书店管理上的计划化问题，邹韬奋此后又在《检讨一年来的工作》(《店务通讯》第79号)、《本

---

[1] 参见北京印刷学院、韬奋纪念馆编《〈店务通讯〉排印本》，中册，前引书，第837页。
[2] 参见北京印刷学院、韬奋纪念馆编《〈店务通讯〉排印本》，中册，前引书，第1178页。
[3] 参见此处提到的三种制度分别参见北京印刷学院、韬奋纪念馆编《〈店务通讯〉排印本》，前引书，第837、1164、221页的相关内容，其中的核销是财会术语，就是指对会计事项进行核查，依程序将会计事项（债权、债务等）销账。
[4] 北京印刷学院、韬奋纪念馆编《〈店务通讯〉排印本》，上册，前引书，第335页。
[5] 北京印刷学院、韬奋纪念馆编《〈店务通讯〉排印本》，上册，前引书，第354页。

店的事业与新年》(《店务通讯》第 80 号)、《发现困难与克服困难》(《店务通讯》第 81 号)、《关于组织是否适宜的问题》(《店务通讯》第 93 号)等文章中谈到了生活书店管理计划化的问题,尤其是对生活书店在计划化过程中所存在的问题进行了批评和指导。

(一) 编审工作的计划化

抗战期间生活书店管理上的计划化首先体现为编审工作的计划化。为了使编审工作做到计划化,1938 年 1 月,生活书店成立编审委员会,邹韬奋、胡愈之、钱俊瑞、金仲华、范希天(范长江)、柳湜、张仲实、沈兹九、杜重远、钱亦石、王纪元 11 人为编审委员会委员。[1] 编辑委员会下设编辑部,由张仲实主持。编审委员会的成员中,除了邹韬奋和张仲实在生活书店担任正式职务以外,其他人都为兼职。这些兼职的委员都是在文化界声誉卓著的作家、新闻工作者或社会活动家。通过成立编审委员会,生活书店团结了这些人,使生活书店的稿源大为增加并能得到稳定,为编辑出版工作的计划化创造了条件。

武汉广州沦陷后,抗战进入相持阶段,政治形式发生逆转,加上国民党当局对生活书店的迫害日益加剧,这些都给生活书店的出版工作带来了很大的困难。面对这种形式,1938 年 12 月,邹韬奋特别电邀胡愈之到重庆商洽对策。经过商定,决定改组和充实新的编审委员会,由生活书店总管理处聘请邹韬奋、胡愈之、沈志远、金仲华、柳湜、张仲实、艾寒松、刘思慕、史枚、戈宝权、沈兹九、茅盾、戴白桃、曹靖华、胡绳、廖庶谦等为编审委员会委员,由胡愈之担任主席,沈志远、金仲华担任副主席,艾寒松兼任秘书[2]。1939 年 1 月 10 日,总管理处新的编审委员会正式成立并开始工作,并将原来编委会下设的编辑部改为编校科,负责人由编委会秘书兼任,具体负责编校工作,再把清样交给生产部[3]。"1939 年 2 月,编审委员会香港分会成立,由金仲华任分会主席,委员有刘思慕等。""1939 年 3 月编审委员会桂林分会成立,由胡愈之兼任主席,委员有张铁生等。"[4]

---

[1] 参见生活书店编辑委员会编《生活书店史稿》,前引书,第 356 页。
[2] 参见北京印刷学院、韬奋纪念馆编《〈店务通讯〉排印本》,上册,前引书,第 368 页。
[3] 参见北京印刷学院、韬奋纪念馆编《〈店务通讯〉排印本》,中册,前引书,第 549 页。
[4] 生活书店史稿编辑委员会编《生活书店史稿》,前引书,第 362 页。

胡愈之担任编审委员会主席后，他首先提出了编审工作计划化的原则，作为生活书店编审工作方法的准绳，同时，"他更提出了适应抗战建国之需要以服务大众文化的原则，作为今后编审工作亦即整个出版工作的总方针（最根本的原则）"[1]，他又制定了《生活书店编审委员会组织及办事规则》20条，并在第一次编审会议上通过，该规则规定："编审委员分别负责某种图书或什志之编审工作，依照编审委员会决定之计划进行工作。"[2] 这样就在组织领导上改原来的总编辑负责制为编委会集体负责制，编委会每两周举行会议一次，开会时总经理、经理亦即生产部和营业部负责人也出席参与商讨。胡愈之还制订了1939年全年和各季各类出版物的编审和出版计划，详细地拟定了如何执行计划，如何检查工作的办法。他"把过去出版的书合并为A、B、C、D、E五类，每个编审委员都负责分担了至少一个种类编辑工作"[3]。胡愈之领导下的编审委员会的工作，改变了生活书店原来编审工作无计划的杂乱状态，使生活书店的编辑出版工作应事业发展要求而建立了集体领导制，使编辑出版工作逐步实现计划化。对编辑出版工作的计划化，邹韬奋给予了极高的评价，他说："我们的出版计划，商定好了出多少种类书，每种类预备出多少，在多少时间内出完，分成几个阶段出。在一年的计划中，尚须分季分月，各有具体的规定，每个编审委员在一年中各季各月的工作都有具体的规定，商得各编审委员的同意，填入特备的表格，以后进行工作都以此为根据……现在编审委员会已开始这样做。我认为不但编审委员会的工作应该这样计划化，其他一切工作都应该力求计划化。"[4] 1940年7月，胡愈之奉命去南洋工作，编委会主席改由柳湜担任。1942年2月皖南事变后，生活书店总管理处被迫迁往香港，编审委员会便没有再建立。

(二) 其他工作的计划化

生活书店编审工作实现计划化后，其他工作也陆续实行计划化。生活书店出版业务和经营管理的具体工作，主要是由经理徐伯昕负责。但是在规划书店业务，制订大的工作计划时，则是由邹韬奋和徐伯昕商量之后，

---

[1] 北京印刷学院、韬奋纪念馆编《〈店务通讯〉排印本》，中册，前引书，第795页。
[2] 北京印刷学院、韬奋纪念馆编《〈店务通讯〉排印本》，上册，前引书，第337页。
[3] 北京印刷学院、韬奋纪念馆编《〈店务通讯〉排印本》，中册，前引书，第549页。
[4] 北京印刷学院、韬奋纪念馆编《〈店务通讯〉排印本》，上册，前引书，第353、354页。

经过常务理事会讨论通过，再由徐伯昕执行。为了推行工作计划化，生活书店将1939年作为试行计划年，总管理处"制定了廿八年的工作计划大纲，里面包含着总的方针和各部门的计划大纲"。各部门的工作大纲对出版物的种类与数量、发行网的布置、管理方面的改进等方面的工作，提出的工作目标和要求达40项，其中"生产部有十项，营业部有十二项，总务部有十一项，服务部有七项"①。为了加强工作的计划性，生活书店不仅制订了计划，而且非常注重计划工作的实行。邹韬奋说："仅有计划，不能执行，不能执行的计划等于没有计划。"②"计划之是否切实执行，须按时有切实的检讨与报告。"③总管理处为此规定，在年中和年末，各部门、各分店都要对自己的工作进行总结，对自己的计划执行情况做检查。总结和检查的结果须上报总管理处，并在《店务通讯》上发表，《店务通讯》也会相应地刊出工作检讨专号和一年回顾特刊。如1939年9月《店务通讯》的第63、64、65号便作为"半年来工作检讨专号"，刊发了总管理处各部门半年来的检讨报告。1939年12月和1940年1月《店务通讯》的第79、80、81、82号便作为"分店一年回顾特刊"，刊发了各分店一年来的总结报告。生活书店的这种做法，一方面有利于大家认真去总结、去检查，另一方面又起到了相互切磋、相互监督的作用，有利于计划的制订和切实执行。

生活书店在管理的制度化和计划化方面还有着很多的成果，上文阐述的只是其中比较重要和突出的一些内容。生活书店在管理方面的制度化和计划化，使日常运作变得比较规范并逐步走上科学管理的轨道，有利于生活书店应对战时不利的生存环境，提高整个书店的工作效率。

三 适应战时形势扩大发行网点建设

生活书店在全面抗战爆发前，就已经有了许多很好的发行推广措施（见第四章的有关论述），全面抗战爆发后，生活书店为了适应战时发行推广工作的需要，又采取了许多新的措施来加强书店的发行推广工作，这首先体现为发行网点的扩大和建设。

抗战爆发后，许多人因战争而流离失所，人们的流动性极大，同时全

---

① 北京印刷学院、韬奋纪念馆编《〈店务通讯〉排印本》，上册，前引书，第269页。
② 北京印刷学院、韬奋纪念馆编《〈店务通讯〉排印本》，下册，前引书，第1063页。
③ 北京印刷学院、韬奋纪念馆编《〈店务通讯〉排印本》，下册，前引书，第1302页。

国交通也受战争的影响，邮路受阻，各地的交通运输极为紧张，这些都给生活书店的发行推广工作带来极为不利的影响，书店不可能像和平时期一样开展大量的邮购业务，因此生活书店决定迅速在全国重要的城镇建立分支店作为新的发行网点，来加强自身的发行推广工作。生活书店在1938年、1939年两年内在全国建立了庞大的发行网络，网络分布情况见表5-1。

表5-1　生活书店分支店分布情况（时间截至1939年底）

单位：个

类　别	分布地区	数　量
分店	汉口，广州，上海，西安，重庆，长沙，成都，衡阳，桂林，兰州，贵阳，昆明，常德，曲江，南昌，赣州，金华（后改为办事处），梧州，香港，新加坡	20
支店	万县，梅县，吉安，沅陵，丽水，柳州，南宁，广州湾（湛江），遂川，恩施，南平，零陵，百色，桂平，乐山，福州，屯溪，余姚，云岭，立煌，开江，丰都，天水，甘谷，南城，邵阳，罗定	27
办事处	六安，南郑，宜昌，巴东，玉林	5
临时营业处	于潜，天目山，宜川	3
流动供应所	海门，宜山，泾县，青岩，平乐，八步，贺县，那坡，四会	9

说明：此表依据《生活书店史稿》附表三①制作。支店是分店分出的发行据点，办事处、临时营业处和流动供应所则是分店或支店派出的发行据点。

表中的分店除了上海、汉口、广州三个分店是抗战前建立的外，其他都是在抗战开始后两年间建立的。这些发行据点遍及后方14个省份，除青海、西藏、新疆、宁夏四个省以外，其他各省都有生活书店的分支店或办事处。在战争艰苦复杂的环境中，在资金极为困难的情况下，生活书店能迅速建立起全国发行网，在当时的出版界是一个奇迹，生活书店发行网点的分布范围，在当时也超过了其他的同业。

四　适应战时形势的发行推广新举措

生活书店不但增设发行网点来加强发行推广工作，它还采取了一些新的举措来加强自己的发行推广工作，以满足战争期间人们精神文化食粮的

---

① 参见生活书店史稿编辑委员会编《生活书店史稿》，前引书，第437~440页。

需要,这些新的举措主要是以下几方面。

(一) 创设服务部

1939年1月,生活书店总管理处调整机构设置,在原来的秘书处、总务部、营业部、生产部、主计部外,再增设了一个服务部,阎宝航为主任,张知辛为副主任。邹韬奋在《店务通讯》上对创设服务部的意义进行了说明:"我们特设立服务部,表示这一部门是完全尽义务,在现阶段我们特别注意两件事,第一件是战地的文化服务(包括沦陷区域),还有一件是代办的事情。为代办书报、代办印刷、代办发行等等。我们要在这一部门中慢慢扩充事业,例如流通图书室及文化问讯处等等。我们要在这一部门中对于广大的民众和士兵竭尽更大的力量与更大的贡献。这一部门的工作,我们的计划要远大,但是我们做法要从比较小规模做起,切切实实地做起。"① 为了适应战时的需要,当时服务部的主要工作有三个方面:第一,举办战地文化服务,具体包括这些工作:"一、翻印或编印各种适合前方军民需要之图书杂志(本版的放弃版权,外版的如征得同意,愿放弃版权者,同样翻印)。二、建立前方各文化工作机关团体之经常联系(如组织座谈会之类)。三、搜集战地的文化资料。四、报道战地的文化消息。五、其他有关和力所能及的服务事项。"② 第二,设立文化工作问讯处,其工作主要包括:"一、收转文化工作者之信件。二、办理文化机关团体一切委托事项(如代购图书杂志文具等,但代购图书杂志事宜,仍由各店邮购科办理)。三、办理文化工作者一切委托事项(如代购舟车票,代觅旅馆等)。四、介绍文化职业。五、文化机关团体及文化工作者之登记与联系。六、举办青年人学指导。"③ 第三,举办海外华侨服务,其主要工作包括:"一、办理华侨委托出版或编辑图书事宜。二、代聘华侨学校教师及一切文化工作人员。三、解答华侨回国投资问题。四、代为调查国内生产经济状况。五、介绍回国考察旅行并照料舟车旅居事宜。六、举办华侨青年回国升学指导。七、代办侨胞汇款回国事宜。"④ 服务部成立后半年内工作开展的情况,服务部副主任张知辛在《店务通讯》上撰文进行了总结,

---

① 北京印刷学院、韬奋纪念馆编《〈店务通讯〉排印本》,上册,前引书,第335、336页。
② 北京印刷学院、韬奋纪念馆编《〈店务通讯〉排印本》,上册,前引书,第410~412页。
③ 北京印刷学院、韬奋纪念馆编《〈店务通讯〉排印本》,上册,前引书,第410~412页。
④ 北京印刷学院、韬奋纪念馆编《〈店务通讯〉排印本》,上册,前引书,第410~412页。

在战地文化服务方面,服务部与许多战地文化团体、机关、服务队建立了联系,抗战前线的文化服务做了许多具体的工作,服务部原来打算自己招考人员成立战地文化服务队,但因招考到的人员不足而未曾成立。在文化问讯处工作方面,服务部寄发了各种征询函表 600 封,寄发慰问函 135 封,答复或代办事项信件 216 封。在华侨服务工作方面,因条件限制未能开展。服务部还在重庆大轰炸中做了许多服务工作,如组织难民服务队对难民进行慰问,收容难民、难童及代写信件等。服务部的工作受到了社会的好评,许多人来信纷纷赞扬,如东南前线的战时文化资料室给服务部去信认为服务部的工作是值得赞美的,也一定会得到各方面拥护。① 服务部成立的主要目的在于义务性地为读者服务,服务工作的范围是比较大的。但是,它所从事的很多工作里都与书刊的发行有着密切的联系,一些读者或团体的来信就是直接委托购买书刊的,可以说,服务部在服务的同时,也是在扩大自身的影响,间接或直接地促进书店的书刊发行推广工作。

(二) 创设读者顾问部

1939 年 5 月,为进一步加强为读者服务的工作,生活书店总管理处又成立了读者顾问部,廖庶谦为读者顾问部主任。读者顾问部设立的主旨在于:"为解答读者在读书上和生活上所发生之问题,并代替读者随时选择最有价值之图书。"它的服务范围主要有三项:"(一) 关于读书计划上、方法上、字句上所发生之疑问的解答;(二) 关于职业、生活上、家庭生活上,及其他方面生活上发生之疑问的解答;(三) 每两个月推荐最新出版最有价值之必读书一册或二册,及选读书数册,使读者能有计划的读书。"②

邹韬奋和徐伯昕等书店负责人在《店务通讯》的第 47 号发表系列文章,对创设读者顾问部一事加以阐述和说明。邹韬奋在《本店设立读者顾问部的重要意义》一文中说:"我们现在办读者顾问部,也是要发挥这同样的服务精神。"他认为读者顾问部服务的第三项——就是"生活推荐书",这"在中国可以说是创举。这个办法的最主要的特点是:(一) 经常地为读者推荐我们认为最可以看、最应当看的书;(二) 帮助读者在经济

---

① 参见以上数据和内容参见北京印刷学院、韬奋纪念馆编《〈店务通讯〉排印本》,中册,前引书,第 815 页。
② 北京印刷学院、韬奋纪念馆编《〈店务通讯〉排印本》,上册,前引书,第 534 页。

上得到尽量节省的结果"①。因为加入读者顾问部的读者，只需缴纳"生活推荐书"预约金每年五元，全年就可以阅读"生活推荐书"6 册以上，《读书月报》12 册，总价值至少在 10 元，这样一来读者差不多就节省了一半的购书费。此外，加入读者顾问部的读者在订购书店的书刊时还可以享受 9 折的优惠。

1939 年 9 月读者顾问部主任廖庶谦在《店务通讯》第 66 号上发表文章《读者顾问部的工作和缺点》，报告了读者顾问部工作的进展情况：从 1939 年 6 月读者顾问部开始开展工作，到 1939 年 9 月廖庶谦撰写这篇文章止，生活书店便登记了读者 700 多人，6、7、8 月三个月收到读者来信 237 件，回复 122 件，读者来信咨询问题的范围极为宽泛，而《读书月报》的编者有限，所以还有很多信件来不及回复。②

生活书店创设读者顾问部，出版"生活推荐书"的办法把编书、卖书和指导读书，推动读书运动很好地结合了起来，它的这个办法是比较成功的，生活书店的"生活推荐书"曾成功地出版了《苏联的民主》（韬奋译）、《科学的哲学》（葛名中著）、《近二十年中国文艺思潮论》（李何林著）、《新政治学大纲》（邓初民著）等书。③ 这对生活书店的发行推广工作起到了很好的推动作用。"生活推荐书"的发行，由读者先交五元作预约费，却被国民党当局怀疑为是对读者的组织④，因此"生活推荐书"后来由于国民党的压迫而不得不停办。

（三）举办流动供应

生活书店铺设全国发行网点时，尽可能地深入内地和邻近战区地带，但是敌占区、抗战前线和后方一些穷乡僻壤因交通不便，邮购阻隔仍然难以买到生活书店的书刊。邹韬奋说生活书店的三项工作原则是"促进大众文化""供应抗战需要"和"发展服务精神"⑤，为了真正实现这三个工作原则，生活书店又举办了流动供应的活动，这是抗战后生活书店竭诚为读

---

① 北京印刷学院、韬奋纪念馆编《〈店务通讯〉排印本》，上册，前引书，第 527 页。
② 参见北京印刷学院、韬奋纪念馆编《〈店务通讯〉排印本》，上册，前引书，第 827 页。
③ 参见北京印刷学院、韬奋纪念馆编《〈店务通讯〉排印本》，上册，前引书，第 806 页。
④ 参见中国人民政治协商会议四川省委员会文史资料研究委员会编《四川文史资料选辑 第 32 辑》，四川人民出版社，1984，第 146 页。
⑤ 北京印刷学院、韬奋纪念馆编《〈店务通讯〉排印本》，上册，前引书，第 323 页。

者服务，扩大书刊发行推广范围的一项创举。

1938年3月，因前方很难看到书报杂志，由生活书店发起，联合在汉口的一些文化出版工作者，成立了战时书报供应所，[①] 以便向前线更好地供应书报杂志。1938年6月，生活书店派往浙江金华设立分店的张又新、毕青、杜福泰等人发现浙江前线许多地方没有书报供应，但又不具备开设分支店的条件，因此决定筹备浙江区流动供应所，进行流动供应书报的尝试。[②] 在征得总管理处的同意后，张又新等人以金华分店为中心，携带书刊，到各县去流动供应书报。张又新等人每到一县，停留时间多则三个月，少则一两个月。他们先后到达余姚、丽水、海门等地，每到一地，都受到读者的欢迎和挽留，在当地读者的要求下，生活书店在金华设立了分店，在余姚、丽水、海门设立了支店，在于潜、天目山设立了临时营业处，与浙江、江苏、安徽及江西省30多个县的同业建立了业务上的联系。金华分店后来成为浙江区的总站。据毕青的流动工作报告称："我们来到浙江，不上三个月，营业收入总额已在万元左右，销售书报总数，估计将近十万册，杂志定户已有二万户。间接直接的供应五六十家书店经售生活书店出版物，这一支雄厚的文化队伍来到东战场，对于整个抗战局势，增加了不少新的力量。"[③]

张又新等人在浙江前线流动供应书刊成功的消息在《店务通讯》上登载后，各省分支店纷纷仿行，书店经理徐伯昕根据生活书店流动供应的经验，将流动供应分为"巡回流动"和"突击流动"两种方式。"巡回流动"就是确定流动的地点、流动路线和时间，周而复始地不断和读者见面。"突击流动"就是临时到某地进行供应书报的工作。他还对流动供应工作提出了具体的要求[④]。在浙江流动供应的影响和书店负责人的提倡下，汉、粤、渝、陕、湘、蓉、梧、滇等地分支店的流动供应工作越来越多，经验也越来越丰富。

生活书店的流动供应工作，把书送到穷乡僻壤的读者手中，比起书店门市售卖和通信邮购，少了很多地域上的限制，同时也更方便读者选购书刊，给许多读者带来很大的方便，这在当时确实是图书发行工作中的一个

---

① 参见生活书店史稿编辑委员会编《生活书店史稿》，前引书，第357页。
② 参见北京印刷学院、韬奋纪念馆编《〈店务通讯〉排印本》，上册，前引书，第91页。
③ 北京印刷学院、韬奋纪念馆编《〈店务通讯〉排印本》，上册，前引书，第241页。
④ 参见北京印刷学院、韬奋纪念馆编《〈店务通讯〉排印本》，中册，前引书，第547页。

创举。

（四）开展"自由定户"的杂志预订业务

在邹韬奋制定的生活书店三项工作原则思想的指导下，生活书店的职工为了更好地"促进大众文化""供应抗战需要"和"发展服务精神"，又创造性地开展了"自由定户"的杂志预订业务。抗战爆发前，生活书店本外版杂志的预订业务主要采取"定期定户"（或称"固定定户"）的预订办法，即读者先按某时某杂志的价格，预交现金，订阅一定期数的某种杂志，生活书店收到订金后，则按预订时的价格按时把杂志寄送到定户手中。中间即使杂志价格上涨，生活书店也不能加价，定户也不能随便中途退订。抗战爆发后，由于交通上的困难，生活书店本外版杂志订户的邮件经常失落，这就引起读者的不满，此外在战争的非常时期，外版杂志时生时灭，书店替读者代订杂志，因某些杂志停刊而导致退款的事情经常发生，这就增加了手续上的不少麻烦。再者战时物价不断上涨，生活书店定期刊物的固定订户按某个时间点的物价预订某杂志，时间稍长，由于物价上涨的缘故，杂志的新价格远远高于原来预订时的价格，而书店又不能随物价对杂志进行加价，这势必给书店带来很大的损失。

为了减少手续上的麻烦和减少书店损失起见，一些书店干脆减少甚至不办理"固定定户"的预订业务。[1] 但是订户在书店发行业务中非常重要，取消这项业务也将给书店的发行工作带来经济损失和不利影响。生活书店昆明分店的经理毕子桂为了继续开展预订业务，同时又避免不必要的损失，在实践中创设了一种"自由定户"的办法。"所谓'自由定户'，就是预存款项不计多少，不限定期，也不限年月；任何本外版杂志都可以代配代发，中途随时可以退定，但一律照门市零沽价格，而以零本计算，邮资和包扎费一概奉送，挂号或快递邮费则由定户负担。当存款将尽或已尽的时候，有一张结单寄给定户，详具已发各货名称、金额、日期，同时请他再付定费，以便续定；否则就算停止。"[2] 昆明分店从 1939 年 11 月开始创办"自由定户"，仅仅 5 个月的时间就收"定户八百一十个，平均每月

---

[1] 参见北京印刷学院、韬奋纪念馆编《〈店务通讯〉排印本》，中册，前引书，第 1067 页。
[2] 北京印刷学院、韬奋纪念馆编《〈店务通讯〉排印本》，下册，前引书，第 1325 页。

营业额二百五十余元，约占营业额百分之二强，获利虽然不多，可是予读者的便利是不可以数字计算的。"①

滇店"自由定户"的办法成功后，《店务通讯》的编者将其成功的经验登载在《店务通讯》上面，并发动书店的同人予以讨论和补充，书店同人展开了讨论和补充，经过讨论和补充，生活书店总管理处的负责人将这些意见加以整理，接连在《店务通讯》上发表《处理"自由定户"的方法》(《店务通讯》第100号)、《活期定户统一处理法》(《店务通讯》第103号)两篇文章，对"自由定户"的处理方法加以详细说明，指导全店如何使用这种方法。书店负责人之一的张锡荣在《活期定户统一处理法》一文中将"自由定户"改称为"活期定户"，并明确规定："各种杂志均得按照活期定户办法处理。"只有下列四种情况之一者除外："（一）本店出版月刊以内之杂志；（二）本店总经售而变动性较少之杂志；（三）日报及刊期在五日以内之杂志；（四）读者指明必须定阅而信用久著之杂志。"②"活期定户"有三个优点："（一）所定杂志如中途停刊，可以退款或将定费改寄别种杂志，保证定户不受损失；（二）随时按照实际价格计算费用，免除伸缩卷期之麻烦；（三）由敝店按期直接寄发，如有查询及改寄地址等情，能作妥善之处理。"③这些优点正是符合读者"按值出费，按期收刊"的愿望的，因此这种办法也是生活书店适应抗战形势需要，方便读者而创设的一种新的发行方法，即使在今天的和平时期，这种方法对于报刊的征订发行工作，也依然有很大的指导意义。

第三节　抗战前期生活书店的发展成就

抗战爆发以后，面对国土沦丧、交通不便、邮路阻隔、当局迫害等不利的形势，生活书店在邹韬奋的领导下，坚持以促进大众文化、供应抗战需要、发展服务精神的进步工作原则，通过整顿内部，健全组织机构，充实干部、实行制度化和计划化的科学管理等办法，使抗战前期的生活书店不仅在业务上没有萎缩，反而还取得很大的发展，从1937年抗战全面爆发直到1939年底，这三年是生活书店发展最快的时期。

---

① 北京印刷学院、韬奋纪念馆编《〈店务通讯〉排印本》，下册，前引书，第1326页。
② 北京印刷学院、韬奋纪念馆编《〈店务通讯〉排印本》，下册，前引书，第1546页。
③ 北京印刷学院、韬奋纪念馆编《〈店务通讯〉排印本》，下册，前引书，第1553页。

一 规模的迅速扩大

在这三年时间里，生活书店的发行网点得到飞速发展，分店、支店、办事处和临时营业处达到 57 处，另外还有海门、云岭、泾先、青岩、甘谷、那坡、四会 7 处流动供应所。[①] 据《生活书店史稿》上的说法，抗战前期生活书店的员工"在十二三年内由两个半人的工作者增加到 300 人的坚强而勇敢的工作干部"[②]。1939 年 12 月 20 日，生活书店将全店当时还未离职员工的名单在《店务通讯》上全部加以公布，据笔者统计，在岗和请长假的员工人数总共为 261 人[③]。表面上看，这两者的出入比较大，存在矛盾。但事实上，生活书店在发展高峰期的人数应该在 300 人左右，《生活书店史稿》300 人的说法没错。因为笔者统计的人数所依据的资料是 1939 年 12 月底生活书店在《店务通讯》上发布的资料，而此时生活书店因为遭受国民党当局的迫害或因战局及营业上的关系，已经有很多分支店被查封或停业了，一些职工也已经疏散或因其他的原因离开了生活书店（如离职、求学、参军、病逝等），也就是说，笔者所见到的统计资料，已经不是生活书店在抗战前期发展最高峰时的职工人数，因此在生活书店发展最高峰时期的职工人数应该在 300 人左右。

二 书刊出版成绩斐然

抗战前期，生活书店除了规模扩大，员工增多以外，也出版了多种期刊和图书，表 5-2、表 5-3 显示了生活书店在抗战前期出版期刊和图书的基本情况。

表 5-2 抗战前期生活书店新出版的期刊（1937 年 7 月至 1940 年底）

编号	刊名	创刊时间与地点	主编或主要负责人	基本发展情况
1	《中华公论》周刊	1937 年 7 月 21 日在上海创刊	钱亦石主编	本刊共出版 2 期，1937 年 8 月 20 日出版第 2 期后曾和《世界知识》、《国民》周刊、《妇女生活》出版过《战时联合旬刊》4 期

[①] 参见生活书店史稿编辑委员会编《生活书店史稿》，前引书，第 440 页。
[②] 此数据参考生活书店史稿编辑委员会编《生活书店史稿》，前引书，第 159 页。
[③] 参见北京印刷学院、韬奋纪念馆编《〈店务通讯〉排印本》，中册，前引书，第 1059、1078 页。

续表

编号	刊名	创刊时间与地点	主编或主要负责人	基本发展情况
2	《抗战》三日刊	1937年8月19日在上海创刊	邹韬奋主编	第7号至第28号一度改名为《抵抗》，第30号迁汉口出版，1938年7月3日第86号与《全民周刊》合并，改出《全民抗战》三日刊
3	《战时教育》半月刊	1937年9月25日在上海创刊	陶行知主持，白桃主编	后迁汉口，重庆，曾改出旬刊、半月刊、月刊。1945年5月出到第9卷第2期在重庆终刊
4	《集纳》周报	1937年12月19日在上海创刊	宜闲（即胡仲持）编辑	第1卷第3期起改为邵家寒（即邵宗汉）编辑。1938年2月19日出到第9期时，由于敌伪迫害，无法再在上海继续出版，文稿等并入已迁汉口的《世界知识》
5	《文艺阵地》半月刊	1938年4月在汉口创刊	先后由茅盾、楼适夷、罗荪、以群等人主编或编辑	第5卷改为24开本，丛刊形式，署名茅盾，出了两辑即停。1941年1月10日由茅盾在重庆复刊，楼适夷任主编，出版第6卷第1期，改月刊。第4~6期由罗荪编，第7卷起以群编。第7卷第4期后又改丛刊形式出版，名为《文阵新辑》，1944年3月出版第3辑《纵横前后方》后被迫停刊
6	《全民抗战》三日刊、五日刊、周刊	1938年7月7日在汉口创刊	韬奋、柳湜主编	第1号至第29号在汉口出版，为三日刊。1938年10月15日第30号起改为五日刊。1939年5月13日第70号起改为周刊，出到1941年2月22日第157号被迫停刊。其间1938年8月增出《保卫大武汉特刊》13期，1939年3月和8月，曾先后创办"战地版"和"通俗版"
7	《国民公论》旬刊、半月刊	1934年9月20日在上海创刊	张仲实编辑	最初为旬刊，第1卷第4号起迁桂林，改为半月刊，由张铁生、姜君辰、胡愈之编辑。第2卷第9号起编辑人曾改为张志让、千家驹、胡愈之、张铁生、姜君辰五人。第3卷第1号起改发行人为徐伯昕，生活书店发行，出到1941年2月被迫停刊

续表

编号	刊名	创刊时间与地点	主编或主要负责人	基本发展情况
8	《读书月报》	1939年2月1日在重庆创刊	艾寒松、史枚编辑	每卷12期,自第8期起由胡绳负责编辑。1941年2月1日出到第2卷第11期被迫停刊
9	《文艺战线》月刊	1939年2月16日在重庆创刊	周扬主编	此刊实为延安文化界救亡协会的刊物,由生活书店总经售,安排在桂林生活书店代办印刷发行,出版到第8期,因桂林生活书店被迫停业而停刊
10	《理论与现实》季刊	1939年4月15日在重庆创刊	沈志远主编	1941年1月15日出版第2卷第3期后被迫停刊。抗战胜利后1946年5月15日在上海复刊,仍由沈志远主编,出版4期。1947年3月20日最后一期在香港出版后终刊

说明:本表主要参考的资料为《韬奋与出版》的附录三《生活周刊社及生活书店出版刊物一览》及《生活书店史稿》的附录二《生活书店图书目录》。

表5-3 抗战前期生活书店出版的图书种类及数量(1937~1940年①)

单位:种

编号	图书种类	数量
1	马、恩、列、斯著作	24
2	毛泽东著作	3
3	哲学	22
4	社会科学	19
5	政治、法律	190
6	军事	42
7	经济	32
8	文化、教育	24
9	语言、文字	7

① 抗战从1937年7月7日开始,原则上应该将1937年7月7日以前生活书店所出版的图书加以排除,但可资参考的资料将生活书店所出图书的出版时间只标明年份,没有到月,因此本表在统计时无法加以精确的区分,同时1937年所出图书大部分是关于抗战的图书,所以本表将1937年生活书店所出版的162种图书(见《韬奋与出版》之附录四:《生活周刊社及生活书店出版的图书目录》第225~228页)全部计入本表,特此说明。

续表

编　号	图书种类	数　量
10	文学、艺术	241
11	历史、地理	27
12	自然科学、生理卫生	3
13	其他分类待查	8
合　　计	644 种，其中 1937 年 162 种；1938 年 237 种；1939 年 158 种；1940 年 87 种	

从表 5－2、表 5－3 中可以看出，抗战前期生活书店又新出版了 10 种期刊，尤其是像《战时教育》《抗战》《全民抗战》在抗战中很好地发挥了抗日宣传的作用。抗战前期生活书店图书新出版的种类远远多于抗战前，除了文学艺术类图书依然最多外，生活书店还有计划地增出了许多马、恩、列、斯、毛的著作，很好地传播了进步文化思想。此外，军事类的著作也由战前的 4 种增加到 42 种，有利于加强民众的军事知识，更好地参加抗战。总的说来，抗战前期（1937～1940年），尤其是抗战开始后的前三年，这是生活书店的出版发行业务发展最快，成就最为突出的一个时期。生活书店所出版和发行的这些书刊在宣传马列主义和社会主义思想、传播进步文化，指导人民抗战方面起到了巨大的作用。

第四节　经营管理中的抗争

邹韬奋创办的生活书店经营进步书刊、传播进步文化，这必然为国民党当局所不容。国民党当局对邹韬奋以及他所创办之生活书店的压制和迫害，一直就没有停止过。早在 1933 年，邹韬奋就因《生活》周刊倾向进步而被国民党列入黑名单，被迫出走海外，《生活》周刊随之也被查封。1937 年抗战爆发后，国共两党实现合作，政治环境相对宽松，生活书店获得了发展的有利环境，业务逐步发展兴旺起来。但是代表进步文化力量之生活书店的兴旺，是国民党当局所不愿看到的，这从邹韬奋的回忆中可以看出来："访问国民党中宣部……一位是从前的报界前辈（指陈布雷），他很坦白地告诉我说：'××兄，老实对你说，他们认为你们的文化事业的广大发展，是他们的文化事业的障碍。'还有一位是我从前的老同学（指徐恩曾）而现在成为 CC 派特务的主持人，他直率地告诉我说：'以这样一个伟大力量的文化机关放在一个非本党党员的手里，党总是不能放心的。'"① 基于这种卑鄙仇视的心理，"皖南事变"前后，国民党当局便用各种手段不断迫害和打击邹韬奋以及他所创办的生活书店，面对迫害和打击，邹韬奋带领生活书店的同人，进行了不断的抗争和坚决的回击。

一 "皖南事变"前的迫害：多种手段摧残

皖南事变前的国民党对生活书店的迫害主要是这几个方面：①用无理的查禁来迫害生活书店；②用审查制度限制和扼杀生活书店；③企图用造谣污蔑、威胁、吞并的手段来消灭生活书店；④用捕人、封店的手段来摧残生活书店。②

（一）用无理的查禁来迫害生活书店

1938年春，国民党当局便开始陆续在各地无理查禁生活书店出版的书刊，1938年2月19日，"西安分店首次被国民党反动派搜查，《革命文豪高尔基》被扣，凡有'八路军'、'陕北'、'苏联'字样的书全部被扣"③，禁止发行。此后，汉口、兰州、贵阳、长沙、梧州等地的分店也都有书刊被查禁的事情发生，生活书店内部刊物《店务通讯》上不时有各地分店书刊被查禁的消息登载。可谓全国"无一片净土"。④ 1938年国民党当局对书刊的查禁规模不大，影响也不是很大，但到1939年以后，国民党当局查禁书刊的事情便相当严重了。

1939年武汉、广州失守以后，抗战进入相持阶段，国民党又开始消极抗日，积极反共。1939年初国民党在重庆召开五届五中全会，在会上研究了所谓的"溶共""防共""限共""反共"的方针，并秘密通过了《限制异党活动办法》，设立防共委员会，制定了一系列反共的具体办法。会后，国民党当局在军事上不断制造反共摩擦事件，对进步文化事业也不断进行摧残和迫害。"生活书店的书籍刊物，虽在穷乡僻壤，随处可见，可谓无孔不入，其势力实在可怕，而本党的文化事业却等于零，不能和他竞争，

---

① 中国韬奋基金会韬奋著作编辑部编《韬奋全集》第10卷，前引书，第897页。
② 参见生活书店史稿编辑委员会编《生活书店史稿》，前引书，第162~175页。
③ 生活书店史稿编辑委员会编《生活书店史稿》，前引书，第357页。
④ 北京印刷学院、韬奋纪念馆编《〈店务通讯〉排印本》，上册，前引书，第83页。

所以非根本消灭不可。"①为了达到消灭生活书店的目的，国民党当局采取各种卑劣的手段对生活书店进行打击，通过各地军、警、宪、特任意查禁、没收书刊是其中的一个重要方面。1939年2月26日，国民党中央宣传部秘密传达《禁止或减少共产党书籍邮运办法》及《查禁新知、互助及生活等书店所出书刊办法》②两个密令，禁止共产党书籍邮运，并传达取缔生活、新知、互助等书店的办法。要求各地党部会同当地军、警、宪、特去书店任意搜查。军、警、宪、特检查或扣留书刊不需要理由，即使是经国民党内政部注册发了执照的书刊，他们也经常查禁或拿走，有些市、县的宪警和特务不仅任意拿走书刊，还随意敲诈勒索处以罚款。他们不仅到书店进行查禁，对于生活书店邮寄书刊的邮包，也随意检查和扣留。

1940年2月，国民党中央党部召开由中央宣传部、中央调查统计局、中央及重庆图书杂志审查委员会、军委会办公厅特检处负责人参加的特种座谈会，会议以"关于禁止或减少某党书籍邮运办法及取缔生活、新知、互助等书店办法"为题展开讨论，会议指定人员起草了取缔办法，会议决定除正常取缔办法外，还加特种取缔办法，也就是有些书刊即使中央图审会通过审查的，仍然可以有碍军事为由予以检扣和秘密取缔。这样，原来图审会随意检扣的办法得到了国民党中央党部的正式批准，此后随意查禁书刊更是肆无忌惮。

国民党中央图书杂志审查委员会对查禁的书刊留有目录或报告之类的档案，③解放后根据国民党中央图书杂志审查委员会的有关档案，1937年到1940年被国民党中央或地方的图审会明查暗禁的书籍，有目录可查的就达203种，其中"马列主义著作13种，哲学社会科学类著作53种，韬奋著作12种，抗战救亡读物55种，国际问题20种，文艺作品31种，通俗文艺读物13种"④。占这个时期生活书店出版物总数的40%左右，国民党

---

① 李济安：《三十年代的一个革命文化堡垒——回忆生活书店》，新华书店总店编辑，《书店工作史料2》，新华书店总店发行，1982，第109页。
② 参见罗传勋主编《重庆抗战大事记》，重庆出版社，1995，第44页。
③ 参见如《国民党中央图书杂志审查委员会民国二十七年查禁书刊一览》《国民党中央图书杂志审查委员会关于成立三个月以来的工作报告》《国民党中央图书杂志审查委员会民国廿七年十月至廿九年十月查禁书刊目录一览表》等，参见中国第二历史档案馆编《中华民国史档案资料汇编 第五辑 第二编 文化（一）》，江苏古籍出版社，1998，第644~717页。
④ 生活书店史稿编辑委员会编《生活书店史稿》，前引书，第167页。

对生活书店查禁之狠毒，由此可见一斑。

(二) 用审查制度限制和扼杀生活书店

1938年7月，国民政府颁布了《战时图书杂志原稿审查办法》，决定组织中央图书杂志审查委员会（简称"中央审查机关"），采取原稿审查办法处理一切关于图书杂志之审查事宜，"中央审查机关由中央执行委员会宣传部、军事委员会政治部、行政院、内政部、教育部及中央社会部会同组织之，为全国最高之图书杂志审查机关"[1]，在地方上，"各大都市（或省会）之党政军警机关得在中央审查机关指导之下成立地方图书杂志审查委员会（简称地方审查机关），办理各该地方之图书杂志审查事宜"[2]。该办法规定："各地书店及出版机关印行图书杂志除自然科学、应用科学之无关国防者及大中小学与民众学校教科书之应送教育部审查者外，均须一律呈送所在地审查机关审查，许可后方准发行，如所在地无地方审查机关，得径呈中央审查机关办理。至纯粹学术著述不涉及时事问题及政治社会思想者得不送审原稿，但出版时须先送审查机关审核后方准发行。"[3]

据邹韬奋后来在《抗战以来》的有关文章中回忆，生活书店送去审查的文章一经所谓"检查"，文章的内容往往被删除、修改。文章经过审查，往往被改得面目全非，或者直接就被扣留。生活书店和其他编辑出版者为了抗议，在报刊上开"天窗"，或者在文章中脱节的地方用括号注上"中被略""奉令免登""奉令删除"等字样[4]，或者用XXX代替被删除的文字，即使这样做也不允许，不久国民党图书审查委员会下令禁止编辑出版者采取上述抗议措施。

据国民党相关档案记载，自1938年7月21日起到1939年10月，国民党中央常务委员会讨论通过的有关实施图书杂志原稿审查制度各类配套

---

[1] 中国第二历史档案馆编《中华民国史档案资料汇编 第五辑 第二编 文化（一）》，江苏古籍出版社，1998，第549页。
[2] 中国第二历史档案馆编《中华民国史档案资料汇编 第五辑 第二编 文化（一）》，前引书，第549页。
[3] 中国第二历史档案馆编《中华民国史档案资料汇编 第五辑 第二编 文化（一）》，前引书，第549页。
[4] 参见中国韬奋基金会韬奋著作编辑部编《韬奋全集》，第10卷，前引书，第225、226页。

文件计有九件之多。① 如 1939 年 4 月国民党公布了《修正检查书店发售违禁出版品办法草案》《修正印刷所承印未送审图书杂志原稿取缔办法》，规定对出版、发售未送审图书及违禁出版品者，分别情节，给予警告、没收、罚款、拘役、封闭等处分，1938 年 4 月 1 日以后未经审查的出版品一律查扣。② 1940 年 9 月又公布修正的《战时图书杂志原稿审查办法（修正）》，对原来的审查标准进行了修订，进一步加强了对出版物的限制，致使许多书刊无法出版。③ 这些都使得生活书店和其他民营出版业出书日益困难，不利于当时文化出版业的发展。

（三）企图用造谣污蔑、威胁及吞并的手段来消灭生活书店

除了上述两种手段外，国民党为了消灭生活书店，经常派军警、特务对邹韬奋的寓所，生活书店的门市部、仓库、宿舍和承印生活书店书刊的印刷厂等地方采取盯梢、侦察、秘密调查、突击检查、造谣、污蔑等卑劣的特务手段，妄图找到消灭生活书店的"罪证"。

1939 年 6 月，国民党当局趁生活书店向交通银行贷到一笔款时就造谣说生活书店接受共产党 10 万元津贴，重庆市社会局、市党部特派员带领武装警察到总管理处"调查户口"，询问生活书店组织、资本额、营业状况等，并提出"个别询问同人"及"账册带回市府"的要求，被邹韬奋据理婉辞拒绝④。于此同时，国民党中央执行委员会社会部密令中央调查统计局派特务秘密调查生活书店总管理处和邹韬奋寓所，中统局先后两次向社会部密报，污蔑"生活书店是在全国专门推销违禁书刊的总机关，也是策动共党文化运动及青年运动的主要机关"⑤，把重庆分店与书业界同人组织的联谊会说成是"为该店所办，共党团体无不与该店发生联系"。生活书店为读者服务的种种措施也被列为一大罪状："该店还公开征求青年参加文化工作，《全民抗战》出版前线增刊，大量运送各战区将士阅读，在

---

① 参见生活书店史稿编辑委员会编《生活书店史稿》，前引书，第 164 页。
② 参见中国第二历史档案馆《中华民国史档案资料汇编第五辑，第二编，文化（一）》，前引书，第 556～559 页。
③ 参见中国第二历史档案馆编《中华民国史档案资料汇编第五辑，第二编，文化（一）》，前引书，第 560～563 页。
④ 参见北京印刷学院、韬奋纪念馆编《〈店务通讯〉排印本》，上册，前引书，第 83 页。
⑤ 转引自生活书店史稿编辑委员会编《生活书店史稿》，前引书，第 173、174 页。

各大学附近设分销店,都是吸诱青年。"①

国民党也对邹韬奋采取了威胁诱降的手段。1939年7月4日,国民党中宣部部长叶楚伧、潘公展约请邹韬奋谈话,谈话内容就是要求生活书店和国民党创办的正中书局及独立出版社联合,在三机关上组织一个总管理处,或成立一个董事会,主持一切,并可增加经费,仍由邹韬奋主持,如不同意合并,就要将生活书店全部封闭②。邹韬奋对叶、潘合并的提议严词拒绝。1939年7月16、19日,在叶、潘谈话失败后,国民党中央党部又派大员代表叶楚伧两次到总管理处找邹韬奋谈话,谈话首先是继续威胁邹韬奋将生活书店与正中书局及独立出版社合并,在合并的威胁失效后,又提出中央党部派党代表经常驻店监督一切,如果这个办法仍不接受,那就非全部消灭不可。邹韬奋表示:"倘接受上述办法,势必丧失信誉,与其丧失信誉而等于消灭,毋宁保全信誉而遭受封闭。"③

(四) 用封店、捕人的手段来摧残生活书店

1939年2月26日,国民党中央宣传部秘密传达了《禁止或减少共产党书籍邮运办法》及《查禁新知、互助及生活等书店所出书刊办法》④ 两个密令后,国民党当局除了扩大对生活书店书刊查禁范围,随意查禁扣留书刊以外,又利用手中掌握的权力,对生活书店各地的分支店采取封闭、勒令停业和无理捕人等手段摧残生活书店。

1939年3月8日,浙江天目山临时营业处被国民党浙江地方当局勒令停业,员工被押送出境,四人行李及书店财产被没收。此后,从1939年4月到1940年6月,生活书店在全国各地所建立的56个分支店,除了5个因战局关系自行收歇停业以外,其他45处分支店都先后被封闭或被勒令停业,只剩下重庆、成都、昆明、贵阳、曲江、桂林六个分店。⑤ 生活书店经过国民党当局封店、捕人手段的迫害后,财产损失很大,一些员工甚至因此献出了生命,它的业务发展受到了毁灭性的打击。

---

① 转引自生活书店史稿编辑委员会编《生活书店史稿》,前引书,第173、174页。
② 参见韬奋《与中央党部交涉的经过》,中国韬奋基金会韬奋著作编辑部编《韬奋全集》,第10卷,前引书,第343~346页。
③ 中国韬奋基金会韬奋著作编辑部编《韬奋全集》,第10卷,前引书,第358~360页。
④ 参见罗传勋主编《重庆抗战大事记》,前引书,第44页。
⑤ 参见生活书店史稿编辑委员会编《生活书店史稿》,前引书,第172页。

二 "皖南事变"前的抗争：对外呼吁与对内整顿

皖南事变前，面对国民党对生活书店的种种迫害，邹韬奋主要采取了以下两种主要的措施来加以应对和抗争：①向当局呼吁、交涉和疏解；②加强内部教育与整顿。

（一）向当局呼吁、交涉和疏解

1938年5月，邹韬奋以救国会领导人之一的身份，被国民党政府聘为国民参政会参政员。邹韬奋利用这个合法的身份，针对国民党政府对生活书店及其他同业的迫害，多次向当局呼吁和交涉。1938年6月，邹韬奋在国民参政会第一次大会上提出《调整民众团体以发挥民力案》《具体规定检查书报标准并统一执行案》《改善青年训练以解除青年苦闷而培养救国干部案》。其中《具体规定检查书报标准并统一执行案》就是反对国民党压迫进步文化事业，争取言论出版自由的提案，此案获得通过。[①] 但大会刚闭幕，1938年7月，国民党政府又颁布了《战时图书杂志原稿审查办法》。

邹韬奋对此非常气愤，他在《全民抗战》上连续发表了《审查书报的严重性》《再论审查书报的严重性》等几篇社论加以抨击。1939年10月，在国民参政会第二次大会上，邹韬奋提交了《请求撤销图书杂志原稿审查办法，以充分反映舆论及保障出版自由案》，该案由邹韬奋、沈钧儒、黄炎培等联合70多位国民参政员署名，该案在大会上获得多数通过，但国民党政府并不加以执行，仍旧对出版界实行原稿审查。1939年2月，在国民参政会第三次大会上，邹韬奋又提出《请撤销增加书籍印刷品寄费以便普及教育增强抗战力量案》，该案由邹韬奋提出，签名人有史良、沈钧儒、张申府等20人，该案获得通过，后由政府采择施行。[②]

邹韬奋除了通过在参政会上提案呼吁外，面对生活书店书刊经常被无理查禁，书店被封的事实，他也通过呈文和致函给当局的办法，呼吁国民党当局停止对生活书店的迫害。据《店务通讯》记载，1939年4月生活书店各地分支店被封和停业事接连发生以后，生活书店连日向国民党"中宣

[①] 参见生活书店史稿编辑委员会编《生活书店史稿》，前引书，第358页。
[②] 参见北京印刷学院、韬奋纪念馆编《〈店务通讯〉排印本》，上册，前引书，第379页。

部当局及有关系各方进行，除邹经理及徐经理口头商谈外，呈文公函连篇累牍，甚为繁忙，秘书处及书法较好的同事，工作特别加重"①。在向国民党有关部门呈文、致函无效，各地分支店被封闭到只剩下 6 个的情况下，邹韬奋又向国民党最高统治者蒋介石呈文加以申诉和抗议，蒋介石迫于舆论的压力以及生活书店当时的影响，才指示国民党有关部门对余下的 6 个分支店暂时不要下手，所以"自民国二十九年七月起至三十一年一月止，在这半年间，党部方面对于所仅仅剩下的六个分店暂时停止了封店捕人的事情"②。

面对国民党对生活书店迫害的种种手段，邹韬奋也采取了直接找国民党政府负责人当面直接交涉和疏解的办法加以解救。从 1939 年 3 月起，生活书店各地分店陆续被封，同人被捕和拘押，邹韬奋亲自往访国民党中宣部部长叶楚伧和副部长潘公展，要求他们主持公道，并提出抗议说："我是本店总负责人（全体同事选举出来的理事会主席），如本店有犯罪证据，应该捕我，决不卸责，何必摧残许多无辜青年呢？"③ 在国民党消灭生活书店方针已定的情况下，国民党中宣部负责人对邹韬奋当面的质问和抗议大多推诿卸责，邹韬奋的当面交涉也无实质性的效果。

(二) 加强内部同人教育和事业的整顿

1939 年 4 月以后生活书店各地分支店迭遭迫害，生活书店陷入艰苦的境地，为了使书店职工对国民党的迫害有所认识，也为了促使书店职工在日后的业务活动当中多加注意，避免给国民党当局的迫害留下"罪证"。邹韬奋接连在《店务通讯》上发表《沉痛中的检讨》(《店务通讯》第 53 号)、《在渡过难关中的几点说明》(《店务通讯》第 54 号)、《本店被误会的几点说明》(《店务通讯》第 56 号)、《我们能接受和不能接受的办法》(《店务通讯》第 56 号) 等文章，这些文章一方面向全店职工说明被国民党政府"误会"的情况，另一方面也向全店职工通报了书店与国民党当局呼吁交涉的情况。邹韬奋告诫全店同人："不但不可因暂时的艰苦困难而消极颓废，反而应该更艰苦地锻炼我们自己。所以我希望不得已而已停业的各分店同人，不可消耗宝贵的时间于无益的事情，不可颓废、闲散，对于工作的技术及知识

---

① 北京印刷学院、韬奋纪念馆编《〈店务通讯〉排印本》，中册，前引书，第 680 页。
② 中国韬奋基金会韬奋著作编辑部编《韬奋全集》，第 10 卷，前引书，第 358 页。
③ 中国韬奋基金会韬奋著作编辑部编《韬奋全集》，第 10 卷，前引书，第 343~346 页。

的补充,要格外振作精神,注意修养而学习。"① 对于仍然安全的分店,邹韬奋要求他们:"须切实执行总处的指示。例如关于禁书,总处最近已设法领得一份禁书名单,复印分寄各分店备考,并严嘱各分店绝对不再售卖已知的禁书,这一点是必须严格执行,以免藉口的。"②

到 1940 年 6 月,生活书店各地的 55 个分支店被封闭或勒令停业到只剩下 6 个分支店,而国民党的迫害和施压并未停止,当时的环境显示国民党反共方针及实行法西斯文化专政的政策日益强化,进一步的打击和迫害只是时间问题。面对严峻的局势,生活书店的理、人、监联席会议经过商讨,决定在继续执行"服从法令、接受纠正"这一方针外,又加上了"保全事业、减少牺牲"的原则。对日后生活书店的工作进行了重新部署,力求把书店的事业保留得多一点。

邹韬奋首先在《店务通讯》上发表文章,分别从业务思想和经营原则等方面,对全店同人进行指导。邹韬奋先后发表了《加强教育与了解业务》(《店务通讯》第 98、99、100 号)、《中坚干部的重要》(《店务通讯》第 101 号)等文章阐明书店的性质和光荣任务,希望大家团结起来共渡难关。其次生活书店在事业上也做了整顿和调整。第一,为了加强领导机构迅速处理事务的能力,1940 年 8 月 5 日,生活书店的领导机构进行改革,由原来的理事会、人事委员会、监察委员会推举代表组成理、人、监联席会议常委会,在联席会议闭会期间执行书店的最高职权。第二,为了在生活书店被封后能够继续出版杂志和图书,生活书店将《世界知识》《妇女生活》《理论与现实》等四种杂志从生活书店分出来独立经营,避免它们受到牵连而被查封。第三,通过沈钧儒与冯玉祥将军洽商,共同投资,于 1940 年在桂林建立三户图书社和三户印刷厂,以备生活书店被封后仍然能够继续出版书刊。第四,接受周恩来关于"以民间企业的形式去延安和华北敌后开展图书发行工作"③ 的建议,到敌后抗日民主根据地开设分店。生活书店先后派李济安、柳湜去华北、延安开展出版发行业务,帮助筹建了辽县华北书店 [1941 年 1 月 1 日在辽县(左权县)建立] 和延安华北书店(1941 年 8 月 13 日在延安北门外正式开业)。④

---

① 北京印刷学院、韬奋纪念馆编《店务通讯》,中册,排印本,前引书,第 655 页。
② 北京印刷学院、韬奋纪念馆编《店务通讯》,中册,排印本,前引书,第 655 页。
③ 中共中央文献研究室编《周恩来年谱(1898—1949)》,中央文献出版社,1989,第 456 页。
④ 参见生活书店史稿编辑委员会编《生活书店史稿》,前引书,第 187 页。

三 "皖南事变"后的迫害：分支店被摧残殆尽

"1941 年 1 月 4 日，震惊中外的'皖南事变'发生，……1 月 17 日，蒋介石竟发布反动命令，诬蔑新四军'叛变'，并宣布取消其番号和声称要将叶挺交军法审判，反共气焰极为嚣张。"①

"皖南事变"后，国民党掀起了第二次反共高潮，进步文化事业开始受到更为严重的摧残。1941 年 2 月 7 日，国民党中央秘书处和三青团中央团部联合给各省国民党党部发出丑阳加急密电，电文是："澄密，并转三民主义青年团支团部。中共利用生活书店等散布违禁书刊，经会商决定，仰即对该生活书店及类似之变相书店，与军政当局及审查机关商洽依法予以查封，具报为要。"②

密令下达以后，生活书店仅存的 6 个分支店在半个月内就有 5 个被封。1941 年 2 月 7 日四川省图书杂志审查会即到成都分店搜查，至 8 日晨在既无正式行文，亦未明示审查结果的情况下即将成都分店封闭。于 12 日上午没收书籍 2687 册，总值约计千元。1941 年 2 月 12 日晚，桂林分店职员四人被拘押至警备司令部，后于当晚释放，桂林分店现款 600 余元及各项单据、门市预储兑换之辅币 10 余元及委员长瓷像 20 余个、收发课邮票百余元、同人消费合作社所有之肥皂、袜子、牙膏以及所有之日用品及私人信件，均被取走，14 日分店又被扣去《鲁迅全集》全套及其他非禁书数十册。1941 年 2 月 20 日深夜 2 时，贵州当地审查会与宪警将贵阳分店查封，将经理及职员全体拘捕。至 24 日职员已陆续释放，经理周积涵则仍然被拘押（后越狱逃走）。当晚，贵阳分店所有之生财存货及银钱全被搬运一空，形同抢劫。1941 年 2 月 21 日昆明分店被封，封存货物的总值在万元以上。③ 1941 年 2 月，广东曲江也被封闭。重庆分店本来也在被查封之列，国民党重庆市党部接到丑阳密令后，也拟具了查封重庆分店的办法。在尚未动手之前，因政治形势发生变化而得以保存。这主要是因为"皖南事变"后，中共方面对国民党当局进行了有理有节的斗争，国民党的反共及对进步文化事业加以迫害的行为，也遭到了国内外人士及国民党内抗日派

---

① 马洪武等编《抗日战争事件人物录》，上海人民出版社，1986，第 235 页。
② 转引自生活书店史稿编辑委员会编《生活书店史稿》，前引书，第 200 页。
③ 参见江苏省政协文史资料委员会、常州市政协文史资料委员会编《新文化出版家徐伯昕》，前引书，第 116~118 页。

的非议。同时邹韬奋和徐伯昕等人对国民党迫害生活书店的行为加以广泛宣传和揭露，大批文化人此时也离开重庆，逃往香港。此外，当时国民党特务积极反共，破坏抗战和进步文化事业的行为也屡被揭露，使国民党当局十分被动，在这种形势下，国民党为了做些掩饰，查封重庆分店的密令才没有加以执行，重庆生活书店得以幸存。但是，国民党当局在1941年3月15日通过自己的党刊《重庆市文化新闻》发出一篇报道制造谣言，威胁生活书店自行停业。一些友好人士也建议生活书店将在重庆市民生路的门市部出让改为文具商店。在这种形势下，周恩来指示书店负责人：重庆生活书店仍要坚持下去，除非国民党来封门，否则不要自动停业，重庆分店的同人在这个指示的鼓舞下，重庆分店一直坚持营业，直到1945年抗战胜利后与读书、新知二店合并为三联书店后才结束自己的使命。①

四 "皖南事变"后的抗争：再度流亡中坚持从事新闻出版活动

面对生活书店的再次被封，邹韬奋和徐伯昕首先去找国民党中央宣传部和行政院交涉。在成都分店被封的第二天，邹韬奋就找到国民党中央宣传部部长王世杰，将国民党党部无理封店的事情告诉他，但是王世杰推脱说："中宣部只管书报内容是否错误，至于书店不是中宣部所管的，封闭书店是军警的事情，更是中宣部所管不到。"② 将封店的事情推得一干二净。邹韬奋后来又找国民党中宣部副部长潘公展和中宣部秘书主任许孝炎交涉，潘公展避而不见邹韬奋，许孝炎也是矢口否认，推得干干净净。在桂林、贵阳两店被封后，邹韬奋又找王世杰交涉，许说与王、潘商谈后再做答复。一个月后，国民党中央党部的通知才到，通知指出说："据呈请撤销查封成都、桂林、贵阳、昆明四地生活书店命令准予继续营业等情已悉，仰径向主管官署呈请可也。"③ 中央党部将自己密令封杀生活书店一事推给了各地的国民政府。邹韬奋后来到桂林调查书店被封的事情，桂林的军政长官告诉邹韬奋摧残生活书店的勾当，全是国民党中央宣传部密令干的。

邹韬奋明知查封生活书店是国民党中央决定的，但是为了争取万一的

---

① 参见生活书店史稿编辑委员会编《生活书店史稿》，前引书，第217、317页。
② 中国韬奋基金会韬奋著作编辑部编《韬奋全集》，第10卷，前引书，第368页。
③ 生活书店史稿编辑委员会编《生活书店史稿》，前引书，第201页。

可能，还是分别致函四川省党部主任黄季陆、四川省主席张群，得到的答复却是黄季陆、张群将事情推脱给执行部门——当地的军警机关和省图书杂志审查委员会。

1941年2月，半个月内国民政府相继查封了生活书店的四个分店，威胁重庆的总管理处和分店，邹韬奋等人的营救却又毫无希望。1941年3月1日，国民政府第二届国民参政会将开幕，国民政府续聘邹韬奋为第二届参政员，并通知他在2月24日前报到。邹韬奋认为国民党残酷镇压和野蛮摧残生活书店，毫无民主可言，再粉饰场面是莫大的罪恶，于是决定辞去参政员以示抗议，并决定离开重庆到香港开辟新的出版文化阵地。① 邹韬奋的决定得到了中共领导人周恩来和救国会领袖沈钧儒的支持。邹韬奋要离开重庆远走香港，这也受到了国民党当局的阻挠，在中共南方局派文委委员胡绳的护送和帮助下，1941年2月25日，邹韬奋坐汽车去桂林。在桂林救国会负责人陈此生和国民党民主派李济深等人的帮助下，在中共派张友渔的暗中护送下，邹韬奋又于1941年3月5日乘飞机到达香港。

邹韬奋在出走之前，写了辞去参政员的电报，也给参政会内各抗日民主党派领袖写了一封信，在离开重庆之前亲自交给沈钧儒，请他转交。电报和信的内容主要揭露了国民党当局压迫和摧残生活书店、扼杀进步文化事业和自己抗争无效的事实真相，说明了自己不得不辞去参政员的理由。在国民参政会召开前，徐伯昕主持起草了《生活书店横被摧残的经过》这篇长文，请沈钧儒转交给各位参政员，并将此文印发给了各个报馆和订阅生活书店书刊的订户和邮购户。但重庆各报馆迫于压力未敢登载，只有延安的《新中华报》于1941年4月3、6、10、13日连续四天全文转载。生活书店揭露国民党迫害的斗争，中国共产党是大力支持的。中共于1941年3月10日在《新华日报》的增刊上公布了中共7位代表不出席参政会的7件文献，其中第二件《周恩来致张冲函》、第三件《董必武、邓颖超致国民参政会公函》、第七件《最近军事政治压迫事件》这三篇文献中都公布了国民政府查封生活书店、读书生活社，迫害进步文化事业的事实真相，并要求国民政府加以纠正。1937年3月27日，延安的《新中华报》又发

---

① 参见中国韬奋基金会韬奋著作编辑部编《韬奋全集》，第10卷，前引书，第369~372页。

表《抗议对大后方文化界的摧残压迫》的社论，社论中对国民党摧残迫害生活书店和其他进步文化事业的事实又一次进行了揭露。在中共的支持和公开揭露下，生活书店和其他进步文化事业被迫害的真相得以大白天下。①

"皖南事变"后，邹韬奋出走到香港，在中共南方局周恩来的关怀和指导下，不久生活书店总管理处也迁往香港，并继续领导内地的业务和筹建新的出版阵地。邹韬奋到香港后，即发表一些文章，痛斥国民党对日妥协投降倾向及其对文化事业的残酷迫害，表明自己对国事、对民主政治的态度和追求。这些文章当中，最有代表性的是他在《华商报》上发表的题为《抗战以来》的一系列文章，这一系列文章在从《华商报》创刊之日（1941年4月8日）起开始连续登载，至1941年6月30日登载完毕，共发表文章77篇。②《抗战以来》揭露了国民党假民主、真独裁，假抗战、真反共，假团结、真分裂的种种黑暗事实，其中许多篇幅反映了国民党摧残生活书店的整个过程和种种真相，再一次揭露了国民党对进步文化事业的压迫与扼杀。这些文章后来由《华商报》出版部印成单行本在海内外发行，使广大读者了解到当时中国政治的真实情况，深受读者欢迎，多次再版。邹韬奋一方面应邀担任《华商报》的编委并为之撰写文章外，另一方面他于1941年5月17日恢复出版了《大众生活》周刊（在第三章已详细论述），1941年9月1日，生活书店又创办了《笔谈》，由茅盾担任主编。这两个刊物后来均因太平洋战争爆发而分别于1941年12月6日和1941年12月1日停刊。

邹韬奋在生活书店总管理处的同人到香港以后，又与他们一起积极筹备建立出版工作和发行网点。在香港时期，由于生活书店资金的缺乏，原来的分店又早已于1940年秋便被迫歇业，因此生活书店要恢复或另建分店，不但港英政府难以批准，书店自身也已无此财力，在这种情况下，生活书店与读书出版社合办了光夏书店，与中华职教社合作开办了国讯书店香港分店。鉴于本身资金的缺乏和香港出版成本较高，生活书店在港期间主要是印重版书，新书出版很少。在刊物的发行上，采取了分散总经售的办法，避免出事后株连受损。③

1941年12月8日，太平洋战争爆发，1941年12月25日，驻港英军向日军投降，1942年1月，日寇占领香港后，生活书店又全部被毁，邹韬奋

---

① 参见生活书店史稿编辑委员会编《生活书店史稿》，前引书，第204~216页。
② 参见中国韬奋基金会韬奋著作编辑部编《韬奋全集》，第10卷，前引书，第171页。
③ 参见生活书店史稿编辑委员会编《生活书店史稿》，前引书，第226页。

和书店留港同人及其他爱国文化工作者在中共的安排和护送下,全部安全返回大陆。邹韬奋返回大陆后首先到达东江民主抗日根据地,与从香港脱险的徐伯昕会合,共同商讨生活书店面临的困境和今后的工作打算。邹韬奋要求徐伯昕先到重庆向周恩来汇报并请示办法及指导,并要徐伯昕转告沈钧儒,要他对书店多加照顾和指导。①

国民党政府对邹韬奋这些爱国文化工作者回来并不欢迎。邹韬奋到达东江民主抗日根据地后,原拟转赴桂林,但是国民党政府已经密令各地特务机关严密监视和搜集他的行踪,决定发现他时"就地惩办"。邹韬奋只得在广东的梅县乡间暂时隐蔽起来,直到1942年9月才化装经上海到达苏北抗日根据地。徐伯昕也只能暂时在桂林隐蔽。② 1942年9月,邹韬奋到达苏北抗日根据地,在那里进行参观访问与考察。1942年冬天,邹韬奋因病重由中共地下党护送至上海就医,1943年3月到达上海,被诊断为耳癌,此后,邹韬奋就一直在上海医院开刀治疗,直到1944年7月24日在上海逝世。在治病期间,他撰写了《患难余生记》约6万字,继续揭露国民党政府迫害生活书店等进步文化事业的罪行,后因病情恶化,第三章尚未写完。

1942年1月从邹韬奋返回大陆而不见容于国民党当局后,邹韬奋只能隐蔽或在苏北解放区活动,后来又到上海治病,因此生活书店在内地的工作实际上是由徐伯昕等人负责管理和运作。1942年以后,由于国民党政府的迫害,生活书店打算在大陆重建总管理处的计划已不可能实现,只能进入分散经营的阶段。在中共的支持和领导下,徐伯昕、沈钧儒、张友渔等人继续领导生活书店,坚持在抗战后期和解放战争时期做好进步文化事业的出版发行工作,1945年10月22日,重庆的生活、读书、新知三店发布《生、读、新为合组重庆三联分店告同人书》,11月20日,三店合并工作完成,并正式登报公告,这是三店合并的开始,从此,生活·读书·新知三联书店名字与广大读者见面。1948年10月18日,生活、读书、新知三店完成彻底的合并工作。10月26日,举行三联成立大会,宣布三联书店成立。到1949年8月15日,生活书店与读书出版社、新知书店联名在报纸上刊登《为统一店名告全国读者和同业书》,宣布今后统一店名为生活·读书·新知三联书店,年底,又在报上登公告,宣告生活出版合作社正式结束。

---

① 参见生活书店史稿编辑委员会编《生活书店史稿》,前引书,第233页。
② 参见生活书店史稿编辑委员会编《生活书店史稿》,前引书,第227、233页。

第六章　邹韬奋的新闻出版思想

邹韬奋虽然拥有极其丰富的新闻出版实践经验，但是他对新闻出版却没有进行过专门的研究，他所写的《事业管理与职业修养》一书，可以算作他所撰写的研究新闻出版事业的专著，但是这本专著谈论的主要是新闻出版经营管理业务方面的经验，可以看作他对新闻出版经营管理业务经验的一个专门论述。但是除了经营管理业务思想，邹韬奋还有许多其他方面的新闻出版思想，而这些都是零散地存在于他有关的文章和言论当中。

邹韬奋一辈子从事新闻事业，他创办了一些影响较大的报刊，同时他又从事图书出版事业，他创办了生活书店，在当时出版了大量的进步书籍，因此，邹韬奋一辈子创办报刊和出版图书的事业往往互相交融在一起，这就使得他的许多文章在谈论报刊的创办和图书的出版时是互相交叉的，没有截然分开。同时，他对新闻（报刊）思想的论述要远远多于对图书出版思想的论述，他对图书出版思想的论述比较少，难以独立成章，而且这方面的论述与新闻思想方面的论述重合部分太多，也无分开的必要，基于此，本书在探讨他的新闻思想（指创办报刊方面的思想）和图书出版思想（指图书出版发行方面的思想）时，只能将二者合在一起加以研究，而不是像实践部分那样分章节展开论述，故合称为邹韬奋的新闻出版思想。

邹韬奋的新闻出版思想大体上可以分为五个部分：一是新闻出版宗旨；二是言论（出版）自由思想；三是新闻出版伦理思想；四是编辑业务思想；五是经营管理业务思想。在这五种思想当中，对于新闻出版宗旨，邹韬奋在创办任何一种报刊时都会对宗旨有所阐述，对于后来创办生活书店的宗旨和目标，他也有明确的说明，而这些在前面新闻出版实践的有关章节中已经有了详细的论述，因此在这一章中不再赘述。

第一节 言论（出版）自由思想

邹韬奋毕生的理想就是做好一个新闻记者，他一辈子的主要时间也是用在新闻出版工作上，但是，民主政治也是他一辈子的追求和努力奋斗的目标，言论（出版）自由思想是其民主自由思想中的一个部分，由于思想自由、言论自由和出版自由这三者之间紧密相关，邹韬奋有时将其单独称为"言论自由""出版自由"或"言论出版的自由"。为了研究上的方便，在这里将这三种自由暂统称为"言论（出版）自由"。

一 自由之内涵：从绝对自由到相对自由

邹韬奋对言论（出版）自由含义的认识和理解也有一个变化的过程。在他主持《生活》周刊时期，他对西方自由主义民主思想是比较推崇的。约翰·密尔在《论自由》中说："迫使一个意见不能发表的特殊罪恶乃在于它是对整个人类的掠夺，对后代和对现存的一代都是一样，对不同意那个意见的人比对抱持那个意见的人更甚。"① 密尔的思路是，假如那意见是对的，那么他们是被剥夺了以错误换取真理的机会；假如那意见是错的，那么他们是失掉了差不多同样大的利益，那就是从真理与错误的冲突中产生出来的对于真理的更加清楚的认识和更加生动的印象。于此，密尔从认识论层面展开了对思想言论自由的经典论述。

邹韬奋1931年在《对于批评应有的态度》一文当中也有过与密尔相似的论述："受其批评者如觉其动机出于诚意，而所言复能搔着痒处者，则自当虚怀容纳，愈益奋励；即觉其动机不纯，苟其所言不无可取或不无可以节取之处，仍不必以人废言，但求其有裨于我之趋善改过，则亦有益而无损。倘发觉批评者全属无理取闹，则值得解释者不妨酌加说明以释群疑，不值得解释者尽可置之，听社会之公评。我国俗语谓'公道自在人心'，西谚亦谓'真理虽被压倒至地而终能升起'，无理取闹者决不能以一手掩尽天下目，自问无所愧怍者尽可处之坦然，不足计较。"② 这是就个人如何对待别人的批评言论而言，邹韬奋认为，不管别人的批评正确与否，

---

① （美）约翰·密尔：《论自由》，程崇华译，商务印书馆，1959，第17页。
② 心水（邹韬奋的笔名）：《对于批评应有的态度》，《生活》周刊1931年第6卷第8期。

都应该让人家提出来，对的虚心容纳，错的可解释也可置之不理。此文中他又指出政府当局者和政党该如何对待批评的言论："当局者宜细察批评者所言内容之为正确与否。苟认为正确，则当局应在事实上予以改正的表示；苟认为错误，则当局应以文字予以解释，或辩驳。在党治之下，党报与党的宣传机关，即负有这样的责任，真理愈辩愈明，民间即有所误会，其消除方法，莫善于说明，说明能启其思想，开其茅塞，而坚其信仰之心；而愚莫于用武力压迫，或以盛气相凌，消极方面徒使全国暮气沉沉，民意无从表现，政轨何所遵循，积极方面反为真正反动者制造民间抑郁愤怨之心理，以为混乱之导火线，则又何苦。"① 邹韬奋于此专门讨论了当局者和政党该如何对待正确或错误的言论，他认为民间的言论是民意的反映，不管正确与否，当局者都只宜利导而不宜强压，一旦强压，就会产生非常消极的影响。邹韬奋在《对于批评应有的态度》一文中虽然没有明确对"言论（出版）自由"的直接解释，但从上面的论述来看，他是非常认同约翰·密尔的观点的，对于民众的言论，不管对或错，都应该允许其自由发表，"真理愈辩愈明"，当局不应该也不能去用武力加以压迫。简而言之，此时邹韬奋对"言论（出版）自由"的理解应该是"言论（出版）自由"就是让民众自由发表各种言论，不管这言论到底正确还是错误，"言论（出版）自由"即为绝对的"言论（出版）自由"，它不应该受到任何外力的限制和束缚。

1933年邹韬奋被迫出国，在游历欧美等主要资本主义国家以及社会主义国家苏联的过程中，他对各国的"言论（出版）自由"问题进行了考察，对当时世界上各国新闻出版事业中的"言论（出版）自由"问题进行了分析总结，认为世界各国的言论自由不外三种现象，一种是在法西斯国家（如德国），大多数人绝对没有什么言论自由，即使是替少数特权阶层作传声筒的人们也说不上有什么言论自由。另一种是在号称民治主义国家（如英、法），这些国家的言论机关也在少数特权阶层人的掌握之中，但是在某范围内还许一小部分替大多数人发表言论的可能，这些国家的言论自由与法西斯国家的言论自由没有质的区别，只是程度上的差别，在表面上显得稍微宽容。"还有一种就是政权已在勤劳大众自己的手中，言论自由为大多数人所享有，而因为尚未达到没有阶级的社会，仍有少数人不能享

---

① 心水（邹韬奋的笔名）：《对于批评应有的态度》，《生活》周刊1931年第6卷第8期。

得言论自由的权利；而且所谓言论自由，也有它的相当范围，不是无限制的。"①

1933年的游历，使邹韬奋发现世界各国在事实上并不存在绝对的言论（出版）自由，这也促使他对言论（出版）自由问题加以重新思考和认识。在1935年11月，邹韬奋在《国事紧张中的言论自由》一文中对言论（出版）自由进行了新的表述："所谓言论自由，就新闻业的观点看来，最简单的是真实的消息要让民众看得到，正确的评论要让民众听得到。"② 从这一段表述来看，此时的邹韬奋认为只要真实的消息让民众能看到，正确的评论能让民众听到，这就算是达到了言论（出版）自由。与1931年他对言论（出版）自由问题的相关论述加以比较可以看出，此时他对言论（出版）自由的范围已经特别加以限制，即能自由发表的言论必须是真实的，正确的。也就是说，此时邹韬奋认为言论（出版）自由也不是绝对的，而是相对的，它有一定的范围限制。

邹韬奋对言论（出版）自由问题的重新认识，一方面与他的欧美游历有很大的关系，另一方面与当时中国政治形势的不断恶化也有很大关系。自1931年"九一八"事变以后，日本加紧了对中国侵略的步伐，不断挑起事端，中日关系日趋紧张。在这国事紧张的局势当中，也必然会促使邹韬奋重新思考言论（出版）自由问题。

1937年"七七事变"后，中国的全面抗战开始。为适应抗战的需要，当时中国的新闻人有关言论（出版）自由的认识基本达成一致，都主张言论（出版）自由不是绝对的自由，言论（出版）自由必须要受到种种限制。③ 邹韬奋对此问题也多次讲到，认为言论（出版）自由必须服从抗战建国的需要，他在1938年答读者王慎思的一封信里说："我国的一切刊物，当然也须以不违反三民为范围。……我国在这个抗战的时期，尤须注重'抗战第一'的原则，一切都应把这个原则做估价的标准，凡是妨碍这个原则的任何人，都不允许他有言论出版的自由，凡是拥护这个原则的，都应该享受言论出版的自由。"④ 1938年他在读者全森合的《想不通的问

---

① 中国韬奋基金会韬奋著作编辑部编《韬奋全集》，第6卷，上海人民出版社，1995，第178、179页。
② 《国事紧张中的言论自由》，《大众生活》1935年第1卷第2期。
③ 参见李秀云《中国现代新闻思想史》，中国社会科学出版社，2007，第129页。
④ 《答王慎思》，《抗战》1938年第42号。

题》这封信的编者按里也说:"我们当然不是无条件地反对禁书,因为如果真是属于有碍抗敌建国的言论,那是应该严禁的,但是我们要求禁书要有一个统一的标准。"① 在1939年他又对此问题进行了明确的表述:"有了言论机关,应该采用言论自由的原则,这是不成问题的。但是所谓言论,当然不是说毫无原则,毫无范围的。譬如在抗战建国中的中国,言论自由与动员民众工作是有着密切的联系,但是汉奸理论和挑拨离间破坏全国团结的言论是不应该让它自由的,因为这是妨碍了整个的民族生存与进步。即在最民主的苏联,敌视或破坏苏维埃国家及劳工阶级利益的言论也是不允许的。"② 邹韬奋这种非绝对(相对)言论(出版)自由的思想,在后来的相关论述当中也可以看出来,1941年,即使是在遭受国民党当局对生活书店及《全民抗战》的封闭与打压的情况下,他仍然说:"今日并没有人主张言论出版漫无条件的自由(抗战建国纲领即为共同遵守的原则)。"③ "我以为除有关军事国防应守秘密,除了抗战国策不许反对外,关于政治上的应兴应革的问题,乃至一部分'公仆'的不良作风,言论界是可以提出讨论的。"④

纵观邹韬奋对言论(出版)自由含义的论述,我们可以看出,邹韬奋对言论(出版)自由内涵的认识有一个非常明显的转变过程,这个转变,使他从最初的认同乌托邦式的绝对"言论(出版)自由",转变到面对社会现实务实的有限制的(或相对的)"言论(出版)自由"。

二 言论(出版)自由的价值

在邹韬奋看来,言论(出版)自由是很有价值的,其主要价值在于三个方面:一是使言论机关反映和引导舆论,二是使言论机关实施舆论监督,三是使言论机关成为民族解放与民主政治的武器和工具。

(一)使言论机关反映和引导舆论

邹韬奋说:"言论自由的保障,在积极方面可以反映人民的要求,在

---

① 《想不通的问题》,《抗战》1938年第67号。
② 北京印刷学院、韬奋纪念馆编《〈店务通讯〉排印本》,上册,前引书,第512页。
③ 韬奋:《忙得一场空》,香港《华商报》,1941年4月27日。
④ 韬奋:《一段插话》,香港《华商报》,1941年5月8日。

消极方面可以发生继续监督政府督促人民代表的作用。"① 邹韬奋认为舆论是民意的一种表现形式："民主政治的社会最重民意的表现，表现的方法除选举外，便是舆论。"② 他认为民间舆论的力量是很大的，政府当局要重视舆论："我们要重视舆论的力量，我们更须知道舆论力量之所由来。"③ "试就舆论说，各国贤明的当局对于舆论都极重视。例如美国总统罗斯福每日无论怎样匆忙，必须定出若干时间阅览全国若干重要的报纸，留意民间舆论的反映。只须在宪法所允许的范围内，都予以自由发表言论的机会。"④

邹韬奋将报刊称为"言论机关"或"舆论机关"，认为报刊可以反映民间的舆论："就一般说来，舆论的表现也有着种种的途径，但是报纸和杂志上的言论，尤其是社论，更被人视为直接的表现。"⑤ 从这几句话来看，邹韬奋是将舆论与报刊的言论加以区分的，舆论有多种表现途径，而报刊的言论，则只是其中一种直接的表现。

报刊的言论是舆论直接的表现，那么报刊上的言论就一定是舆论的反映，就一定能发生舆论的力量吗？邹韬奋对此问题进行了反复的论证和说明："言论固然可以发生舆论的力量，但却不是一切言论都可以发生舆论的力量。只有根据正确事实和公平判断的言论，才可能发生舆论的力量。"⑥ 邹韬奋将言论机关分为反映民意的"民意的言论机关"和反映官意的"官意的言论机关"两种，邹韬奋没有对"官意的言论机关"的种类进行归纳，但是他大致指出了"民意的言论机关"所包含的种类："大概可分为民间团体的机关报或机关刊物，和民间报人经营的报纸或刊物。"⑦ 他认为"民意的言论机关""必须能反映民意，才能取得多数人的信仰，才能发生舆论的力量。否则尽管有着言论机关的躯壳，已失去了言论机关的精神"⑧。

邹韬奋指出，"官意的言论机关"也是可以而且应该集合人民公意的，

---

① 中国韬奋基金会韬奋著作编辑部编《韬奋全集》，第 10 卷，前引书，第 707 页。
② 中国韬奋基金会韬奋著作编辑部编《韬奋全集》，第 10 卷，前引书，第 43 页。
③ 中国韬奋基金会韬奋著作编辑部编《韬奋全集》，第 10 卷，前引书，第 43 页。
④ 韬奋：《审查书报原稿的严重性》，《全民抗战》1938 年第 9 号。
⑤ 中国韬奋基金会韬奋著作编辑部编《韬奋全集》，第 10 卷，前引书，第 43 页。
⑥ 中国韬奋基金会韬奋著作编辑部编《韬奋全集》，第 10 卷，前引书，第 44 页。
⑦ 中国韬奋基金会韬奋著作编辑部编《韬奋全集》，第 10 卷，前引书，第 708 页。
⑧ 中国韬奋基金会韬奋著作编辑部编《韬奋全集》，第 10 卷，前引书，第 708 页。

只要官意确实能反映民意，不但无损于官意，反而有助于人民对官意的了解，增强人民对官意的信念。如果官意能完全根据民意，就能与民意打成一片，发生完全一致的现象，也就是说，"官意的言论机关"也能够而且应该反映舆论。

两种言论机关的地位，在邹韬奋看来应该是平等的，二者都应该"在同样的言论自由保障之下，光明磊落地各以言论充分发挥各人的意见，呈现于一般人民之前，听人民的公判"①。但是在现实当中，"官意的言论机关""所享受的言论自由的保障较民意的言论机关为大，甚至占着绝对的便利，民意常在摧残压迫之下挣扎着"②。

邹韬奋认为言论机关不仅能反映民意，而且能够指导民意，他在《领导与反映》一文中说："舆论机关的重要任务，一方面在领导社会，一方面在能反映社会大众的公意，这两方面是要融会贯通，达成一片的。"③ 在《言论自由与民主政治》一文中，他更进一步指出："言论机关除了反映民意之外，还负有指导民意的责任，但是所谓指导，绝不是凭着主观的成见或幻想，仍须根据民众的潜在的利益和愿望，不过以远大的眼光和深刻的认识，对于民众的潜在的利益和愿望，作先知先觉的指明或阐发而已。归根到底，指导民意仍逃不出反映民意的范畴。"④ 在邹韬奋看来，言论机关对民众的指导，首先在于反映民意，这是指导民意，引导舆论的一个前提。

（二）使言论机关实施舆论监督

邹韬奋认为报刊有责任对当局及社会进行舆论监督："有言责者……对当局及社会时有善意的批评与建议，我们认为这是应该的，一味歌功颂德不问是非的言论，与民族利益是不相容的。"⑤ 在主编报刊的实践过程中，邹韬奋经常通过报刊来对当局实施舆论监督。以报刊为手段对当局及社会实施舆论监督，一方面是他通过新闻事实的报道，反映当时国民政府政治和社会中的一些问题，以图引起民众的注意；另一方面是他撰写了大

---

① 中国韬奋基金会韬奋著作编辑部编《韬奋全集》，第 10 卷，前引书，第 708 页。
② 中国韬奋基金会韬奋著作编辑部编《韬奋全集》，第 10 卷，前引书，第 708 页。
③ 中国韬奋基金会韬奋著作编辑部编《韬奋全集》，第 10 卷，前引书，第 8 页。
④ 中国韬奋基金会韬奋著作编辑部编《韬奋全集》，第 10 卷，前引书，第 708 页。
⑤ 《答璜言》，《抗战》1937 年第 29 号。

量的评论,直接进行批评,希望当局予以重视和改良。上述这些实践上的做法,本文在介绍他新闻出版实践的过程中已经提及,在此不再赘述。

1941年邹韬奋在香港主编《大众生活》时,香港的李鲁读者向邹韬奋提出了"什么舆论能发生监督政府的力量?"这个问题。邹韬奋以"简覆"的形式从三个方面予以回答:

"(一)最重要的当然是言论自由须得到合法的充分保障(在中国当前所谓言论自由当然是指不违反抗战国策的范围)。有某些人把出卖民族的汉奸言论来否认言论自由的民主权利,那是有意歪曲言论自由的本意。否则舆论无从表现,或得不到充分的表现,当然说不到什么发生监督政府的力量。(二)在抗战国策范围内(就中国说)批评政治或国事,是民国的国民应有的民主权利(法西斯国家的国民当然除外),不应把批评政治或国事,即视为推翻政府或'另建政治中心',这一点如不被执政者所承认,舆论常在压迫之中,也说不到什么发生监督政府的力量。怎样能使执政者承认这一点呢?这是各国民主政治运动所要达到的最重要的一个基本目的,必须努力推进民主政治运动的伟大力量,在宪法的实行上争取人民应有这种监督政府的基本的民主权利。(三)舆论机关本身当然也要努力反映最大多数人民的愿望与要求,然后才能发生伟大的力量。舆论的力量不是仅仅由于少数人执笔写出几篇文章,最重要的是所发表的言论真能反映最大多数人民的愿望与要求。"① 邹韬奋于此分析了舆论机关要发生监督的力量的三个基本要素:首先是言论自由要得到合法保障,其次是执政当局要正确认识舆论机关的合理批评并有正确对待的态度,最后是舆论机关本身的言论要代表大多数民众的利益,而在这三者当中,保障言论自由又是最重要的。

(三)使言论机关成为民族解放与民主政治的武器和工具

早在1935年,邹韬奋回国后,面对日趋紧张的国事,邹韬奋就在《我们的三大原则》一文中说:"我们的第三个原则,是恢复民众运动和言论自由……言论自由受着压迫,大众成了一大群聋子瞎子,国事虽危迫万分,他们在报纸上所知道的是平静无事,或谣传纷纭,不知所从,大众的

---

① 韬:《舆论的任务与力量》,香港《大众生活》1941年新17号。

力量又从何起来。"① 1936 年，邹韬奋又在《上海新闻记者为争取言论自由宣言》一文中呼吁："在整个中华民族解放斗争的阶段上，报纸应该是唤起民众、组织民众，反抗一切帝国主义者侵略压迫的唯一武器，要这个武器发生运用的功效，只有先争取言论自由！"② 全面抗战开始后，邹韬奋更是指出："言论出版集会结社的自由，不但不与国家自由不相容，而且在'提高民权'之下，可以加强国力，动员民众，加速国家自由的争取。"

邹韬奋一生追求民主进步，希望能够在中国建立起民主政治。在他的意识当中，言论自由首先是国民应有的权利，是人民民主权利的一部分："我们认为言论自由，记载自由，出版自由，是中国国民应有的权利。……"③ "言论自由，在各国民主政治运动史上，都占着最重要的地位，都是由争取民主的人民所必须争得的一种最重要的最基本的民主权利。"④ 而这种民主权利又是推进民主政治的重要工具："民主权利如言论、出版、集会、结社等自由，是人民积极参加国事改进政治的重要工具。"⑤

三 如何实现言论（出版）自由？

如何在中国实现言论（出版）自由？邹韬奋认为应该从两个方面入手：一是政府应加强认识与立法；二是报人的操守及与民众的共同争取。

（一）当局应加强认识与立法

邹韬奋从主持《生活》周刊的后期开始，就不断饱尝国民党当局对他的压迫和打击，因此对国民党统治下言论不自由的现状深有感触并有切肤之痛。在与当局的不断周旋与斗争当中，他对政府和政党应该如何保障国民的言论（出版）自由提出了自己的看法。他认为当局应该对言论（出版）自由重新加以认识，言论（出版）自由不但不会有损于国家的民主政治、国家民族的利益以及当时中国正在从事的抗战建国大业，反而对这些会有所促进（邹韬奋对此的相关论述，在上文"言论（出版）自由的价值"部分已经有了详细的论述）。

---

① 《我们的三大原则》，《大众生活》1935 年第 1 卷第 4 期。
② 《上海新闻记者为争取言论自由宣言》，《大众生活》1936 年第 1 卷第 9 期。
③ 《上海新闻记者为争取言论自由宣言》，《大众生活》1936 年第 1 卷第 9 期。
④ 中国韬奋基金会韬奋著作编辑部编《韬奋全集》，第 10 卷，前引书，第 706 页。
⑤ 中国韬奋基金会韬奋著作编辑部编《韬奋全集》，第 10 卷，前引书，第 789 页。

邹韬奋警告当局，靠收买、压制的办法来控制言论的做法是行不通的："其实统治者的最笨拙的行为，莫过于想'收买'言论机关，他们不知道别的东西可'买'得来，言论机关是绝对无法'买'得来的，因为言论机关的命根在信用，'收买'就等于宣布它的信用'死刑'，就等于替它鸣丧钟。"① 在邹韬奋看来，一个言论机关（指报刊）只有站在人民的立场上为人民的利益说话才有生命力，一旦被收买，信用就会丧失，就会被人民抛弃，生命也就会终结。面对国民党当局对他本人及其他报人的打击和武力压迫的做法，邹韬奋也深不以为然："'舆论'这个重要的——也可以说是神圣的——宝物，不是有钱办报，有笔写文，就可以夺取到手的；也不是强迫任何人拿起笔来写出你所要说的文章，印在纸上，送到读者的手里，就可以发生什么舆论效力的。有钱有势的人尽管可以压迫舆论，收买舆论，乃至摧残舆论，但这些手段只是做到表面上像煞有介事，在实际上丝毫收不到所希望的舆论的效果，因为'舆论'这个宝物也是奇物，真正的舆论有如真理，无论如何是压不下去的！"②

邹韬奋总结说："严格说起来，与事实符合的真消息和确能反映大众公意的言论，是无法终于压迫下去的。""天下事最难的也许莫过于压抑正确的消息或言论。"③ 为了说明压迫对于言论控制的无效，他以当时法西斯德国为例说明当权者对言论的压制是如何的无效："例如德国，对于压迫言论和钳制新闻方面也煞费工夫，但是民众究竟不是可以欺骗到底的，德国的报纸现在存在的销数，大都跌落过去的一半或不到一半，因为德国的数百万读者，已经不愿阅读那种除掉登载些屡次重复的奴才化的字句别无他物的报纸。现在德国的人民自己都不信任在德国出版的报纸杂志和书籍（见奥国 Neues Wiener Tagblott '德国新闻业的衰落'一文）。记者不久以前在德国亲听德友说起，要找真消息，只有看外国报。可见任何国家的民众对于真确的消息和正确言论是无孔不入地寻觅着，要把无法压迫下去的东西硬要压迫，这是劳而无功的。"④

邹韬奋作为言论机关的负责人，他非常希望政府当局能够虚心容纳报刊所反映的民间舆论。但是，他也深知，只有在那些政治上轨道的国家，

---

① 中国韬奋基金会韬奋著作编辑部编《韬奋全集》，第5卷，前引书，第732页。
② 中国韬奋基金会韬奋著作编辑部编《韬奋全集》，第10卷，前引书，第43页。
③ 中国韬奋基金会韬奋著作编辑部编《韬奋全集》，第10卷，前引书，第876页。
④ 中国韬奋基金会韬奋著作编辑部编《韬奋全集》，第6卷，前引书，第298、299页。

报刊所反映的舆论才可能被当局虚心容纳，而在政治未上轨道的国家里，言论虽亦有其相当的功能，但却是微乎其微的。那怎样才算是政治上轨道呢？邹韬奋认为就是政治民主，民主权利如言论（出版）自由能得到法律保障的国家。他认为英国和法国的"民主政治"与专制国家不同的地方在于人民的确得到了"纸上自由"。① 他指出英国舆论能够被政府当局或执政者所容纳，是在于英国有相关的法律保障言论自由，同时民众的制裁力也使政府不敢违法妄为。于此相对照的是中国的法律敌不过枪尖，民众又苦无实力。② 中国的知识分子及报人虽然不断地要求言论出版自由，国民党当局也口头承诺给予人民言论自由，但实际情况却是："在这个言论思想自由的空调尽管唱得响彻云霄的年头儿，看书也有犯罪的可能，常语谓'书中自有颜如玉'，如今'书中'大可引出'铁窗风味'来！"③

邹韬奋自身的遭际和当时中国国内毫无言论（出版）自由局面的现实，使他痛感立法以保证言论（出版）自由的需要，1932年，他筹款想办的《生活日报》因迫于当局的压力不得不终止时，他在《〈生活日报〉停办通知》中说："窃以为公正言论非有相当之法律保障难以自存。"④ 1941年，他在辞去参政会参政员的辞呈里说："对于言论出版集会结社自由，当与以合法之充分保障。此种最低限度之民权，必须在实际上得到合法保障，始有推进政治之可言。"⑤ 1941年在辞去参政员流亡到香港后，他还是不忘言论自由的立法保护问题："建立法治精神。是民主政治的一个主要特征……依各国民主运动史来看，尤其主要的是人民的身体自由在法律上及实际上须有切实的保障，非依法律不得逮捕囚禁。……人民的身体自由如得不到法律上实际上切实的保障，什么言论自由出版集会结社自由，都谈不到。"⑥ 到1941年，邹韬奋在多次参政议政以及争取言论自由及民主政治的活动中，把立法以保证言论（出版）自由与推进中国民主政治的进程结合起来，此时他更进一步地认识到言论（出版）自由不仅与法律有很大的关系，与人民身体自由，与中国整个民主政治的进程也有很大的关

---

① 中国韬奋基金会韬奋著作编辑部编《韬奋全集》，第5卷，前引书，第760页。
② 参见编者《〈呻吟〉编者附言》，《生活》周刊1932年第7卷第44期。
③ 韬奋：《大众的力量》，《生活》周刊1933年第8卷第6期。
④ 中国韬奋基金会韬奋著作编辑部编《韬奋全集》，第4卷，前引书，第452页。
⑤ 中国韬奋基金会韬奋著作编辑部编《韬奋全集》，第6卷，前引书，第39页。
⑥ 韬奋：《严禁违法拘捕的建议》，香港《华商报》，1941年6月1日。

系。邹韬奋希望国民党当局立法以保证言论（出版）自由，这个愿望是不可能实现的，国民党在抗战开始后尤其是在"皖南事变"后，国民党当局不但没有给人民以言论（出版）自由，相反，对言论（出版）自由的控制变本加厉，甚至于更进一步地残害一些进步的文化人士，对此，1943年重病缠身的邹韬奋痛呼："我认为人民应有思想研究的自由，言论出版的自由，必须立即取消不合理的图书审查制度，必须立即取消将青年当囚犯的特务教育，必须立即取消残害进步文化人士和青年知识分子的罪行。"[1] 1944年，邹韬奋在写作《患难余生记》时对国民党统治下的言论自由做了总结："说到民权，除了选举权罢免权等等如中山先生所谓四权之外，最主要的大家都知道而且经常听到的是人民的言论出版集会结社的自由权和生命的自由权，而人民生命的自由权，尤为基本的基本，因为生命的自由权如果得不到合法的保障，什么都无从说起。"[2] 这几句话，可以看作邹韬奋对国民党当局立法以保障言论出版自由的愿望的最终破灭。

（二）报人须保持操守及与民众共同争取

邹韬奋一方面希望当局实行开明的政策，立法以保障言论（出版）自由，另一方面他认为报人自身也应该有崇高的职业操守，同时和民众不断起来斗争，这样才能获得言论（出版）自由。报人在办报的过程中，如果坚持人民的立场，始终作为人民的耳目喉舌，为人民的幸福和利益报道事实和发表言论，其间就不免要对当局进行批评。在办报的过程中，一些报人也声名鹊起，影响日益增大，在这种情况下，当局者往往会对报人加以收买或压迫，此时如果报人经不起诱惑或者为压力所屈服，就不免以有权有势者的意旨为标准，在办报时说违心的话，做违心的事，也就难以真正做到言论（出版）自由。

邹韬奋认为报人要想真正获得言论（出版）自由，就必须有"视事业如生命"[3]的独立人格特征，不为金钱和权势所动、所左右的崇高职业操守。邹韬奋在主持《生活》周刊时期就说："我深信没有气骨的人不配主持有价值的刊物，区区既忝主本刊笔政，我的态度是头可杀而我的良心主

---

[1] 中国韬奋基金会韬奋著作编辑部编《韬奋全集》，第10卷，前引书，第817页。
[2] 中国韬奋基金会韬奋著作编辑部编《韬奋全集》，第10卷，前引书，第876页。
[3] 编者：《新闻记者是不戴帽子的皇帝》，《生活》周刊1929年第4卷第9期。

张，我的言论自由，我的编辑主权，是断然不受任何方面任何个人所屈服的。"① 邹韬奋在办报和经营生活书店的过程中，国民党当局确实不断地试图收买他，或者不断地封闭刊物，封闭生活书店以打击压迫他，但终其一生，他始终没有被当局所利用，始终没有向当局屈服。邹韬奋能做到这一点，始终保持了一个报人的"言论自由"，是因为他有自己的独立人格精神和崇高的职业操守。

邹韬奋所从事的是民营报业，其经济收益完全依赖刊物质量的好坏和读者的信任。由于他的努力，他所创办的刊物和生活书店的营业状况一直非常好，在经济上能够自给，不需要依赖别人，所以他在经济上不需要有钱人或当局的赞助或补贴，他也就能说自己想说的话，说民众想说的话，这使他也深刻认识到报人或刊物要保持言论（出版）自由，报人或刊物本身就必须在经济上做到独立。1928年他就说："个人要经济独立，才配讲自由，刊物也是如此。本刊蒙社会不弃，销数激增，广告涌进，不但出入能相抵，且可有盈余以为改进本刊之用，是一个经济独立的刊物，有自由精神的刊物。"② 在此后的办报过程中，邹韬奋也始终力图保持刊物的经济独立，如他在《生活日报》招股时，规定了最高认股的数额，以避免《生活日报》被资本家操作而不得言论自由。国民党当局在封闭生活书店的同时，也向邹韬奋提出了入股合作的方式以保证生活书店的继续存在，但邹韬奋也予以拒绝，其原因就在于为了保证经济独立，并最终保持自己的言论（出版）自由。

邹韬奋和当时的许多报人一道，为了争取言论（出版）自由，不断地向国民党当局呼吁和抗争，在当时的环境下，他也深深地感到要想使广大民众获得言论（出版）自由，光靠几个报人和知识分子的力量是不够的，这项基本民主权利的获得，进步刊物的生存，还必须让民众具有相当的制裁实力："记者深感言论的效力有其限度，其自身亦不能有超限度的生存，例如公开的代表民意的言论，在一方面必须有相当法律的保障，在一方面必须有具有制裁实力的民众的拥护，两者倘均缺乏，尽可朝出版而夕封闭。"③ 民众要有相当的制裁实力，当然只有在民主国家中才能实现，而要在中国实现民主，使广大民众获得言论（出版）自由，当然就需要民众的

---

① 《〈答复一封严厉责备的信〉的编者按》，《生活》周刊1928年第4卷第1期。
② 《〈答复一封严厉责备的信〉的编者按》，《生活》周刊1928年第4卷第1期。
③ 中国韬奋基金会韬奋著作编辑部编《韬奋全集》，第8卷，前引书，第468页。

觉醒和不断的斗争,向当局要求:"在广大的民众救国运动里面,我们必须争取救国言论的自由权,这是谁也不能否认的。这里所谓言论自由,就一般的意义说,只是指民众对于政府当局要求的。这种要求在民众救国运动方面是有绝对的必要,那是不消说的。……民众不但要对政府当局要求开放言论自由,同时即在民众里面,也须在不妨碍抗战的前提下,尊重彼此的言论自由。"① 正因为有其必要,所以"韬奋认为出版自由之争,为个人属于国民方面应尽的天职"②。

第二节 新闻出版伦理思想

邹韬奋在从事新闻出版事业的过程中,对于报人的职业道德问题,也就是今天我们所说的新闻出版伦理问题,也有过很多的探讨,但是他的这些探讨,依然也是很零散的,因此很多人往往忽视了他这方面的思想,就目前学界的研究来看,还没有一篇文章专门来探讨邹韬奋的新闻出版伦理思想,这实在是一个很大的疏漏。邹韬奋的新闻出版伦理思想主要体现在以下三大方面。

一 报人应该负责任

邹韬奋接手《生活》周刊时,他就明定了"提倡职业修养,唤起服务精神,改良社会"的宗旨,这个宗旨就体现了一个报人的社会责任意识。此后无论他是在主编其他报刊,还是在生活书店从事图书出版事业,他都在不断地呼吁和强调报人都应该具有社会责任感,应该负责任。报人应该负责任,这是邹韬奋新闻出版伦理思想乃至整个新闻出版思想的核心之一。

(一) 为大众谋福利

邹韬奋负责任的新闻出版伦理思想最集中地体现在为大众谋取福利这个方面,即为大众办报,为大众出版,并最终为大众谋取福利。当然邹韬奋在论述报刊为大众谋福利时,往往将大众福利与国家、民族利益联系在一起,因此,报刊要为大众谋福利,其实同时也要为国家、为民族争

---

① 中国韬奋基金会韬奋著作编辑部编《韬奋全集》,第6卷,前引书,第458页。
② 北京印刷学院、韬奋纪念馆编《店务通讯》,下册,前引书,第1293页。

利益。

　　1927年，邹韬奋在接手《生活》周刊后不久，他就在该刊第2卷第21期上的《本刊与民众》中明确表示："本刊的动机完全以民众的福利为前提，今后仍本此旨，努力进行。……使本刊对于民众有相当的贡献。"① 以民众的福利为前提，对民众有相当的贡献，这当然是负责任的一种表现。邹韬奋对民众的大致范围进行了界定："什么是民众？这虽没有一定的界说，我以为搜括民膏摧残国势的军阀与贪官污吏不在内；兴波作浪，朝秦暮楚，惟个人私利是图的无耻政客不在内；虐待职工，不顾人道主义的惨酷资本家不在内；徒赖遗产，除衣食住及无谓消遣以外，对于人群丝毫无益的蠹虫也不在内。除此之外，一般有正当职业或正在准备加入正当职业的平民都在内；尤其是这般人里面受恶制度压迫特甚的部分。"② 很显然，邹韬奋这里所指的"民众"主要是指对人民有益、对社会有益，具有正当职业的大众，尤其是普通的劳苦大众。后来他在别的地方多次提到的"人民""大众"及"群众"的概念，与这里所提到的民众大致是一个概念，只是名称不同而已。但是相对而言，他提到"大众"这个概念的次数最多。因此，我们把这个负责任的思想称作"为大众谋福利"的思想。

　　邹韬奋主持《生活》周刊时期，他一直坚持为大众谋福利的立场。此后，在他所创办的所有报刊当中，他都明确地提到了为大众办报，为大众谋福利，对大众负责任的办报理念。他在谈到《生活日报》的内容时说："本报注重为大多数民众谋福利，不以赢利为最后目的，故在取材方面，除重要的新闻应有尽有外，特别注意：（1）农工疾苦，（2）妇女运动，（3）青年修养，（4）华侨状况，（5）为大多数民众谋福利之经济建设及教育建设。"③ 他在创办上海《大众生活》时说："本刊代表大众的立场和意识，对于万分严重的国难，主张发动整个民族解放的英勇抗战，并主张要在'不压迫民众救国运动'的条件下进行，态度光明，言论公开。"④ 对于《生活星期刊》他说："编制当力求活泼，文字当力求通俗。……总之，我们立意要使本刊成为销行全国的大众化的刊物。"⑤ 对于《抗战》三日刊

---

① 编者：《本刊与民众》，《生活》周刊1927年第2卷第21期。
② 编者：《本刊与民众》，《生活》周刊1927年第2卷第21期。
③ 韬奋：《创办〈生活日报〉之建议》，《生活》周刊1932年第7卷第9期。
④ 《韬奋紧要启事》，《大众生活》1936年第1卷第16期。
⑤ 《编者的话》，《生活日报周刊》1936年第1卷第11号。

的任务,他说:"是要反映大众在抗战期间的迫切要求,并贡献我们观察讨论所得的结果,以供国人的参考。"① 在谈到《全民抗战》的两大任务时,他明确把"使政府经常听到人民的声音,民间的疾苦"② 作为任务之一。《大众生活》在香港复刊后,他依然说"《大众生活》是为了大众也是属于大众的一个刊物"③。

邹韬奋不仅提到了报人应该有对大众负责,为大众谋福利的思想,要具有为大众办报的立场,而且也谈到了报人应该如何为大众负责。他说:"我们都是以新闻事业为职业的记者,深知道我们的责任是要做民众的耳目,民众的喉舌,要把国家民族所遭遇的实际情形,坦白地报告给读者;为了国家民族前途的利益,说民众所必要说的话。"④ 要对大众负责,就必须做大众的耳目喉舌,要把真实的情况告诉大众,说大众想说和要说的话。在这里,邹韬奋实质上指出了新闻记者在对大众负责时所要做到的第一点,即向大众报告的内容必须真实,而不能隐瞒和歪曲。但是,邹韬奋也指出当时的许多报刊并不是民众的喉舌:"普通社会一般人给予报人的头衔,叫作'民众喉舌'。我们不必讳言世上尽有报人做豢养他的主子的'喉舌',和民众恰恰立于敌视的地位;但是就原则上讲,报人应该是'民众喉舌',那却是无可疑的。平时这样,在非常时期更应该这样。同人愿以自勉的第一义,便是以全国民众的利益为一切记述评判和建议的中心标准。"⑤ 要真正成为"民众的喉舌",就必须对大众负责,以大众利益为中心标准。

内容真实,这只是就新闻记者对大众负责任的一个要求。邹韬奋重视言论,他对负责言论的新闻记者提出了更高的要求:"新闻记者——尤其是委身言论方面的记者——应看清客观的环境,消极方面尽量揭露社会的矛盾黑暗,积极方面指明社会走得通的道路。"⑥ 在他看来,新闻记者的责任不仅仅在于反映真实情况,从而揭露矛盾黑暗,他更重要的责任在于为大众指明应该走的社会道路,也就是要指导大众。当然,报人在做言论方

---

① 《编辑室》,《抗战》1937 年第 1 号。
② 本社同人:《全民抗战的使命》,《全民抗战》1938 年第 1 号。
③ 《〈大众生活〉复刊辞》,香港《大众生活》1941 年新 1 号。
④ 《上海新闻记者为争取言论自由宣言》,《大众生活》1936 年第 1 卷第 9 期。
⑤ 本社同人:《〈生活日报〉创刊词》,香港《生活日报》,1936 年 6 月 7 日。
⑥ 编者:《戏问》,《生活》周刊 1933 年第 8 卷第 10 期。

面的文章时，尤其是在做批评性质的言论文章时，应该要有纯正的动机，这才是负责任的表现："必有如此之纯洁的动机，方无愧于所谓'民众喉舌'，否则徒成其为私人的喉舌，或私党的喉舌而已，其成败纯属私人私党问题，与'民众'何与？故动机要纯洁，实为批评者宜注意的第一要点。"①

但是，在当时有许多的报人并没有承担起该承担的责任，所做的言论不痛不痒，无益于大众、国家及民族的利益。20世纪二三十年代，上海一些大报经常做一些"寥寥数语"、不痛不痒的言论，对此，邹韬奋委婉地提出批评说："我常觉得有许多人立于可为的地位，对于国家社会可有较大贡献的地位，却辜负了那个地位，未免可惜，对于《新闻报》的'新评'与和《新闻报》'新评'相类的《申报时评》（稍微比'寥寥数语'长些好些）也常有这同样的感觉。"②对这种不关民众利益痛痒，大众读后毫无收获的评论文章，邹韬奋认为大可不必做，因为在他看来："报纸的评论一方面是代表舆论的，一方面是指导民意的，至少也要给予读者对某问题获得多少知识或卓见。"③

邹韬奋指出了对大众负责任的报刊必须做到内容真实，他也指出了报刊内容必须积极进步、健康向上的问题。邹韬奋以当时（20世纪30年代前后）中国国内小型报盛行的现象来说明报刊的内容必须健康向上的问题。需要指出的是，在邹韬奋的眼里，"小型报"和"小报"及"小报化的报纸"是不同的："我曾经细想小报之所以盛行，'闲时的消遣'确是大原因；其次的原因，就是小报里面多说'俏皮话'，或不易听见的'秘密消息'，大足以'寻开心'。再次的便是极不好的原因了，这原因就是近于'诲盗诲淫'的材料，迎合一般卑下的心理。我觉得小报把第一第二两个原因作根据的，只要不陷于'诲盗诲淫''毁人名誉'，作为游戏文字看，还不足病。至于把第三原因作根据的，那就无疑的应在'打倒'之列！"④在邹韬奋看来，小报的通俗化、娱乐化本无可厚非，他自己在接办《生活》周刊的早期也主张刊物的内容做到"有趣味"。但是，如果小报的内容媚俗化甚至低俗化，产生了"诲盗诲淫""毁人名誉"的不良后果，则

---

① 心水：《对于批评应有的态度》，《生活》周刊1931年第6卷第8期。
② 编者：《可不必做的文章》，《生活》周刊1930年第5卷第21期。
③ 编者：《可不必做的文章》，《生活》周刊1930年第5卷第21期。
④ 《〈怪物〉编者附言》，《生活》周刊1927年第2卷第26期。

对大众和社会有害,这些内容是没有价值的,应该被打倒取缔。

对于那些小报化的大报,邹韬奋以美国报界的赫斯特为例,指出这种报纸也是危害社会、危害大众利益的:"赫斯特的报可说是小报化。我国近来小型报颇有进步,有好些已经跳出了海淫海盗的老套。但是我这里所指的'小报化',却不是指好的方面,是指坏的方面。赫斯特的报,往往迎合低级趣味的社会心理,把男女的秘闻,强盗的行径,穷形尽相的描述与夸大,同时便在这种引人注意的技术里散布他的反动的毒素,一般人只喜看这样'小报化'的日报,不知道已暗中上了他的大当!"①

小报化的日报不受欢迎,相反,内容纯真,不断进步的小型报纸却大受读者欢迎。"近来'小型报纸'盛极一时,推想原因,最主要的是由于所谓大报的一天一天地在堕落。于是小报应实际的要求而大报化,结果小报有进步而大报反而退步。"②大报的堕落退步在于:"在大报上,很难找到中肯的评论和重要的消息,倘若不说完全没有的话。现在读者的知识和眼光实较前大有进步,不痛不痒的敷衍的话语,编辑杂乱内容空虚的新闻,已不能满足读者的希望了。……"③大报在退步和堕落,而小型报纸虽还未能十全十美,但是"较所谓大报和在从前专门谈风月的小报,却有很显著的进步。例如注重白话文的运用,新闻材料的重新改写(撮取精要,扫除渣滓),有的更注意于政治经济和文化方面的消息和讨论"。也就是说,小型报反而越来越通俗化,越来越能满足大众的要求。当然,邹韬奋也承认当时的小型报纸也还存在一些问题:"但是缺点也还是有的。有的还不免上面所说的低级趣味的弊病,有的甚至凭空捏造,毁谤诬蔑,把新闻记者的道德完全丧失。目前一部分'小型报'依然保持着这种恶劣习性,实无可讳言。我们为着中国文化的前途着想。当然很诚恳地希望这类缺点的消除。"④邹韬奋将大报和小报加以比较,意在说明新闻从业人员必须讲究新闻道德,必须从大众的利益出发,对大众负责,凡是负责任的报纸,不在乎大小,只要它立于大众的立场,都会得到大众的认可。

上述为邹韬奋办报、办刊过程中明确提到的为大众谋福利的立场。事

---

① 中国韬奋基金会韬奋著作编辑部编《韬奋全集》,第 7 卷,前引书,第 425 页。
② 《大报和小报》,《大众生活》1935 年创刊号。
③ 《大报和小报》,《大众生活》1935 年创刊号。
④ 《大报和小报》,《大众生活》1935 年创刊号。

实上，在他所从事的图书出版实践中，他也一直坚持为大众谋福利的立场。他在谈到生活书店何以起家时说："生活书店所以能由生活周刊社的小小书报代办部发展出来，根本就是由于我们为大众服务的精神发扬光大起来……当时所以自勉的也只是为大众服务而已。其中尤多的是嘱托我们代买书报，所以后来有书报代办部的附设，渐由书报代办部而产生生活书店。所以我们可以说生活书店是由为大众服务起家的。"① 为大众服务的生活书店在发展壮大以后，邹韬奋明确提出了生活书店向前努力的三大总原则，其中两条分别是："第一是促进大众文化"，"第三是发展服务精神"②。他在解释为什么要把"促进大众文化"作为第一条总原则时说："我们必须注意到最大多数的群众在文化方面的实际需要，我们必须用尽方法帮助最大多数的群众能够提高他们的文化水准，我们必须使最大多数的群众都能受到我们文化工作的影响。因此我们在出版方面，不能以仅仅出了几本高深理论的书，就认为满足，必须同时顾到全国大多数人的文化食粮的需要，就是落伍群众的文化食粮的需要……我们的任务是要使最大多数的同胞在文化水准方面能够逐渐提高与普及，这对于整个国力的提高是有着很大的效力。所以促进大众文化，是我们的第一个口号。"③ 在解释第三个口号时他说："我们的这种服务精神，引起了国内外广大读者群众的深刻同情，于是对于我们的文化事业给予非常热烈的赞助。他们对于我们书报特别信任（同时当然也因为我们所出的书报有正确的内容），我们的文化事业便由此一天天向前发展起来。我们现在不但保持我们对于社会的这种传统的服务精神，而且还要尽量发展这种传统的服务精神，由此使我们文化事业得到更大的开展，由此使我们的工作对于国家民族有更普通而深刻的贡献。所以我们的第三个口号，是发展服务精神。"④ 由上文邹韬奋关于生活书店的相关论述中可以发现，邹韬奋认为为大众出版、为大众服务不仅是出版人应该负的责任，也是图书出版事业发展壮大的正确途径，全身心为大众出版，全身心为大众服务，才能得到大众的信任和拥护，也才能把自己所从事的文化事业发展壮大。他对此总结说："诚然，我们是前进的书店，但是在上海和我们同时或先后成立的前进的书店不止

---

① 北京印刷学院、韬奋纪念馆编《〈店务通讯〉排印本》，上册，前引书，第286页。
② 北京印刷学院、韬奋纪念馆编《〈店务通讯〉排印本》，上册，前引书，第322页。
③ 北京印刷学院、韬奋纪念馆编《〈店务通讯〉排印本》，上册，前引书，第322页。
④ 北京印刷学院、韬奋纪念馆编《〈店务通讯〉排印本》，上册，前引书，第322页。

一家，何以我们的书店会比较有更广大的发展？这固然有赖于全体同仁的努力，但也在乎我们从开始及过程中就有着广大的社会信任与同情，这是我们的最可宝贵的传统的个性。所以我说，我们在作风上不仅顾到少数的前进分子，同时要更充分地顾到落后的群众要求，要更充分地顾到各阶层的文化需要。这不但不致消灭本店的个性，而且是更能发挥光大本店的个性。"①"为大众"不仅不会消灭生活书店的个性，相反还会发挥广大书店的个性。可见，无论是在和平时期，还是在抗战的非常时期，邹韬奋始终把"为大众谋福利"作为报人的第一责任反复强调，并身体力行。

（二）为抗战尽责任

1931年"九一八"事变后，日本就逐步加紧了对中国侵略的步伐，展开对日本的抗战，争取民族独立，就开始成为有良知的报人所关心的一个重要问题。1937年"七七事变"后，中国进入全面抗战时期，抗战更是成为中华民族的第一要务。在全面抗战时期，新闻出版界该承担何种责任，也就更成为当时新闻出版界所思考的一个问题。

邹韬奋认为要争取抗战的胜利，文化工作是非常重要的："造成正确的舆论，唤起国民御侮的意识与坚决国民奋斗的意志，文化工作的重要是谁也不能否认的。"②在邹韬奋看来："文化工作有两大类——一是教育者，一是新闻记者（包括编辑人）。"③他又说："所谓文化，尽管在各专家有或详或略的定义，但就具体的表现而论，主要的是在言论出版及教育各部门。言论有的是口头的，如演讲，谈话，座谈，及讨论会之类；有的是写出来的，如报纸杂志上的言论等等。出版则属于日报，期刊，杂志，以及书籍。……就广义说，言论出版也含有教育的效用。"④既然言论出版也含有教育的作用，那言论出版界对于唤起民众，当然就负有责任："中山先生所谓唤起民众，共同奋斗，舆论界实亦负有此种责任，和一纸'条陈'作用迥不相同。当然，全国的舆论不是一二刊物所能包办，但是它却不应该因此抛弃它的一部分责任。"⑤

---

① 北京印刷学院、韬奋纪念馆编《〈店务通讯〉排印本》，中册，前引书，第592页。
② 中国韬奋基金会韬奋著作编辑部编《韬奋全集》，第8卷，前引书，第140页。
③ 中国韬奋基金会韬奋著作编辑部编《韬奋全集》，第7卷，前引书，第568页。
④ 中国韬奋基金会韬奋著作编辑部编《韬奋全集》，第10卷，前引书，第875页。
⑤ 《磨擦》，《抵抗》1937年第26号。

邹韬奋反复强调，要唤醒民众起来抗战，新闻记者的任务不仅仅只是报道，而且还应该宣传和教育，从而指导民众，他说："新闻记者的任务似乎是和军事并不发生直接的关系，但是前线战士的英勇抗战必须使后方民众有深刻的印象，才能更努力于种种辅助军事胜利的后方工作，以全力支持前方的需要，可是这种前后方的沟通作用，战地新闻记者便负有很重大的任务。报道战地新闻，还只是新闻记者一种任务而已，就整个抗战建国的前途说来，宣传国策，教育民众，反映民意，督促并帮助政府对于国策的实施，在都须彻底认识新闻记者所负责任的重大与工作的艰苦。"① 邹韬奋指出，抗战建国期间新闻记者的主要任务（责任）在于："积极方面，应根据抗战建国纲领以宣传国策，建议具体方案；在消极方面也应根据抗战建国纲领以纠正并扫除那些破坏团结为虎作伥的言论与行为。"② 抗战期间报人在报道事实、宣传国策、教育民众以图唤醒民众的同时，新闻记者还应负起对政府批评和监督的责任，"我国抗战，要得个最后的胜利，在奋斗的过程中，我们必须常常检讨我国的缺点，加以积极的补救，多以有言责者一方面应唤起民众共同拥护政府抗战到底，一方面对当局及社会时有善意的批评与建议，我认为这是应该的"③。

全面抗战开始后，国内言论界依然有不和谐的声音，主要是一些"算旧账""挑拨离间"，从而破坏团结抗战的言论以及"唯武器论"从而忽视民众力量的论调。对这些论调，邹韬奋在《国难中的言论界责任》一文中明确提出自己的看法："当前的中国是'抗日第一'，因为除了抗日获得胜利，争得民族的生存外，什么都无从说起。因此，我们的一切都应该以有助于'抗日'为唯一标准，言论界的责任也不能例外。虽则它的工作有它的专门的范围。根据这个'抗日第一'的唯一标准，凡是有所批判，有所宣传，有所建议，都应该以有裨于争取抗战胜利为前提。算旧账，对国内各方面挑拨离间，这断然是不但无益于抗战的胜利，反而是有害于抗战的胜利，是言论界所不应有的现象。"④ 他认为国难中言论界的责任："要从积极方面加紧全国团结的愈益巩固，要从积极方面对于当前与抗战胜利有关的种种实际问题，下切实的研究工夫和善意的建议，使中国在这样艰

---

① 中国韬奋基金会韬奋著作编辑部编《韬奋全集》，第 8 卷，前引书，第 25 页。
② 中国韬奋基金会韬奋著作编辑部编《韬奋全集》，第 8 卷，前引书，第 25 页。
③ 《答潢言》，《抗战》1927 年第 29 号。
④ 韬奋：《国难中的言论界责任》，《抗战》1938 年第 43 号。

危的环境中能够赶快地脱险,而不应该再有分化中国对外力量的企图。"①

上面的论述,邹韬奋谈的主要是新闻记者,或者是新闻事业对抗战所应该负起的责任,对于出版工作者,或者是说图书出版事业应该负的责任,邹韬奋在1936年谈到出版界的责任时说:"民族遭受空前迫害的非常时期,……在目前,推荐有价值的新书,排斥各种有毒质的出版物,以及展开各种理论上观念上的斗争,依然是文化人所必须进行的日常工作之一。"②

全面抗战开始后,邹韬奋更是把"供应抗战需要"作为生活书店的工作原则之一:"我们当前最神圣的伟大任务是争取抗战胜利,我们所努力的文化工作必须供应抗战需要。自抗战爆发一年多以来我们所出版的有关抗战的书报,固已不少,但是我们还深深地感觉到太不够,我们深深地感觉到还没有充分注意沦陷区域中的广大民众在文化上的急迫需要,没有充分注意前方千百万士兵在文化上的急迫需要。我们要使文化的工作更能供应抗战的需要,更充分地增强广大民众与士兵对于民族的意识,更充分地增加广大民众与士兵对于抗战的热烈情绪,所以供应抗战需要是我们的第二个口号。"③

邹韬奋提倡新闻出版事业必须做到"事业性"与"商业性"的统一,他在谈到"事业性"的含义时说:"在抗战建国的伟大时代中,我们也力避破坏团结的作风,而努力于巩固团结坚持抗战及积极建设的文化工作。这可以说是我们的事业性的含义。为着要充分顾到我们的事业性,我们有时不惜牺牲,我们的同事往往为着抗战建国的文化事业而受到种种折磨与苦难,毫不怨尤。"④将供应抗战需要作为生活书店工作原则之一,将"巩固团结坚持抗战"作为生活书店事业的一部分,这是邹韬奋对出版界就民族抗战应高度负责任思想的一种深度认同和提倡。更是在行为上的一种明确的外化和体现。正因为他自己所主持的生活书店能自觉地供应战时需要,对民族的抗战大业自觉地负责,所以他在生活书店被国民党无情摧残时能谦逊但自豪地说:"自抗战爆发以来,对于抗战国策的宣传与前方精神食粮的供给,尤竭尽心力,不敢懈怠,……凡遇与抗战有裨的文化事

---

① 韬奋:《国难中的言论界责任》,《抗战》1938年第43号。
② 《编后的话》,《大众生活》1936年第1卷第10期。
③ 北京印刷学院、韬奋纪念馆编《〈店务通讯〉排印本》,上册,前引书,第322页。
④ 北京印刷学院、韬奋纪念馆编《〈店务通讯〉排印本》,下册,前引书,第1283页。

业,虽在印刷纸张及运输极艰难的情况中,无不全力奔赴。本店虽自愧贡献微薄,但尚可告无罪于国家民族。"①

二 报人必须独立

"独立"是邹韬奋新闻出版伦理思想中的又一重要方面。邹韬奋在主持《生活》周刊时期就主张报人应该保持精神独立,此后,他多次谈到报人或出版文化事业的言论、精神、经济独立问题。

(一)"得用独往独来公正无私的独立精神"

邹韬奋在主持《生活》周刊时,就反复提到过报人必须有独立精神。1929 年 8 月,他在谈到向读者介绍好读物的时候认为他办《生活》周刊最大的好处是授有全权,无人干涉,因此"得用独往独来公正无私的独立精神放手办去,稿件的选择取舍,绝对不受任何人的牵掣"。不但稿件的取舍不受人牵掣,就是向读者介绍好读物也能够凭着"独往独来公正无私的精神"向读者介绍,而"绝对不受任何私人或书业机关的嘱托,绝对不讲'情面',绝对不避嫌怨"②。有价值的对读者有益的读物才加以介绍。1929 年 12 月,他在回忆《生活》周刊发展历程时又谈到了独立精神的问题:"这个花匠(指韬奋自己)生性憨直,无所私于任何个人,无所私于任何团体,不知敷衍,不知迁就,但知根据明确规定的宗旨,为社会努力。"他明确表示自己"总是要不顾一切地保持爱护本刊公正独立为社会努力的精神,尽其心力往前干去"③。

1930 年 4 月,邹韬奋的好友陶行知先生找到他,要求他在《生活》周刊上帮忙介绍自己所准备出版的《乡村教师》周刊,邹韬奋明确表示"对不住",要求陶行知先生先将样刊寄过来看看,如果真的值得向读者介绍便介绍,否则便不介绍。因为此事,邹韬奋专门在《生活》周刊第 5 卷第 17 期上发表《对不住以后》一文,专门谈到了报人精神独立的问题:"我以至诚卫护《生活》的独立精神与信用,是用不顾一切的态度——不顾交情,不避嫌怨,不管个人的得失毁誉。"因此,"在实际上却也很招了不少嫌怨,有人竟因此对本刊及我个人下攻击令,但是我自问大公无私,还是

---

① 北京印刷学院、韬奋纪念馆编《〈店务通讯〉排印本》,下册,前引书,第 1290 页。
② 编者:《硬性读物与软性读物》,《生活》周刊 1929 年第 4 卷第 37 期。
③ 韬奋:《辛酸的回忆》,《生活》周刊 1929 年第 5 卷第 1 期。

要硬着头皮干,什么都不怕!我个人没有什么靠山,我所有的不过是'破釜沉舟'的态度"①。邹韬奋在这里谈的要卫护《生活》的独立精神,就要不徇私情、不避嫌怨,不管个人的得失毁誉。1930年5月,有人污蔑《生活》周刊上署名"韬奋"的文章是某名人或某巨公的假托。邹韬奋对此专门发表了声明,对此事进行辩白,并再次重申:"现在只知用独立精神与公正态度办本刊,绝对不受任何团体或任何个人的牵制。'韬奋'两字不过是专用于本刊上的笔名,我个人不配著名,也不愿著名。"②1932年,他在筹备《生活日报》讲到《生活日报》的人事安排问题时又说:"用人行政及言论编辑等方面,绝对不受任何干涉或牵掣,因为我们深信言论机关新闻事业非有独立的精神,决难始终维持其公正的态度。"③

就上述邹韬奋反复强调的独立精神来看,他所举报人的独立精神包含了很多方面的内容,如选稿独立、介绍读物独立、用人行政独立、言论编辑独立等,但是综合起来,他所指的独立精神应该就是指报人应该具有大公无私的精神(态度),敢不受任何牵掣,无所迁就的勇气,简单地说即为大公无私、不受牵掣。

邹韬奋所谈论的独立精神,往往是与人格、报格、店格联系在一起的。1932年,邹韬奋因为国民党当局所不容,准备到海外流亡暂避,有谣言说他准备带着15万元的《生活日报》股款溜到国外去,邹韬奋愤怒地说:"在这种人看来,天地间最重要的就只要刮到几个臭钱,至于所谓人格,所谓信用,都一概不值得一顾!"④1932年11月,邹韬奋因迫于当局的压力,为了对读者和入股者负责任起见,他宣布《生活日报》停办,将已有的股款退还给入股者,他沉痛地说:"如能保全报格——即保全言论上的独立精神,不受无理的干涉和利用——我当然要用尽心力保全这个具有七年历史获得多数读者同情与爱护的刊物;如需丧失报格始能保全,则宁听受暴力的封闭。"⑤1939年7月,国民党中宣部副部长潘公展找邹韬奋谈话,要求将生活书店与官办的正中书局、独立出版社合并,并由国民党

---

① 韬奋:《对不住以后》,载1930年《生活》周刊第5卷第17期。
② 《韬奋重要声明》,《生活》周刊1930年月第5卷第22期。
③ 韬奋:《正在积极筹备中的〈生活日报〉——干部姓名的公布》,《生活》周刊1930年第7卷第13期。
④ 韬奋:《漫笔》,《生活》周刊1932年第7卷第44期。
⑤ 编者:《答陆伯云》,《生活》周刊1932年第7卷第44期。

派人监督，邹韬奋对此非常愤怒，他说："人有人格，店有店格，丧失了店格，也就丧失了存在的价值。生活书店店格决不容践踏，你们一定要扼杀生活书店，那就请便吧。"① 邹韬奋所说的人格、报格、店格从字面上来讲就是人的"品质"、报刊的"品质"和书店的"品质"，而这三个品质中最重要的就是要保持独立，人格、报格、店格其实就是独立精神在报人、报刊、书店这三者上面的具体体现，坚持人格、报格、店格就是报人、报刊、书店要始终坚持大公无私的独立公正精神，不受任何牵掣。

（二）保持不党不私的身份和言论

邹韬奋专门谈到了报人的身份独立与言论独立的问题。1930 年 12 月他在主持《生活》周刊时就向读者宣告说："本刊是没有党派关系的，这并不含有轻视什么党派的意思，不过直述本刊并没有和任何党派发生关系的一件事实。"②《生活》周刊没有任何党派关系，它只站在民众的立场上为民众说话："本刊虽未加入任何政治集团的组织，但我们却有我们自己的立场：凡遇有所评述或建议，必以劳苦民众的福利为前提，也就是以劳苦民众的立场为出发点。"③ 1932 年 10 月，他又向读者宣告："记者办理本刊向采独立的精神，个人也从未戴过任何党派的帽子。"④

综观邹韬奋的一生，他在有生之年确实没有戴过任何党派的帽子。也许有人会说，他在有生之年曾几次向中国共产党提出入党的要求，从这点看来，他的身份是没有独立于党派之外的，而且，他也曾参加过中国民权保障同盟，参加过救国会，可见邹韬奋的身份并不是独立的。问题在于，邹韬奋是主动向中国共产党提出入党要求的。国民党曾经主动拉拢和威胁他入党，但他不入，共产党没有拉他，他却主动要求加入，这恰恰说明他自己保持了一个报人独立的精神。党派的选择，是他独立思考的结果，不入国民党，是因为这个党不代表民众的利益，不为大众谋福利。他主动要求加入共产党，是因为他通过自己的亲身经历发现共产党的一些主张与自己的主张相合，共产党在为群众谋取利益，而不是为党派或个人谋取私利，因此他选择了共产党。但是，周恩来考虑到他留在党外比入党更有利于开展工作。因此，在邹

---

① 复旦大学新闻系教研室编《邹韬奋年谱》，前引书，第 121 页。
② 韬奋：《我们的立场》，《生活》周刊 1932 年第 67 卷第 1 期。
③ 韬奋：《我们最近的趋向》，《生活》周刊 1932 年第 7 卷第 26 期。
④ 韬奋：《不相干的帽子》，《生活》周刊 1932 年第 7 卷第 40 期。

韬奋的有生之年,他并没有加入中国共产党。至于中国民权保障同盟和救国会,这两个组织纯粹是民主人士组织的救国组织,其性质应该是民间的,而不是政党或某个政治派别。所以说,邹韬奋的一生都是无党无派的,他的身份应该是独立的。而且,就邹韬奋所创办的报刊和生活书店来看,他也从未正式接受过中国共产党的津贴,他主持的报刊并未只为共产党说话,更未成为共产党的党报。他的书店也始终保持民营出版机关的性质。他认同共产党、要求加入共产党,是因为他认同共产党的主张,他说:"我们是立于现代中国的一个平民地位,对于能爱护中国民族而肯赤心忠诚为中国民族谋幸福者,我们都抱着热诚赞助的态度。"① 也就是,凡是对的和进步的,我拥护;凡是错的和反动的,我反对。

言论最能代表报人的思想和精神,言论的独立是精神独立最直接最重要的表现,因此,邹韬奋对言论独立尤其看重,他对言论独立的问题也谈了很多自己的看法。

邹韬奋在1929年12月就特别思考了报刊的言论独立问题:"老实说,不佞既负责办本刊,对于言论,当由自己完全负责,每次所发表的言论,并不经过任何人的审查或鉴定。创办本刊的同志有随时叫我滚蛋的可能,但却绝对没有叫我在言论上屈伏的可能。"② 不屈伏就是为了保证言论的独立。1932年10月他又说:"倘本刊在言论上的独立精神无法维持,那末生不如死,不如听其关门大吉,无丝毫保全的价值,在记者亦不再作丝毫的留恋。"③ 1933年12月,他又重申了坚持报刊言论独立的重要性:"记者所始终认为绝对不容侵犯的是本刊在言论上的独立精神,也就是所谓报格。倘须屈伏于干涉言论的附带条件,无论出于何种方式,记者为自己人格计,为本刊报格计,都抱有宁为玉碎不为瓦全的决心。……事实上如不愿抛弃人格和报格便毫无保全本刊的可能,如此保全本刊实等于自杀政策,决非记者所愿为,也不是热心赞助本刊的读者诸君所希望于记者的行为,故毅然决然听任本刊之横遭封闭,义无反顾,不欲苟全。"④

邹韬奋本人对英国的报人史各特非常敬佩,因为史各特不仅忠于新闻事业,更重要的是他始终坚持了言论独立的精神,对自己好友主持的英国政府

---

① 韬奋:《我们的立场》,《生活》周刊1932年第67卷第1期。
② 韬奋:《言论的责任》,《生活》周刊1929年第5卷第5期。
③ 韬奋:《为什么要保全〈生活〉》,《生活》周刊1929年第7卷第42期。
④ 韬奋:《与读者诸君告别》,《生活》周刊1933年第7卷第42期。

及相关政策批评起来也毫不留情面。"他（按：指史各特）的政见也许有人不能完全赞同，但他每遇国家大事，无不本所研究，用鲜明的言辞，公正的态度，勇敢的精神，公诸国人以供参考，他的诚意虽政敌也深信而不疑……当乔治任英国首相时，虽为史氏至友，但史氏因对爱尔兰问题主持公道，攻击内阁不遗余力，丝毫不肯以私谊而有所犹豫，丝毫不肯以私谊而作违心之论……所以我们谈起史氏，不但注意他在一业专心致志干了五十七年的年数，并要注意他在此五十七年中的勇敢坚毅不屈不挠为所抱信条为社会福利而奋斗的精神，不是唯唯诺诺毫无建树做了五十七年的饭桶就有什么价值可言。"① 因此他认为要保持言论独立，必须要不徇私情："我向来主张友谊是友谊，评论是评论，公私应该划分清楚……"② 所以"执笔评人论事的人，最重要的是公正的态度，'挚友'不'挚友'并无关系……"③

邹韬奋探讨了言论独立与报刊力量的关系："无论哪一个报，执笔写社论的主笔先生，只是个人，至多只是言论部的若干位同人会议的结果，个人或少数人的言论何以又能发生伟大的力量呢？这绝对不在执笔的个人或少数人的自身，却在所发表的言论确是根据正确的事实和公平的判断，确能言人所欲言，言人所不敢言（这一点当然也还须有着相当的客观条件），真够得上舆论，才能发生舆论的伟大力量。"④ 据事实撰写言论，确能言人所欲言，言人所不敢言，这样才够得上是真舆论，也才有力量，但是要据事实撰写言论，确能言人所欲言，言人所不敢言，当然要保持言论独立才能做到，从这个意义上说，言论独立与报刊的力量有着密切的关系。他认为："撰述评论的人（也就是主持言论者）最最重要的品性是要能严格的大公无私，在言论方面尽管仁者见仁，智者见智，但动机要绝对的纯洁，要绝对不肯夹杂私的爱憎私的利害在里面，要绝对能秉着自己的良知说话，不受任何私人或团体的指使威吓利诱，或迁就私人的情面而作违心的言论。我深信任何刊物的信用——也就是刊物的命脉——最最重要的是这一点。"⑤ 邹韬奋于此实质上谈到了主持言论者的独立精神与言论独立二者的关系，言论独立是精神独立的一个具体表现，而主持言论者有独

---

① 落霞：《做了五十七年的主笔》，《生活》周刊1929年第5卷第5期。
② 中国韬奋基金会韬奋著作编辑部编《韬奋全集》，第5卷，前引书，第431页。
③ 编者：《胡先生确当否》，《生活》周刊1932年第7卷第29期。
④ 中国韬奋基金会韬奋著作编辑部编《韬奋全集》，第10卷，前引书，第43页。
⑤ 韬奋：《征求一位同志》，《生话》周刊1930年第5卷第30期。

立的精神,才会有独立的言论。言论独立也是刊物的信用、命脉和力量所在,因此报人不可以不加以特别的重视。

(三) 须保持经济独立并淡泊名利

邹韬奋在谈论言论(出版)自由思想的时候,认为经济不独立,就难以获得真正的言论(出版)自由,同时他也认为报刊要维持真正的独立精神,也必须保持经济上的独立。

1930年,他在《〈生活〉五周(年)纪念特刊预告》一文中说:"我们情愿在经济自立上挣扎,我们情愿只用自己苦赚来的正当收入,因为如此才能保持我们言论上及纪事上的大公无私的独立精神,才能绝对不受任何私人任何团体的牵掣。"① 当时也有有钱的人表示如果需要的话,可以无条件地资助《生活》周刊,但是邹韬奋毅然决然地婉谢了该人的好意,他说:"记者将来瞑目,或是滚了蛋,我所留与我的继任者,就只有这种大公无私的独立精神,并没有什么积蓄的钱;能保持这种精神的便可仍得读者的信任,否则读者所给予的信任亦随时可以收回,不能任人藉为营私的工具。"② 邹韬奋的这些话很清晰地表明,一旦在经济上受人施舍或控制,就难以保持报刊的独立精神。他后来在筹办《生活日报》时规定入股者的股款有最高额的限制,在生活书店推行社员制,对社员入股的股款也有最高额的限制,这样做的目的也就是为了使报刊和书店能够始终控制在自己的手里,而不是控制在某位有钱人手里,从而在经济上难以保持独立,进而影响报人、报刊、书店独立精神的保持。

邹韬奋的经济独立思想其实也还包括报人应该淡泊名利的思想。在他看来,报人一旦追求名利,就难以保持经济上的独立,进而无法保持精神独立,就会受到私人或私党的牵掣。而报人要淡泊名利,就必须首先有从事新闻事业的志向,并且必须乐于从事这个行业。他以自身的经历说明了乐业的重要性。1928年,他在主持《生活》周刊时就以自己为例说:"讲到编者的个人,不想做什么大人物,不想做什么名人,但望竭其毕生的精力,奋勉淬励,把这个小小的周刊,弄得精益求精,成为社会上人人的一个好朋友,时时在那里进步的一个好朋友。"③ 1937年,他在总结自己的

---

① 韬奋:《〈生活〉五周(年)纪念特刊预告》,《生活》周刊1930年第5卷第52期。
② 韬奋:《〈生活〉五周(年)纪念特刊预告》,《生活》周刊1930年第5卷第52期。
③ 编者:《〈生活〉周刊究竟是谁的》,《生活》周刊1928年第4卷第1期。

编辑生涯时又说:"时间过得真快,我这后生小子,不自觉地干了十五年的编辑。为着做了编辑,曾经亡命过,为着做了编辑曾经坐过牢,为着做了编辑,始终不外是个穷光蛋,被靠我过活的家族埋怨得要命。但是我至今'乐此不疲',自愿老死此乡。"① 正是邹韬奋乐业,所以才能安守贫困,不为名利压迫所动。虽亡命、穷困而不悔。邹韬奋除自己向读者明志以外,对当时一些以报刊工作为毕生事业的报人也表示了钦佩。他赞誉戈公振说:"戈先生(按:指戈公振)最使我感念的是他一生百折不回地尽瘁于新闻事业的努力精神。……他服务于《时报》十五年之久,忠诚尽职,未尝稍懈。"② 他称赞当时的著名报人张季鸾说:"季鸾先生努力于新闻事业,三十年如一日,这种忠于自己岗位的精神,也足为后辈的楷模,引起我们的崇敬。"③

邹韬奋认为,新闻出版工作者乐业是很重要的,但尤其重要的是还要有正确的从业动机。他说:"我不想富,不想贵,本来是穷苦的无名小卒,死去时也只愿是个穷苦的无名小卒,有得为本刊干时,便尽我心力公正无私不避嫌怨的干,干到没得干或不许干时,我坦然欣然滚蛋就是了。"④ "我觉得既选定了新闻业,应终身在这事业上为社会努力,不应视为做官的阶石。"⑤ 从事新闻出版事业不是为了富贵,不是为了升官发财。那么从事新闻事业的正确动机到底应该是什么呢?邹韬奋认为:"新闻记者的活动,尤其重要的是要有正确的动机;再说得具体些,便是要为社会大众的福利而活动,不要为自己的私图而活动。"⑥ 为社会大众谋取福利,才是报人应该具有的正确动机。那发了财的言论机关会怎样呢?他说:"我深觉得办像《生活》这种刊物的机关不宜发财,发了财便易于多所顾虑,即在可能范围内亦不敢说话,多少不免存着'患得患失'的心理,完全消灭它所应具的独立与公正的精神。"⑦ 很显然,如果一旦为了发财或者已经发财,就会患得患失,难以保持大公无私的独立精神。邹韬奋也谈到了报人

---

① 中国韬奋基金会韬奋著作编辑部编《韬奋全集》,第 7 卷,前引书,第 593 页。
② 韬奋:《纪念戈公振先生》,韬奋纪念馆编《邹韬奋研究》,第 2 辑,学林出版社,2005,第 354 页。
③ 本社同人:《悼季鸾先生》,香港《大众生活》1941 年新 18 号。
④ 韬奋:《几句不愿说的话》,《生活》周刊 1931 年第 6 卷第 10 期。
⑤ 韬奋:《漫笔》,《生活》周刊 1932 年第 7 卷第 38 期。
⑥ 中国韬奋基金会韬奋著作编辑部编《韬奋全集》,第 8 卷,前引书,第 23 页。
⑦ 韬奋:《苦痛中的挣扎》,《生活》周刊 1931 年第 6 卷第 10 期。

一旦做官也会丧失精神独立。陈布雷原为上海《时事新报》的总主笔,那时他还很有正义感,他以"畏垒"的笔名在《商报》上发表的言论文章能做到笔锋锐利、态度公正,尽到了人民喉舌的职责,邹韬奋对当时的陈布雷非常敬佩①。但是,陈布雷后来被蒋介石延入幕中,也就是所谓的做了官,做了官后的陈布雷完全成了蒋介石的工具,"领袖叫他做什么他就做什么,领袖叫他说什么他就说什么,领袖叫他写什么他就写什么"②。邹韬奋对这种奴才式的服从作风很不以为然,一个沦为工具的主笔,当然也就谈不上独立了。因此他明确表示"我不愿做'陈布雷第二'"③。

三 公平竞争与团结合作

(一) 同业间的公平竞争与协助合作

"新闻事业的商业属性,新闻产品的商品属性,决定了新闻竞争也是一个客观存在的现象,也有它的客观必然性。发挥新闻竞争的动力、定价、放大和平衡功能,有助于促进新闻事业的发展。特别是新闻竞争的动力功能,决定了新闻竞争行为属于道德行为的范畴,并且是一种必须予以肯定的道德的行为。……由于新闻事业的加工对象是新闻信息,而新闻信息又特别强调时效性和独特性,因此,新闻行业不仅存在竞争现象,而且还是竞争异常激烈的一个行业。"④ 不仅仅是新闻行业,图书出版行业也是如此。邹韬奋从事的新闻出版事业当然也不例外,而且,邹韬奋所从事的新闻出版事业完全是民营性质的,他必须参与竞争,在竞争中获胜,才能求得生存和发展。

在邹韬奋所处的时代,新闻出版界的竞争当然是存在的。而且,当时的新闻出版界存在不正当的恶性竞争,邹韬奋本人主要遭遇到了以下几种。第一种,同业的污蔑、诽谤。由于他主持的《生活》周刊的巨大影响和信誉,就引来了同业当中的嫉妒,"有每期销到十几万份的周刊,便引起注意或嫉妒,甚至引起强有力者的压迫和觊觎"⑤,当邹韬奋准备创办

---

① 参见中国韬奋基金会韬奋著作编辑部编《韬奋全集》,第10卷,前引书,第849页。
② 中国韬奋基金会韬奋著作编辑部编《韬奋全集》,第10卷,前引书,第194页。
③ 中国韬奋基金会韬奋著作编辑部编《韬奋全集》,第10卷,前引书,第850页。
④ 黄瑚:《新闻伦理学》,新华出版社,2001,第212页。
⑤ 韬奋:《苏联的出版事业》,《生活》周刊1933年第8卷第16期。

《生活日报》并在招股时,一些报纸也散布一些谣言加以打击。读者盛景行向邹韬奋报告说:"最近某报载《生活日报》已告破产,想系误传,但颇引起若干人之注意也。"邹韬奋自己在回信中也说:"同行中还有人说我们是要和日报的老大哥——'申''新'两报——竞争。"① 可见当时新闻出版界同行互相拆台,搞恶性竞争的事实确实存在。第二种是侵犯版权,抄袭、冒名或翻版盗印。这一种情况又可分为四种,一是私自转抄,不注明出处。1927 年,《生活》周刊上有些好的文章,一些书报杂志未经允许,便擅自转载,也不注明出处。"书报杂志各有版权,不容妄行抄袭。本刊长篇著述。注明'禁止转载';短篇文字亦经屡次声明,倘承同业偶尔转载,请注明'转载《生活》周刊'字样。乃近查各大埠报纸刊物,仍有转载本刊文字而不注明转载字样。初以谊属同业,不过通函婉致忠告,竟层出不穷,令人齿冷。特此再行郑重声明,如仍不自顾名誉,再蹈前辙的,当陆续将该报名字或刊物名字,宣布于本刊,与众共弃。"② 二是内容上的模仿,搞同质化的出版。邹韬奋在 1929 年总结这种现象时说:"自从《胡适文存》出版以后,好了!这里出一部'张三文存',那里又出一部'李四文存'!好像不印文集则已,既印文集,除了'某某文存'这几个字外,就想不出别的稍微两样一点的名称!我看了实在觉得肉麻!这种没有创作精神的'文豪',只怕要弄到'文'而不'存'!还有许多做文章的人,见别人用了什么'看了……以后'作题目,于是也争相学样,随处都可以看见'听了……以后','读了……以后'的依样画葫芦的题目,看了实在使人作呕!我遇见这一类题目,便老实不再看下去,因为'……以后'的内容也就可想而知!"③ 三是冒名写作,谎称某名作家所写,以吸引读者,1929 年"南昌某报转载本刊心水君文字,伪称由上海心水君投函云云……心水君系本刊编辑部同人之一,专任本刊撰述,决无一文两投之事,该报既不顾法律上之版权关系,复以谎语诬及心水君,舆论界有此现象,良可惋惜……该报之名,以初次出现,未即披露,希望他们以后不要这样。"④ 四是直接翻版盗印,牟取暴利。抗战时期,生活书店的一些书很受读者欢迎,一些书店或同业便私自翻版盗印,谋取私利,1938 年《店务通讯》第

---

① 编者:《闷葫芦》,《生活》周刊 1932 年第 7 卷第 33 期。
② 《本刊特别郑重启事》,《生活》周刊 1927 年第 2 卷第 49 期。
③ 韬奋:《肉麻的模仿》,《生活》周刊 1928 年第 3 卷第 39 期。
④ 中国韬奋基金会韬奋著作编辑部编《韬奋全集》,第 2 卷,前引书,第 619 页。

14号便有这样的记载:"广州发现有汉民北路一六０号前进书局印售《战时青年自修指南》一书,封面印'韬奋编,汉口新中国出版社印行'字样,查该书确为前进书局自印,显系冒名欺骗,现正用合法手续严究中;粤讯:汕头、梅县发现翻版战时读本,每册除去插图合订一本,售价一角;渝讯:四川县发现翻版战时读本;据衡阳分店报告说已看到本版'抗战到底'及'中国不亡论'之翻版书,幸经严重交涉,即停止发售。"①可见当时新闻出版界翻版盗印之风何其盛行。第三种是通过政治手段进行打压或吞并,这主要存在于当时的官办新闻出版事业和民营新闻出版事业之间的竞争。抗战时期,重庆的生活书店生气勃勃,门庭若市,而国民党官办的正中书局、独立出版社却冷冷清清,门可罗雀。因此,国民党中宣部副部长潘公展找邹韬奋谈话,要求他将生活书店与正中书局、独立出版社合并联营,并以增加经费仍由邹韬奋主持为诱饵,说这样"可由竞争而增加效率"②,这当然遭到了邹韬奋的拒绝。

邹韬奋不反对竞争,认为"竞争只需出于光明磊落的态度本不是什么坏事",但是他对上述不正当的恶性竞争是非常反感的。他认为竞争应该是光明磊落的,不能损人利己,"但我们无意和什么老大哥竞争,只注意于另辟蹊径。希望能把自己的理想办法实现出来,既不欲叠床架屋,亦不愿损人益己。我们打算走我们自己所要开辟的新路,并不是要抢走别人已走的旧路"③。从这段话可以看出,邹韬奋心目中正当的竞争之路在于创新,走自己的新路,而用不着走人家的老路和旧路,搞同质化的不良竞争。对于通过政治手段来展开竞争,邹韬奋认为更不对:"事业发展有其本身积极努力的因素,应该在工作努力上,不应凭借政治力量给予对方以压迫和摧残。"④邹韬奋在出版书报时,总是强调创新,通过内容、形式、风格等方面的创新,形成自己的特色,同时在推广发行方面多做努力,从而在竞争中立于不败之地。

邹韬奋赞同同业之间的竞争,也提倡同业之间的合作。对于新闻业中新闻记者的团结合作,他是高度肯定的。1938年徐州台儿庄会战,中国各报业的记者空前团结,互相协助,邹韬奋对此加以高度赞扬:"在已往新

---

① 北京印刷学院、韬奋纪念馆编《〈店务通讯〉排印本》,上册,前引书,第82页。
② 北京印刷学院、韬奋纪念馆编《〈店务通讯〉排印本》,中册,前引书,第929页。
③ 编者:《闷葫芦》,《生活》周刊1932年第7卷第33期。
④ 韬奋:《经历》,生活·读书·新知三联书店,1978,第288页。

闻业往往互相倾轧,于是各报的记者往往不免互相猜忌,互相妒忌,互相竞争——甚至用很卑劣的手段互相竞争。但是在这次徐州前线为国努力的各报记者,都是在互相协助,互相敬爱,互相维护的情况中,共同努力,这可以说是我国团结御侮的一个极可宝贵的象征。我们希望这种精神能普遍于全国。"①

生活书店的职员也认为经营出版事业者"对于同业,要合作帮助,避免嫉妒,使他们活泼发展"②。生活书店自己出版了很多的书报,但是他们在发展代订业务时,对于同业的书报,只要认为是健康进步的,只要是读者请求他们代订或代买的,他们都帮忙代订或代买,生活书店的门市部里也经常销售其他同业出版的书报。当时的书店产销是一体的,有些刚刚成立的书店,由于人手和财力方面的限制,无法开设分店,生活书店在条件许可的情况下帮他们销售,有时甚至允许他们派人在自己的分店中设一个专柜,这在当时的出版界是没有先例的。此外,生活书店还和其他单位合办过"文化书店"、励精印刷厂等。

除了"合办"的合作形式以外,生活书店对于一些进步的新成立的书店,邹韬奋也没有进行打击和排斥,相反的是加以资助或提供其他的帮助。1935年"新生事件"后,徐学寒等人筹办新知书店,他找到刚从国外回来的邹韬奋,希望他能够投资,邹韬奋答应投资一千元并同意新知书店出版的书刊由生活书店代为销售。后来复社出版《鲁迅全集》遭到困难,也是生活书店资助复社,使相关问题得到圆满解决。③

生活书店与同业之间的上述合作办法和途径,既很好地团结了同业,充实了自己书刊的发行品种,增加了收入,又扩大了自身的影响,可以说是一举多得的好事。

(二) 事业内部温和的竞赛与互助

邹韬奋在同业当中提倡竞争与合作,在生活书店的同人之间,他也提倡公平的竞争和同人之间的互助。当然,同人之间的竞争是一些比较温和的竞赛,而不是同业之间那种你死我活的竞争。对那些在各种生产劳动中表现出色者,他加以奖励。1940年,生活书店的劳动英雄董文椿因生产劳动表现非

---

① 韬奋:《欢迎战地记者徐州归来》,《抗战》1938年第76号。
② 北京印刷学院、韬奋纪念馆编《〈店务通讯〉排印本》,中册,前引书,第672页。
③ 参见钱小柏、雷群明编著《韬奋与出版》,前引书,第189、190页。

常出色，邹韬奋专门为他组织了颁奖大会，对他加以奖励，通过这次授奖大会，他鼓励同人"来竞赛吧，从这个值得纪念的晚上起步……"①。

邹韬奋鼓励同人竞争，更提倡同人之间发扬互助合作精神。生活书店奖励劳动英雄董文椿，生活书店准备奖励现金一百元，结果许多同人自动凑集了另外一百元的奖金，这使邹韬奋非常感动，他说："我们在有些机关里，每看到他们对于特别努力的同事只有妒忌倾轧，谁来自动凑集奖金，这真是我们传统的亲爱精神的'生活精神'，必须在这样的环境和气氛中，才能产生劳动英雄。"②他在这里所提到的生活书店的"生活精神"中最重要的两点是"苦干"和"合作"的精神。可见，合作精神在生活书店是深得人心的，邹韬奋认为合作精神来源于该店的民主集中制，"生活书店有着合作精神，这种精神之所由来，是由于该店管理采用了民主集中的原则"③。

第三节　编辑业务思想

邹韬奋将从事新闻事业的人大致分为两大类："一类可称为新闻记者，一类可称为新闻事业者。此处所谓新闻记者是广义的，不限于访员，包括主笔编辑及访员。所谓新闻事业者则包括报馆的总经理以及营业方面各部的主任。"④邹韬奋在有关文章中所提到的"新闻记者"或"记者"往往是广义范围的，即包括报刊从业者中的"主笔编辑及访员"等。而从事新闻事业者的人主要指报刊从业者中的经营管理者。对于上面两种人才，邹韬奋又将二者分别称为编辑人才和营业人才，他说："新闻业里实际上需要的人才大概不外两种：一种是编辑人才，一种是营业人才。所以新闻记者则属于第一种。第一种里又有内勤、外勤之分，内勤是在馆内编辑新闻，外勤是在外探访新闻。此外还有一部分人是主持各报言论的，也可以说是专家，要根据各人自己所喜欢研究的部门做研究工夫的，例如政治、经济、外交、教育、财政等等。"⑤邹韬奋将从事新闻事业的人分为两类，

---

① 北京印刷学院、韬奋纪念馆编《〈店务通讯〉排印本》，下册，前引书，第1615页。
② 北京印刷学院、韬奋纪念馆编《〈店务通讯〉排印本》，中册，前引书，第1607页。
③ 中国韬奋基金会韬奋著作编辑部编《韬奋全集》，第10卷，前引书，第326页。
④ 《想念新闻学》，《生活》周刊1929年第4卷第40期。
⑤ 《短简》，《抗战》1937年第65号。

即主要分为编辑人才和营业人才。此外，他又说："新闻学不外管理（营业方面，如广告、发行等等）和编辑二大部分"①，因此邹韬奋的新闻出版业务思想也主要分为两大类：即编辑业务思想和经营管理业务思想，本文为研究的需要，将二者分开来在本章的第三、四节里分别加以论述。

除了《事业管理与修养一书外》，邹韬奋一生再没有其他专门的著作系统地对新闻出版业务进行研究和总结，他关于新闻出版业务的论述比较零散，更多地散见于相关的文章中，但是这些论述是比较多的。同时需要指出的是，邹韬奋一辈子更多的精力放在编辑报刊上，而对生活书店中图书编辑出版方面的具体业务，则主要是由徐伯昕等其他人负责的，因此，邹韬奋的编辑业务思想，其实是谈论报刊的编辑业务（而对图书的编辑业务问题，他基本上没有论及），邹韬奋的编辑业务思想，归纳起来主要有如下几个方面。

一　编辑人才必备的业务素质

邹韬奋认为，编辑高质量的报刊，与报人本身的编辑业务素质有很大的关系，邹韬奋对报人编辑业务素质的论述主要集中在以下几个方面：一是新闻记者（编辑人才）的基本业务素质要求；二是撰述评论者（即撰写言论者）及访员特有的业务素质要求。

邹韬奋认为新闻记者（编辑人才）所要具备的业务素质首先是知识的储备。这些知识包括新闻学专业知识和其他学科的常识。邹韬奋指出新闻记者除新闻学专业知识外还需要异常丰富和广博的常识，因为新闻记者接触的范围是全社会的，是遍及各界的。常识又分为两个部分，一个是"自然科学"的常识，包括物理、化学、动物、植物、矿学等学科的知识，这些知识有高中中学毕业的程度便行（但需优良）。另一个是"社会科学"的常识，包括经济学、政治学、社会学等学科的知识，这一类的知识和全人类有更密切的关系，做新闻记者须有大学的程度才行。其次，新闻记者在身心方面特别注重耐劳的体格和敏捷而细密的心思。再次，要从实际工作中锻炼："我总觉得要做新闻记者要从实际工作锻炼出来，不是看看坊间出的几本关于新闻业的书所能奏效的……至于一般新闻记者，即所谓的内勤外勤。当然也有基本的条件，如相当程度的国文根底；社会科学知识，相当丰富的常识；细密，敏捷，创造力，勇敢（尤其是外勤记者），

---

① 韬：《有志于新闻事业》，香港《大众生活》1941年新8号。

负责,为社会服务的精神等等,有了这种种能力外,当然最好能找到练习的机会,一步一步地增加自己的学识经验。"① 最后,新闻记者要有活动力。他认为这是新闻记者最应该有的一个业务素质:"所谓活动力是不怕麻烦的研究,不怕艰苦的搜索,有时也包括不怕艰险的奔波。"② 他认为中国的梁启超、黄远生、美国的 Walter Duranty(时为《纽约时报》的记者)、Edgar Snow(即斯诺)四个新闻记者在探采新闻方面都有让人敬佩的活动力,这些人都有"不入虎穴,焉得虎子"的魄力和勇气,而这种魄力和勇气至少是新闻记者活动力的一种表现。③

以上谈论的是广义的新闻记者(即访员、编辑、主笔等)所应该具备的基本业务素质。邹韬奋在办报过程中特别注重言论,因此他认为主持言论的撰述评论者需要更高的业务素质,他说:"做主笔的主持论坛,不但须有学问,须能文章,并须有精锐远大的眼光和见解,须有浩大的胸襟。"④ 1930 年,他想找一位帮手,主要协助他做好报刊的言论工作,因此他在《生活》周刊上打出《征求一位同志》的广告,在此广告中,他把报刊言论工作者(即撰述评论者)的特殊业务素质要求归纳为三个主要的方面:一是思想深入,二是文笔畅达,三是至少精通一种外国文。他对这三个方面的要求进行了详细的解说:"锐敏的观察与卓越的识见,再说的简单些,就是思想须能深入,遇着一件事或是一个问题,不要人云亦云,总要运用自己的脑子深入地想他一下,这种工夫实含有分析,组织,及创造等要素的能力。文笔畅达,这一个条件是从事撰述评论的人所不可少,是很显明的,用不着多说。至少须精通一种外国文。主持评论的人有八个字很重要,就是'搜集材料,贮蓄思想'。所谓贮蓄思想,是平时无论如何忙,要能静想,想些抽象的好意思,蓄在胸中,好像'贮蓄'一样,遇事触机而发为言论,便较有精彩。与贮蓄思想有密切关系的便是'搜集材料'。多阅平时出版的中外书报,所以至少须精通一种外国文。现在比较重要的外国文要算英法德日。我自己可用英文,勉强看得懂法文,我所用的西文书报参考书以英文为多,所以我希望的帮手以能英文为最宜,法文

---

① 《短简》,《抗战》1937 年第 65 号。
② 中国韬奋基金会韬奋著作编辑部编《韬奋全集》,第 8 卷,前引书,第 22 页。
③ 中国韬奋基金会韬奋著作编辑部编《韬奋全集》,第 8 卷,前引书,第 22 页。
④ 《想念新闻学》,载《生活》周刊 1929 年第 4 卷第 40 期。

次之,虽则别国文并非绝对不可。"①

对于访员(即外勤新闻记者)的特殊业务素质,邹韬奋也有专门的论述,他认为这类人还应该具有特殊的能力。他借用当时著名报人周孝庵②的话将访员应该具备的特殊能力归纳为以下几种:第一须下笔迅速而清楚,这项能力并不是人人都具有,必须有相当的训练。第二须能在嘈杂之场所而不乱文思,必须有相当的抗干扰能力。第三是须善于记述问答式的文字,必须善于提问和记录。第四须有推考力,因访员须处处临机应变,有时采访新闻,全凭自己的推考力来推定新闻的真相。第五须有忍耐力,因为"访员出外采访新闻,每周旋于上中下三等社会之人,苟不能忍耐,采访必无结果"③。

对于新闻管理人才须具备的业务素质,邹韬奋也顺带论及,他认为这类人是打算盘主持管理的,偏重办事经验,这些人需要"特重科学管理法,心理学,销售学,广告学,以及其他关于商业的常识"④。如果从事新闻事业的管理,可以入商科或工商管理一类的学习获得上述知识,但最好的是能得到实际工作的练习机会,收效更切实而迅速。但是管理的实际经验,都还要于毕业后寻得实际的工作,在工作中努力学习才能获得。⑤

二 编辑人才业务素质的培养

邹韬奋不光谈到了报人应具备的业务素质,他也谈到了培养和获取这些素质的途径。邹韬奋在与读者通信的过程中,很多读者向邹韬奋请教如何才能成为一个新闻记者,邹韬奋对这些问题的回答是:一是通过专门的新闻教育培养,二是自学或实际工作锻炼逐渐成长。

邹韬奋认为"新闻学不外管理(营业方面,如广告、发行等)和编辑二大部分",因此进入大学的新闻系进行专门学习的人应该"研究那一部门,请审查自己的特长,根据上述的工作部门,加以选择"⑥,而不

---

① 韬奋:《征求一位同志》,《生活》周刊1930年第5卷第30期。
② 参见周孝庵时为《时事新报》的记者与编辑。
③ 韬奋:《新闻记者是不戴帽子的皇帝》,《生活》周刊1929年第4卷第30期。
④ 《想念新闻学》,《生活》周刊1929年第4卷第40期。韬奋《征求一位同志》,《生活》周刊1930年第5卷第30.期。
⑤ 参见韬《大学的新闻系》,香港《大众生活》1941年新19号。
⑥ 韬:《有志于新闻事业》,香港《大众生活》1941年新8号。

应该盲目地学习和研究。"如果有可能入大学求学,俾有充分时间打好专科知识及技能的基础,是很值得的。"① 但是他认为当时中国的大学当中设有专门新闻系的学校太少,而且"新闻学专书佳者极少,没有多大补助"②。因此能进大学新闻系接受专门的新闻教育固然好,但是没有接受专门教育的机会,也可以从事新闻事业,获得报人必备的素质:"有志入新闻界的,不一定要毕业于大学新闻系才可以,在实际上有许多在新闻界成绩昭著的人士,并不是大学新闻系毕业的。"即使没有办法直接进入大学新闻系进行专门的学习,进入大学的其他学科如商科、工商科或其他社会科学的学习,将来毕业以后,只要有在新闻界中相当的练习机会,也仍然是可以胜任。这不但是中国的实际情形,在欧美各国也有这样的情形。③

邹韬奋于此实际上是以他自身的亲身经历来告诉读者如何才能具备新闻记者的素质和资格。邹韬奋本人也并非从大学的新闻系毕业,接受了专门系统的新闻学教育,他是有从事新闻工作的兴趣,在进入新闻界后在实际工作中学习锻炼成长起来的,他自己总结说:"我个人是在且做且学,且学且做,做到这里,学到这里;除在前进书报上求锁钥外,无时不惶惶然请益于师友,商讨于同志。"④ 基于自身的实际经历,他告诉那些想从事新闻事业而无法进入大学新闻系进行专门学习的青年说:"在没有适当学校可进的时候,如有志从事新闻事业,只要能努力自学以及在实际工作中加紧学习与锻炼,也未尝不能获得成果。目前在各地活跃地工作的优秀记者以及其他各部门干练的新闻从业员,有很多是没有受过新闻学专门学校的教育的。他们所以能获得优秀的成绩,就是因为他们有耐心,肯吃苦,不放松每一个学习机会,能够在实际工作的锻炼中逐渐壮大起来的缘故。"⑤ 当然,邹韬奋也指出,依靠自学和实际锻炼获得报人的基本素质,也需要从业者根据"你的特长、兴趣、能力等,加以考虑决定。"在学习和工作上遇到有需要商讨的问题,除了向师友和同志学习外,还可以向当时的中国青年新闻记者学会请教。

---

① 韬:《有志于做新闻记者》,香港《大众生活》1941年新15号。
② 韬:《有志于做新闻记者》,香港《大众生活》1941年新15号。
③ 韬《大学的新闻系》,香港《大众生活》1941年新19号。
④ 中国韬奋基金会韬奋著作编辑部编《韬奋全集》,第7卷,前引书,第203页。
⑤ 《简覆》,《全民抗战》1940年第114号。

三 期刊编辑思想

邹韬奋一生更多的时间花在编辑刊物上。对于如何编辑好期刊，他阐发了很多的见解。

（一）内容是刊物的"根本所在"

邹韬奋非常重视刊物的内容。他认为办刊物的人首先要注重刊物的内容，办刊物的根本所在就在于内容，而刊物的编排、发行等问题在其次。"刊物的顶重要的问题是在内容，排列的方式还在其次……讲到发行，也是完全要看内容的，内容果然有人要看，要看的人渐渐多起来，发行也就渐渐可以广了，这是根本所在，办刊物的人所宜首先注意的。"① 邹涛奋指出刊物内容的重要性，也指出了如何提高刊物内容质量的办法。

一是以宗旨确定内容。邹韬奋非常注重刊物的宗旨，他认为刊物的"宗旨不明确则无从努力"②。确定好刊物的宗旨以后，应该根据刊物的宗旨而确定内容。读者程明向他请教如何办好月刊时他说："这要看这个月刊的宗旨，根据宗旨选用主要的材料。如果这个月刊是为促进同人修养而存在的，便可从同人修养上的有益材料着手。如果这个月刊是为着增加同人技能而存在的，你可从同人工作上所需要的实际材料着手。"③ 邹韬奋在办刊的实践中，也确实很好地履行了自己的主张，他所创办的刊物，往往随着刊物宗旨的改变而改变栏目设置，增添或删减刊物的内容。

二是内容须随时代不断进步。邹韬奋在1944年总结办刊经验时说："真有生命力的刊物，和当前时代的进步运动是不能脱节的。"④ 其实早在1928年他办《生活》周刊时期，他就有过相似的论述："我们深信天下无十全的东西，最要紧的是要有常常力求进步的心愿，本刊决不敢说自己已经办得好，决不敢自矜，而且我们常常觉得自己有许多缺点，所堪自信者，即此常常力求进步的心愿。所以有指教我们的，我们极愿虚心领受，务使本刊的缺点愈益减少，优点愈益加多。"⑤ 1935年他在上海创办《大众

---

① 《短简》，《抗战》1938年第38号。
② 韬奋：《辛酸的回忆》，《生活》周刊1929年第5卷第1期。
③ 韬：《学习与读书》，香港《大众生活》1941年新21号。
④ 中国韬奋基金会韬奋著作编辑部编《韬奋全集》，第10卷，前引书，第829页。
⑤ 编者：《〈生活〉周刊究竟是谁的》，《生活》周刊1928年第4卷第1期。

生活》时说:"时代的巨轮是向前进的,《大众生活》产生的时代和《生活》所处的时代已经不同了。记者出国两年多,回国后最深刻感觉的一件事是读者大众在认识和思想上的飞跃的进步。关于这一件事实的最显明的佐证,是有好些刊物因为歪曲了正确的认识和思想,无论在宣传和发行方面如何努力,还是没有人睬它。"① 1937年他在谈论办刊的几个原则时又说:"现在有些朋友想起办刊物,往往联想到《生活》周刊。其实《生活》周刊以及它的姊妹刊《新生》《大众生活》《永生》《生活星期刊》,都是有它们的特殊时代的需要,都各有它们的特点。历史既不是重复,供应各时代的特殊需要的精神食粮,当然也不该重复。"②

邹韬奋认识到,时代在不断进步,读者的认识和思想也在不断进步,因此刊物的内容也必须随时代的进步而不断进步。刊物内容如果落后于时代的步伐,在不断地重复,也就必然被读者所抛弃。

三是内容须真实可信。1932年,邹韬奋在谈论日报与周刊的区别时指出,日报的新闻要真实,而"周刊所根据的事实当然也须真确"③。邹韬奋非常重视收集真实具体的材料来充实刊物的内容,只要是真情实感的东西,他都欢迎,1936年他在《大家送稿子来》一文中说:"不管作家,非作家,写得通,写不通,只要材料真实,我们可以代他写过。"④ 当时一些杂志为了证明自己的观点或为了表明某种立场,不惜对事实颠倒黑白,邹韬奋对此批评说:"在目前,坊间出版的杂志数量,不能不说是相当的多,但因为立场不同,对问题的看法常常会有绝对相反的观点,即使是事实的记述,因为出发点不同,往往会发生抹煞真相混淆黑白的情形,而使读者目光迷乱,惶惑地莫知适从。从正义的立场来讲,一个刊物的编辑人,态度必须绝对忠实,务使读者能真正得到一点可靠的有益的精神食粮;假若因为别有用心,企图欺骗读者,则一时也许可以蒙混,但到最后事实揭穿真相大白时,它就会信誉扫地而被读者宣布死刑了。"⑤ 在他看来,不管观点或立场,事实的真实性必须维持,如果歪曲事实的真相,一方面会危害读者,另一方面也会影响刊物的信誉,会导致刊物生命的终结。

---

① 编者:《给凤石的复信》,1935年《大众生活》第1卷第2期。
② 三联书店编《韬奋:韬奋画传·经历·患难余生记》,前引书,第195页。
③ 韬奋:《〈生活日报〉与〈生活〉周刊》,《生活》周刊1932年第7卷第18期。
④ 编者:《大家送稿子来》,《生活日报》,1936年6月10日。
⑤ 《简覆》,《全民抗战》1939年第67号。

四是内容须贴近人民。刊物内容的贴近性，一方面指心理上的贴近，另一方面是指地缘上的贴近。1939 年，邹韬奋在回答读者李树华等人请教办刊的问题时说："在抗战期间，因交通上的不便，运输困难，接触不易，报纸刊物要反映当地民众实际要求，尤不得不各就所在的区域，根据这区域内人民生活及特殊环境里的实际需要，加强消息报道及工作指导的任务，使一般人民觉得他们所需要知道的消息，所需要知道的工作上的指导，所需要知道的关于困难问题的解决方法等等，都可在这刊物上找到，便要把这刊物作为他自己的刊物，看作与他自己有密切关系的刊物，感觉到不得不看的刊物。"[①] 邹韬奋于此实际上指出了刊物内容必须刊载人民所关心的实际问题，并着重于告知人民实际问题的解决，也就是人们心里关心的问题才是刊物所要登载的内容，意即刊物的内容必须贴近人民的心理。在回答李树华等人的问题时，他也指出了刊物内容地缘上的接近性问题："而关于当地的实际需要，却非有人在当地办报办刊物不可。所以我们认为像李沈武诸先生在敌人后方所办的这类刊物是有着很重要的意义的。"也就是说，当地人最熟悉当地的情况，当地人在当地所办的刊物，其内容才能更好地反映当地的情况，刊物的内容才能更好地体现地缘上的贴近性。

五是须有多方面的稿源。刊物的内容重要，而内容的丰富多样在于有多方面的稿源。邹韬奋说："无论中外的任何杂志，大概都有若干基本的作家经常撰稿，因为如果没有特约稿而全恃临时的投稿，是没有把握的。"[②] 他认为办刊光靠编辑个人唱"独角戏"的时代已经过去，必须有若干基本的同志作经常的协助，因此邹韬奋在办刊时非常注重保持与一些作者的联系，也经常向当时一些著名的学者和专家约稿，但是，邹韬奋选稿并不依作者的名气和地位而定，他只注重稿件的质量。1938 年，针对读者卢国华办刊时想多拉名家稿件的问题，他认为大可不必："你说一般人喜欢读名家的作品，所以你想拉些名家的稿子，我觉得稿子的受人欢迎与否还是要看他的内容，所谓名家也并不是一开头就是有名的，他的作品所以得到读者的欢迎，最初还是由于他的作品的内容足以引起读者的喜读，后来读者因为喜欢他的作品的内容，所以格外喜欢看他的作品。这一点因果

---

① 《〈最前线上的文化工作〉编者按》，《全民抗战》1939 年第 46 号。
② 编者：《本刊革新的前夜》，《全民抗战》1940 年第 46 号。

关系，是很值得我们的注意的。同时我们还可以看到，有好些已经成为名家的作者，因为他变了节，说出许多歪曲的言论，人格扫地，信用无存，读者也加以唾弃，不为他所欺骗，这也可以证明作品的内容，是居于首要的地位的，所以我觉得你们的刊物所登载的文字，还是特别注重内容有精彩，倒不一定要拉'名家的作品'。"① 不仅不应该光顾着拉名家的稿件，对于同一个作家的稿件，邹韬奋认为在同一刊物上也不宜多发："一个作家用他的一部分时间来写作，也还要用大部分的时间来储蓄思想，从事观察和研究，多多阅读有关于他所研究的那个部门的中外书报，换句话说，一个作家不应该尽是发表而忽略了'吸收'。因此一个作家在每时期内所发表的文字应该有个限度，这样才能有精彩，对读者才真能有一点贡献，否则'吸收'有限，而被'拉'无穷，东发表一篇，西也发表一篇，翻来覆去只是这几句话，这徒然空耗了读者的精神与时间，而他自己也很少进步的机会。因为这个缘故，如果一个作家在发表方面已经有他的经常发表文字的地方，在时间上已经忙不过来的，我们便不必勉强拉他的稿子。"② 他认为一个刊物光靠几个固定的作家也是不行的，他对当时一些刊物稿源过少导致内容单调的情况进行了批评："现在的杂志界似乎有一种对读者不很有利的现象，新的杂志尽管好像雨后春笋，而作家却仍然只有常常看得到他们大名的这几个。在东一个杂志上你遇见他，在西一个杂志上你也遇见他。甚至有些作家因为对于催稿的人无法拒绝，只有一篇的意思，竟'改头换面'做着两篇或两篇以上的文章，同时登在几个杂志上。这样勉强的办法，在作家是苦痛，在读者也是莫大的损失，是很可惋惜的。"③ 邹韬奋认为办刊征稿应该注意多向普通群众征稿，注重稿件来源的多样性。他在回答读者卢国华的询问时也谈到了青年刊物该如何征稿的问题："关于征稿的问题。这个刊物的内容既然要由青年学生提出本身的问题来研究，你们就可以用种种方法鼓励青年学生投稿，因为讲到他们的本身问题，在材料方面，他们似乎不会感到怎样困难的，于是你们可尽量在青年学生里面渐渐的造成许多名后进的新作家，不必再向外'拉'已经忙得不可开交的什么'名家'了。开始的时候，你们还可以先在青年学生界里面特别物色几个思考力比较深刻及写作能力比较好的朋友，担任基本撰述，

---

① 《短简》，《抗战》1938 年第 38 号。
② 《短简》，《抗战》1938 年第 38 号
③ 三联书店编《韬奋：韬奋画传·经历·患难余生记》，前引书，第 195 页。

做个基础,以后可慢慢地实行更广泛的征稿,做到多数青年都高兴投稿,把这个刊物看作他们自己的刊物。"① 邹韬奋于此实际上指出了读者和作者互化的问题,向读者征稿,读者踊跃投稿,不仅可以解决稿源问题,丰富刊物的内容,而且可以培养新的作者,还可以密切读者与刊物联系,拉近二者之间的距离,使刊物得到读者内心的认同,这可谓是一举多得的好办法。

(二)注重内容的表达形式

邹韬奋将刊物的内容摆在至关重要的位置,但这并不代表他不注重刊物的形式。刊物的形式包括很多方面的东西,他主要从内容的表达形式和内容的编排这两个方面进行了论述。

同一个内容,可以用文字来表达,也可以用图画来表达,或者是文字和图表配合加以表达。除了画报外,刊物的内容主要是依靠文字来表达的,对于表达内容的文字,邹韬奋也非常注重,提出了自己的看法:"要使得一个刊物获得广大读者而发生良好的影响,除立场必须绝对正确外,在工作方式文字技巧上还得注意到两点:第一,应当尽可能使它合法化,避免与任何方面发生不必要的纠纷;第二,要顾到广大读者的接受程度与兴趣,在文字上应当力求通俗,而能接近他们的生活,尽量接受他们的要求,帮助解决他们的困难。"② 对于文字方面的要求,邹韬奋主要坚持两点,一是文字的通俗,二是文字(篇幅)的简洁。1929 年他在答读者朱草明和许白天时讲到《抗战》三日刊存在的问题时说:"第三点是文字方面还欠通俗,文字有些也嫌冗长。文字力求通俗;我们也在注意,以后当格外努力。文字也在力求其短,就以往的情形说,二千字左右的文字只有一两篇,大多数都在千字左右或以内。有些意思,说得太短了,也许说不清楚,这只得就内容加以斟酌。不过避免冗长,却是一件应该注意的事。"③ 文字要达到通俗而简洁,这就要求写文章的人"必须把所要写的内容,彻底明了,彻底消化,然后用敏锐活泼的组织和生动隽永的语句,一挥而就。这样的文章给予读者的益处显然是很大的:作者替读者省下了许多搜讨和研究的时间,省下了许多看长文的费脑筋的时间,而得到某问题或某

---

① 《短简》,《抗战》1938 年第 38 号。
② 《简覆》,《全民抗战》1939 年第 74 号。
③ 《答朱草明、许白天》,《抗战》1937 年第 3 号。

部门重要知识的精髓"①。文字通俗简洁，可以给读者带来省时而又有收获的好处。

邹韬奋在办刊时特别注重内容表达形式的多样化。在他所创办的刊物中，我们既可以看到满目的文字，也可以看到很多的图画，而这些图画有很多的种类，主要包括照片、漫画、木刻、地图、分析图表这几种，甚至在《生活》周刊、上海《大众生活》《抗战》三日刊这三种刊物中附带或专门出版了影写版的画报，其中上海《大众生活》干脆就用画报作为刊物的封面和封底，这样既表达了内容，又使刊物的装帧显得美观漂亮。当然在他创办的所有刊物当中，在正文当中插入一些照片也是常有的形式。漫画、木刻、地图、分析图表这几种形式在他创办的各种刊物当中也是常有的事情。图画和文字的配合使用，使读者更加容易理解内容，这些图画也使得刊物的版面变得更为生动，更好地引起读者阅读的兴趣。基于图画的这些作用，邹韬奋在办刊时非常注重图画的征集，除了发出征集广告外，他与金端苓、特伟、鲁少飞等美术家建立了经常性的联系，由他们定期向刊物提供图画稿件，这些都充分说明，邹韬奋是非常注重刊物内容表达形式多样化的。

刊物的内容确定好表达形式后，还要对这些表达内容的形式加以编排。邹韬奋认为刊物的顶重要的问题是在内容，它的排列方式还在其次，但是他也指出："不过编排的新颖活泼更能引起读者的兴趣，所以编辑的技术也要加以相当的注意。在这方面，可以多多留心中外各种刊物的编辑方式，作为参考，同时还要靠自己有创造力推陈出新，独出心裁，造出新花样，倘若只是一味地呆板模仿还是不够的。中国有些刊物，他的排列格式依别人的格式照样'抄袭'，完全类同，使人一看就知道这是毫无创造力的刊物，就知道它是没有多大前途的。"② 编排方式不但重要，而且也有引起读者兴趣的功效，编排方式也要推陈出新，在参考别人的基础上创造出自己的编排样式。

那么刊物的内容到底如何编排呢？邹韬奋说："关于编排的方式，我们当注意活泼新颖，各栏文字每期不一定都有，以有精彩为前提，宁缺毋滥；各栏的先后次序，也要尽可能将值得特别注意的提前排列，可以常有变动，而不必有呆定的地位。"③刊物各栏目的编排，不一定每期都有，各

---

① 三联书店编《韬奋：韬奋画传·经历·患难余生记》，前引书，第195页。
② 《短简》，《抗战》1938年第38号。
③ 《短简》，《抗战》1938年第38号。

栏的先后次序，也不一定呆板不变，这样就有利于活跃刊物的版面，给读者新颖之感，从而引起读者阅读的兴趣。

（三）内容和形式均贵在创新

邹韬奋办报办刊，从来就是主张创新，极力反对模仿抄袭，他对当时雷同刊物过多、重复出版的现象提出了批评："雷同的报纸刊物过多，徒然损耗物力，确是一个不好的现象，所以我们以为没有特色，徒然模仿的刊物，还是以不出版为是。……在各种刊物里常常登载着同一作者撰述的几篇文章，可以看出刊物纵然很多，作者却依旧是原班人马……这样重复的出版物也消耗读者的经济力。这是很中肯的话，希望能引起出版界的注意。"[①]

邹韬奋指出："最重要的是要有创造的精神。尾巴主义是成功的仇敌。刊物的内容如果只是'人云亦云'，格式如果只是'亦步亦趋'，那是刊物的尾巴主义。这种尾巴主义的刊物便无所谓个性或特色；没有个性或特色的刊物，生存已成问题，发展更没有希望了。要造成刊物的个性或特色，非有创造的精神不可。"[②] 他以《生活》周刊为例，说明了该刊物的内容、作风及编制都是"独出心裁"，"单张的时候有单张时的特殊格式，订本的时候也有订本时的特殊格式。往往因为已用的格式被人模仿得多了，更竭尽心力，想出更新颖的格式来。单张的格式被人模仿得多了，便计划改为订本的格式；订本的格式被人模仿得多了，便计划添加画报。就是画报的格式和编制，也屡有变化。我们每看到一种新刊物，只要看到它的格式样样模仿着别人的，大概就可以知道它的前途了"[③]。不仅仅是《生活》周刊，在邹韬奋后来所创办的各种刊物当中，他也力求创新，力避因循模仿。

四　日报编辑思想

创办一份好的日报，是邹韬奋一生的梦想，但由于当时客观环境和条件的制约，终其一生，他只在香港创办了一份《生活日报》，且只存在了短短的55天，关于《生活日报》的创办经过，前文已有论述，在此不再

[①]　《答杜绝》，《抗战》1937年第5号。
[②]　三联书店编《韬奋：韬奋画传·经历·患难余生记》，前引书，第195页。
[③]　三联书店编《韬奋：韬奋画传·经历·患难余生记》，前引书，第195页。

赘述。邹韬奋创办《生活日报》的实践时间不长,但是他为了筹备《生活日报》,以及在《生活日报》停办以后,他还是对该如何编辑好《生活日报》提出了很多的见解和设想。这些见解和设想主要包含在《我们要怎样办〈生活日报〉?》为标题的一系列的文章里面,集中发表在《生活星期刊》第1卷第12号到第17号上,共6篇。

(一) 内情须绝对公开

由于《生活日报》是面向广大民众招股作为办报资金的,因此邹韬奋认为对于已经收到的股款数量和投股者的姓名,都应该随时在报上公开,为了郑重起见,还必须请信誉卓著的会计师负责审查公布。除了招股情况公开以外,邹韬奋认为还要公开该报的实际销数,不管销数大还是销量很低,都应该坦白地公开。此外,报社里负重要责任的职员的姓名履历,也应该公开。这样绝对公开的目的在于消除大众的怀疑,是取得大众信任的重要途径。[①]

(二) 须为大众办报

邹韬奋认为,办报都是有背景的,只是有的报纸有着少数人的背景,它图谋的是少数人的利益;有的报纸是一党一派的背景,它图谋的是一党一派的利益,而《生活日报》也有它的背景,只是它是以最大多数老百姓为背景,它为最大多数老百姓谋取利益,也就是为大众办报。既然是为大众办报,所以内容应该力求大众化,应该极力接近大众,使大众能在看报时有所收益。[②]

(三) 须有广博的言论

《生活日报》应该成为"民众的喉舌",为大多数人的利益说话,因此每天除了一篇正确精警的社论外,还要有两篇以上的很有精彩的有关各种专门问题的论文,也就是所谓的专论。这些专论所涵盖的内容应该很广,凡是政治、经济、财政等一切和一般民众有关的问题,都应该无所不包。这样做的好处有四个,一是可以反映全国各方面对于各种问题的意见,二

[①] 韬奋:《我们要怎样办〈生活日报〉?》,《生活星期刊》1936年第1卷第12号。
[②] 参见韬奋《我们要怎样办〈生活日报〉?》,《生活星期刊》1936年第1卷第13号。

是可以使学术专家根据他们的研究和经验发表对于各种问题的心得，三是可以把这些学识经验传播与大众，四是有利于增加学术家和事业家努力的兴趣。这类文字要注意短小精悍，通俗，切合当前大家所关注并需要解决的实际问题，不要有公式化的空论文章。①

（四）编制须有统一性

邹韬奋指出，当时中国国内的报纸分了不同的栏目，同是一条新闻，在不同的栏目里重复出现，甚至互相抵触，有时附刊里鼓吹新文字，而社论里却主张读经复古，在编制方面出现了分裂和不平衡的现象。邹韬奋表示《生活日报》要尽力避免这样的倾向，言论、新闻和附刊要打成一片，采取一致的态度。新闻选材，硬性文字和软性文字要分配均匀。②

（五）内容须有广泛性

与编制统一性相联系的是，《生活日报》的内容要尽力顾到广泛性，在言论方面，要让各党各派的主张都有发表的机会，在新闻方面，一切和大众生活有关的重要事变，自宇宙之大到苍蝇之微都兼收并容。但是，多方面广泛的内容并不是散乱的，《生活日报》这些内容和编辑方式又要以民族的独立、解放和繁荣作为共同目标而求得统一。③

（六）新闻编辑须研究化

当时一些报纸在编辑新闻的时候，往往只是把电讯一条一条地堆排在一起，邹韬奋认为这没有尽到一个报人的责任。因为每一条消息，都有它的来龙去脉和前因后果。简单地堆放消息，而不说明它的历史背景和可能引起的后果，会使读者莫名其妙或不能明确地了解，因此他认为报人在编辑新闻时，必须对每条新闻的前前后后都有相当的研究，使新闻的编辑研究化，这样才能使读者在短时间内看一遍便能得到很丰富而扼要的内容和很明确的了解。对于一些重要的问题，还需要有关于这个问题的参考材料，并撰写专篇，与该新闻同时发表。④

---

① 参见韬奋《我们要怎样办〈生活日报〉?》，《生活星期刊》1936 年第 1 卷第 14 号。
② 参见韬奋《我们要怎样办〈生活日报〉?》，《生活星期刊》1936 年第 1 卷第 15 号。
③ 参见韬奋《我们要怎样办〈生活日报〉?》，《生活星期刊》1936 年第 1 卷第 16 号。
④ 参见韬奋《我们要怎样办〈生活日报〉?》，《生活星期刊》第 1 卷第 17 号。

邹韬奋的这些思想，很多都是针对当时一些日报所存在的弊病而提出来的，他的这些设想，其中许多内容因为限于当时的环境，他本人没有亲身实践的机会，但是这些见解无论是在当时或是今天，都还是比较有见地的。

第四节　经营管理业务思想

邹韬奋在办报和创办生活书店的过程中，积累了丰富的经营管理业务经验，他在生活书店内部刊物《店务通讯》上谈论经营管理业务的一些文章，后来结集为《事业管理与职业修养》一书加以出版。不过，他的经营管理业务思想也不仅仅局限于此书，他这方面的思想也体现在其他许多文章当中。邹韬奋的经营管理业务思想归纳起来主要是这几个方面：一是民主集中制管理思想；二是事务管理的制度化和计划化思想；三是人才主义的用人思想；四是广告经营思想；五是书报发行思想，在这五种思想当中，第二种思想在第五章已经有详细的论述，因此本节不再阐述，只探讨他余下的四种经营管理业务思想。

一　管理原则：民主集中制

邹韬奋在对生活书店的管理过程中一向采用民主集中的原则，他采用"生活出版合作社"的组织形式（见第四、五章的相关论述），也就是为了更好地贯彻和实施这一基本的管理思想。为了让全体同人更好地了解民主集中制，邹韬奋专门在《店务通讯》上发表多篇相关的文章来对民主集中的内涵、实现途径等做详细的说明。这些文章后来被收入《事业管理与职业修养》一书，成为该书的一个重要组成部分。

（一）民主集中管理的内涵：互相管理与个人负责

邹韬奋以生活书店为例，首先阐明什么是"民主"，什么是"集中"："大家共同规定的原则是民主，把这原则交给负责人执行，是集中。"[①] 也就是说，店内事务和规章，由大家决定和制定即是民主，也就是大家民主决策和决定。而民主决策和决定由店内负责人来集中执行即为集中。对于

---

① 北京印刷学院、韬奋纪念馆编《〈店务通讯〉排印本》，中册，前引书，第923页。

民主与集中的关系，邹韬奋也做了非常清楚的说明："民主绝对不是无政府状态，集中也绝对不是独裁的意义。不民主的集中才是独裁，不集中的民主才是无政府状态，两者都是要不得的。我们所需要的是不折不扣的民主集中，不能把它任意分裂开来。"① 民主与集中"这两方面是相辅相成而不是相违反"的。

邹韬奋所要的民主集中管理与寻常管理不同，寻常所说的管理是"指一个人或少数人的管理，多数人是被管理者"。而民主集中管理却是"全体同时都是管理者，同时全体同事都是被管理者，说得简单些，可以说是集体的管理"②。邹韬奋在生活书店也真正实行了民主集中制的管理原则，他以生活书店的一些做法来说明集体管理这个问题。人事问题一般是管理当中最为麻烦的问题，而生活书店让全体同人公推人事委员加入人事委员会，共同商议并制定人事待遇及奖惩方面的事情，让全体同事组织自治会，共同处理关于同人的卫生、娱乐及教育等问题。总体说来，就是店内重要机构的成员由同人公举，公举的成员再负责制定管理的规章制度，而这些重要的规章规约在制定的过程中还要广泛征求同人的意见和建议，店内负责人对同人的管理必须依据规章，而不能超越职权，而对于负责人职权范围内的指示，同人必须遵守和服从。简单地说，集体管理"在某种意义上也可以说是互相管理，因为大家都必须在共同规定的'规约'内行动，以维持整个事业的工作纪律，也就是所谓'民主的纪律'"③。邹韬奋这里所说的"民主的纪律"就是全体同人民主制定出来的规章制度。

（二）民主集中制管理的主要途径

邹韬奋把生活书店所实行的民主集中的内容归纳为四点："一、领导的机构，一律由选举制产生；二、领导的机构须定期对整个组织作工作报告；三、严格的纪律和少数服从多数；四、下级机构和全体人员，务必执行上级机构的决议和上级负责人的指示。"④ 这四个方面的内容，已经涉及民主集中管理实现的途径问题，除此之外，邹韬奋在有关文章当中也谈到了如何实现民主集中管理的问题，邹韬奋对民主集中管理实现途径的探

---

① 北京印刷学院、韬奋纪念馆编《〈店务通讯〉排印本》，中册，前引书，第 923 页。
② 中国韬奋基金会韬奋著作编辑部编《韬奋全集》，第 9 卷，前引书，第 608 页。
③ 中国韬奋基金会韬奋著作编辑部编《韬奋全集》，第 9 卷，前引书，第 609 页。
④ 北京印刷学院、韬奋纪念馆编《〈店务通讯〉排印本》，中册，前引书，第 922 页。

讨，可归纳为以下几点。

其一，实施民主选举、决策及民主监督。《生活出版合作社章程》里规定得非常清楚，生活书店的最高权力机关是合作社的社员大会。合作社章程规定："社员大会于每年二月八月举行常会一次，于必要时得由理事会或社员三分之一之请求召开临时社员大会。"社员大会的任务是："（一）通过社务进行计划；（二）通过本期决算及下期预算草案；（三）通过股息及职工红利分派案；（四）选举理事、人事委员会及监察人；（五）讨论社员之提案；（六）变更本社章程；（七）其他社员大会应行讨论之事项。"① 从社员大会的任务中可以看出，社员大会的权力是非常大的，合作社内部的一些重要事情都须经社员大会通过，尤其是领导机构的成员完全是由社员大会的民主选举产生，领导机构所作出的一些涉及社员利益的决议，往往也须经社员大会通过，这充分体现了生活书店决策与决议的民主。不仅对领导机构成员的民主选举体现了民主管理的思想，民主管理的思想还体现在对领导机构及领导人的民主监督上。社章第三十四条规定："人事委员会各项决定足以削减职工利益者（如裁员、减薪、增加工作时间等），除由社员大会决定者外，须经全体委员一致通过。"社章第三十五条规定："人事委员会各项决定足以变更本社预算，须经理事会核准；如人事委员会与理事会意见不能一致，则由社员大会决定之。"② 领导机构中监察人的职责就是查核会计账目，咨询全店财政收支状况，维护社内财产和社员的经济利益，1940年修改后的章程将监察人改为监察委员会，并扩充其职权，监察委员会除原有的监察账目的职权外，其职权还包括了："督促决议案之实施；监督履行社章；弹劾失职理事人事委员及总经理、经理，提交社员代表大会处理之；处理与监察有关的其他一切事务。"③ 可见，对于领导机构的职权，生活书店的同人也有充分民主监督的权力，社章的相关规定和监察委员会的专门设置，更是使生活书店同人的民主权力得到了制度和组织上的保障。

其二，领导机构必须符合要求。民主集中管理的内容的第2条是"领导的机构须定期对整个组织作工作报告"；这一点就是说生活书店的领导机构每年必须对生活书店的同人大会（或称社员大会）作工作报告。这是

---

① 俞子林主编《百年书业》，前引书，第176页。
② 俞子林主编《百年书业》，前引书，第177页。
③ 《生活出版合作社章程》，《出版史料》2004年第3期。

为了将店内的一些重要信息加以公开，使书店同人对一些基本的、重要的信息加以了解，才能对相关决策和决议提出意见或做出监督，信息公开，这是充分保障和实现书店同人民主权力的一条重要途径。在此基础上邹韬奋认为领导机构成员的精神和素质还必须符合以下几个方面的要求：第一领导者必须以书店整个事业的利益为前提，而不能图谋私利和局部利益。第二是领导者必有大公无私的精神，处事和决策能不以私害公，能做出公平的决定。第三是必须有民主的精神。对于领导者的民主精神，又包含四个方面的内容：一是有参加讨论的习惯，能多听不同意见。二是须有服从多数的习惯，对多数人的意见，在不能说服的情况下，必须采纳和服从。三是必须有集体责任的认识，对于领导机构的决议，领导者须共同负责。四是必须有严守秘密的习惯。对于书店内部的业务秘密不能随便外泄①。领导机构的成员能达到以上四个方面的要求，还必须勇于承担自己职权范围内应该负起的责任，在各领导者的配合下，使书店的管理做到"集体领导，个人负责"。领导机构只负责规定原则，这是所谓的"集体领导"，书店具体琐屑的管理事务，由各部门的负责人根据原则负责执行，而不能将责任推给领导机构或不作为，这是所谓的"个人负责"② 真正做到了"集体领导，个人负责"，也才能做到民主集中的管理，也才能得到更高的工作效率。

其三，执行严格的民主纪律。生活书店实行民主集中管理原则，给广大同人以民主，但并不是说就不要纪律："在民主的原则下，并不是可以没有纪律，没有纪律便要形成无政府状态，便没有轨道可循，所以我们必须有纪律。"③ 邹韬奋所指的民主纪律包含两方面的特点："第一个特点，有共同规定的原则做根据；第二个特点，执行如果有错误，得提出理由要求纠正。"④ 邹韬奋把纪律称为民主纪律，是因为生活书店的纪律都是民主产生的——即合作社的社章和领导机构共同规定的其他原则。对于这些民主纪律，领导机构必须严格执行，全店同人必须严格遵守，对违反纪律的同人应该给予处分，违反者必须接受。对于民主纪律本身存在的不足，任

---

① 参见北京印刷学院、韬奋纪念馆编《〈店务通讯〉排印本》，中册，前引书，第 1105~1108 页。
② 北京印刷学院、韬奋纪念馆编《〈店务通讯〉排印本》，下册，前引书，第 1253 页。
③ 北京印刷学院、韬奋纪念馆编《〈店务通讯〉排印本》，下册，前引书，第 1176 页。
④ 北京印刷学院、韬奋纪念馆编《〈店务通讯〉排印本》，下册，前引书，第 1176 页。

何同人都可以提出建议，说明理由要求相关机构修改。各级负责人如果遇有超越他们职权的事情无法解决，则必须交上一级负责人解决或提交领导机构共同解决①。

一般情况下，民主集中制管理的实行，需要采取少数服从多数的办法，下级机构和全体人员，务必执行上级机构的决议和上级负责人的指示。这也是严格执行民主纪律所要求的，但领导机构也有犯错误的时候，在这种时候，同人可以提出抗议，但抗议只能从以下四条路中选择一种："（一）如错误非常严重，有关整个事业，得要求召集全体同人大会处决之；（二）提出理由交领导机构重加考虑（最后决定权仍在领导机构）；（三）服从领导机构的决议；（四）辞职不干。"② 如抗议者不采取以上四种办法，既不辞职，也不服从决议，只是阳奉阴违，或在背后发牢骚，邹韬奋认为这是不对的。

其四，必要的意见沟通。邹韬奋认为要发扬民主，同人之间平时就要注意必要的沟通："本店的管理是采用民主集中的原则，在这个原则下，同人意见的沟通是非常重要的一件事。"③ 尤其是在生活书店规模扩大，分店较多的情况下，意见沟通就显得更加重要。而意见的沟通有两种主要的途径，一是通过会议，二是通过生活书店的言论机关。会议本身就是除选举外民主的主要程序的一个部分，而会议所含的民主作用，最重要的就是讨论，通过讨论过程，就能起到沟通的作用，可以把同人的主观意见变为集体的比较客观的意见，这就可以避免偏见和独断，做到真正的集思广益。④ 邹韬奋认为生活书店业务方面的会议如理事会、常务理事会、业务会议、店务会议等，人事方面的会议如人事委员会、同人自治会等，这些会议都可以而且应该用来通过讨论，作沟通意见的有效工具。但要使会议讨论达到交流和沟通意见的效果，"各人应该用客观公正的态度与极端的诚意虚心，让各人充分发表他们的意见"⑤。无论是正面的，还是反面的意见，都应该允许发表，发表意见者应该秉着公心，而听者必须虚心，但要

---

① 参见北京印刷学院、韬奋纪念馆编《〈店务通讯〉排印本》，下册，前引书，第1177页。
② 北京印刷学院、韬奋纪念馆编《〈店务通讯〉排印本》，下册，前引书，第1177页。
③ 北京印刷学院、韬奋纪念馆编《〈店务通讯〉排印本》，中册，前引书，第858页。
④ 参见北京印刷学院、韬奋纪念馆编《〈店务通讯〉排印本》，中册，前引书，第417、418页。
⑤ 北京印刷学院、韬奋纪念馆编《〈店务通讯〉排印本》，中册，前引书，第418页。

有自己正确的立场和判断标准。

除会议外，意见沟通还有"言论机关"这个重要途径，生活书店内部的言论机关就是店内的内部刊物《店务通讯》和同人自治会的机关志《我们的生活》。邹韬奋对以言论机关来交流和沟通提出了六点要求：第一是发表意见、提出意见和批判必须以有益于整个团体及事业为前提；第二是应以发表正确积极的言论为主；第三是妨碍团结的言论应该尽力避免；第四是关于个人批判的意见尽量不在刊物上发表，最好在会议上或私下面谈；第五是刊物上的讨论必须是讨论原则或事实，而不能有模糊的指责；第六是在刊物上发表意见应该注意言辞，力避激起恶感的词句①。

除了上述两种重要的沟通渠道外，邹韬奋认为必要的口头意见和书信意见也是可以和必需的，但无论采取何种途径，意见的沟通必须"养成有话当面说，不要背后叽里咕噜另来一套"②。而对于同人的意见，负责机构"不应仅仅是听听同人的意见而已；认为可行的就应该采行，不仅仅是把它发表；认为不可行的也应该说明理由，不仅仅是把它发表；认为可供同人讨论的，也应该付之自治干事会后各组讨论，或在文字上讨论。……重视同人的意见，才能鼓励同人发表意见"③。

邹韬奋在生活书店内部实行民主集中制的管理，因此在经营管理过程中既通过民主达到集思广益、群策群力，发挥同人积极性和创造性的效果，又通过民主基础上必要的集中，达到了严格纪律、正确服从、提高书店工作效率和管理水平的效果。正是在这种民主集中制经营管理原则的指导下，生活书店的业务得以迅速发展，生活书店的职工也成为一支高素质的爱国文化力量。

二　用人思想：人才主义

邹韬奋认为主持事业最重要的在于用人，他说："主持事业最重要的是在用人，所谓'干部决定一切'，所注意的也重在这一点。当然，这里所谓'用人'，是广义的：凡关于物色人才，培养人才，爱护人才，提拔人才，分配人才，督察人才乃至奖惩人才，都包含在内。对于用人，最主

---

① 参见北京印刷学院、韬奋纪念馆编《〈店务通讯〉排印本》，上册，前引书，第 512~514 页。
② 北京印刷学院、韬奋纪念馆编《〈店务通讯〉排印本》，下册，前引书，第 1143 页。
③ 北京印刷学院、韬奋纪念馆编《〈店务通讯〉排印本》，中册，前引书，第 890、891 页。

要的基本态度是大公无私,是非明辨。"① 邹韬奋于此将人力资源管理工作的范围做了大致的说明,这些范围内的工作如何展开,他又有详细的论述,归纳起来,主要体现在以下几个方面。

(一) 严格引进人才

邹韬奋认为一个组织在用人上必须奉行人才主义的政策,"关于用人方面,我们严守人才主义,力戒安插冗员的恶习,尤注意紧缩政策,非万罢不了的人不得任意添请,俟将来职务增繁,再依事务上之需要而逐渐增加。职务上应请的人才,须经过干部全体的通过,或用公开考试的办法。记者生平反对在自己主持的机关或职务上安插自己的亲戚,所以自全权主持《生活》周刊社以来,未曾用过一个亲戚。也许有人觉得矫枉过正,因为亲戚里面不见得就绝对没有人才,但我以为果有真才实学能够努力奋斗的人,不怕无处谋发展,安插亲戚实弊多于利,尤其因为痛心于狐亲狗戚之充斥于官僚社会,甚至蔓延于其他事业,我们不得不'矫枉过正'。记者这个意思,干部诸同志都表同意"②。邹韬奋对当时社会各机关和组织用人唯亲的做法非常反感,他力主用人唯贤,在他的坚持下,从《生活》周刊社到后来的生活书店,在用人方面都把关很严,除了极少数非常了解的人才不用考试外,其他的人才都是经过考试进入《生活》周刊社及后来的生活书店的,他也始终没有安插自己的亲人在这些机构里面工作。在对人才考试引进时,也遵循真才实学的标准,对亲朋好友的吹嘘引荐并不看重,1930年他在招考人才时就说:"(一)我向来主张用人当注重真才实学而不必问资格——指学校毕业的资格。我此次征求同志,绝对不问资格,倘有如我上面所提出的条件,虽连小学毕业的资格都没有,我仍要竭诚聘请,否则虽有极好听的衔头,决不请教;(二)以实际才能为标准,绝对不讲情面。所以虽素昧生平,只要能在投稿上及试用上表示实际才能,无不扫榻以待。熟友的保荐信以及'吹嘘'等等,一概用不着,如不在实际能力上表现而另外致函商量,恕我一概不复,俾两方省却许多麻烦。"③

---

① 北京印刷学院、韬奋纪念馆编《〈店务通讯〉排印本》,中册,前引书,第700页。
② 韬奋:《正在积极筹备中的〈生活日报〉》,《生活》周刊1932年第7卷第13期。
③ 韬奋:《征求一位同志》,《生活》周刊1930年第5卷第34期。

（二）善用和善待人才

对于使用人才，邹韬奋认为最重要的是量才使用，用人所长，"各人有各人的特长，各人的特长也许有种种的方面，用人者能用其特长，更能利用其种种方面的特长，在被用者和用人者都有各得其所的愉快，事务上的效率自能与日俱进"①。量才使用，用人所长，才能各得其所，提高事务上的效率。

邹韬奋善用人才的观点还体现在他注重"中坚干部"使用的思想上。邹韬奋先后写了《各部门中的中坚干部》《中坚干部的重要》《中坚干部应有的几个共同点》等文章来说明"中坚干部"的问题。邹韬奋所说的"中坚干部"，主要是指在工作上担负比较重要责任的同人，包括总处各部门的主任，各分店的经理和科主任等，也就是同人中处于领导岗位的人。对于这些人，邹韬奋认为应该使他们发挥应有的作用，在各部门应该倚重和使用中坚干部："我们必须先注意已有中坚干部条件的同事，使他们在整个店的组织中负起'中流砥柱'的任务，使他们成为这文化堡垒中的'钢骨'，不但可与共安乐，也可与共患难。我们不但要使身处'锁钥地位'的同事都应该是这样的中坚干部，同时在各部门一般的同事中也应该分散着这样的中坚干部。"②当然，使用的"中坚干部"也是应该具备一定的素质的，"'中坚干部'除了对于所担任的职务上所需要的技术和经验之外，还须具有中坚干部所应有的条件，例如对于文化事业有深刻的正确的认识，对本店的组织和历史有清楚的正确的了解，对于我们所共同努力的事业有忠诚的热爱，有高度的奋斗精神，努力精神，吃苦精神，牺牲精神（牺牲小我以保卫团体，不是牺牲团体以利小我），共患难的精神，为本店虚心教育同人（包括工作上起模范作用），为本店真心爱护同人，为本店时常注意弊端的清除，事业的改善等等"③。

邹韬奋反对资本主义那种雇主和雇员之间的冷冰冰的人事关系，主张上下级之间的平等关系，他在生活书店推行社员制，其目的就是实现同人之间的平等。对于人才，邹韬奋主张善待，并用感情留住人才。他认为服务者要乐业，用人者也要善待服务者："话又要分两面说，在服务者方面

---

① 心水：《一个充满科学精神的办事机关》，《生活》周刊1928年第3卷第51期。
② 北京印刷学院、韬奋纪念馆编《〈店务通讯〉排印本》，中册，前引书，第1560页。
③ 北京印刷学院、韬奋纪念馆编《〈店务通讯〉排印本》，中册，前引书，第1560页。

诚然贵有乐业的精神——没有乐业的精神决不能持久而不厌倦，而在用人者方面则亦须顾到服务者之相当生计而勿令其心为家累所牵扰。我国在事业上努力肯数十年如一日者诚不多见，而在用人者方面似亦不提倡服务者之能久于其事，至少他们对于服务年数之增加并不觉得有何可贵。所以西洋各国对于任事愈久者，待遇上亦特别优渥，而我国则往往任事十年二十年，而所入仍是依然戈戈，随你借债弥补，困苦老死，在用人者漠不动心，其刻薄寡恩，每每令人心寒，在此种冷酷的环境之下，大多数人之兴趣索然，亦固其所。"①在邹韬奋看来，对于那些乐业、敬业的老员工，用人者应该想办法留住。如何留住呢？首要的是真正替服务者的生活及家庭所需考虑，切实从经济上优待，使服务者没有后顾之忧，专心服务。此外，用人者和服务者要建立感情，服务者不能对用人者冷漠无情。邹韬奋在这方面总是身体力行，他在主持生活书店时，总是想方设法提高同人待遇和福利，让同人们免除后顾之忧。在提高经济待遇时，他也注重和同人之间联络感情，维持同人之间的亲密关系。1935年他在国外流亡，当他听到杜重远因"新生事件"被捕入狱的消息后，立即决定回国，回国后，家门未入，却首先去看望自己的同志杜重远。生活书店的一些同人病死后，他总是号召同人捐款，为死者家属解忧，而无"人走茶凉"的冷漠和势力。有些同人另谋出路，离开生活书店，他总是诚恳挽留，实在去意已决的，他也表示理解，一些同人对离去者有误解和攻击，他也主动为之辩白。如同人严长衍、杨义方、曹建章等人辞职，邹韬奋曾给其中一些人去信表示挽留，对于同事当中的猜疑，他专门在《店务通讯》上撰写了《几位老同事辞职引起的波动》一文予以澄清。②

　　当然，邹韬奋所谓的善待同人，爱护干部，并不仅仅只包括上文论及的部分，他自己曾就此进行过总结："怎样爱护干部呢？……第一，我们要注意干部的需要与困难，需用最关切的态度，尽力帮助解决；第二，我们要注意教育干部，使他们的天才能获得最大限度的发展；他有十分才干，我们要把他的十分才干都发挥出来；他有百分才干，我们要把他的百分才干都发挥出来。我们要不让他的天才有一分一毫埋没掉；第三，我们要注意分配干部以最适当的工作；第四，我们要注意保护并增进干部的健

---

① 韬奋：《言论的责任》，《生活》周刊1929年第5卷第5期。
② 参见北京印刷学院、韬奋纪念馆编《〈店务通讯〉排印本》，下册，前引书，第1365页。

康;第五,我们要注意提拔干部;第六,我们要注意奖励干部;第七,我们要注意使干部能有机会尽量贡献他的意见,并须虚心考虑他的意见;第八,我们要注意使干部没有内顾之忧与后顾之忧。我们不但要顾到干部个人,也要顾到他们的家属。"[①]邹韬奋这种设身处地多方面为同人着想,从各方面着手善待人才,爱护干部的做法,在当时的民营新闻出版界是不多见的。

（三）培养和提高人才的素质

邹韬奋不仅注重人才的使用,而且注重内部人才的进一步培养和提高,他认为一个团体里个人的进步与团体的进步有着必然的联系,"构成分子的进步,就是团体的进步;构成分子的落后,也就是团体的落后。所以在个人方面说,自己的进步或落后,还只是对自己个人负责任,加入了一个民主的工作团体,成为这工作团体的一员,自己的进步或落后,已不只是对自己个人的责任问题,而同时也是对团体的责任问题"[②]。个人对团体负责,就必须不断地追求进步。邹韬奋认为个人进步的方法和途径有很多,但主要有三种:"（一）尽可能作有系统的看书,注意一般常识的书和自己所欲专精的那部门的书。（二）在工作中体验和求进步。（三）如再有时间或精力剩余的话,在可能范围内参加一些店内,或店外的集体生活,增加自己的社会经验。"[③]

邹韬奋指出了人才进一步培养的途径,也指出了人才进一步培养的方向,他说:"事业的发展要靠人才,职业修养便是造就人才的源泉,但是寻常所谓职业修养往往只注意到消极的,接受的方面,而忽略了积极的,创造的方面。其实事业上最需要的是有创造力的人才。你说什么,他能照你所说的做去,做得很好,这固然已经是一种很大的帮助,但是有的同事能补充你的不足,能做出比你期望的更好,那是更大的帮助。你提出原则,他能很细密地替你定出很切实而具体的方案;你提出困难的问题,他能很灵敏地替你想出切实而具体的解决的办法;这都须具有创造力才能办得到,都不是仅仅奉行故事,不动天君,所能办到的。这样的积极的,创造的能力,是从工作的实践中学习出来的,培养出来的;服务者必须注意

---

① 北京印刷学院、韬奋纪念馆编《〈店务通讯〉排印本》,下册,前引书,第479、480页。
② 北京印刷学院、韬奋纪念馆编《〈店务通讯〉排印本》,上册,前引书,第432页。
③ 北京印刷学院、韬奋纪念馆编《〈店务通讯〉排印本》,上册,前引书,第432页。

这样的职业修养，负责人必须提倡鼓励这样的职业修养。"①从上述这段话我们可以看出，邹韬奋不仅要求注重对人才培养，而且要求培养创新型人才。

三 广告经营思想：坚持原则与经营得法

邹韬奋在办刊过程中，为了保持报刊的独立，他从未接受过有钱人的赞助，也没有接受过哪个党派的津贴，维持报刊所必需的资金，主要靠报刊的发行收入和广告收入，所以邹韬奋非常注重报刊的广告收入。他自己曾经亲自出马，向一些商家拉广告，因此，对于广告业务实践来说，他并不陌生，在办理广告业务的过程中，他对报刊的广告业务也形成了自己的见解。

（一）广告经营原则

邹韬奋在接手《生活》周刊以后，为了把它做大做强，深切地感到了资金的重要，也意识到广告是赚钱的一个重要门道："要把单张的《生活》周刊改成本子，要有钱；要开展事业，要有钱；要增加同事以分任过忙的工作，也要钱，所以我们天天想赚钱，大拉广告也是赚钱之一道。"②

在当时，一些民营报刊为了增加收入，大肆刊登广告，而对广告的真实性以及是否适合公开刊登则一概不问。邹韬奋对此愤慨地说："报纸究竟是社会上推动文化的事业，虽为维持经济的自立生存，不得不有广告上的相当收入——至少在现在的社会里——但我国的大报过于营业化，却是一件无可为讳的事实，简直是广告报！报价并不因广告之多而特别减低，国民的购买力既每况愈下，费了许多钱买着一大堆广告报，反而不及费较低的价钱买一份小型报纸看看。尤其可怪的是竟将特刊的地位当广告卖，大发行其'淋病专号'，满纸'包茎之害'，'淋病自疗速愈法'，替'包茎专家'大做广告，替'花柳病专家'大吹牛，'一经着手，无不病根悉除'，'方法之新颖，手段之老到，可谓无出其右'，于每篇文字下面还要用'编者按'的字样，大为江湖医生推广营业，好像报馆所要的就只是钱，别的都可不负责任。在这方面真打破了各国报纸的新纪录！为全世界

---

① 中国韬奋基金会韬奋著作编辑部编《韬奋全集》，第9卷，前引书，第612页。
② 北京印刷学院、韬奋纪念馆编《〈店务通讯〉排印本》，下册，前引书，第1228页。

著名报纸所不及！关于评论和新闻方面，也许还有一部分可推在环境的压迫上面，但是大出其'淋病专号'的盛举，却不能说是受着哪一方面的压迫了。"①

邹韬奋认为报纸的这些做法是不道德的："广告虽不必受检查，但报馆要依检查处的禁例，自己注意。"② 报馆和报人要有责任心，自己加以自律。邹韬奋在自己办报刊时就对此非常注意，并不是见钱眼开，来则不拒："拉广告是赚钱之一道，但是登广告的条件却非常严格（这在以前已说及），不肯为着老孔（指孔方兄，勿误会！）而有丝毫的迁就。"③ 邹韬奋不但不随意迁就，而且在刊登广告时对广告的内容限制得非常严格，在他主持《生活》周刊时期，他就自觉地做到了一些广告的"五不登"："略有迹近妨碍道德的广告不登，略有迹近招摇的广告不登，花柳病药的广告不登，迹近滑头医生的广告不登，有国货代用品的外国货广告不登。"④ 1936 年他在创办《生活日报》时，又特意强调了《生活日报》要对社会负责，对读者负责，因此在广告的刊登上也要有所选择和限制："在广告的登载及选择上，《生活日报》也要显出它的特色，报纸上面登载广告，不应该专为了报纸的营业收入，而应该同时顾到多数读者的利益。有些广告是含有欺骗性质的，有些广告提倡迷信，或伤风败俗，报纸为了广告费的收入，加以登载，在法律和道德上，都要负重大责任。本报既然是代表民众利益的报纸，所以对于广告的刊登，要有他严格限制。凡是骗人害人的广告，一概拒绝不登。换句话说，本报对于所登载的广告，也和言论新闻一样，是要向读者负责的。"⑤

邹韬奋关于报刊不能登载哪些广告的论述还比较多，在此不一一展开，他的这些论述其实可以视作他关于报刊登载广告所应遵循的原则：一是责任和自律原则，即报刊要自觉对社会和读者负责，加以自律；二是非欺骗性原则，即所刊登的广告必须是真实无欺的；三是不违背公序良俗原则，即刊登的广告内容要健康，不能违背社会道德和公序良俗；四是国货

---

① 《大报与小报》，《大众生活》，1935 年创刊号。
② 韬奋：《新闻检查》，《生活星期刊》1936 年第 1 卷第 16 号。
③ 北京印刷学院、韬奋纪念馆编《〈店务通讯〉排印本》，下册，前引书，第 1228、1229 页。
④ 北京印刷学院、韬奋纪念馆编《〈店务通讯〉排印本》，下册，前引书，第 1199 页。
⑤ 韬奋：《〈生活日报〉的创办经过和发展计划》，《生活日报》，1936 年 7 月 31 日。

广告优先原则,即优先刊登国内商品广告,尽量少登或不登国外商品广告。这些原则其实充分体现了邹韬奋广告经营中的"义""利"相结合的广告经营思想,甚至在"利"害于"义"时,自觉牺牲"利"以保持"义"的可贵做法。

(二)广告经营之法

邹韬奋不仅谈到了广告经营的原则,也谈到了广告经营之法,具体说来,主要有以下三个方面。

第一是拉广告要得法。邹韬奋早年时,《申报》经理张竹平想把他培养成为一个英文广告员,曾私下里向他传授过拉广告的办法:"第一是要不怕难为情,第二是要不怕麻烦,第三……甚至说拉广告时要有不怕被人赶出来的决心!"① 邹韬奋认为这些办法是比较有用的,他在《拉洋广告》一文中以自己的亲身经历说明了上述方法的可行性,证实了拉广告时所必须具备的耐心和坚持不懈的精神②。

第二是做广告要有服务精神。他以徐伯昕替生活书店拉广告的做法说明了拉广告也要有服务精神。"拉广告似乎是一件很简单的事情,其效用似乎也很简单,多拉几家广告,好像只是替本店胚胎时期多收入几个钱就完了。其实不然,因为伯昕先生的作风,既在拉广告之中,也替本店广结善缘,替本店创造了无量的同情和友谊!他完全用服务的精神,为登广告的人家设计,我从前已经说过,他是具有相当的艺术修养的,独出心裁替登广告的人家作义务设计,做得人家看了心满意足,钦佩之至。不但把它登在我们的刊物上,而且在别处的广告(登在各日报上的广告)也用着同样的底稿,每次总是迫切地期待着我们的设计。因此我们的广告多一家,便好像多结交一位朋友,他们对于我们的服务精神,都得到非常深刻的印象,在平日固然继续不断地登着长期的广告,遇着要出特号,需要增加广告的时候,只要伯昕先生夹着一个大皮包,在各处巡回奔跑一番,便'满载而归'。"③ 徐伯昕的实例很好地说明,报刊在做广告时要主动替客户考虑,具备为客户服务的精神,才能不断取得客户的信赖,为日后的广告业务打下基础。徐伯昕的设计则说明广告拉回来后要注重艺术设计,也就是

---

① 北京印刷学院、韬奋纪念馆编《〈店务通讯〉排印本》,下册,前引书,第1184页。
② 参见北京印刷学院、韬奋纪念馆编《〈店务通讯〉排印本》,下册,前引书,第1185页。
③ 北京印刷学院、韬奋纪念馆编《〈店务通讯〉排印本》,下册,前引书,第1214页。

报刊登载广告时也要注重广告的编排设计，使客户满意。

第三是报刊质量是广告经营的根本。广告业务做得好，前来报刊登载广告的客户数量固然与拉广告及服务质量有关，但是最根本的还是报刊本身的质量，质量提高了，销数提高了，社会影响增大，商家自然愿意来刊登广告。为了保证报刊本身的质量，不因为广告多了就影响刊物的质量，邹韬奋明确提出"拒绝大广告，提倡小广告"，不因为广告而侵占文字的版面，以保证刊物的质量，从而提高销数，如为了保证《生活日报》的质量，他明确提出《生活日报》"一大张共分四页：第一页为社论及重要新闻（不拘地域与性质）不登广告；第二页社会新闻；第三页经济新闻；第四页文艺新闻。新闻下面登性质相类之广告，使眉目分明，读者极易寻觅"①。综观邹韬奋所办的报刊，没有哪一种报刊出现"广告专号"，这些报刊中基本上没有出现过"广告专页"，广告也往往让位于报刊的文字内容，报刊的第一页从未出现过广告，这样就有利于保证报刊的质量，也不致引起读者太多的反感。

在保证报刊质量和销数的前提下，邹韬奋也经常将报刊的销数加以公证并公布，如《生活日报》，"本报为保证广告之效力计，按时请会计师检查销数，正式公布，广告价格依实际销数而随之增加"②。正是邹韬奋以质量保证广告收入的办法，使得《生活》周刊虽然"这样不登，那样不登，但是一方面由于销数的增加，一方面由于伯昕先生的手段高明，广告仍然大大地发达起来，引起上海整个广告界的震惊"③。邹韬奋的这种办法，也使得他在香港所创办的《生活日报》的销量一下子很高，《生活日报》的广告价格一开始也就很神气，据熟悉香港广告界的朋友告诉邹韬奋说，《生活日报》的广告价格已和该地原有的销路最大的日报分庭抗礼了④。

四 发行推广思想：质量与技巧结合

邹韬奋对书报的发行工作也非常重视，他对发行推广工作也提出了如下两个方面的见解。

---

① 韬奋：《创办〈生活日报〉之建议》，《生活》周刊1932年第7卷第9期。
② 韬奋：《创办〈生活日报〉之建议》，《生活》周刊1932年第7卷第9期。
③ 北京印刷学院、韬奋纪念馆编《〈店务通讯〉排印本》，下册，前引书，第1199页。
④ 参见韬奋《一封诚恳慰问的信》，《生活星期刊》1936年第1卷第20号。

（一）内容是发行的根本

邹韬奋认为，要做好书刊的发行销售工作，最根本的还是要首先做好书刊的内容："讲到发行，也是完全要看内容的，内容果然有人要看，要看的人渐渐多起来，发行也就渐渐可以广了，这是根本所在，办刊物的人所宜首先注意的。"[①] 如果书刊的内容做得好，它的销路是不用担心的。如果书刊的内容做不好，而一味地在宣传推广上下功夫，则"推广方面愈用工夫，结果反而愈糟，因为读者感觉到宣传的名不符实，一看之后就不想再看，反而阻碍了未来的推广的效能"。"有好些刊物因为歪曲了正确的认识和思想，无论在宣传和发行方面如何努力，还是没有人睬它。"[②] 书刊的质量不行，或内容的思想有问题，读者是不会理会的。

（二）要有必要的发行技术和计划

邹韬奋认为书刊发行的根本在于它的内容，在于它的质量，但是也并不否认必要的发行技术和计划，"发行的技术和计划也是刊物的一个重要部分，我们不得不承认这方面也应加以相当的注意"[③]。邹韬奋所谓的发行技术和计划，他没有明确指出到底包括哪些内容，但是我们从他所从事的一些发行推广工作的实践中可以总结出来。他所谓的发行技术和计划应该主要包括以下几个方面。

一是采取多样化的广告宣传和推广。从邹韬奋主持《生活》周刊开始，他就非常重视用广告来对书刊进行宣传和推广，邹韬奋和他的同人们为做好书刊的发行工作，先后使用过的主要广告形式有"书目推荐广告"、"门市招贴与包书纸广告""书刊互相刊登的广告""联合广告"[④] 等，形式多样的广告有利于扩大书刊的影响，促进书刊的发行。除了做好广告外，邹韬奋和他的同人们还专门设立了"推广科""服务部"和"读者顾问部"等专门机构来促进书刊的发行工作。这些机构既为读者购买书报提

[①] 《短简》，《抗战》1938 年第 38 号。
[②] 编者：《给凤石的复信》，《大众生活》1935 年第 1 卷第 2 期。
[③] 《韬奋：韬奋画传·经历·患难余生记》，前引书，生活·读书·新知三联书店，第 197 页。
[④] 对于邹韬奋和生活书店所采用的广告形式，实践部分已经有详细的论述，在此就只是简单地提及。

供了方便，又促进了本店发行业务。

二是多种发行渠道的建立。邹韬奋并不单单依靠一、两种发行渠道来发行书刊，他采用了多种发行渠道：首先是预订及邮购发行，读者通过预定、委托代订书刊的办法开展邮购业务。其次是生气勃勃的门市工作，主要是做好书刊的批发和零售发行工作。最后是建立分支店，建立遍布全国的发行网络和发行通道，将发行触角伸向全国，为邮购、零售、批发等业务提供据点。这些业务的具体开展，本文在实践部分已经有详细的论述，在此也不再赘述。

三是做好服务大众和面向大众的工作。邹韬奋为大众谋福利的新闻出版思想决定了他在发行工作中必然会提倡服务精神和发行工作必须面向大众的要求。邹韬奋专门谈到了发行工作中的服务精神问题："关于门市部工作的技术方面，是另一个问题，这里所要连带提到的是门市部同人对于服务的态度。最须注意的是诚恳、热诚、周到、敏捷、有礼貌等等，而要做到这些，最主要的是要存心耐烦；而存心耐烦，又是从对于服务的意义有正确而深刻的认识产生出来。"① 不光是门市部，其他部门也应该有服务精神，"这种对外应有的态度——发展服务精神——不但应为门市部全体同人所严格注意，而且是任何部门的同人所应严格的注意。例如：我们的发行科或邮购科对于读者来信的询问，必须迅速代为查明，一面诚恳答复，一面在事实上切实办理或纠正，倘若一信要延搁几十天，几个月，甚至如石沉大海，这便发生不良的印象"②。

邹韬奋认为发行工作中的面向问题也很重要，他指出中国的人口很多，中国的出版物的发行前景应该是非常好的。但是中国人口很多是事实，大部分的人口在偏远的乡村也是事实，很多的书刊经营者往往只盯住都市的读者，而忽略了广大的乡村读者，为此邹韬奋说："事实上一方面前线将士及内地民众都迫切地感到'文化粮食'的恐慌，书报却大量囤积于都市，大有过剩之虞。这种现象非常严重，非迅速力谋解决不可。"③ 书报并非真正过剩，而是发行的面向有问题，没有面向广大的乡村读者，因此邹韬奋在创办《生活日报》时，极力想把该报真正发行到大众的手中："《生活日报》是以全国为本位的报纸。所以销路不应该专限于交通便利的

---

① 北京印刷学院、韬奋纪念馆编《〈店务通讯〉排印本》，中册，前引书，第762页。
② 北京印刷学院、韬奋纪念馆编《〈店务通讯〉排印本》，中册，前引书，第763页。
③ 《〈关于文化粮食的我见〉编者按》，《抗战》1938年第59号。

大城市，而要普及到穷乡僻壤，甚至于我们最僻远的边疆。《生活日报》又是以全民为对象的报纸。所以不但是供给上层社会阅读，而且要深入民间，要叫洋车夫和苦力，三家村的农夫，都看《生活日报》，我们才算达到了目的。"[①]邹韬奋这种面向全国，尤其是面向劳苦大众的发行思想，在当时的出版界无疑是非常有见地的。邹韬奋曾创办过《全民抗战》战地版和通俗版，无偿地捐赠给前后方的将士阅读或针对乡村识字不多的民众进行发行，后来生活书店所创办的流动供应办法，不时地把书报流动供应到偏远的乡村（流动供应见前文相关论述），给偏远乡村的大众送去精神食粮，这些都是邹韬奋发行须面向大众思想的重要体现。

第五节　邹韬奋新闻出版思想溯源

邹韬奋的新闻出版思想，最主要的应该是来自他的新闻出版实践，关于他的新闻出版实践，前面的相关章节已有详细的论述。但是除了新闻出版实践以外，邹韬奋新闻出版思想的形成还有三个源流：一是中国传统文化尤其是儒家文化的熏染，二是资产阶级学说的影响，三是对共产主义思想的认同和选择。

一　中国传统文化的熏染

邹韬奋不是一名学者，他的兴趣在于当一名新闻记者。但是，他早年的求学经历使他深受中国传统文化的熏染。

本文在第一章里对他的求学经历已经有了详细的记述，从记述中可以看出，邹韬奋的国文成绩是很不错的。他小时候在家里所受的私塾教育和后来外出求学所修习的国文，主要还是中国传统文化尤其是儒家经典的学习。中国传统文化的学习，使邹韬奋不断地接受中国传统文化的熏染，对他的新闻出版思想产生了深刻的影响。

首先是儒家思想中的责任意识使邹韬奋非常注重报人的责任意识。强调个人对国家、民族、民众的责任是儒家思想中的一个重要内容。这在儒家经典，以及受儒家思想熏陶的历朝历代的文人士子的语录中都有所体现，如孔子所说的"己欲达而达人，己欲立而立人"，孟子强调的"穷则

[①] 韬奋：《我们要怎样办〈生活日报〉?》，《生活星期刊》1936年第1卷第20号。

独善其身，达则兼济天下"以及后来范仲淹的"先天下之忧而忧，后天下之乐而乐"，顾炎武的"天下兴亡，匹夫有责"，等等。可以说，儒家的责任意识影响着中国一代又一代的文人士子，并影响到近现代的新型知识分子。在中国近现代报刊史上，王韬、梁启超、严复等资产阶级维新派的报人，章太炎、于右任、詹大悲等资产阶级革命派报人，以及后来的中共报人以及张季鸾、史量才等无党派报人，在办报时大多体现了儒家的社会责任意识。邹韬奋虽然没有专门去治国学，但是他对国学非常感兴趣，除了在国文课上学习以外，还经常自学。他说："故窃谓学者在学校时，于校课余暇，常自翻阅中国古籍，积之以渐，持之以恒，既不妨正课，又可消遣。读书多，积理富，为文事之要诀。"① 在阅读这些中国古籍时，他对一部分儒学代表人物的思想进行了研究，如韩愈、王阳明、曾国藩等，这些人都以儒家伦理道德观为思想核心②。邹韬奋在研究这些人的思想后，写下了《不求轩困勉录——学生十思》一文，该文说："人心一息之顷，不在天理，便在人欲，未有在天理人欲之间而中立者也。人不能无所思，则一息之顷之所思，不在天理，便在人欲，亦未有在天理人欲之间而中立者也。所思在天理，则诚于中，形于外，所行之事自合于天理，若莫之致而至者。然则吾侪青年有志之士，可不思哉！作学生十思：……"这十思分别是：（一）思国家；（二）思父母；（三）思师友；（四）思先哲；（五）思幸福；（六）思光阴；（七）思希望；（八）思责任；（九）思励学；（十）思敦品。③ 他从儒家提倡的存天理，灭人欲的观点出发，明确提出了"学生十思"的观点，这些观点里的"思国家""思责任""思敦品"等明显地体现出了其强烈的责任意识及要对国家负责、要思考自己应该承担的责任、要不断磨砺自己的品性，邹韬奋的这些观点就是源于儒家责任伦理观。正是儒家这种强烈的责任意识感促使他在日后从事新闻出版事业时能心怀大众，胸怀国家，反复强调报人对于国家、大众的责任，并在实践中身体力行之。

中国传统文化里虽然没有明确提出言论（出版）自由的概念，但是相关典籍、先贤的行为及语录里不时闪现出追求言论自由的光辉。例如"防

---

① 中国韬奋基金会韬奋著作编辑部编《韬奋全集》，第 1 卷，前引书，第 86 页。
② 参见中国韬奋基金会韬奋著作编辑部编《韬奋研究论文集》，第 1 辑，上海人民出版社，1997，第 45 页。
③ 参见中国韬奋基金会韬奋著作编辑部编《韬奋全集》，第 1 卷，前引书，第 37~43 页。

民之口，甚于防川"从反面说明统治者必须给老百姓以一定的言论自由，要给老百姓说话的自由和机会，而不能一味地堵塞和压制。孟子的"民贵君轻"思想能在二三千年前就提出来，"实在也是一个重要的自由主义传统"，古时候的谏官制度就是一种批评政治、批评当局者的自由。谏官们为了监督政府、批评政府，冒着坐牢、杀头的危险，古代的史官"正如现代的记者"，他们如实记录当时的史实，所谓"史笔如铁"，不虚美、不隐恶，使为政者有所畏惧，"这却充分表示言论的自由"。因此胡适说："在中国这二千多年的政治思想史、哲学思想史、宗教思想史中都可以说明中国思想自由的传统。"①

邹韬奋没有直接讲到中国传统文化里的言论自由思想，但是，他在谈到言论（出版）自由思想时，往往从中国传统文化里寻求所记载的先贤追求言论自由的例证来证明自己的观点。他在《骨鲠》一文里说："在昔君主时代，所以贵有骨鲠之臣者，因在极危殆的时候，君主仍是昏聩，群臣仍是谄谀，或因欲保存自己的禄位生命而噤若寒蝉，只有骨鲠之臣肯于一发千钧之际，不顾生死荣辱，犯颜直谏，其尤著者如龙逢谏桀而死，比干谏纣而死，虽刀锯鼎镬炮烙当前，亦丝毫不足以寒其胆而馁其气。"②

邹韬奋在这里将古时候敢于犯颜直谏，争取批评自由的龙逢、比干等人称为骨鲠之臣，认为他们不畏"刀锯鼎镬炮烙"而争取言论自由的精神值得学习，所以他在讲到办报刊者争取言论自由时也说："我的头可杀而我的良心主张，我的言论自由，我的编辑主权，是断然不受任何方面任何个人所屈服的……要具有'刀锯鼎镬非所敢避'的决心，才配主持有价值的刊物。"③"刀锯鼎镬非所敢避"的精神正是古代骨鲠之谏官为争取言论自由而所具有的无畏品格，邹韬奋认为报人也要具有这种品格，所办的刊物才能争取言论（出版）自由，所办的刊物才具有价值。邹韬奋还指出，古时候君主贵有敢于犯颜直谏的骨鲠之臣，而民治时代则贵有正直勇敢的舆论："在民治时代则贵有正直勇敢的舆论，言人人所欲言，言人人所不敢言，但在专制恣肆者则觉其处处牵掣，于是往往有摧残舆论的举动，不过防民之口，甚于防川，终有溃决不可收拾的一日。"④ 邹韬奋于此将专制

---

① 胡适：《容忍与自由——胡适演讲录》，京华出版社，2006，第 166 ~ 168 页。
② 中国韬奋基金会韬奋著作编辑部编《韬奋全集》，第 2 卷，前引书，第 773、774 页。
③ 《答复一封严厉责备的信》，《生活》周刊第 4 卷第 1 期。
④ 中国韬奋基金会韬奋著作编辑部编《韬奋全集》，第 2 卷，前引书，第 773、774 页。

统治者压制言论自由的行径将带来的后果比作"防民之口，甚于防川"，而这正是中国传统文化里对统治者压制言论自由之恶果的一种高度概括。邹韬奋运用中国传统文化里争取言论自由的例证来阐明言论（出版）自由的重要性，这就充分说明，他的言论（出版）自由思想里面也有中国传统文化里争取言论自由因素的影响。

二 资产阶级学说的影响

邹韬奋自幼修习古文，从中国传统文化里吸取了营养。但是，他后来到福州工业学校、上海南洋公学就读，包括他后来到上海圣约翰大学的文科学习，这些学校都是当时的新式学堂，都开设有英文课程。同时，上海南洋公学和上海圣约翰大学都在当时最为开放、经济和文化也非常发达的上海，近代欧风美雨的袭来，资产阶级学说的传播，上海自然是首当其冲。英文的学习，上海的地理位置，都使他有条件逐渐受到了西方文化尤其是有关资产阶级学说的影响。

上海南洋公学和上海圣约翰大学里面不乏从欧美留学回来任教的老师。邹韬奋后来所翻译的长篇小说——《一位美国人嫁与一位中国人的自述》中的男主人公，就是一位留学美国，后来回国教邹韬奋英文文学的人①。上海南洋公学还经常邀请海外学者或学成归国的学者如李佳白、余凤宾（该人后来还经常为《生活》周刊写稿）等人来校做演讲。邹韬奋还将二人的演讲整理成文，在《学生杂志》上发表②。除了邀请海外学者和留学人员演讲外，上海南洋公学也邀请梁启超到校演讲，邹韬奋专门做了记录并整理成文为《梁任公先生在南洋公学演说词》发表在《学生杂志》上面③。邹韬奋在听梁启超的演讲之前，就已经通过阅读梁启超所办《新民丛报》上的海外通讯和传记，以至于"睡后还做梦看见意大利三杰和罗兰夫人！（这些都是梁任公在《新民丛报》里所发表的有声有色的传记。）"④ 这些人的演讲和《新民丛报》上的记述，使邹韬奋有机会间接地初步认识西方社会和西方文化。

五四运动前后（1918年—1919年），邹韬奋开始大量翻译英语著作和

---

① 参见邹韬奋《译余闲谈》，学林出版社，2000，第3页。
② 参见邹嘉骊《韬奋年谱》，上册，前引书，第8~10页。
③ 参见邹嘉骊《韬奋年谱》，上册，前引书，第11~12页。
④ 韬奋：《工程师的幻想》，《生活星期刊》1936年第1卷第22号。

文章。其中除了翻译介绍西方科技成果的文章以外，更多的是翻译西方的哲学著作，如翻译英国唯心主义哲学家伯特兰·罗素的《社会改造原理》，美国教育家、哲学家杜威的《德谟克拉西与教育》《民本主义与教育》等。这些翻译工作，一方面可以看作邹韬奋为了维持生计需要而做的努力工作；另一个方面，在翻译西方文章和著作的过程中，也有助于邹韬奋对西方文化做深层次的研究，使他更为广泛地了解西方社会，反过来对自己国家的前途进行思考。西方社会的发达和西方资本主义文明中进步的因素，使早年的邹韬奋开始逐步认同并接受了资产阶级的有关学说[①]。对资产阶级学说的认同和接受，不可避免地会对邹韬奋的新闻出版思想产生很大的影响，因此，资产阶级学说也可以看成邹韬奋新闻出版思想的一个重要源流。但是，资产阶级学说对邹韬奋新闻出版思想的影响，最主要的又是通过资产阶级的几个代表人物产生的：一是梁启超与黄远生；二是胡适与杜威；三是孙中山。

邹韬奋对梁启超的认识，在阅读他的《新民丛报》即已开始。他称赞梁启超"确可算是一个新闻记者的风范"[②]。梁启超对邹韬奋新闻出版思想的影响，一方面在于梁氏文章的写作技巧和情感对邹韬奋后来立志从事新闻出版事业的影响；另一方面，也是更为重要的一个方面，在于他所介绍的欧美资产阶级新闻思想和价值观对邹韬奋的影响。1902年10月，梁启超在《新民丛报》上刊登《敬告我同业诸君》一文，在此文中他指出报刊的两大功能为："一曰对于政府而为其监督者；二曰对于国民而为其向导者。"他认为政府的权利需要监督，"报馆即据言论出版两自由，以实行监督政府之天职也"。至于对国民的引导，他认为报纸须发扬"史家之精神，鉴既往，示将来，导国民以进化之途径"[③]。梁启超所提倡的言论出版自由和报刊的社会责任思想，这是资产阶级改良派关于新闻出版价值观的一种概括，邹韬奋对梁氏推崇备至，他说自己阅读梁氏的《新民丛报》后更加增自己要做个新闻记者的动机，并说"那影响却是很有永久性的"[④]。他后来在从事新闻出版实践时所提倡的言论（出版）自由思想，言论要代表大众的利益，要引导大众，以及言论对当局要有所批评、有所建议的思

---

① 参见中国韬奋基金会韬奋著作编辑部编《韬奋研究论文集》，前引书，第45页。
② 中国韬奋基金会韬奋著作编辑部编《韬奋全集》，第8卷，前引书，第22、23页。
③ 梁启超：《梁启超政论选》，新华出版社，1994，第84页。
④ 韬奋：《新闻记者的作品》，《生活星期刊》第1卷第26号。

想，梁氏的这些论述也应该是一个重要的源头。

黄远生的新闻通讯以绘声绘色的细节描写和亦庄亦谐的揶揄反讽见长，他写作的通讯也为邹韬奋所喜欢，对他影响不小。但是，黄远生关于新闻职业道德的相关论述，更为邹韬奋所赞同。黄远生谴责当时报界的依附现象说："或为大总统之私，或为政府之私，或为官僚之私，或为会党之私，或为豪强雄杰奸商著猾之私。"他呼吁报人应该秉公直言："夫人生之最惨，莫惨于良心之所不欲言者，因以他故而不能不言，良心之所急于倾吐者，而乃不得尽言，而身死或族灭乃次之。"[①] 黄远生这种鼓吹报纸和报人独立、要求报人敢于直言不惜身家性命的精神，对邹韬奋也产生很大的影响。1930年邹韬奋写作《读〈远生遗著〉》一文，对黄远生的新闻才能，尤其是对他不为袁世凯利用的独立人格，都予以赞赏[②]。黄远生对报人独立人格的倡导，对后来邹韬奋所倡导的独立精神，其影响应该是显然的。

邹韬奋对杜威的实用（实验）主义哲学也是非常推崇的。邹韬奋对杜威的了解，从他翻译杜威的相关文章和著作即已开始。1919年4月，杜威接受胡适及蒋梦麟、郭秉文等人的邀请，到中国作了历时两年的考察和演讲。杜威的实用主义之所以在五四时期在中国产生巨大的影响，除了杜威本人来华讲学和胡适的宣传外，"还在于它强调科学和民主的基本精神能适应五四新文化运动的要求：他反对绝对主义，反对崇拜绝对权威和绝对真理，强调实验探索的科学方法，提倡人的个性解放和思想自由"[③]。杜威认为民本主义社会的养成需要社会各分子的参与，而要民众参与，就必须加强对民众的教育，因此民本的政府也特别注重教育："民本主义的社会既推倒外烁威权的原理，须寻得一种自由的习惯与兴趣来代替他；而要养成自由的习惯和兴趣，非有教育不可。"[④] 因此，杜威不仅宣扬他的实用主义学说，也推广他的教育思想。

杜威在考察了中国的教育现状后，认为中国迫切需要施行"平民主义"的教育，因此宣传平民主义教育，也成了杜威在华演讲的一个重要内

---

① 黄远生：《远生遗著》，第1卷，商务印书馆，1994，第11页。
② 参见韬奋《读〈远生遗著〉》，《生活》周刊1930年第5卷第48期。
③ 郝丹利：《韬奋新论》，当代中国出版社，2002，第55页。
④ 中国韬奋基金会韬奋著作编辑部编《韬奋全集》，第12卷，前引书，第105页。

容①。杜威还在中国的时候,邹韬奋就翻译并发表了他的《民本主义与教育》(1919 年)的第一至第四章。杜威的平民教育思想与邹韬奋早年所提倡的教育救国无疑也是相合的,他自己在文章里就曾说过:"国小不足为患,而民愚始足为患。"②邹韬奋后来加入中华职业教育社,从事职业教育的推广工作,而职业教育本身也是一种平民式的教育而非精英教育,因此杜威所提倡的平民教育的观点自然很容易引起邹韬奋的共鸣。报刊也具有宣传教育的功能,邹韬奋后来办报时力主"平民式"的文风和"有趣味"的内容,可以说是广义上平民教育的一种延续,这种"平民式"倾向的形成,也多少受到了杜威平民教育思想的影响。

胡适是杜威的弟子,胡适在中国大力推广杜威的实用主义哲学,同时,胡适也是一个自由主义者,他提倡中国社会的进步在于改良,而反对暴力革命。早年的邹韬奋对胡适是非常推崇的,沈谦芳在《韬奋传》里统计,从 1926 年 12 月到 1933 年 12 月的 7 年间,《生活》周刊上共发表胡适的"名著"5 篇,引述、介绍胡适言论的文章 8 篇,邹韬奋本人及别人专门评论胡适的文章有 8 篇,访问记 1 篇,胡适的画像 1 幅,照片有两张,可以说,胡适是《生活》周刊重点介绍和关注的对象③。邹韬奋在青年时期就对胡适推广的"实验主义"以及他所提倡的"少谈主义、多研究些问题"的主张表示赞同,胡适的自由主义思想和改良社会的主张,自然也得到邹韬奋的赞赏。邹韬奋在主持《生活》周刊时就明确说:"先生(指胡适)曾经说过,少谈些主义,多研究问题,本刊是要少发空论,多叙述'有趣味有价值'的事实。"④邹韬奋确定《生活》周刊最初的宗旨就包含有"社会改造"的内容,这明显是受到胡适改良主义的影响。此外,"在胡适看来,言论(出版)自由是'自由'在著作出版领域的表现,它也是一种权利,一种运动,是不受外力限制,进而从对其进行束缚的某种威权中解放出来"⑤。也就是说,胡适所谈到的言论(出版)自由是一种绝对的自由,是不受外力的约束和限制的,邹韬奋早年的言论(出版)自由思想也是一种绝对的言论(出版)自由,提倡"真理愈辩愈明",这也是受到

---

① 参见中国韬奋基金会韬奋著作编辑部编《韬奋研究论文集》,第 1 辑,1997,第 51 页。
② 中国韬奋基金会韬奋著作编辑部编《韬奋全集》,第 1 卷,前引书,第 8 页。
③ 参见沈谦芳《韬奋传》,山东人民出版社,1998,第 81 页。
④ 编者:《访问胡适之先生》,《生活》周刊 1927 年第 3 卷第 5 期。
⑤ 闻学峰:《胡适办报实践与思想研究》,四川大学博士学位论文,2010,第 210 页。

了胡适的影响。

孙中山先生作为资产阶级革命派，他所提倡的"三民主义"对邹韬奋也产生了很大的影响。1911年，邹韬奋当时还在福州工业学校读书，适逢孙中山回国途径福州，邹韬奋夹在人群中热烈欢迎。① 他在主持《生活》周刊以后，经常在《生活》周刊中刊登中山先生的言论以供读者学习和参考，他自己也学习孙中山的"三民主义"思想，并撰写多篇短小精悍的学习心得发表在《生活》周刊上面。

孙中山的"民生主义"思想最受邹韬奋的重视，1927年4月10日，邹韬奋在《生活》周刊上发表《孙中山先生民生主义的研究》一文，文中说："中山先生所提倡的'救国主义'有三种：一是'民族主义'；一是'民权主义'；一是'民生主义'。先生自己说过：'民生就是人民的生活'，与本刊更有密切的关系，现定下期起，用极简明的说法，钩玄提要，与读者共同研究。"② 这篇文章非常明显地告诉读者：《生活》周刊将介绍中山先生的"三民主义"。孙中山在谈到"民生主义"时曾说："社会之所以有进化，是由于社会上大多数的经济利益相调和，不是由于社会上大多数的经济利益有冲突。社会上大多数的经济利益相调和，就是为大多数谋利益。大多数有利益，社会才有进步。"③ 邹韬奋在办刊时强调报刊必须负起"为大多数人谋福利"的责任，这与孙中山的"为大多数谋利益"显然是相合的。

邹韬奋不仅介绍了孙中山的"民生主义"，也研究和介绍了孙中山的"民族主义"和"民权主义"。他认为孙中山的"民族主义的宗旨，简单说起来，是要挽救中国的危亡"④。全面抗战爆发后，邹韬奋认为新闻出版事业的一项责任就是必须为抗战服务，必须宣传抗战，为挽救民族危亡而唤起民众，他直接引用孙中山的话说："中山先生所谓唤起民众，共同奋斗，舆论界实亦负有此种责任。"可见孙中山的民族主义思想对他的为抗战服务的负责任的思想也产生了直接的影响。孙中山的"民权主义"当然包含了为民众争取民主自由权利的内容，他认为只有建立起民权政治，人民才有民主可言。言论（出版）自由是人民民主权利的一部分，邹韬奋后

---

① 参见邹嘉骊《韬奋年谱》，上册，前引书，第5页。
② 灵觉（韬奋笔名）：《孙中山先生民生主义的研究》，《生活》周刊1927年第2卷第3期。
③ 孙中山：《三民主义》，岳麓书社，2000，第180页。
④ 灵觉：《民族主义中的人口问题》，《生活》周刊1927年第2卷第29期。

来为争取言论（出版）自由斗争时感叹中国民主政治未上轨道，所以言论（出版）自由也就无从谈起，也是与孙中山的认识存在一致性的。

三 对共产主义思想的认同与选择

资产阶级学说对早年的邹韬奋产生了很大的影响。他早年从改良社会的角度出发，对以蒋介石为首的国民政府寄予了厚望，并对其采取了比较积极的合作态度。早年的邹韬奋对共产党和社会主义的了解来源于国民党的报刊或道听途说，也就难免产生一些误解，"九一八"事变之前的《生活》周刊上甚至时有"朱毛悍匪""烧杀劫略"一类的报道，对国民党围剿中央苏区的行为也表示支持和赞赏。如《生活》周刊第3卷第42期中就以《江西共匪猖獗》为题，报道江西朱、毛两部所谓"骚扰地方"的情形；1930年5月，《生活》周刊第5卷第21期上的《好县长》一文为邹韬奋亲自所写，为被红军打死的国民党江西省南丰县县长吴兆丰歌功颂德；1930年7月，红军攻占长沙，邹韬奋在《生活周刊》第5卷第36期上大骂"焚杀掳掠，创巨痛深"等。总的说来，"九一八"事变之前的邹韬奋，他对共产党和共产主义不太了解，他受到的主要是资产阶级学说的影响。

邹韬奋寄予厚望的国民政府实在让他失望，他所欣赏的三民主义在中国并没有真正实现，相反，蒋介石统治下的中国内外矛盾却日益尖锐。他所追求的教育救国、实业救国的理想在中国当时的环境中也难以实现。"九一八"事变后，具有爱国之心的邹韬奋对当时中国的政党、政治和主义开始重新加以观察、思考和选择，而选择的则是以在事实上能否救此垂危的中国为标准。他说："能负救国之责的党及政治上的任务始值得国民的信任与拥护，否则即为国民所唾弃"[1]。"凡能在事实行救我们的民族和国家的都是我们国民所要拥护的人物或集团，否则虽是架子十足，宣言堂皇，在我们国民看来，都是不共戴天的仇敌"[2]。邹韬奋的重新选择，使他选择了共产党和共产主义，在他逐步接触并最终接受共产党和共产主义的过程中，胡愈之这个人和邹韬奋本身的流亡经历对他产生了重大的影响。

胡愈之在促使邹韬奋日益接近共产党的过程中起着主要的和直接的作

---

[1] 韬奋：《姗姗其来迟的和平统一会议》，《生活》周刊1931年第6卷第44期。
[2] 韬奋：《愤懑哀痛中的民意》，《生活》周刊1932年第7卷第10期。

用。1931年，胡愈之（1933年正式加入中国共产党）在访问苏联之后，写了题为《莫斯科印象记》的长篇报道并在上海发表，该报道介绍了当时正在建设社会主义的苏联的最新情况，反映了许多社会主义制度下的新事物和新气象，赢得了广大关心时事的读者的欢迎。《莫斯科印象记》的风行也引起了邹韬奋的注意。1931年9月，邹韬奋在《生活》周刊上撰文介绍胡愈之的《莫斯科印象记》，此后，他通过毕运程的介绍，拜访了胡愈之，并向他约稿。胡愈之在为《生活》周刊写稿的过程中，与邹韬奋的关系越来越密切，邹韬奋的思想和后来的新闻出版实践工作，也越来越多地受到胡愈之的影响。

胡愈之在向《生活》周刊供稿的时候，就建议邹韬奋《生活》周刊应该以宣传抗日为重，邹韬奋表示赞同。《生活》周刊后来每期组稿时，邹韬奋都邀请胡愈之参加。"一·二八"事变后，胡愈之担任了《生活》周刊的特约撰述并帮助邹韬奋编辑《生活》周刊，此后，胡愈之对邹韬奋新闻出版实践工作的影响进一步扩大，参与的活动也更多，《生活日报》的筹办、《生活》周刊与中华职业教育社的脱离以及生活书店的创办和后来的改组与管理，都是在胡愈之的建议或参与下进行的。胡愈之是邹韬奋身边离共产党最近也是为邹韬奋的新闻出版实践工作提供帮助和产生多方面影响的人，因此可以说，邹韬奋接触、接受共产党和共产主义思想，胡愈之的影响和帮助起到了直接的促进作用。胡愈之在晚年的回忆录中也说："就是这样我对邹韬奋起了影响作用，使他走上了抗日救国的道路，靠近了党。"[①]

胡愈之不仅使邹韬奋靠近了党，他的帮助和影响也直接影响了邹韬奋的新闻出版思想，1933年，在胡愈之的建议和协助下，邹韬奋将生活书店改组成合作社的组织形式，确定了集体化经营，民主集中制的管理，赢利归全体的原则和思想。而这些原则和思想，明显地具有社会主义集体所有制经济的性质，这些是邹韬奋经营管理思想中几个重要的组成部分，这些思想的形成，与胡愈之的直接影响和帮助显然是分不开的。

"九一八"事变后，《生活》周刊主张和立场的转变，使邹韬奋越来越不见容于国民党当局，1933年7月，邹韬奋基于人身安全的考虑，被迫流

[①] 胡愈之：《我的回忆》，前引书，第21页。

亡海外，此后，他一生中共经历了 6 次流亡①，正是这些流亡的经历，使他对国民党当局的嘴脸认识得更为清楚和深刻，也正是在这些流亡的历程中，他更加认清了中国共产党才是中国的未来和希望。在这 6 次流亡经历当中，对他思想的转变，尤其是对他新闻出版思想影响最大的是 1933 年到 1935 年的欧美流亡经历。

1933 年 7 月，邹韬奋流亡海外，这次流亡他考察了英、法、美、德、意等主要资本主义国家，在这些资本主义国家当中，英、法、美是所谓的民主国家，德、意则是法西斯国家。邹韬奋也考察了社会主义国家苏联。邹韬奋没有被这些资本主义国家表面上的繁荣所迷惑，相反，他自己经常深入到当地人民中去了解实情，他通过自己的亲身考察，发现资本主义民主国家的人民生活并不幸福，这些国家只不过是有钱人的天堂，而非穷人的乐园。他评价英国说："谁也想不到在这繁华的伦敦，竟有这样的人间地狱。"② 他评价法国说："高等学校和大学，没钱的工人不能问津。"③ 他对美国当时的情形是这样概括的："科学技术的进步，实可惊羡。莫大的缺憾是这些摩天高楼都在华尔街的少数金融资本家的掌握中，用剥削所得的大量资本，建造这类高楼，目的仍在获得更多的利润。……我们若从外表看出，摩天高楼仍然巍峨宏丽，好像金圆帝国仍在那里顾盼自豪，但稍稍研究其实际，便知道是外强中干，时在飘摇中过日子。"④ 德、意两国的考察使邹韬奋看到的只是法西斯统治的专制和恐怖，他描述意大利法西斯政权所展示的"政绩"不过是"该国法西斯一党发展中的杀人照片，'烈士'照片、所用的刺刀旗帜等等"⑤。德国的政治在邹韬奋看来有三大特点，其一是领袖制度，大搞个人崇拜。其二是"褐色恐怖"。其三是"很浓厚的种族成见和由这种成见所引起的很滑稽的梦想——征服一切其他种族而单独生存"⑥。邹韬奋在看完上述资

---

① 参见第一次流亡：1933 年 7 月出国，到 1935 年回国；第二次流亡：1936 年 3 月流亡香港年底回到上海；第三次流亡：1937 年 11 月上海沦陷，邹韬奋在中共的安排下，乘船赴香港，然后经广西前往武汉；第 4 次流亡：1941 年 2 月，邹韬奋再次流亡香港办《大众生活》，12 月被迫停刊；第 5 次流亡，1942 年 1 月，在共产党的帮助下，从香港转移到东江游击根据地，因 2 月份国民党已经开始通缉他，在 1941 年 4～9 月，他隐居在梅县江头村；第 6 次流亡：1942 年 9 月，他离开江头村前往上海，11 月到苏北解放区考察。
② 中国韬奋基金会韬奋著作编辑部编《韬奋全集》，第 2 卷，前引书，第 126 页。
③ 中国韬奋基金会韬奋著作编辑部编《韬奋全集》，第 2 卷，前引书，第 75 页。
④ 中国韬奋基金会韬奋著作编辑部编《韬奋全集》，第 2 卷，前引书，第 502 页。
⑤ 中国韬奋基金会韬奋著作编辑部编《韬奋全集》，第 2 卷，前引书，第 47 页。
⑥ 中国韬奋基金会韬奋著作编辑部编《韬奋全集》，第 2 卷，前引书，第 186 页。

本主义国家后，他进一步坚信资本主义已经到了穷途末路。

邹韬奋对苏联进行了为期两个月的考察，他"对苏联的政治、经济、文化、社会生活、人的精神风貌等各个方面有了全盘的了解和精神的思考"①。通过对苏联的考察，邹韬奋对苏联的社会性质提出了自己的看法："目前的苏联社会的机构并不是共产主义的社会，只是社会主义的社会的开端，……社会主义社会的最重要的特点，是生产工具公有——工厂、机械、交通、矿山、森林等等，都归社会所公有，所有利益归大家共同享受，不是由私人占有为榨取剩余价值的工具"。他通过自己的考察和切身体会，觉得苏联社会"人剥削人的制度已根本不能存在了"②。苏联当时热火朝天的建设场面和欣欣向荣的局面使邹韬奋认识到"苏联是积极努力于新社会建设的国家，情形日新月异"③。

在欧美流亡期间，邹韬奋不仅通过自己的亲身考察来对比资本主义和社会主义国家的不同。在考察的同时他也充分利用一切可能的机会认真学习和研究马克思主义理论。在出国之前，邹韬奋就准备到伦敦大学政治经济学院旁听。到伦敦后，他除了在该学院听讲外，还花大量的时间在伦敦博物院图书馆里博览群书，以后两次到伦敦（在欧洲时，他到德国和苏联的两次考察都是以英国为出发点，又回到英国的）④，他都花大量的时间在伦敦博物院图书馆里阅读马列主义著作，并作了大量而详尽的笔记。他在回国后，曾把这些笔记加以整理并形成《读书偶译》一书，该书 1937 年由上海生活书店出版。《读书偶译》一书的目录清晰地显示出邹韬奋系统、全面地学习了马列主义理论。

亲身的考察和对马列主义理论全面、深入的学习，使邹韬奋看清了当时世界大势和中国的前途所在。他认为当时世界上"除苏联外，很显然的现象是生产力的进步和生产工具私有的社会制度不相容"⑤。欧洲和世界的大势是"没落的旧社会多苟延残喘几时，但最后的胜利必在根本解放生产力的方面，这是决然无疑的"⑥。而对于中国的前途，他认为"所以我们的

---

① 沈谦芳：《邹韬奋社会政治思想研究》（博士学位论文），中共中央党校，1994，第 50 页。
② 中国韬奋基金会韬奋著作编辑部编《韬奋全集》，第 2 卷，前引书，第 482 页。
③ 中国韬奋基金会韬奋著作编辑部编《韬奋全集》，第 2 卷，前引书，第 217 页。
④ 参见沈谦芳《邹韬奋社会政治思想研究》，前引论文，第 47 页。
⑤ 中国韬奋基金会韬奋著作编辑部编《韬奋全集》，第 2 卷，前引书，第 218 页。
⑥ 中国韬奋基金会韬奋著作编辑部编《韬奋全集》，第 2 卷，前引书，第 220 页。

出路,最重要的当然在努力于民族解放的斗争",而民族斗争要特别注意两点:一是找到斗争的中心力量——"和帝国主义的利益根本不两立的中国的勤劳大众的组织";二是中华民族要不断地斗争使帝国主义不得高枕而卧,"由此促进世界人剥削人的制度的崩溃,不但获得民族自身的解放,同时也是有功于全人类福利的增进,这是我们对于民族的责任,同时也是对于世界的责任"①。邹韬奋对世界大势和中国前途的上述分析,实质上是他运用马克思主义基本原理加以分析的结果,他不仅看清了世界的大势和中国的前途,也找到了进行民族解放斗争所可依靠的"中心力量"——中国共产党。上述分析充分显示出邹韬奋在内心里已经完全接受共产主义(马克思主义)的观点并能用它来分析当时的政治和社会问题。

欧美游历使邹韬奋进一步受到了共产主义(马克思主义)思想的影响,而这些思想又进一步影响到他的新闻出版思想。在欧美游历之前,邹韬奋虽然在胡愈之的建议和协助下将生活书店改组为合作社的集体所有制经济形式,并在其内部实行民主集中制的管理,但是,这些措施多少带有被动接受的意味。而在邹韬奋欧美游历结束回到生活书店以后,他在内部刊物《店务通讯》上发表了大量文章,对生活书店的合作社组织形式和民主集中制管理制度进行阐释,以加深社员对这些带有社会主义性质事物的认识,他由早期的被动接受,转而主动的阐释和教育,他之所以完成这个转变,显然与他的欧美游历和系统的马列主义学习是分不开的。总之,无论是胡愈之的间接影响还是邹韬奋自身的游历和学习,他经营管理思想中的公有制成分和民主集中制成分,显然是受到了共产主义思想的影响。此外,邹韬奋的欧美游历,对他的言论(出版)自由思想的影响也很大,因为他亲自看到了德意法西斯国家、英法等所谓民主国家的言论(出版)自由都是掌握在少数人的手里,只是程度不同而已,而苏联的言论(出版)自由虽然是大多数人的,这虽然比资本主义国家的言论(出版)自由有进步,但它也不是完全的言论(出版)自由②。这些国家言论(出版)自由的现实情况使邹韬奋对言论(出版)自由思想的内涵有了更深的理解,它们也是促使邹韬奋由早期的绝对言论(出版)自由观向相对言论(出版)自由观转变的一个重要因素。

---

① 中国韬奋基金会韬奋著作编辑部编《韬奋全集》,第 2 卷,前引书,第 221 页。
② 参见中国韬奋基金会韬奋著作编辑部编《韬奋全集》,第 2 卷,前引书,第 384~386 页。

结　语

　　邹韬奋曾多次说过，他不想做官，不想发财，当好一名新闻记者是他毕生的愿望。他一生的基本志趣在于办报办刊，他一辈子努力的方向也就是为大众办好报刊，出版好进步的书籍，通过新闻出版活动为大众谋取福利。就邹韬奋一辈子的主要活动来看，他主要的精力确实也是放在新闻出版事业上面，他一生自己办了"五刊一报"，并为其他报刊撰稿，在办报刊的同时，他又创办了生活书店。他所办的报刊，总是站在时代进步的方向，总是坚持通俗化和大众化的原则，为大众说话，有许多时候更是说了其他报刊不敢说的话，因此他所处的那个时代，他所创办的报刊在当时产生了深远的影响，许多年轻人就是受了他所办报刊的影响而走上进步甚至是革命道路的。他的好友胡愈之曾这样评价他说："韬奋的影响是伟大的，他的影响普遍深入苦难人民大众中间。他不是什么大作家，可是他的作品得到非常广大的读者；他不是政治家，而他有广大的群众拥护，他不是学者，可是他在中国大众文化运动上有极重要的位置。"[①] 他又评价邹韬奋的新闻作品说："就作品的永久价值来说，韬奋断不能和鲁迅比较，但就宣传教育的作用来说，邹韬奋对于同时代的影响，却比鲁迅还要来的普遍。"[②] 胡愈之这番话虽然主要是说邹韬奋新闻出版实践与思想的大众化倾向，但也指出了他所从事的新闻出版事业在当时所产生的巨大影响。

　　邹韬奋一辈子以新闻出版事业作为毕生的追求，他的新闻出版事业得到了大众的认可和敬佩，但是他的新闻出版事业进行得并不顺利，甚至可以说是非常坎坷。他所办报刊和所出的图书由于始终立在进步的、大众的立场，他的新闻出版活动从早年的不谈政治到后来的主动关心政治，在关

[①] 上海韬奋纪念馆编《韬奋的道路》，前引书，第135页。
[②] 上海韬奋纪念馆编《韬奋的道路》，前引书，第137页。

心政治的过程中对当局的批评和揭露不留情面,对进步的思想和主义大力宣传,对抗战建国事业不遗余力地奔走呼号,这些本来都是进步和正义的,是应该得到当局支持的,但相反的是,他的这些行为和他的新闻出版事业却不见容于当局。从《生活》周刊到最后的香港《大众生活》,从《生活》周刊社书报代办部到后来的生活书店,他的新闻出版事业不断地受到当局的打击和摧残,他自己本人也因爱国而身陷囹圄,因从事进步的新闻出版事业而多次流亡,有家难归,但这些都没有磨灭邹韬奋从事新闻出版事业的信心和决心,在一种刊物遭受摧残时,他立即又创办新的刊物,力求为大众保持一个"喉舌";在生活书店遭受摧残时,他不断想办法斗争和设法保存,以求保持进步文化事业中的堡垒。从这个角度来说,他的一生不仅是为新闻出版事业贡献的一生,也是为言论(出版)自由而抗争的一生,他在当时为争取言论(出版)自由而不断向当局奔走呼吁,不怕杀头坐牢、不受威逼利诱的可贵行为,在当时的新闻出版界也是屈指可数的。

邹韬奋本人并非新闻专业的毕业生,毕生没有接受过系统的新闻教育,但是因为他对新闻出版事业的热爱而毕生从事新闻出版工作,在实践工作中他积累了丰富的经验。他曾经出版《事业管理与修养》一书,对新闻出版事业的经营管理问题进行过探讨,而这还只是他新闻出版思想中极小的一个部分,他的新闻出版思想更多地见诸零散的、片断式的及经验总结式的文章,这些文章从不同的角度探讨了当时新闻出版事业的现状,并总结出了一些规律性的东西。

邹韬奋的新闻出版思想包含新闻出版宗旨、言论(出版)自由、新闻出版伦理、编辑业务、经营管理业务等几个部分的内容,这些思想已经能够成为一个体系。当然,这个体系是比较简单的,是感悟式和经验式的,而非全面化、学理化和系统化的。例如他对报刊功能的认识,更多地认为报刊应该担当民众的"耳目喉舌",认为报刊应该唤起民众,这些明显来自梁启超和孙中山等人的报刊功能观,并没有多少新意,也没有更深入地展开系统论述和研究。邹韬奋一辈子勤于报刊的编辑事务,他对报刊的编辑业务思想的论述应该是比较全面而系统的,他不仅提出了报刊的编辑应该通俗化和大众化,也对报人本身的业务素质和修养提出了要求,对于报刊的具体编辑事务也不乏真知灼见。他对新闻出版事业的经营管理业务思想更是难能可贵,就他的经营管理业务思想这一个部分而言,应该称得上比较系统而深入的,他所出版的《事业管理与职业修养》一书,对新闻出版事业的经营管理业务进行了较为系统、深入的总结和研究,这本书的出版,不仅对当时新闻出版事业的经营管理问题有所指导,其中一些见解,对其他企业或事业的经营与管理也具有极强的指导意义,因此,《事业管理与职业修养》一书在当时一再出版,被许多企业和事业单位奉为至宝,这可见他的经营管理业务思想在当时的影响非常之大。当然,邹韬奋的新闻出版思想更多的是经验式的总结,他的新闻出版思想还没有学理化和系统化,他对新闻出版思想的有关论述更多的是侧重于经验的一种积累和感悟,这是一种事实,因为他毕生更多的是在从事新闻出版实践,而非从事新闻出版方面的学术研究,因此对他的新闻出版思想不可苛求,也不必刻意地加以拔高。

然而,邹韬奋的新闻出版思想在他那个时代有着重要的积极意义,这些思想无一不是基于当时的媒介环境和政治环境而提出的。当邹韬奋大力提倡人格、报格、店格,倡导新闻出版事业独立,对大众负责,为大众谋取福利的时候,当时的新闻出版界或接受军阀和政客的津贴而沦为其吹鼓手和帮凶;或迫于压力而三缄其口,发表的文章和言论不痛不痒,而不敢指陈时弊,为大众代言;或为谋取商业利益不顾新闻出版的职业道德,内容格调低下。这些都是当时客观的现象和事实。在以蒋介石为首的国民政府统治时期,新闻出版界一直受到日益严重的压制,从来没有获得过真正的言论(出版)自由。抗战全面爆发后,战时环境给当时的民营新闻出版事业以重大的打击,在这样的环境下,邹韬奋依然为争取言论(出版)自由而不断抗争,为了抗战事业,为了民众的利益而始终坚持"事业性"和"商业性"的统一。因此,邹韬奋的新闻出版思想无疑是积极进步的,是当时中国进步新闻出版思想体系的一个重要组成部分。

在媒介化生存的今天,各种媒介事业飞速发展,各种信息能够轻易、快速地被复制、生产和传播,并以密集的形式呈现在受众面前。但是当前的事实却并不容乐观,各种垃圾信息、虚假信息层出不穷,误导或干扰受众;不少媒体或新闻记者迫于压力或出于自身利益的考虑,对社会上假、丑、恶的东西不敢报道,不敢揭发;更有甚者,一些媒体为了获取经济利益,媒体的内容和格调日益走向媚俗化、低俗化甚至于恶俗化;他们为了商业利润,不惜通过商业炒作、借助虚假新闻、撰写煽动性的言论来哗众取宠，混淆视听；他们为了商业利润，不惜转抄，盗取他人的文章或版权，来进行恶性的行业竞争。因此，邹韬奋负责任、独立以及公平竞争与团结合作的新闻出版伦理思想在当下仍然具有重要的现实意义，仍然能给当下新闻出版界的工作者带来启发和思考。

参考文献

一 中文著作

北京印刷学院、韬奋纪念馆：《〈店务通讯〉排印本》，上、中、下册，学林出版社，2007。

蔡尚伟：《百年"双城记"——成都·重庆的城市文化与传媒》，四川大学出版社，2005。

曹鹤龙、李雪映：《生活·读书·新知三联书店总目：1932～1994》，生活·读书·新知三联书店，1995。

常州市政协文史资料委员会：《新文化出版家徐伯昕》，中国文史出版社，1994。

陈挥：《韬奋评传》，上海交通大学出版社，2009。

陈挥：《邹韬奋——大众文化先驱》，上海教育出版社，1999。

程丽红：《清代报人研究》，社会科学文献出版社，2007。

戴元光：《中国传播思想史·现当代卷》，上海交通大学出版社，2005。

单波：《20世纪中国新闻学与传播学·应用新闻学卷》，复旦大学出版社，2001。

丁淦林、刘家林、孙文铄等：《中国新闻事业史新编》，四川人民出版社，2008。

丁淦林：《中国新闻图史》，南方日报出版社，2002。

方汉奇：《报界档案》，福建人民出版社，1999。

方汉奇：《中国新闻事业编年史》，上、中、下册，福建人民出版社，2000。

方汉奇：《中国新闻事业通史》，第1、2、3卷，中国人民大学出版社，2004。

费孝通、夏衍：《胡愈之印象记（增补本）》，中国友谊出版公司，1996。

复旦大学新闻系：《人民的喉舌——韬奋论报刊》，福建人民出版社，1980。

复旦大学新闻系研究室：《邹韬奋年谱》，复旦大学出版社，1982。

甘惜分：《新闻学大辞典》，河南人民出版社，1993。

戈公振：《中国报学史》，中国新闻出版社，1985。

关东生：《韬奋〈读者信箱〉》，中国城市出版社，1998。

韩运荣、喻国明：《舆论学原理、方法与应用》，中国传媒大学出版社，2005。

郝丹利：《韬奋新论——邹韬奋思想发展历程研究》，当代中国出版社，2002。

胡耐秋：《韬奋的流亡生活》，生活·读书·新知三联书店，1979。

胡文龙：《中国新闻评论发展研究》，中国人民大学出版社，2002。

胡愈之：《胡愈之文集》，第1~6卷，生活·读书·新知三联书店，1996。

胡愈之：《我的回忆》，江苏教育出版社，1990。

胡愈之：《众说韬奋》，学林出版社，2000年。

黄嘉树：《中华职业教育社史稿》，陕西人民出版社，1987。

黄远生：《远生遗著》，第1卷，商务印书馆，1994。

贾树枚：《上海新闻志》，上海社会科学院出版社，2000。

姜德明：《倪墨炎书话》，北京出版社，1998。

蒋齐生、舒宗侨等：《中国摄影史（1937－1949）》，中国摄影出版社，1998。

蒋晓丽：《现代新闻编辑学》，高等教育出版社，2008。

金仲华：《报章杂志阅读法》，中华书局，1935。

雷群明：《韬奋论新闻出版》，学林出版社，2009。

李金铨：《文人论政 知识分子与报刊》，广西师范大学出版社，2008。

李茂政：《当代新闻学》，台北正中书局，1987。

李秀云：《中国现代新闻思想史》，中国社会科学出版社，2007。

刘建明：《基础舆论学》，中国人民大学出版社，1988。

刘建明：《宣传舆论学大辞典》，经济日报出版社，1993。

罗传勋：《重庆抗战大事记》，重庆出版社，1995。

马洪武：《抗日战争事件人物录》，上海人民出版社，1986。

〔美〕约翰·密尔：《论自由》，程崇华译，商务印书馆，1959。

〔美〕约瑟夫·斯特劳巴哈、罗伯特·拉罗斯等：《今日媒介：信息时代的传播媒介》，熊澄宇等译，清华大学出版社，2002。

穆欣：《韬奋新闻工作文集》，新华出版社，1985。

穆欣：《邹韬奋》，湖北人民出版社，1981。

潘大明：《韬奋人格发展的轨迹》，上海文艺出版社，1998年

钱小柏、雷群明：《韬奋与出版》，学林出版社，1983。

邱沛篁等：《报业经营管理学》，四川人民出版社，1997。

邱沛篁等：《新闻传播百科全书》，四川人民出版社，1998。

任中林：《中国广告实务大全》，科学技术文献出版社，1992。

三联书店：《韬奋：韬奋画传·经历·患难余生记》，生活·读书·新知三联书店，2004。

上海韬奋纪念馆：《韬奋的道路》，生活·读书·新知三联书店，1958。

沈谦芳：《韬奋传》，山东人民出版社，1998。

生活书店史稿编辑委员会：《生活书店史稿》，生活·读书·新知三联书店，2007。

宋应离、袁喜生、刘小敏：《20世纪中国著名编辑出版家研究资料汇辑》，河南大学出版社，2005。

宋原放：《中国出版史料》，第2卷（现代部分），山东教育出版社，2001。

孙中山：《三民主义》，岳麓书社，2000。

唐森树：《邹韬奋思想研究》，吉林大学出版社，2005。

韬奋纪念馆：《韬奋纪念馆·韬奋故居》，上海人民出版社，2003。

韬奋纪念馆：《邹韬奋研究》第1辑，学林出版社，2004。

韬奋纪念馆：《邹韬奋研究》第2辑，学林出版社，2005。

韬奋纪念馆：《邹韬奋研究》第3辑，学林出版社，2008。

童兵：《中西新闻比较论纲》，新华出版社，1999。

王艾生：《中国当代名记者小传》，山西人民出版社，1989。

王仿子：《王仿子出版文集》，中国书籍出版社，1994。

王怀安等主编《中华人民共和国法律全书》，吉林人民出版社，2000。

王知伊等：《编辑记者一百人》，学林出版社，1985。

王宗华：《中国现代史辞典》，河南人民出版社，1991。

吴廷俊：《中国新闻史新修》，复旦大学出版社，2008。

武汉地方志编纂委员会：《1920－1949年武汉报刊要目》，武汉大学出版社，1991。

武志勇：《韬奋经营管理方略》，中央编译出版社，2000。

夏林根：《近代中国名记者》，福建人民出版社，1990。

夏衍：《懒寻旧梦录》（增补本），生活·读书·新知三联书店，2006。

新华书店总店：《书店工作史料2》，新华书店总店，1982。

新华书店总店：《书店工作史料4》，中国书店，1990。

杨明：《韬奋先生的流亡生活》，生活·读书·新知三联书店，1951。

尹韵公：《中国新闻界人物》，中国人事出版社，2002。

余家宏：《简明新闻学辞典》，浙江人民出版社，1984。

俞润生：《邹韬奋传》，天津教育出版社，1994。

俞月亭：《韬奋论》，河北教育出版社，1991。

俞月亭：《韬奋论编辑工作》，山西人民出版社，1986。

俞子林：《百年书业》，上海书店出版社，2008。

曾建雄：《中国新闻评论发展史》（近代部分），广西师范大学出版社，1996。

张国华：《韬奋挚友毕云程》，学林出版社，2003。

张之华：《中国新闻事业史文选（724—1995年）》，中国人民大学出版社，1999。

支庭荣：《媒介管理》，暨南大学出版社，2009。

中共中央文献研究室：《周恩来年谱（1898－1949）》，中央文献出版社，1989。

中国大百科全书总编辑委员会编《中国大百科全书》，新闻出版卷，中国大百科全书出版社，2004。

中国第二历史档案馆：《中华民国史档案资料汇编》，江苏古籍出版社，1998。

中国人民政治协商会议上海市委员会文史资料工作委员会：《文史资料选辑》，第1辑（总第23辑），上海人民出版社，1979。

中国人民政治协商会议上海市委员会文史资料工作委员会：《文史资

料选辑》，第 3 辑（总第 37 辑），上海人民出版社，1981。

中国人民政治协商会议四川省委员会文史资料研究委员会编《四川文史资料选辑》第 32 辑，四川人民出版社，1984。

中国社会科学院近代史研究所中华民国史研究室：《救国会》，中国社会科学出版社，1981。

中国韬奋基金会韬奋著作编辑部：《韬奋全集》，第 1~14 卷，上海人民出版社，1995。

中国韬奋基金会韬奋著作编辑部：《韬奋研究论文集》，第 1 辑，上海人民出版社，1997。

周鸿书：《新闻伦理学论纲》，新华出版社，1995。

邹华义：《韬奋故乡行》，百花洲文艺出版社，1995。

邹华义：《韬奋散文》，浙江文艺出版社，2003。

邹嘉骊：《韬奋年谱》，上、中、下卷，上海文艺出版社，2008。

邹嘉骊：《韬奋著译系年目录》，学林出版社，1984。

邹嘉骊：《忆韬奋》，学林出版社，1985。

邹韬奋：《事业管理和职业修养》，学林出版社，2007。

邹韬奋：《韬奋书话》，学林出版社，2000。

邹韬奋：《韬奋谈人生》，学林出版社，2000。

邹韬奋：《韬奋文集》，第 1、2、3 卷，生活·读书·新知三联书店，1955。

邹韬奋：《韬奋新闻出版文选》，学林出版社，2000。

邹韬奋：《韬奋政论选》，学林出版社，2000。

邹韬奋：《韬奋自述》，学林出版社，2000。

二 中文论文

陈挥：《试论邹韬奋由民主主义者向共产主义者的转变》，《福建学刊》1993 年第 1 期

邓涛：《邹韬奋的新闻出版思想与实践》，《采·写·编》2008 年第 4 期

邓以宁：《邹韬奋对出版发行学的研究与实践》，《安徽大学学报》1986 年第 3 期

丁淦林：《邹韬奋的报刊广告观》，《新闻大学》1996 年第 1 期

甘惜分：《怀韬奋，"抓头尾"》，《中国记者》1987年第8期

戈宝权：《邹韬奋和戈公振——回忆两位新闻前辈之间的深厚友谊》，《新闻战线》1979年第4期

龚鹏：《邹韬奋启蒙思想研究》（博士学位论文），湖南大学，2010。

胡慧红：《韬奋政治思想的发展轨迹》，《新闻与写作》1995年第12期

胡文龙：《韬奋新闻评论的说理艺术》，《新闻与写作》1994年第12期

胡正强：《试论邹韬奋的新闻批评实践及其思想》，《新闻界》2005年第5期

蒋含平：《平民与知识分子双重视角下的海外世界——论邹韬奋海外通讯的特色及历史地位》，《新闻大学》2005年第2期

雷群明：《邹韬奋论职业道德》，《编辑学刊》1997年第1期

李冬春：《邹韬奋与〈抗战〉三日刊》，《阜阳师范学院学报》1993年第1期

李和平：《事业性和商业性的有机统一》，《新闻知识》1988年第12期

梁德学：《生活书店经营管理研究》（硕士学位论文），兰州大学，2009年。

梁小建：《〈生活〉周刊的改刊过程及意义研究》，（硕士学位论文），北京印刷学院，2006。

刘洪珍：《韬奋思想杂谈的写作特色》，《新闻与写作》1996年第3期

刘霞：《"事业性"与"商业性"的完美契合——论韬奋新闻出版思想及其现实意义》，《东南传播》2010年第9期

刘亚、夏锐：《浅谈韬奋的读者观》，《南京政治学院学报》1994年第5期

刘燕、郭永彬：《邹韬奋〈生活日报〉的股份制经营思想》，《新闻记者》2003年第2期

吕琼：《浅谈邹韬奋办报思想及成功经验的启示》，《荆门大学学报》1997年第4期

罗兰：《倾听大众心声 为读者释疑指路——简析韬奋的"读者信箱"专栏》，《新闻与写作》1998年第8期

孟芳：《邹韬奋期刊编辑思想研究》（硕士学位论文），河南大

学，2003。

孟宪娟：《邹韬奋教育思想研究》（硕士学位论文），河北大学，2007。

沈荟：《韬奋报刊活动与社会信用》，《新闻记者》2002年第5期

沈谦芳：《胡适与邹韬奋》，《西北民族学院学报》（哲学社会科学版·汉文），1995年第3期

沈谦芳：《邹韬奋社会政治思想研究》（博士学位论文），中共中央党校，1994。

史一兵：《国统区较早的出版合作经济——邹韬奋的"生活出版合作社"概述》，《学海》1992年第1期

苏锦龄：《抗战初期的生活书店广州分店》，《岭南文史》1993年第2期

孙景峰：《邹韬奋的出版广告思想与实践》，《出版发行研究》2000年第10期

谈嘉祐：《邹韬奋新闻思想探析》，《南京政治学院学报》1996年第3期

唐婧：《邹韬奋媒介经营管理的核心价值观》，《华中师范大学研究生学报》2010年第3期

铁铮：《试论韬奋的编辑理论与实践》，《北京林业大学学报》1989年第1期

汪家熔：《旧时出版社成功诸因素——史料杂录（之三）》，《出版发行研究》1994年第3期。

王仿子：《大姐黄宝珣与耕耘出版社》，《出版科学》2004年第1期

王仿子：《生活书店门市工作的特色——为纪念徐伯昕同志而作》，《出版发行研究》1993年第5期

王瑞：《从〈店务通讯〉看邹韬奋读者意识的演进》，《北京印刷学院学报》2008年第5期

王彦祥、王琳：《邹韬奋研究论著索引（书籍部分）（1985-2003）》，《出版科学》2004年第6期

王益：《我在生活书店邮购课当练习生》，《出版工作》1979年第12期

吴志刚：《论邹韬奋的宪政主张》，《浙江师大学报》1998年第4期

武志勇：《论韬奋的对读者负责精神》，《编辑学刊》1995年第6期

徐新平：《邹韬奋大众新闻思想述论》，《湖南大众传媒职业技术学院学报》2004年第4期

许广芬：《韬奋与编辑出版工作》，《出版科学》1995年第4期

许觉民：《硬骨头精神与真诚的品质——关于韬奋精神的一点感受》，《新文化史料》1995年第6期

许宇鹏、陈吉平：《论邹韬奋的编辑思想》《河海大学学报》（哲学社会科学版），2001年第4期

闫东艳：《邹韬奋期刊编辑思想特色》，《编辑之友》2009年第3期

尹长虹：《试论韬奋报刊言论的大众观与自由观》，《山西大学学报》1991年第2期

俞润生：《与社会进步时代进步而俱进——邹韬奋编辑思想研究》，《编辑学刊》1994年第4期

俞月亭：《韬奋的采访之道》，《新闻大学》1984年第1期

袁姣：《邹韬奋与中国近代职业教育》（硕士学位论文），华中师范大学，2009。

张昳：《〈三联生活周刊〉对民国〈生活〉周刊的继承与创新研究》（硕士学位论文），华中师范大学，2010。

张亚华：《试论邹韬奋新闻思想的内涵及其在当今的拓展》，《河北青年管理干部学院学报》1999年第1期

张之华：《纵笔写寰宇 丹心系祖国——邹韬奋与〈萍踪寄语〉〈萍踪忆语〉》，《国际新闻界》1999年第1期

章雪峰：《书生报国无他物 惟有手中笔如刀——记邹韬奋编辑出版〈抗战三日刊〉》，《出版发行研究》2005年第6期

赵文：《邹韬奋主持时期〈生活〉周刊的广告原则》，《新闻爱好者》2009年第23期

赵晓恩：《"努力为社会服务 竭诚谋读者便利"——回忆生活书店的推广宣传工作》，《中国出版》1983年第5期

赵晓恩：《按企业原则进行文化生产经营活动的生活书店》，《出版发行研究》1993年第3期

赵晓恩：《生活书店的经营之道和斗争艺术（三）》，《出版发行研究》1999年第10期

仲秋元：《生活书店在香港》（上），《新文化史料》1997年第3期

周幼瑞：《抗日战争时期的梅县生活书店》，《岭南文史》1995年第3期

朱小阳：《邹韬奋新闻思想探析》，《新闻界》2007年第4期

资庆元：《论中国报刊新闻标题的发生发展》，《云南师范大学学报》（哲学社会科学版），1997 年第 2 期

邹迎九：《论邹韬奋报刊言论的语言特色》，《广西大学学报》2005 年第 5 期

三　报刊

《生活日报》

《华商报》

《新华日报》

《新中华报》

《生活》周刊

《大众生活》

《生活星期刊》

《抗战》（含《抗战画报》）

《全民抗战》［含《全民抗战战地版》（残存部分），《全民抗战通俗版》（残存部分）］

《七大杂志联合特刊》

《保卫大武汉特刊》

《新生》周刊

《世界知识》

《中华公论》

《理论与现实》

《读书月报》

后　记

本书是在我博士学位论文的基础上修改完善而成的。把邹韬奋作为研究对象，对我来说是一个很大的挑战。硕士阶段的学习就使我知道文化史、新闻史方面的论文难写。博士入学以后，和师兄论及选题一事，也多劝我慎选文化史、新闻史类的题目，在写作论文的过程中，写作的艰辛再次印证了师兄们的忠告所言不虚。邹韬奋虽然为大家所熟知，后人对与他相关的资料也花费了大量的气力加以整理，却没有想到许多重要的一手资料依然残缺，因此资料的搜集整理对论文的写作来说就是第一道难关。其次，知识结构和理论素养方面的缺陷也使我已写出的论文与自己理想中的论文存在着一段距离。总之，本书的脱稿只能算是我对邹韬奋新闻出版方面研究的一个起点：研究尚未成功，小子仍需努力。

蓉城负笈，望江学习，拙文杀青，赖师友亲朋惠助者多矣，每念及此，心中总是充满感激！

首先，我要感谢恩师蒋晓丽老师。在报考蒋老师的博士之前，我和她并不熟悉，只是久闻其名，敬慕其学识和为人。蒋老师却不因我才智驽钝，原所学非同科而有所嫌弃。既忝列门墙，蒋老师以其渊博的学识、严谨的学风、宽厚的为人对我进行悉心的指导和教诲。在参与蒋老师主持的多个项目的过程中，我拓宽了视野，增长了见识，提高了科研能力，最为难得的是蒋老师工作的勤奋和意志的坚韧给我莫大的启迪。本书从选题到写作，从研究方法到初稿中文字及标题的润色，都是在蒋老师的关心、鼓励和指导下才得以完成的，可以说本书的字里行间都浸透着蒋老师的心血，没有她的支持和鼓励，没有她的关心和爱护，本书便无法面世。

其次，我要感谢曹顺庆老师、冯宪光老师、赵毅衡老师，他们的学术讲座丰富了我的知识，开阔了我的视野。感谢欧阳宏生老师、蔡尚伟老师、张小元老师，他们的专业课深化了我对专业知识的理解和学习，他们的研究方法和探讨问题的方式给了我很多的启发。在论文选题开题的过程中，蔡尚伟老师和张小元老师给予我很大的帮助。蔡老师对我选择文化史、新闻史类的论文题目给予了鼓励和肯定，尤其是他在开题时说的"不要怕难，更不要怕苦"这句话陪伴了我的整个写作过程，至今还有催我奋进的功效。张小元老师在开题时也给了我很多好的方法和建议，其关切鼓励之情，至今历历在目，记忆犹新。感谢操慧老师的鼓励和支持，她在我选题迷惘的时候多次和我面谈、电话指导、赠书鼓励。感谢邱沛篁老师，他虽然没有对我的博士学位论文提出过直接的指导和建议，但是他自己的专著和他所带博士的一些毕业论文却给了我很多的参照和启发，本书中的许多方法和思路从他那里受益良多。

我的博士论文得以完成，与王炎龙和闻学峰两位师兄的关心、鼓励及支持是分不开的。我入川大学习不久，因做课题得缘认识王师兄，此后他有如兄长，在学习上给我指导，在生活上给我关心。在我选题及写作的那段日子里，是他不厌其烦地和我交流，给我鼓励，给我建议，给我信心。将邹韬奋作为我博士学位论文研究的对象，直接得益于闻学峰师兄的指引和启发，闻师兄为我的毕业论文提供了许多直接可用的方法和建议，为我提供了许多宝贵的书目和参考资料，而且，他博士学位论文的成功给了我最直接的信心。此外，还要感谢张杰、张放、刘肖、李谢丽、李京丽、任雅仙、王安中、陈前等诸位师兄师姐，他们在我论文的选题和写作过程中也给予了很多的关心和帮助。

在川大学习的时间里，同级的博士刘路、廖建国二人与我相处的时间最多，平时交流也是最多。在我博士学位论文选题及写作最为艰难的日子里，二人给予我的关心和帮助总是让我感觉到难得的温馨。同级蔡老师的博士庄廷江在我查找资料的过程中给了我很多信息，使我有意外的收获。董子铭、邓若伊、蒋忠波、李玮、雷力、王开云等诸位师弟师妹在我论文写作的时候也给予了不少的关心和帮助。

本书的写作，资料搜集是一个很大的工作，在我搜集资料的过程中，我得到了很多老师和朋友以及素昧平生者的帮助，他们是：湖南大学的郑明星老师，四川大学解放前报刊阅览室的三位老师，四川省图书馆的何先进老师和白老师，重庆图书馆的李林昉、郭伟德、周道霞等老师，韬奋纪念馆的林丽成馆长和藏品部的老师，上海市档案馆的王慧青女士，云南省图书馆的郭劲老师，桂林市图书馆的覃老师，北京大学的万丽慧博士、郝朝帅博士，北京师范大学的焦宏涛博士，中山大学毕业的方海老师，此外，还有许多帮我查找过资料但无法一一列出的人，没有他们在资料上提供的帮助，我的论文写作也将无法完成。

最后，我要感谢我的父母和兄长，是他们多年来的关心和照顾，使我能坚持学习到现在。论文写作时，适逢老父卧病住院，父母和兄长为了不影响我的论文写作，在老父出院后才将此事告知于我，舐犊之爱、手足情深，思之恻然。

"登高者必自卑，行远者必自迩"，唯有继续努力，才能有所成绩，也才能对得起关爱我的师友和亲人。

张文明

2015 年 6 月于深圳

图书在版编目(CIP)数据

邹韬奋新闻出版实践与思想研究/张文明著.—北京：社会科学文献出版社，2015.7
 ISBN 978-7-5097-7693-3

Ⅰ.①邹… Ⅱ.①张… Ⅲ.①邹韬奋（1895~1944）-新闻思想-研究 Ⅳ.①G210

中国版本图书馆CIP数据核字（2015）第147282号

邹韬奋新闻出版实践与思想研究

著　　者 / 张文明

出 版 人 / 谢寿光
项目统筹 / 丁　凡
责任编辑 / 丁　凡

出　　版 / 社会科学文献出版社·皮书出版分社(010)59367127
　　　　　地址：北京市北三环中路甲29号院华龙大厦　邮编：100029
　　　　　网址：www.ssap.com.cn
发　　行 / 市场营销中心（010）59367081　59367090
　　　　　读者服务中心（010）59367028
印　　装 / 三河市东方印刷有限公司
规　　格 / 开　本：787mm×1092mm　1/16
　　　　　印　张：21　字　数：354千字
版　　次 / 2015年7月第1版　2015年7月第1次印刷
书　　号 / ISBN 978-7-5097-7693-3
定　　价 / 69.00元

本书如有破损、缺页、装订错误，请与本社读者服务中心联系更换

▲ 版权所有 翻印必究